THE CHRISTIAN IN
MID LIFE

JERRY & MARY WHITE

네비게이토 출판사

네비게이토 선교회는
국제적이며 복음적인 기독교 기관이다.
예수 그리스도께서는 자기를 따르는 자들에게
"너희는 가서 모든 족속으로 제자를 삼으라"
(마태복음 28 : 19)는 지상사명을 주셨다.
네비게이토 선교회는 세계 모든 국가에서
예수 그리스도의 일꾼들을 배가시켜
이 지상사명을 성취하는 일을 돕는 것을
근본 목표로 하고 있다.

네비게이토 출판사는 네비게이토 선교회의
문서 선교를 담당하고 있다.
본 출판사에서는 그리스도인의 영적 성장을 돕는
서적과 자료들을 출판하여,
그리스도인의 삶의 기초가 견고한
헌신된 제자로 성장하고,
나아가 성숙한 인격과 지도력을 갖춘
일꾼이 되도록 돕고 있다.

Translated by permission
Title originally published in English as
The Christian in Mid-Life by NavPress
ⓒ1980 by Jerry & Mary White
Korean Copyright ⓒ1991
by Korea NavPress

차 례

저자 소개 ··· 5
머리말 ·· 6
1. 중년기 위기란 무엇인가? ················· 9
2. 중년기의 여성 ······························ 28
3. 중년기의 남성 ······························ 54
4. 성공과 실패 ································ 88
5. 침체 ··· 110
6. 삶의 에너지의 비축과 재충전 ············ 139
7. 결혼 생활 ··································· 172
8. 자녀 ··· 206
9. 독신 ··· 241
10. 관습, 뿌리, 그리고 레크리에이션 ········ 262
11. 사역 ·· 288
12. 새로운 전망 – 흥미진진한 미래 ·········· 313

저자 소개

본서는 화이트 씨 부부가 함께 지은 것입니다. 남편인 제리 화이트 씨는 현재 네비게이토 선교회의 국제회장직을 맡고 있습니다. 그는 우주 항공학 분야의 박사 학위 소지자로서, 미공군에서 약 13년 동안 복무하면서 우주 비행 통제관, 공군사관학교 교수 등을 역임했으며, 1973년 제대하여, 네비게이토 선교회에서 주님을 섬기고 있습니다.

아내인 메리 화이트 여사는 대학에서 영어를 전공했으며, 졸업 후 국가 기관과 일반 기업체에서 근무한 적이 있습니다.

그들은 대학 시절 처음 네비게이토를 만나 그 이후로 계속 네비게이토와 함께 주님을 배우고 섬겨 왔으며, 공군사관학교와 퍼듀 대학교에서 네비게이토 선교 사역을 시작하는 데 큰 기여를 했습니다.

그들은 본서 외에도 당신의 직업:생존이냐 만족이냐(네비게이토 출판사, 1985년)를 함께 저술했으며, 남편인 제리 화이트 씨의 주요 저서로는 정직, 도덕, 그리고 양심(네비게이토 출판사, 1986), 헌신의 위력(네비게이토 출판사, 1988), 그리스도의 주재권(네비게이토 출판사, 1988) 등이 있습니다.

머리말

처음 이 책을 쓰려고 생각하고서 어머니(당시 58세)께 책의 주제를 말씀드리면서 중년기를 35세에서 55세까지로 생각한다고 했더니, "아니다. 나도 지금 중년인데!" 하고 말씀하셨습니다.

  그 후 우리는 이 책을 쓰는 것을 잠시 동안 연기했습니다. 그러나 이 책의 주제가 계속 우리 머리 속을 떠나지 않았고, 40대에 들어선 우리에게 매일같이 위기들이 닥쳐 왔고, 그 위기들에 우리 자신이 30대와는 다르게 반응한다는 것을 알게 되었습니다. 우리는 또한 우리와 비슷한 어려움들을 경험하고 있는 사람들이 많이 있음을 알게 되었고, 그들을 관찰하며 대화를 나누기도 하였습니다. 마침내 우리는 하나님의 지도하심에 맡기고, 중년기의 어려운 변화들을 어떻게 대처할 것인가에 관하여 책을 쓰기로 하였습니다.

  우리는 상담, 조사 연구, 세미나, 성경 공부 및 개인적인 경험 등을 토대로 하여 이 책을 썼습니다. 이 책의 내용은 한 남성과 한 여성의 관점을 통하여 걸러진 것이지만, 우리 두 사람의 개인적인 경험만이 아니라, 많은 사람들의 경험을 토대로 한 것입니다. 우리는 중년기를 맞이한 사람들이 단순한 생존이 아니라, 어떻게 하면 더욱더 개인적으로 성장하고 효과적으로 봉사하는 삶을 살 수 있는가에 강조점을 두었습니다. 우리는 또한 이 책이 이론적인 책이 아니라 실제적인 도움을 주는 책이 되도록 하기 위해, 중년기에 일어나는 여러 가지 문제들을 해결하며, 나아가 중년기 전반을 통하여 개인적인 성장을 이룩하기 위한 실제적인 방안들을 제시하려고 노력했습니다. 그러나 우리는 문제를 지나치게 단순화시키거나, 요리책과 같은 해결책을 제공하는 것은 피하려고 했습니다.

  우리는 이 책을 쓰면서 많은 사람들에게 빚을 졌습니다. 특히 우리가 여러 교회에서 개최한 세미나에 참석한 많은 사람들이 자신들의 중년기의 경험들을 솔직하게 자세히 이야기해 주었는데, 그들이 제공한 자료는 이 책을 쓰는 데 대단히 도움이 되었습니다. 그 외에도 이 책을 쓰는 데 기여를 한 사람들이 많이 있는데, 이들에게 특별히 감사를 드립니다.

  이 책을 읽는 모든 이들에게 하나님께서 함께하여 주셔서 삶에 큰 도움이 되기를 기도합니다.

화이트 부부

제 1 장

중년기 위기란 무엇인가?

직장에서 회의 도중, 채택되면 우리 가족이 이사를 해야 하는 어떤 제안이 나왔습니다. 이때 내가 보인 감정적 반응은 내 자신도 깜짝 놀랄 정도였습니다. 전에는 그런 식으로 반응을 나타낸 적이 한 번도 없었습니다. 그런데 그날은 이상하게도 두려움, 불안, 부정적인 생각, 혼란, 죄책감 등이 뒤섞인 몹시 불쾌한 감정을 느꼈습니다.

내가 이런 반응을 보이자 너무나도 뜻밖의 반응이었기 때문에 모든 사람들이 어찌할 바를 몰랐습니다. 사람들은 나를 조용하고 침착하고 객관적인 사람으로 생각하였고, 내 자신도 그렇게 생각해 왔는데, 당시 나는 상당히 감정적이고 산만하고 주관적인 모습을 나타내 보인 것입니다. 그래서 우리는 그 제안에 대해서는 한 달 동안 결정을 연기하기로 했습니다.

그 다음 한 달은 내게는 내적으로 고통스러운 한 달이었습니다. 내가 왜 그 제안을 반대했는지 그 동기를 깊이 생각해 보았습니다. 나는 또한 왜 그런 반응을 보였는지 생각해 보았습니다. 영적인 사람이 어떻게 그런 반응을 보일 수 있는가? 내가 왜 이렇게 두려워하고 불안해 하지? 믿음이 없는 것일까? 믿음이 있으면 왜 불안해하는가?

이제는 내가 왜 그 당시 그런 반응을 보였는지 몇 가지 이유를 제시할 수 있을 것 같습니다. 나는 그 전해에 스트레스가 많이 쌓여 있었습니다. 나는 직장에서 새로운 책임을 더 맡았고 여러 가지 문제들을 해결해야 했습니다. 여행은 힘들었고, 매번 여행할 때마다 해결해야 할 어려운 문제들을 가지고 있었습니다.

그 한 해 동안 나는 고등학교 졸업반인 아들 녀석이 집을 떠날 날이 임박했다는 것을 뼈저리게 느꼈습니다. 대학에 들어가면 기숙사 생활을 하게 될 것이고, 그렇게 되면 그 아이의 삶에 중요한 기여를 할 기회가 그 해로 마지막이라는 것을 깨달았습니다. 그 아이에 대하여 생각하면서 그 이전의 세월 동안 내가 실패했다는 생각이 들었습니다. 우리의 관계를 더욱 보강하고 견고하게 하기 위해서 1년만 더 시간이 있었으면 좋겠는데 하는 생각이 많이 들었습니다.

나는 또한 나의 감정적, 신체적 에너지를 한계 이상으로 사용했고, 그 에너지가 거의 바닥이 나고 있다는 것을 알았습니다. 나는 이 사실을 알고 이미 에너지를 재충전할 계획을 세웠었습니다. 그런데 두 가지 예기치 않은 사건들이 이 계획을 방해했습니다. 하나는, 아내가 중요한 수술을 받아야 했고, 다른 하나는 다른 곳으로 이사를 해야 할지도 모른다는 것이었습니다. 나는 이미 지쳐 있었기 때문에 이 두 가지 예기치 않은 사건들을 쉽게 받아들일 힘이 없었습니다.

전에는 많은 사람들이 나를 거의 무한한 능력을 지닌 사람으로 생각했지만, 이제는 내 자신이 어떤 것은 할 수 없다는 것을 스스로 인정하지 않을 수 없었습니다. 나는 항복의 백기를 들었습니다. 나의 자존심은 상처를 입었습니다. 전에는 나에게 요구되는 것은 무엇이든지 항상 받아들일 수 있었습니다. 나의 상사의 요구를 거절한다는 것은 생각해 본 적이 없었습니다. 그러나 지금은 내 자신이 능력의 한계에 도달했다는 생각이 많이 들었습니다. 또한 사람들이 내게 대하여 "제리 화이트는 이제 능력이 한계에 도달했다. 이제는 그에게 일을 맡기기가 좀 곤란하다"는 이야기를 하는 광경을 상상하기도 했습니다.

말할 필요도 없이 나는 그 전까지 내 자신을 능력 이상으로 과도하게 확장시켜 왔던 것이고, 그 결과로 나의 자존심은 심각한 타격을 받은 것입니다. 전에는 나도 모르는 사이에 사람들이 나에 대하여 능력이 아주 많은 사람이라고 말할 때 그것을 믿었으나, 이제는 내가 하나님을 의지해야 함을 드러내 놓고 인정하지 않을 수 없습니다.

한창 이런 사실들을 깊이 생각하고 경험하고 있을 때 나는 40세를 맞이했습니다. 이러한 새로운 깨달음을 통하여 나는 하나님의 말씀에 더 깊이 몰두하게 되었으며, 자신에 대하여 현실적으로 바라보게 되었고, 그 결과 자신의 현실을 깨닫고 솔직하게 인정하게 되었으며 하나님을 더욱 의지하고 하나님께 자신을 더욱 굴복하게 되었습니다. 돌이켜 보면, 그 이사 제안은 하나님의 뜻이 아니었지만, 내가 꼭 그런 반응을 보여야 했던 것은 아니었습니다. 그러나 하나님께서는 그러한 기회를 통하여 나로 하여금 나의 삶과 헌신을 다시 깊이 생각하고 평가하게 하셨습니다.

나는 그것이 하나의 중년기 위기였다고 생각합니다. 비록 그 회의 석상이 아니었을지라도 멀지 않아 나는 이전과는 매우 다른 반응을 보였을 것입니다. 나는 지쳤음에도 불구하고 40세가 아니라 마치 30세의 사람처럼 살고 있었습니다. 내가 비축해 둔 예비 자원과 나의 삶을 다시 원상으로 회복시켜 주는 삶의 탄력성이 이전보다 못하였음에도 불구하고, 나는 그 사실을 깨닫지 못했던 것입니다.

당신이 나와 비슷한 경험을 했다면, 이 이야기는 당신의 피부에 와 닿을 것입니다. 또는 아직까지는 이런 경험을 뚜렷하게 해본 적이 없거나 중년기 위기를 전혀 경험하지 않았을지도 모르겠습니다. 그러나 당신도 조만간 경험하게 될 것입니다. 그 정도와 강도는 다양하지만 거의 모든 사람이 중년기 위기를 경험하게 됩니다.

사실상 중년기의 위기와 변화들은 잘만 맞이한다면 오히려 큰 도움이 되기도 합니다. 우리는 이러한 기회들을 통하여 비슷한 처지에 있는 다른 사람들을 더 깊이 이해하고 그들과의 관계를 더 깊이 발전시킬 수가 있습니다. 우리는 친구들의 얼굴에 주름살이 늘어 가고 몸이 불어 나는 것을 보면서 그것을 가지고 농담도 합니다. 그러나 자신의 얼굴의 주름살과 허리에 붙은 살에 대하여는 심히 고민하며 이야기합니다. 젊은이들이 우리를 부르는 호칭도 어느 사이엔가 달라져 있습니다. 우리는 고통스러운 문제나 위기들과 더불어 자신이 어느새 새로운 인생기에 접어들었다는 것을 깨닫습니다.

사실 중년의 위기는 어느 한 가지만 독립적으로 다가오지는 않습니다. 중년기의 위기는 일련의 위기들로서 복합적이며 서로 연계되어 있습니다. 또한 이것들이 사람들에게 닥치는 시기나 그 강도도 사람에 따라 다릅니다. 하나님께서 각 사람에게 부여하신 독특성은 삶의 위기 문제에 있어서도 나타납니다. 어느 누구도 정확하게 똑같은 것을 경험하는 법이 없으며, 서로 비슷한 문제라고 해서 하나의 단순한 해결책이 그 문제를 지닌 모든 사람에게 항상 효력을 발휘하는 것도 아닙니다. 그렇지만 우리는 이 문제들에 대한 공통적인 원인들을 발견해 내고 이를 해결하기 위한 근본적인 원리들을 알아낼 수는 있습니다.

우리가 맞이하고 있는 그 위기는 우리가 생각하는 것 이상으로 더욱 충만하고 만족한 삶으로 인도하는 문일 수도 있으며, 하나님과 더 깊고 친밀한 관계를 발전시키는 계기가 될 수도 있습니다. 위기에 처하여 있을 때 그 위기를 긍정적인 변화를 위한 계기로 사용할 수 있는가 없는가는 우리 자신의 태도에 달려 있습니다. 어떤 사람이 위기라는 말을 재미있게 푼 적이 있습니다. 위기라는 말은 한자로 위험을 의미하는 위(危)와 기회를 나타내는 기(機)자로 되어 있다는 것입니다. 그러므로 중년기의 위기에 직면한 사람은 큰 위험뿐만 아니라 큰 기회를 맞이하고 있는 것입니다. 중년기의 위기적인 환경들이 우리의 영적인 삶과 감정적인 행복을 파괴하도록 허용하게 되면 그 위기는 위험이 되지만, 우리가 시선을 하나님께로 향하여, 힘을 주시고 가야 할 방향을 가르쳐 주시도록 하나님을 더욱 의지하게 된다면 그 위기는 우리의 삶을 더욱 깊이 있게 발전시켜 주는 기회가 될 것입니다.

위기를 점화시키는 것들

마른 덤불에 떨어진 벼락이나 담배불이 큰 산불을 일으키는 것처럼, 모든 위기는 몇 가지 사건이나 문제에 의하여 점화됩니다. 이 사건들은 위기의 원인이 아니라, 단지 이미 있는 것을 점화시키는 역할을 합니다. 중년기 위기를 점화시키는 공통의 문제들을 몇 가지 든다면 다음과 같습니다.

실패

실패는 젊었을 때보다는 중년기에 더 부정적인 영향을 끼칩니다. 직장 생활, 결혼 생활, 삶의 목표에 있어서의 실패는 자주 사람들을 침체에 빠지게 합니다. 나이를 먹어 감에 따라 새로운 시작을 하기가 꺼려지며, 아울러 성공의 가능성도 줄어듭니다.

결혼 생활

결혼 생활에서의 문제점들이 세월이 지나감에 따라 개선되기는커녕 더욱 악화될 때 중년기의 위기를 일으킬 수 있습니다. 우리는 점점 융통성을 상실해 가며, 남편(아내)에게 일방적으로 더 많은 것을 기대합니다. 젊었을 때는 두 사람이 상대방을 장미빛 안경을 끼고 바라보았지만, 이제는 상대방의 장점보다는 단점이 더 잘 보입니다. 부부 간의 갈등들을 솔직하게 털어놓고 대화로써 해결하기보다는 마음 속에 쌓아두기만 하면서도, 겉으로는 아무 문제가 없는 듯이 가장할 수도 있습니다. 부부 관계가 원만하지 못할 때 밖으로부터의 성적인 유혹이 비상한 압력을 가하기 시작합니다. 자녀가 어릴 때에는 생각해 보지도 않았지만 이제는 자녀가 거의 성장하였기 때문에 이혼에 대하여 생각해 보기도 합니다. 지금까지의 결혼 생활이 활기가 없고 따분했다면 장차의 결혼 생활을 생각할 때 절망감이 파고 들어오게 될 것입니다. 특히 결혼 생활 초기에 남편은 직장에서 남보다 앞선 위치를 확보하느라 정신없었고, 아내는 아이를 기르느라 바쁜 나머지 부부 관계를 발전시키는 일에 소홀히 한 경우에는 그 결과가 중년기에 나타나기 시작하여 같은 지붕 밑에 사는 낯선 두 남녀만 남겨 놓는 비극이 생길 수가 있습니다.

자녀

중년기의 부부는 거의 대부분 사춘기에 있는 십대 자녀들을 두고 있습니다. 그들을 올바로 지도하는 데에는 이혼 문제나 병 못지 않게 감정적 에너지가 소모됩니다. 문제는 우리가 자신을 발전시키고 변화시키기 위하여 많은 감정적 에너지가 요구되는 중년기와 그 시기가 대개 겹친다는 데에 있습니다. 사춘기의 자녀들이 맞고 있는 위기와 문제들에서 부모는 한시도 눈을 뗄 수가 없으며, 그들의 필요를 주의 깊게 관찰하고 채워 주어야 합니다. 자녀들이 부모가 원하는 방향으로 잘 가고 있을 때는 그래도 에너지의 소모가 덜하지만, 그렇지 않을 경우에는 부모의 감정적 에너지 소모를 더욱 가중시키게 됩니다.

중년기의 사람들이 맞이하는 또 하나의 딜레마로는 전혀 생각지도 않았는데 아이를 또 갖게 되는 것입니다. 이것은 두 사람이 모두 자유로운 단계에 이르렀다고 생각하려는 그때에 38세의 어머니를 침체에 빠지게 하며, 아버지를 당황하고 어쩔 줄 모르게 만들 수도 있습니다.

직업

20대와 30대 초반까지만 해도 대개 미래에 대한 야망들이 우리의 삶에 동기를 부여해 줍니다. 낙관주의가 우리의 생각을 지배합니다. 그러나 30대 후반에 접어들면서 우리는 점점 자신의 현실을 깨닫고 현실적이 되어 갑니다. 많은 사람들이 직업에 있어서 자신이 처음에 원하고 꿈꾸던 것들에서 자꾸만 멀어져 가는 것을 발견합니다. 그들의 현실의 위치는 20대에 꿈꾸던 것과는 너무도 다른 것일 수도 있습니다. 자신의 꿈과 목표가 실현되지 못하리라는 것을 깨달을 때 우리는 급속히 절망감에 빠질 수도 있습니다.

나이와 건강

우리는 서서히, 또는 어느 날 갑자기 왕성한 체력과 정력을 소유했던 청년기가 지나갔다는 것을 발견하게 됩니다. 숨이 가빠지고, 힘이 부치고, 원하지도 않는데 몸이 불어나고, 쉬 피로해질 때 우리는 자신이 나이를 먹어 가고 있다는 것과 건강이 여의치 않다는 현실을 어쩔 수 없이 인정하지 않을 수 없게 됩니다. 어떤 사람은 자신이 나이를 먹었다는 것을 반사적으로 인정하고 싶지 않을지도 모르지만, 몸의 여기 저기가 예전과는 달리 제기능을 발휘하지 못하는 경우가 생기는 것을 경험하면서 자신이 늙어 가고 있다는 현실을 직시하게 됩니다. 중년기에 들어서면 많은 사람들이 건강에 대한 생각과 관심이 많이 달라지는 것을 봅니다. 이전에는 건강은 당연한 것으로 생각했던 사람도 좋은 건강을 유지하기 위해서는 주의 깊게 관심을 갖고 자신을 돌보지 않으면 안 된다는 생각으로 바뀌게 됩니다.

중년기 위기에 대한 전형적인 반응

우리 부부는 중년기 위기를 어떻게 극복할 것인가에 대하여 세미나를 개최하면서, 첫 시간에는 참석자들에게 위기에 대한 그들의 전형적인 감정과 반응을 솔직하게 발표하게 했습니다. 다음 내용은 어떤 그룹에서 나온 것인데, 그 그룹은 35세에서 57세까지의 남자와 여자들로 되어 있었고, 각 사람의 배경도 결혼한 사람, 독신자, 이혼한 사람 등 다양했습니다.

- 웬지 모르게 자꾸만 불안한 마음이 생김
- 좌절감
- 장래에 대한 염려와 걱정
- 자신과 환경에 대한 불만
- 목적이나 방향의 상실(심지어 처음에는 분명했던 경우에도 그러했음)

- 고립감 – 자신에게 관심을 갖고 돌보아 주며 도와 줄 사람이 아무도 없고 홀로 있다는 느낌
- 자신에 대한 생각의 변화 – 자신의 야망과 잠재력에 대하여 갑자기 생각이 바뀜
- 자신이 무가치하다는 느낌 – 나는 이제 더 이상 남에게 기여할 수 없으며, 아무 쓸모가 없는 존재라는 생각이 듦
- 덫에 걸려 있다는 느낌 – 직장 생활에서든 결혼 생활에서든 나는 빠져 나갈 구멍이 없이 갇혀 있다는 두려움
- 성적인 유혹 – 정신적으로든 육체적으로든 남편(아내) 이외의 사람에게 관심을 갖게 됨
- 명백한 이유 없이 점점 약해지는 성적 충동
- 전에는 결코 괴로움을 준 적이 없는 경제적 문제들에 대한 두려움
- 나도 별 수 없이 늙어 가고 있다는 생각과 아울러 건강과 정력의 약화를 느낌
- 새로운 변화 및 시도에 대한 두려움
- 피로와 권태 – 나는 늘 피곤하다는 생각, 그렇다고 나이나 건강 때문이라고 잘라 말하기는 어려움
- 자기 연민 – 나는 부당한 취급을 당하고 있다, 푸대접을 받고 있다는 느낌, 또는 사람들이 나를 이해하지 못한다는 생각
- 이전에 침착하게 반응했던 영역들에서 안절부절하는 반응을 보임
- 포기하고 싶은 생각 – 현재 자신이 하고 있는 일, 다니고 있는 직장, 결혼 생활 등 모든 것을 그만두고 싶은 유혹을 강하게 받음
- 침체 – 말로는 설명할 수 없는, 공허하고 푹 꺼져 있는 듯한 느낌
- 열심히 하고 있던 일들에 대한 싫증
- 삶의 의욕 상실
- 이전에 참고 지나갔던 것들에 대한 새삼스런 분노
- 쓴뿌리 – 다른 사람이나 환경에 대하여 화가 남
- 절망감 – 내가 무엇을 할지라도 그 상황은 개선되지 않을 것이라는 느낌

- 쉽게 감정을 드러냄
- 아무런 이유 없이 갑자기 눈물을 흘림 – 따져 보면 뭔가 이유가 있 겠지만 괜히 눈물이 남
- 곧 폭발하고 말 것 같은 느낌 – 내적으로 심한 압력을 받고 있어서 신경쇠약이라도 걸릴 것 같은 느낌

읽기만 해도 우리를 침체에 빠지게 하는 듯한 느낌을 주는 소름끼치는 내용들입니다. 그러나 위에 열거한 항목들은 꾸며낸 말들이 아니라, 많은 사람들의 실상을 그대로 반영하고 있는 것입니다. 여기에는 그리스도인이든 비그리스도인이든 마찬가지입니다. 그리고 동일한 감정이라 해도 중년기는 다른 연령층에 비해 훨씬 그 강도가 강합니다. 이 감정들은 어떤 때는 분명하게 표현되기도 하지만, 어떤 때는 다른 사람들에게 이따금 표현된 깊은 고통 속에 약간씩 섞여 표출되기도 합니다. 이 감정들은 적절한 때에 적절한 방법으로 해결되지 않으면, 마침내는 끓어오르기 시작하여 결국 넘쳐 결혼 생활, 건강, 또는 직업에 타격을 가하여 큰 상처와 손실을 입히게 됩니다.

이 감정들은 복합적인 것이어서, 단 한 가지의 사건이나 배경에 의해 일어나지 않습니다. 따라서 이 감정들은 어떤 간단한 답으로 쉽게 해결될 수는 없습니다. 그 원인과 이유에 따라 여러 가지 답들이 있습니다. 우리는 성경 말씀과 예수 그리스도와의 개인적인 관계를 통하여 분명한 도움을 발견할 수 있습니다. 그리스도는 우리의 환경뿐 아니라 우리의 감정까지도 주관하시는 주님이십니다.

중년기의 정의와 특징적인 사건

우리는 "당신은 당신이 생각한 만큼 늙고, 당신이 생각한 만큼 젊다"라든지, "나이는 마음의 문제다", 또는 "옷을 젊게 입어라. 그러면 당신은 젊게 행동할 것이다" 등의 말을 종종 듣습니다. 그러나 아무리 이런 말을 한다 할지라도 더 젊어지지는 않습니다. 우리는 자신도 모르

게 나이를 먹어 가며, 한 번 먹은 나이는 다시는 되돌릴 수 없습니다. 우리는 단 일초라도 인생의 시계를 뒤로 돌릴 수는 없습니다.

　인생은 나이와 함께 변합니다. 작은 변화든 큰 변화든, 빠른 변화든 감지할 수 없을 만큼의 느리고 약한 변화든, 우리의 인생은 여러 가지 변화를 수반하면서 항상 변합니다. 이러한 변화와 함께 사는 것을 배우는 것은 중년기를 보람 있게 사는 데 있어서 매우 중요한 것입니다.

　어느 의미에서 우리의 전인생은 몇 개의 기간으로 나눌 수 있습니다. 다음의 구분은 그 한 예입니다. 구분하는 방법은 사람마다 다를 수 있으며, 나이에 대하여도 이견이 있을 수 있습니다.

유년기	0 – 12세
사춘기	13 – 20세
청년기	21 – 35세
중년기	35 – 55세
장년기(초로기)	55 – 70세
노년기	70세 이후

　다니엘 레빈슨은 "전환기"라는 말을 사용하여 다음과 같이 구분하기도 합니다 : 17 – 22세(초기 성인 전환기), 40 – 45세(중년 전환기), 50 – 55세(50대 전환기), 60 – 65세(후기 성인 전환기).

　여기에서 우리의 관심은 중년기 또는 중년 전환기입니다. 이 전환기는 각 사람마다 달라서 빠르면 30세, 늦으면 60세에도 올 수 있습니다.

　나이에 덧붙여서 중년기임을 가리켜 주는 또 하나의 핵심적인 요소가 있는데 곧 그 시기에 일어나는 특징적인 사건들입니다. 이 사건들은 크게 결혼 생활, 직업, 자녀 등 세 영역을 중심으로 하여 일어나며, 어떤 사건들은 나이만큼이나 강하게 감정적 반응들을 자극시켜 우리가 인생의 전환기에 있다는 것을 알려 줍니다. 중년기에 일어나는 특징적인 사건들을 열거하면 다음과 같습니다.

중년기 위기란 무엇인가? 19

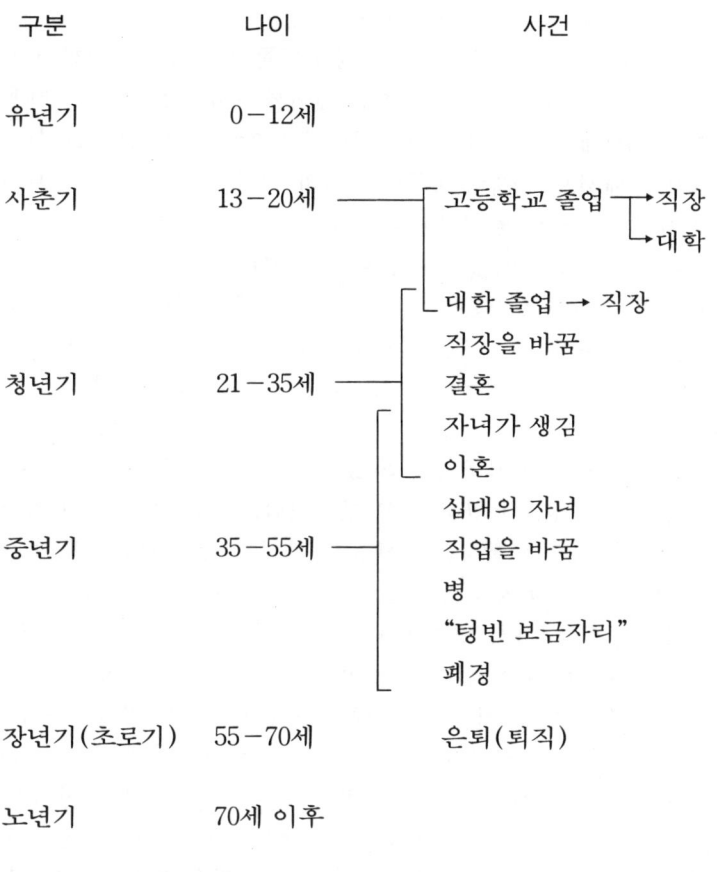

표 1-1

위의 표에서 보듯이, 우리를 감정적으로 고갈시키는 사건들이 가장 많이 집중되어 있는 시기가 바로 중년기입니다. 중년기에 왜 스트레스가 많이 쌓이고 문제가 많이 생기는가를 이상하게 여겼던 사람은 이제 이해가 갈 것입니다. 우리의 삶이 이제 뿌리를 내리고 안정되어 가고 있다고 생각하기 시작할 바로 그때에 강제적인 변화들이 우리의 삶에 침입하여 우리의 계획을 뒤집어 놓는 것입니다.

앞에서도 이야기했지만 우리가 중년기를 35세에서 55세까지로 정의하기는 하지만, 중년기를 특징짓는 변화와 사건들은 빠르면 30세에도, 늦으면 60세에도 일어날 수 있다는 것을 알아야 합니다. 그러나 보통 중년기 중에서도 40세에서 50세까지의 시기에 가장 많은 스트레스를 받고 사건들이 많이 일어납니다.

새로운 직장에 들어갔다든지, 이사를 한다든지, 자녀가 대학에 진학하여 집을 떠나야 한다든지, 직장에서 해고를 당한다든지, 또는 심지어 이혼을 한다든지 등등 모든 변화는 우리의 삶에 위기를 불러일으키며, 우리가 중년기 위기 가운데로 들어가고 있다는 것을 알려 주는 신호기의 역할을 합니다.

그러나 앞으로 이야기하게 되겠지만, 이 위기들은 충분히 피할 수 있으며, 또 그 기간이 단축될 수 있습니다. 우리가 중년기에 일어나는 여러 가지 변화들을 적극적인 태도를 가지고 맞이하며 인내 가운데 위기를 대처하고 극복해 나간다면, 우리의 삶은 더욱 융통성이 있어지고 깊이와 넓이를 더하게 될 것입니다. 그러나 만일 변화에 저항하고 거부한다면 우리는 여유 있는 삶이 아닌 경직된 삶을 살게 될 것입니다. 변화라고 하는 것은 삶을 더욱 풍요롭고 아름답게 만들어 주는 것이 될 수도 있고, 삶에 긴장을 가져다 주고 삶을 초라하게 만드는 것이 될 수도 있습니다. 변화를 긍정적인 방향으로 이용하느냐, 부정적인 방향으로 이용하느냐는 우리의 관점과 태도에 달려 있습니다. 변화를 환영하면, 그것은 우리의 삶을 유익하게 하고 발전을 가져다 주는 것이 될 것이며, 변화를 두려워하고 거부한다면, 우리의 삶을 경직되고 생기를 잃게 만들어 급기야 인생을 망치게도 하는 것입니다.

그리스도인은 중년기를 어떻게 맞이해야 하는가?

그리스도인의 중년기는 세상 사람들의 중년기와는 질적으로 달라야 한다는 데에는 누구나 동의할 것입니다. 그러나 현실은 그렇지 않습니다. 그리스도인이 되면 아무 노력을 기울이지 않아도 저절로 세상 사람들과는 다른 중년기를 보내게 되는 것은 아닙니다. 대부분의 그리스도인들이 세상 사람들과 비교해 볼 때 중년기의 문제들을 더 잘 다루고 있는 것도 아니며, 세상 사람들이나 별로 다를 바 없습니다. 흔히들 그리스도인이 되면 자연적으로 세상 사람들보다 더 행복해지고 모든 문제들을 쉽게 해결할 수 있다고 알고 있지만, 경험으로 보건대 이것은 사실이 아닌 경우가 아주 많습니다.

그 이유가 무엇입니까? 이것은 많은 그리스도인들이 입으로는 신앙을 고백하고 머리에는 성경 지식을 많이 가지고 있을지라도, 그들의 실제 삶에는 성경 말씀을 적용하여 살고 있지 않기 때문입니다. 그들은 세상 사람들처럼 생각하고 행동하며 살고 있습니다. 따라서 그들이나 세상 사람들이나 같은 결과들을 거두게 되는 것입니다.

그러나 그리스도인은 세상 사람들은 가지고 있지 않은 자원들을 많이 가지고 있습니다. 우리 그리스도인들이 이 자원들을 사용하기만 한다면 "늙어도 결실하며 진액이 풍족하고 빛이 청청한"(시편 92 : 14) 나무와 같은 삶을 살게 될 것입니다. 우리는 중년기에 단지 생존하는 것이 아니라, 이 말씀처럼 되기를 소원합니다. 우리는 중년기를 통하여 하나님께 더욱 쓰임받고 새로운 열매를 풍성하게 맺는 승리의 삶을 살기를 원합니다.

세상 사람들은 가지고 있지 않은, 그리스도인들만이 가지고 있는 가장 기본적인 자원들이 무엇인지를 잠시 생각해 보면 다음과 같습니다.

1. 영원한 생명(요한복음 5 : 24, 25 참조)

그리스도인은 누구나 영생을 소유하고 있습니다. 이 영생은 죽은 다음에나 누리게 되는 미래의 경험만은 아닙니다. 우리는 이미 이 땅에서부터 영원한 생명을 누리며 살고 있는 것입니다.

많은 사람이 "나는 교회에 나가고 있기 때문에, 또는 나는 도덕적으로 올바른 삶을 살고 있기 때문에 그리스도인이다"라고 생각합니다. 그러나 교회에 나간다든지 도덕적으로 올바른 삶을 살고 있다 해서 그리스도인이 되는 것은 아닙니다. 우리는 우리의 능력과 통제 범위를 넘어서는 문제들에 봉착하게 되면 하나님에 대한 필요성을 깊이 느끼게 됩니다. 그리하여 새로운 마음으로 교회에도 정기적으로 나가고 하나님께 기도도 합니다. 그러나 그 기도가 천장에 부딪쳤다가 되돌아오는 것을 느낍니다. 만일 이런 사람이 있다면 자신이 정말로 복음을 이해하고 예수님을 마음에 모셔 들여 참그리스도인이 되었는가를 진지하게 생각해 보는 시간을 갖기를 바랍니다.

그리스도인이 되는 첫 단계는 자신이 죄인이며, 이 죄를 용서받지 않으면 영생에 대한 소망이 없다는 것을 깨닫고 인정하는 것입니다. "모든 사람이 죄를 범하였으매 하나님의 영광에 이르지 못하더니"(로마서 3 : 23). 이 죄의 결과가 로마서 6 : 23에 나와 있습니다 : "죄의 삯은 사망이요 하나님의 은사는 그리스도 예수 우리 주 안에 있는 영생이니라." 우리가 비록 죄를 범하였다 할지라도 하나님께서는 예수 그리스도를 통하여 영생에 이르는 길을 마련하여 주셨습니다.

그러면 예수 그리스도께서는 우리를 죄의 형벌에서 구원하기 위하여 무엇을 하셨습니까? 그분은 우리에게 영생을 주시기 위하여 우리 대신 십자가에 달려 죽으셨습니다. 우리가 죽어야 하는데 그분이 우리 대신 죽으신 것입니다. 그분은 하나님의 아들이시요 죄가 없으셨기 때문에 이 일을 하실 수 있었습니다. "우리가 아직 죄인 되었을 때에 그리스도께서 우리를 위하여 죽으심으로 하나님께서 우리에게 대한 자기의 사랑을 확증하셨느니라"(로마서 5 : 8). 그리스도에 대한 기본적인 사실은 그분이 하나님의 아들이시며, 인간의 죄를 위하여 죽으셨으며, 죽은 자 가운데서 다시 살아나셨다는 것입니다.

앞에서 이야기한 것이 모두 사실일지라도 그리스도께서 우리를 위하여 해주신 것에 우리가 올바로 반응하지 않는다면 아무 소용이 없습니다. 그리스도께서 우리를 위해 해주신 일이 우리 각 사람의 삶에 효력을 발생하기 위해서는 각 사람이 자신의 필요를 인정하고서 그리스도를 자신의 개인적인 구주로 영접해야만 합니다. 이것이 바로 그리스도를 믿는 것입니다.

오늘날 많은 사람들이 과거의 역사적 인물, 예를 들면 링컨을 믿는 것처럼 예수 그리스도도 지식적으로 믿고 있습니다. 우리는 그리스도께서 자기 자신에 대하여 말씀하신 것과 그분이 우리의 죄를 용서하시고 우리에게 영생을 주셨다는 것을 믿음으로 받아들여야 합니다. "하나님이 세상을 이처럼 사랑하사 독생자를 주셨으니, 이는 저를 믿는 자마다 멸망치 않고 영생을 얻게 하려 하심이니라"(요한복음 3:16). "아들을 믿는 자는 영생이 있고, 아들을 순종치 아니하는 자는 영생을 보지 못하고 도리어 하나님의 진노가 그 위에 머물러 있느니라"(요한복음 3:36).

이 영생은 예수 그리스도께서 우리 자신의 구주와 주님이 되어 주시도록 기도함으로써 얻습니다. 성경의 사실들에 근거한 의지적인 결단이 필요한 것입니다. 이 의지적인 믿음의 결단을 통하여 우리는 하나님의 아들이신 예수 그리스도의 죽으심과 부활을 통하여서만이 사람이 그리스도인이 되며 영생을 소유할 수 있다는 것을 인정하게 됩니다. 영생의 문제는 사소한 문제가 아니라 인생에서 가장 중요한 문제입니다. 그러므로 앞에서 이야기한 내용이 아직도 잘 이해가 안 되는 사람들은 성경을 더욱 자세히 연구해 보시기 바랍니다. 특히 요한복음이 좋습니다. 개인적인 구원은 삶의 모든 위기와 문제들을 다루는 데 있어서 기초가 됩니다.

2. 성령

그리스도인은 누구나 성령을 소유하고 있습니다. 예수님께서는 이렇게 말씀하셨습니다 : "내가 아버지께 구하겠으니, 그가 또 다른 보혜사를 너희에게 주사 영원토록 너희와 함께 있게 하시리니, 저는 진리의 영이라. 세상은 능히 저를 받지 못하나니, 이는 저를 보지도 못하고 알지도 못함이라. 그러나 너희는 저를 아나니, 저는 너희와 함께 거하심이요, 또 너희 속에 계시겠음이라"(요한복음 14:16-17). 이 보혜사가 성령이십니다. 성령은 우리의 삶의 능력의 원천이십니다. 우리가 어려운 환경에 처해 있을 때 성령은 우리에게 견딜 힘을 주십니다. 또한 우리가 성경을 읽을 때 성령은 비췸을 주시며, 우리가 어떻게 살아야 할지 지침을 주십니다. "그러하나 진리의 성령이 오시면 그가 너희를 모든 진리 가운데로 인도하시리니"(요한복음 16:13).

예수 그리스도를 믿지 않는 사람들은 이 내적인 영적 힘을 이용할 수 없습니다. 그들은 삶의 위기와 문제들을 맞이했을 때 그들 자신의 머리와 능력밖에는 의지할 것이 없습니다. 그런데 불행한 사실은, 많은 그리스도인들이 그들 속에 계신 성령의 능력을 의지하지 않고, 믿지 않는 세상 사람들처럼 생각하고 살고 있다는 것입니다.

그리스도인은 베드로후서 1:3의 약속을 주장해야 합니다 : "그의 신기한 능력으로 생명과 경건에 속한 모든 것을 우리에게 주셨으니, 이는 자기의 영광과 덕으로써 우리를 부르신 자를 앎으로 말미암음이라." 하나님께서 우리에게 주신 힘은 신비한 환상이나 이론이 아니라 실재하는 참능력입니다. 하나님의 능력을 끌어다 쓸 수 있는 열쇠는 순종입니다. 하나님의 말씀에 순종하십시오. 말씀에 나타난 원리들을 자신의 삶에 적용하십시오.

3. 하나님의 말씀

그리스도인은 또한 누구나 하나님의 말씀인 성경을 가지고 있습니다. "모든 성경은 하나님의 감동으로 된 것으로 교훈과 책망과 바르게 함과 의로 교육하기에 유익하니"(디모데후서 3:16). 성경은 인간이 맞이하고 있는 모든 문제에 대한 답을 간직하고 있습니다. 믿지 않는 사람들도 성경을 가지고 있지 않느냐고 반문할지도 모르겠습니다. 그러나 그들은 성경을 가지고 있다 해도 성경의 원리들을 삶에 적용하지 않으며, 적용한다 해도 그들 속에 성령이 계시지 않기 때문에 아무 힘이 없습니다. 하나님의 말씀은 우리를 인도하여 주는 무한한 자원입니다. 그러나 닫혀 있는 성경은 아무 도움도 줄 수 없습니다. 우리는 성경 속으로 파고 들어가 깊이 연구하며 거기서 발견한 것을 삶에 부지런히 적용해야 합니다. 성경은 중년기의 문제에 대하여도 답을 제공하고 있지만, 단순히 요리책과 같은 해답책은 아닌 것입니다. 성령께서 비춤을 주실 때에야 우리는 우리의 삶을 변화시켜 주는 진리를 발견할 수 있습니다.

본서의 목표

본서는 독자 여러분에게 직접적이고 실제적인 도움을 주고자 목표를 구체적으로 다음과 같이 설정하였습니다.

1. 중년기에 맞이하는 주요한 문제들을 밝힘.
2. 그 문제들의 기본 원인들을 찾아냄. 한 가지 원인이 겉으로는 여러 가지 형태의 문제로 나타날 수도 있습니다.
3. 중년기의 사람들로 하여금 그들이 무엇을 만나고 있는지 이해하도록 도와 줌. 그들이 장차 맞이하게 될 것들을 미리 이야기해 줌으로써 미리 대비하고 자신을 무장할 수 있게 합니다. 앞으로 일어날 일들을 미리 알고 있다면 그 일들이 일어날 때 염려를 덜하게 될 것입니다. 앞으로 일어날 수 있는 일들을 듣고는 숙명론적인 태도나 두려움을 갖지 말기를 바랍니다. 이 책에서 언급하고 있는 것들 중에서 많은 것이 어떤 사람에게는 결코 일어나지 않을 수도 있다는 것을 알기 바랍니다. 이 책의 목적은 독자 여러분이 앞으로 일어날 수 있는 일들을 미리 알고 대비함으로써, 가능하면 그 문제들을 겪지 않고 피할 수 있게 하는 것입니다.
4. 문제의 원인들을 치료하여 문제를 해결할 수 있는 성서적인 지침을 발견함. 이 책의 목적은 겉으로 드러난 증상 뒤에 있는 진짜 문제들을 해결할 수 있도록 실제적이고 성서적인 도움을 드리는 것

입니다. 또한 중년기의 문제들이 인생 전체에서 어디에 위치하는지 볼 줄 아는 시야를 갖도록 돕고자 합니다. 또한 세상적인 기초가 아니라 영적인 기초에 근거하여 조언을 하고자 하며, 이러한 조언과 도움이 단지 이론적인 것으로 끝나지 않고 영적이고 실제적인 방법으로 도움을 드리고자 합니다. 마지막으로 사람은 일차적으로 신체를 지닌 존재이기에 중년기의 문제들은 노화되어 가는 우리의 몸과도 밀접한 관계를 가지고 있어서 의학적인 치료로 해결될 수 있는 것들도 있다는 것을 말씀드리고자 합니다.
5. 중년기의 적극적이고 긍정적인 면들을 발견하여 이용하는 법을 배움. 이를 통하여 각 사람이 자신 속에 있는 큰 잠재력을 깨닫고 큰 성취 동기를 가지고 새로운 삶을 살도록 돕고자 합니다. 중년기 이전에 사회에 큰 기여를 한 사람들이 거의 없다는 사실을 들으면 격려가 될 것입니다. 중년기는 우리의 인생에서 다른 어느 때보다 더 효과적으로 다른 사람들을 섬기며, 풍요한 삶을 살 수 있는 기회입니다.
6. 마음을 열고 자기의 문제들을 솔직하게 나누는 환경과 분위기를 만들어 줌. 다른 사람들도 자신과 동일한 문제들을 경험하고 있다는 것을 알게 될 때 위로를 얻게 될 것입니다. 조용히 혼자서 참으며 끙끙 앓지 마십시오. 다른 사람들에게 도움을 구하십시오.

본서는 완전한 것이 아닙니다. 본서의 내용들은 계속 함께 이야기하고 토의하고 첨가되어야만 할 것입니다. 자신의 문제들을 다른 사람들에게 이야기하고 나누는 것은 아주 훌륭한 치료법 중에 하나입니다. 본서는 중년기의 사람들이 겪는 모든 경험, 모든 문제, 모든 필요를 다루고 있지는 않습니다. 다만 독자 여러분이 중년기의 바다를 항해할 때 성장과 발전을 위한 기초를 제공하는 것으로 만족하고자 합니다.

위에서 열거한 모든 목적은 우리가 우리 자신, 남편(아내), 그리고 가까운 친구들에게 솔직하게 마음을 열어 놓지 않는다면 성취될 수 없을 것입니다. 그리고 가장 중요한 것은 하나님의 인도와 도우심이 없이는 아무 해결책도 없다는 것입니다. 잠시 멈추어, 본서를 읽어 나갈 때 하나님께서 여러분 속에 역사하셔서 여러분에게 신체적으로, 감정적으로, 영적으로 새로운 힘을 주시고, 힘찬 삶을 살아갈 수 있는 계기가 되게 해주시도록 기도하시기 바랍니다.

중년기는 위대한 모험일 수도 있고, 큰 시련일 수도 있습니다. 그것은 여러분의 선택에 달려 있습니다.

제 2 장

중년기의 여성

정기 검진 시에 나의 가정의가 내게 난소낭종이 있음을 발견했습니다. 의사는 크게 염려하는 것 같지는 않았으며, 한 달 동안 약물 치료를 하면서 그 낭종이 어떻게 반응하는지 알아보자고 했습니다.

"40이 넘으면 여성들은 누구나 조심해야만 합니다" 하고 의사가 말했습니다.

한 달 동안 나는 그 약물 치료가 효과가 있어 낭종이 사라지기를 바라면서 기도하였습니다. 그러나 한 달 후 재검사를 받아 보니 낭종은 여전히 그 자리에 있었고, 작아지지도 않았습니다. 의사는 즉각 수술을 하는 것이 좋겠다고 제안했습니다. 남편과 나는 얼마 있으면 말씀을 전하기 위해 10일간 여행을 떠나기로 계획하고 있었습니다. 이런 사정을 이야기하자 의사는 여행을 마친 후에 바로 수술을 하자고 했습니다.

"악화될 가능성은 적지만, 찾아내어 제거해야 합니다" 하고 의사는 말했습니다. "당신이 2, 30대라면 그리 염려할 것은 없을 것입니다." 문제는 거기에 있었습니다. 신체적인 노화(老化)라고 하는 이 중년기의 공포의 침입자가 나를 진단하는 그 의사의 판단에 영향을 미치고 있는 것입니다.

여러 사람들에게 기도를 부탁한 후 우리는 하나님께서 은혜로 함께 하시는 것을 느끼면서 여행을 떠났습니다. 우리는 수술에 대한 염려 및 그에 따른 "만일 이러이렇게 되면 어떻게 하지?" 하는 생각들이 우리가 다른 사람들을 섬기는 것을 방해하지 못하도록 기도했습니다.

그러면서도 우리는 때로 만일의 경우에 대하여도 생각해 보았습니다. 내가 만일 오랫동안 입원해야 되고 회복이 더디면 어떡하지? 그 낭종이 종양성이면 어떡하지? 그래도 치료할 수 있을까? 내가 아픈 동안 남편이 개인적인 일과 가정의 일을 잘 꾸려 나갈 수 있을까? 만일 그렇지 못하면 어떡하지?

중년기에는 미지의 것들이 더 큰 부분을 차지합니다. 새로운 기회들로 가득 찬 청년기가 어느 새 지나가 버리고, 우리는 인생의 짧음을 더욱 깨닫게 됩니다. 일들이 우리가 계획한 대로 되지 않는다든지, 또는 갑자기 우리가 원치 않은 방향으로 전개된다든지 하게 되면 우리는 당황합니다.

"만일 이러이렇게 되면 어떻게 하지?" 하는 염려에 대한 유일한 대답은 하나님의 절대주권과 선하심을 매일 신뢰하는 것입니다. "하나님을 사랑하는 자, 곧 그 뜻대로 부르심을 입은 자들에게는 모든 것이 합력하여 선을 이루느니라"(로마서 8:28). 하나님께서는 "내 은혜가 네게 족하도다. 이는 내 능력이 약한 데서 온전하여짐이라"(고린도후서 12:9)고 말씀하십니다. 이러한 말씀들을 우리가 삶에서 실천하고 경험할 때, 이 말씀들이 이론이 아니라 진리라는 것을 알게 될 것입니다. 사도 바울은 여러 해 동안 개인적으로 많은 고난을 경험하고 예기치 않은 사건들을 많이 겪은 후에 이런 고백을 한 것입니다. 오직 하나님만이 그의 감정을 고요하게 하실 수 있으며, 그에게 미래에 대한 확신을 주실 수 있다는 것을 그는 발견했던 것입니다.

여행에서 돌아온 후 수술 전 점검을 위해 의사를 찾아 갔더니, 의사가 낭종이 상당히 작아졌으며 수술할 필요가 없겠다고 했습니다. 휴! 하나님, 감사합니다!

이 경우에는 내가 원한 대로 하나님께서 해주셨지만, 하나님께서는 중년기를 살아가는 사람들에게 신체적인 병이나, 가족의 죽음이나, 자녀가 속을 썩인다거나, 경제적인 어려움이나, 또는 진행 중인 일의 실패, 기타 여러 가지 어려움 중 어느 하나를 경험하도록 허락하실 수도 있습니다. 우리는 영적으로 늘 깨어 준비함으로써 어떤 것이 우리에게 닥치든 감정적으로 침착하고 고요해야 합니다. 그렇게 할 때 우리는 하나님께서 베푸시는 은혜와 하나님께 대한 굳은 믿음 가운데서 이 위기들을 용기 있게 받아들일 수 있게 되는 것입니다.

위기를 가리켜 주는 것들

중년기의 여성들에게 예상되는 변화와 문제들에 대하여 미리 알고 있으면 영적인 시야로 그것들을 맞이할 준비를 미리 함으로써 막상 그것들이 닥쳤을 때 쉽게 대처할 수 있을 것입니다. 제1장에서도 말씀드렸듯이, 중년기는 우리의 태도 여하에 따라 고통스런 기간이 될 수도 있고, 하나님과 더욱 친밀한 관계를 형성하며 더욱더 예수 그리스도의 형상을 닮아 가는 귀중한 기간이 될 수도 있습니다.

외모

어느 날 문득 거울 속에 비친 자신의 볼품없는 모습을 보게 되는 것만큼 40세의 여성을 깜짝 놀라게 하는 것은 없을 것입니다. 거울을 보면서 오만 가지 생각들이 머리 속을 스쳐갑니다. "배는 왜 이렇게 툭 튀어나오고 처져 있지? 머리는 왜 이렇게 윤기가 없을까? 아니, 입가에 주름이 다 있었네? 왜 지금까지 이걸 몰랐을까? 보기 싫게 턱은 또 왜 이중턱이야?…"

언젠가는 자신에게도 이렇게 될 날이 오리라고 생각은 했지만 이렇게 빨리 올 줄이야 몰랐다고 생각할지도 모르겠습니다. 눈 주위에 잔주름들이 많이 있지만, 그래도 아직은 턱의 윤곽이 뚜렷하기 때문에 그다지 보기 싫지는 않습니다. 만일 허리가 굵어지면 어떻게 하지? 똑바로 서면 잘 드러나지 않겠지.

　중년기의 많은 여성들이 그들의 외모에 나타난 변화들을 하나님께서 그 연령에 주시는 선물로서 받아들이기보다는 합리화하거나 무시해 버리거나 분하게 생각합니다. 왕년의 젊음에 찼던 외모에 나타난 변화들에 대하여 마음이 영 불편하다면 중고등학교나 대학 때의 동창들을 한번 만나 보십시오. 일, 이십년 동안 못 본 사이에 그들은 많이 늙었을 것입니다. 그들도 역시 얼굴에는 주름살이 많이 있고, 몸은 뚱뚱하고, 배는 축 처져 있고, 희끗희끗 흰 머리카락이 보일 것입니다. 예전과 같이 탄력성 있고 고운 피부와 매력적인 외모를 유지하는 사람은 얼마 없을 것이며, 그런 사람들은 아마 그렇게 하기 위하여 상당한 노력과 비용이 들었을 것입니다.

　오늘날 우리네 사회는 신체적인 매력을 지나치게 강조하고 있습니다. 물론 겉모습과 인격 중에서 어떤 것이 더 중요하느냐고 개인적으로 물어 보면 대부분의 사람들이 인격을 아름답게 가꾸는 것이 중요하다고 금방 대답할 것입니다. 그러나 실제 사람들이 생각하고 행동하는 것을 보면 개인의 속성 가운데서 외적인 매력, 특히 신체적인 매력에 가장 높은 가치를 부여하고 있는 것이 현실입니다. 따라서 그 사회가 받아들이고 있는 미의 이상에서 벗어나는 여성은 누구나 자동적으로 동료들 사이에서 존경을 잃습니다.

　중년기의 여성이라면 이러한 미의 표준과 자기를 비교해서는 안 됨에도 불구하고, 불행하게도 많은 중년기 여성들이 이 표준을 버리지 못하고 연연해 합니다. 중년기의 여성들이 자신의 외모에 불만을 품게 만드는 데에는 상인들의 부채질이 큰 몫을 하고 있습니다. 수많은 화장품 가게, 운동 클럽, 성형 외과, 옷가게, 여성 잡지들이 여성들을 유혹하고 있습니다.

　수많은 광고들이 여성들의 외적인 아름다움을 강조합니다. 그리하여 여성의 생명은 외모의 아름다움에 있다고 믿게 만듭니다. 그리스도인 여성들 역시 이 세상의 가치관에 어느 사이엔가 물들어, 적어도 머리로는 "하나님은 각 사람의 중심을 보신다"는 것을 알고 있지만, 실제로는 각 사람을 외모로 판단하는 경우가 너무도 많습니다(사무엘상 16:7 참조).

여기서 말하려고 하는 요점은 그리스도인 여성들은 다른 여성들처럼 자신을 아름답게 꾸며서는 안 된다는 것이 아닙니다. 그리스도인 여성들도 시간과 경제적 형편이 허락하는 범위 내에서 자신을 아름답게 꾸밀 수 있는 것이며, 또 아름답고 매력적으로 보이도록 깔끔한 옷차림을 해야 할 책임이 있는 것입니다. 그리스도인 여성은 또한 노화 과정을 당연한 것으로 생각하며, 인생에 있어서 새로운 발전의 계기로 기쁘게 맞아들일 수 있는 수준으로까지 영적으로 성숙해야 하는 것입니다. 이것은 또한 다른 사람들의 불완전함을 있는 그대로 받아들이는 것을 의미하기도 합니다.

우리 가족은 함께 박람회에 간 적이 있습니다. 박람회장에서 말타기 곡예를 구경하고 있었는데, 스탠드 입구 근처에 신체장애가 아주 심한 젊은이 하나가 휠체어에 앉아 우리처럼 구경하고 있는 것을 보았습니다. 그는 휠체어에 갇혀 있었습니다. 그의 손과 얼굴은 계속 제멋대로 움직이고 있었습니다. 그러나 그가 곡예를 관람하면서 아주 재미있어 하는 등 그의 감정을 분명하게 표현하는 것으로 보아 정상적인 지능을 가진 사람이라는 것을 알 수 있었습니다.

많은 사람들이 그 곡예가 열리고 있는 경기장에 들어오고 나가면서 그 젊은이 곁을 스쳐 지나갔습니다. 그들은 그 젊은이를 한번 후딱 쳐다보고는 눈을 홱 돌리고서 황급히 지나갔습니다. 마침내 한 젊은이가 그 옆을 지나게 되었습니다.

그는 다 떨어진 신을 신고 있었고, 다 헤진 바지를 입고 있었으며, 구겨진 셔츠에다 긴 머리카락을 고무밴드로 동여매고 있었습니다. 그러나 그 젊은이만 멈추어 서더니 미소를 지으면서 불구인 청년을 똑바로 쳐다보며 "안녕하세요? 재미있었어요?" 하고 말하고 지나갔습니다. 그는 비록 자신의 외모에 대하여 신경을 안 쓴 사람이지만, 그 장애자 옆을 지나간 모든 사람들보다도 휠체어에 타고 있는 그 젊은 장애자의 가치를 인정하고 있다는 것을 보여 주었습니다.

죠와 캐시 부부의 예를 나누고자 합니다. 중년기에 접어들면서 남편인 죠는 아내인 캐시에게 그녀의 헤어 스타일, 옷입는 것, 자세 등에 대하여 자주 지적을 하면서 고쳤으면 했습니다. 그리고 자주 아내의 외모 전반에 대하여 비판적인 말을 했습니다. 이와 같이 죠가 자기 아내인 캐시의 외모에 대하여 마음에 안 들어 하는 이야기를 너무 자주 계속 하는 것을 보고, 그들을 잘 아는 친구 부부가 죠에게 충고의 말을 해 주었습니다.

"죠, 자네가 아내에게 무엇을 심어 주고 있는지 깊이 생각해 보기 바라네. 자네가 캐시에게 한 제안들은 모두 캐시의 외모에 집중되어 있었지, 캐시의 내적인 모습에 있지 않은 것 같네. 앞으로 몇 년 후 캐시가 자신의 신체적 매력이 줄어들고 있다는 것을 깨달을 때 어떻게 하겠는가? 피부에 주름살이 늘어가고 탄력성이 없어질 때 캐시는 어떻게 하겠는가? 만일 유방에 문제가 있어서 한쪽을 절제하게 되면 캐시는 어떻게 하겠는가? 또 머리카락이 벌써 희끗희끗하게 되면 어떻게 하겠는가? 캐시는 자네가 자기의 신체적인 외모에 대해서만 지적을 해왔기 때문에, 이제 자기에 대한 자네의 사랑과 관심이 시들 것이라고 생각할 수도 있다는 것을 알아야 하네." 다행히도 죠는 친구의 충고를 받아들여 아내에 대한 비판적인 말들을 줄이기 시작했고, 아내를 전인격적으로 바라보는 법을 배우기 시작했습니다.

우리의 외모는 변할 것입니다. 아무도 이 노화를 막을 수는 없습니다. 우리가 이 변화들에 대하여 긍정적으로 받아들일 때 우리는 내적으로 평안을 유지하며 자기 자신을 용납할 수 있게 될 것입니다.

건강

셜리는 나의 좋은 친구입니다. 여러 해 동안 선교지에서 주님을 섬기고 남편과 자녀들을 뒷바라지하느라 중년기에 여러 가지 병으로 고생했습니다. 처음에는 당뇨병에 걸리더니, 다음에는 암, 그리고 마지막으로 심장 수술을 했습니다. 그가 걸린 병은 모두 사람을 무력하게 만들고 정상적으로 활동할 수 없게 하는 고치기 힘든 병들이었습니다.

악화되어 가는 건강이 아내와 어머니와 가정주부로서의 셜리의 능력, 그리고 셜리의 외모에 나쁜 영향을 미쳤습니다. 뿐만 아니라 지역 사회와 교회에서도 이전처럼 활동할 수가 없었습니다. 셜리는 자기의 기구한 운명을 바꿀 수가 없었습니다. 셜리는 그런 가운데서도 그 모든 고난을 기쁨으로 맞이하며 인내할 수 있는 은혜와 힘을 주시도록 하나님을 굳게 의뢰했습니다.

우리는 셜리와 같은 병으로 고생하는 경건한 여성들을 볼 때 자신이 건강한 것에 대하여 하나님께 더욱 감사하게 됩니다. 우리 자신의 육체가 얼마나 연약한가를 우리는 잘 알고 있습니다. 또한 건강이 좋았던 사람도 갑자기 건강이 나빠질 수 있다는 것을 잘 알고 있습니다.

일반적으로 젊었을 때에는 건강에 대해서는 자신만만하게 생각합니다. 웬만큼 무리해도 끄떡 없으며 금방 회복됩니다. 그리고 그러한 넘치는 건강이 영원히 계속될 것처럼 생각합니다. 그러나 점점 나이가 들면서 그들의 육체는 그들 자신도 막을 수 없게 여러 가지로 변하고 쇠약해지기 시작합니다.

갱년기가 여러 가지 징후와 함께 시작됩니다. 갑자기 몸의 어디가 심히 아프고 결리고 쑤신다든지, 며칠 동안 침체에 빠진다든지, 생리가 불규칙해진다든지 예전과는 다른 현상들이 나타나기 시작합니다. 어떤 여성들은 수술로 인한 후유증으로 일찍 폐경기를 맞이하기도 합니다. 어떤 징후를 동반하든 폐경은 중년기의 신체 변화를 가리켜 주는 중요한 요소입니다.

중년기가 되면 또한 힘이 약해지는 것을 경험합니다. 십대의 자녀를 두고 있는 한 어머니는 이렇게 말했습니다. "얼마 전 한 3일 동안 아장아장 걷는 아기를 돌본 적이 있었는데, 정말이지 힘들더군요. 이제는 더 이상 아기들을 돌볼 힘이 없어요." 40대의 여성은 20대에 힘들이지 않고 할 수 있었던 것을 할 수가 없습니다. 이전만큼 진공 청소기를 빨리 밀 수가 없습니다. 이제는 세차도 직접 하기보다는 세차장에 맡깁니다. 손님들을 초대하기 위하여 음식 준비를 하는 것도 옛날에는 일도 아니었고 피곤한 줄도 몰랐는데, 이제는 감히 엄두가 나지 않으며 힘이 많이 드는 것을 느낍니다.

중년기의 여성은 힘이 점점 약해지기 때문에 지혜롭게 활동을 선택해야 하며, 중요한 일을 위하여 힘을 저축할 시간도 계획해야 합니다.

중년기에는 전반적으로 힘이 약해질 뿐만 아니라, 여러 가지 신체적 한계들이 나타나기 시작합니다. 시력과 청력이 떨어진다거나, 손이 약간씩 떨린다거나, 비오거나 흐린 날이면 관절이 쑤십니다. 엄지발가락 안쪽 혈액낭의 염증, 무릎의 통증, 허리가 쑤시는 것 등 모든 것이 우리의 한계를 생각나게 합니다. 예전에는 친구와 테니스도 치곤 했는데, 이제는 함께 점심이나 먹는 것으로 만족합니다. 예전에는 눈으로 하는 쇼핑이 큰 즐거움이었곤 했는데, 지금은 한 시간만 걷고 나면 발도 아프고 다리도 아픕니다. 이러한 변화들에 대하여 분개할 수도 있으나, 변화는 누구에게나 동일하게 다가오며, 우리의 신체가 나빠지고 있다는 것을 말해 주고 있는 것입니다.

중년기의 남성들도 그렇지만 중년기의 여성들 또한 자신의 새로운 취약점들을 알아가면서, 심각한 병에 걸리지나 않을까 하는 염려를 자주 하며 두려워합니다. 한번 병에 걸리면 앓는 기간도 길고 회복도 더딥니다. 그러한 징후들이 무서운 병을 암시하는 것은 아닌지 염려하고 만일의 부정적인 사태들에 대하여 두려워하는 것은 누구나 나타내는 자연적인 반응입니다. 하나님께서 이 모든 것을 주관하신다는 것을 알면서도 두려움이 생기는 것은 어쩔 수 없는 것 같기도 합니다.

그러나 병이 자기에게 닥쳤을 때 낙심하거나 포기해서는 안 됩니다. 나의 어머니는 중년기에 심각한 퇴행성 질환에 걸렸고, 그것은 50대 후반에 어머니가 돌아가실 때까지 오랫동안 계속되었습니다. 그 병은 어머니를 능력과 재능이 많은 여성에서 완전히 몸져 누워 있는 허약한 여성으로 바꾸어 버렸습니다.

그러나 어머니의 건강이 나빠지면서, 하나님께서 어머니에게 신체적인 어려움을 허락하시지 않았다면 결코 피어나지 못했을 영적인 힘이 어머니에게서 솟아나왔습니다. 어머니는 자기에게 닥친 변화들을 완전히 받아들였고, 하나님께서 자기에게 허락하신 환경들에 기쁨으로 적응하였습니다. 병석에 눕게 된 날 이후로 어머니는 영적으로 더욱 성장하였습니다. 한번은 아버지에게 "여보, 세월이 너무 빨리 지나가는군요. 위하여 기도할 사람들이 너무도 많습니다" 하고 말씀하신 적이 있습니다.

주님께서 우리에게 병을 허락하신다면 주님께서는 또한 우리에게 그것을 받아들이고 적응할 은혜와 힘을 주십니다. "하나님이 능히 모든 은혜를 너희에게 넘치게 하시나니, 이는 너희로 모든 일에 항상 모든 것이 넉넉하여 모든 착한 일을 넘치게 하게 하려 하심이라"(고린도후서 9:8).

고독

한 중년 여성이 최근에 이런 말을 했습니다 : "저는 너무나 고독해요. 사랑하는 남편과 가정이 있고, 경제적으로도 안정되어 있고, 사회 활동도 퍽 활동적으로 하고 있는 편이지만, 저에 대하여 정말로 관심 갖고 있는 사람이 없는 것 같아요. 제가 무엇을 생각하며, 제게 가장 중요한 것이 무엇이며, 그리고 제가 진정 누구인지에 대하여 진정으로 관심을 갖고 있는 사람이 없다는 생각이 들어요. 저는 혼자서 살고 있는 것 같아요. 제 주위에 있는 여성들은 다들 직장에 나가는데 저만 혼자 집에 있다는 생각을 할 때는 때로는 불안을 느끼기도 합니다."

중년기의 많은 여성들이 깊은 고독감과 고립감을 경험합니다. 자녀는 활동적인 십대이거나 집을 떠나 있으며, 남편도 직장일에 마음이 쏠려 있습니다. 여성 해방이니 여권 신장이니 하는 말들, 자기 자신의 고유한 자아상을 가져야 한다느니, 자아 실현을 위해 노력해야 한다느니, 직업 여성을 멋지게 표현하는 말의 홍수 앞에서 중년기의 여성은 어떻게 하는 것이 좋은 것인지 몰라 혼돈 가운데 있으며 고립감을 느낍니다. 사회적 가치관들의 변화가 이러한 문제들을 더욱더 복잡하게 만들고 있습니다. 그래서 많은 여성들이 자기에게 만족과 성취감을 가져다 주는 것을 찾기 위해 노력합니다. 많은 사람들은 그들의 고독감을 무시하거나 숨기기 위하여 무관심, 적대감, 쓸데없는 생각이나 행동, 자기 탐닉의 태도 등을 발전시킵니다.

  제인은 한 성공적인 사업가의 아내로서, 세 딸을 키웠고, 지금까지 사랑스런 가정을 유지해 왔습니다. 제인은 지역 사회 활동에도 적극적으로 참여하는 활동적인 여성으로 알려져 있었습니다. 그런데 딸들이 장성하여 집을 떠난 후 제인은 공허하고 고독감을 느끼기 시작했습니다. 남편은 아내인 제인을 사랑했고, 제인 역시 남편을 사랑하고 있었습니다. 제인은 지난 날을 되돌아보면서, 제인 자신은 아이들을 기르는 데에 집중하고, 남편은 직장일에 집중하여 살아왔다는 것을 발견하게 되었습니다. 그들은 개인적인 일에 쓰기보다는 주님의 일에 헌금하기를 좋아하기는 했지만, 그들의 영적인 삶은 깊이가 없었습니다. 제인은 주일이면 꼬박꼬박 교회에 나가 예배드리곤 하였지만 그들의 신앙 생활은 그것으로 전부였습니다. 하나님과의 깊고 친밀한 교제를 가져본 적도 없었습니다.

  제인에게는 조이스라는 여동생이 있었는데, 조이스는 하나님과 친밀한 교제 가운데 동행하는 삶을 살고 있었습니다. 조이스는 고독감과 좌절감을 주의 깊게 관찰한 결과, 제인의 영적인 삶에 새로운 변화가 있어야 한다는 것을 깨달았습니다. 조이스는 제인에게 날마다 성경을 읽고 기도하며 하나님과 교제하는 시간을 갖도록 권면했고, 다른 사람들에게도 관심을 기울이도록 했습니다.

  조이스의 충고를 따라 제인이 하나님과 지속적인 교제를 발전시켜 나감에 따라 제인의 태도는 변하기 시작했습니다. 제인은 대학 시절 이후로는 한 번도 하지 않았던 교회학교 교사를 자원하였고, 자기가 맡은 아이들을 사랑하기 시작했습니다. 제인은 어서 주일이 되어 그 아이들을 만나고 싶어 좀이 쑤실 정도였습니다. 제인은 아이들의 집을 방문하기도 했고, 한 아이의 어머니를 그리스도께로 인도하기도 했습니다.

  이와 같이 새로운 변화를 시도한 지 1년이 지난 어느 날 제인은 문득 자신이 최근 몇 달 동안 고독하다는 생각을 해본 적이 없다는 것을 깨달았습니다. 제인은 주님께 감사드렸고, 또 자기에게 귀한 조언을 해준 여동생 조이스에게 감사했습니다.

염려와 불안

많은 여성들이 중년기의 새로운 변화들을 맞이할 때 염려하며 불안해합니다. 이 염려가 여러 해 동안 계속 커지고 쌓이게 되면 갑자기 폭발하여 무서운 결과를 초래할 수도 있습니다.

어떤 여성은 자기 가족에게 닥칠지도 모르는 만일의 "원치 않는" 사태에 대하여 염려할지도 모르겠습니다. 또는 가정의 경제적 형편에 대하여 염려할 수도 있고, 또는 남편이 아내인 자신에게 대하여 계속 사랑과 관심을 유지할지에 대하여 염려할 수도 있으며, 연로하신 부모님의 건강과 여생, 자기 자신의 건강, 자기가 다니는 교회에서의 문제들, 심지어 오늘날 세계의 상황까지 모든 것에 대하여 염려할 수도 있습니다.

염려는 우리로 하여금 하나님 및 다른 사람들과 정상적인 관계를 유지하지 못하도록 방해하며, 우리에게 주어진 과업을 성취하기 위하여 계획하고 실행하는 것을 어렵게 만듭니다. 여하튼 염려를 하게 되면 염려가 되는 그 문제에만 마음이 쏠려 있어 기타 모든 일에 마음을 집중하지 못하게 됩니다.

어떤 사람은 우리가 염려하는 것들의 90%는 결코 일어나지 않는다고 말한 적이 있습니다. 이것이 사실이라면, 우리는 괜히 염려를 함으로써 우리 자신의 힘을 약화시키며, 혈압을 상승하게 하고, 맥박수를 증가시키고, 근육을 긴장시켜, 자신의 신체적, 감정적 에너지를 쓸데없이 낭비하고 있는 것입니다.

어떤 여성은 염려를 계속하다보니 마음이 의심과 두려움으로 가득 차게 되는 경우도 있습니다. 그녀는 자기 자신까지도 의심합니다. 그녀는 어떤 일에 대하여 결정하며 그 일에 책임지는 것을 두려워하며, 무엇보다도 자신 속에 있는 염려하는 감정 그 자체를 두려워합니다.

하나님께서는 우리에게 염려를 해결할 수 있는 방법을 주셨습니다. "아무것도 염려하지 말고 오직 모든 일에 기도와 간구로 너희 구할 것을 감사함으로 하나님께 아뢰라. 그리하면 모든 지각에 뛰어난 하나님의 평강이 그리스도 예수 안에서 너희 마음과 생각을 지키시리라"(빌립보서 4:6-7).

기도하라는 이 명령을 실천하기 위해서는 훈련이 필요합니다. 우리의 걱정거리와 염려들을 감사함으로 하나님 앞에 가지고 나아가 말씀 드리는 연습을 해야 합니다. 이와 같이 염려를 그치고 감사함으로 하나님께 아뢰는 삶을 살 때, 다른 어떤 것으로부터도 나올 수 없는 내적인 평화, 하나님께로부터만 나올 수 있는, 우리의 모든 이해를 초월한 평화가 우리의 마음을 새로운 염려의 공격으로부터 지켜 줄 것입니다.

분노(화)

중년기 여성들의 분노를 자극하는 문제들을 몇 가지 들면 다음과 같습니다.

- 가정이나 직장에서 인정(認定)과 칭찬의 결여
- 내적인 욕구들이 충족되고 있지 못하다는 느낌
- 집안일이나 하며 집에 틀어박혀 있는 여자라는 자기 비하 의식
- 자기의 재능과 능력이 사장(死藏)되어 썩고 있다는 생각
- 늘어난 지출을 충당하기 위해 정식이든 부업이든 일을 해야 한다는 압박감
- 반항적인 자녀
- 개인의 삶에서의 실패
- 너무 바쁜 일정
- 가족과 친구들의 불합리한 요구들
- 자신의 능력이 발전이 없음
  ⋮

어떤 여성들은 중년기가 되면 그들의 교육이나 직업이나 개인적인

사역에 있어서 성장과 발전을 위한 기회는 끝나 버린다고 생각하여, 더욱 화를 내거나 분한 마음을 스스로 품게 되는 경우도 있습니다. 많은 사람들이 중년기는 그들의 인생의 방향을 바꾸어 그들의 목표와 꿈을 위해 한 번 더 시도할 수 있는 마지막 기회라고 생각합니다. 그러다가 만일 그러한 기회가 오지 않게 되면 그들은 마음 속으로 분노가 끓어오르게 되며, 마침내 그것은 외적인 행동으로 터져 버리는 것입니다.

분노는 여러 가지로 그 모습을 드러내는데 몇 가지 들면 다음과 같습니다.

- 사랑이 없음
- 공격적임
- 비판적인 태도
- 악의 있는 말
- 마음속의 깊은 쓴 뿌리
- 증오
- 영적으로 냉랭해짐
  ⋮

우리는 중년기를 살아가면서 분노가 죄라는 것을 깨닫고 하나님께 자백하며, 앞으로는 그것을 피할 수 있는 수준으로까지 영적으로 성장해야 합니다. 궁극적으로 모든 분노는 하나님을 향하고 있는 것입니다. 왜냐하면 우리의 삶에 일어나는 모든 사건들은 궁극적으로 하나님의 절대주권 가운데 하나님께서 허락하셔서 일어난 일이기 때문입니다. 따라서 화를 낸다고 하는 것은 하나님께서 왜 일을 그렇게 하시는지 모르겠다고 하나님께 항의하는 것과 같습니다.

분노는 위험하고 파괴적인 감정입니다. 그 결과는 자기 자신을 향해서든 타인을 향해서든 마찬가지로 파괴적입니다. 다윗은 시편 37:8에서 이렇게 썼습니다: "분을 그치고 노를 버리라. 불평하여 말라. 행악에 치우칠 뿐이라." 사도 바울도 분노의 파괴적인 결과를 알았기에 분노를 버리라고 이야기합니다: "이제는 너희가 이 모든 것을 벗어 버리라. 곧 분과 악의와 훼방과 너희 입의 부끄러운 말이라"(골로새서 3:8).

무력감

젊었을 때에는 인생을 자기 마음대로 할 수 있는 것처럼 생각했고, 부정적인 일들이 일어나도 그로 인해 손해를 회복할 시간이 많다고 생각했습니다. 그러나 중년기에 들어서면서 우리는 인생에 대한 자신의 통제력이 점점 약화되는 것을 느낍니다. 다시는 돌이킬 수 없는 사건들이 일어납니다 ─ 부모님의 별세, 또는 남편과의 사별, 건강의 악화, 자녀가 부모의 반대에도 불구하고 잘못된 사람과 결혼함, 이혼, 직장에서의 해고 등.

이런 일들이 일어나게 되면 우리는 자신이 이전에 누렸던 행복을 다시 누릴 소망이 거의 없다고 생각하기 때문에 심히 당황합니다. 세월은 어찌나 빨리 지나가 버리는지 우리는 자꾸만 늙어 가고, 우리의 기대를 충족시켜 주는 일들이 일어나기를 바라지만 쉽지 않습니다. 우리는 삶에 닥치는 부정적인 일들과 싸우지만, 인생의 코스를 바꾸기에는 역부족이라는 것을 느끼게 됩니다.

나는 절망적인 환경 속에 갇혀 있는 것처럼 보이는 한 여성을 만났습니다. 그녀의 남편은 기독교 지도자였는데, 그녀를 버리고 다른 여자에게로 갔습니다. 자녀들도 다 집을 떠나 버렸습니다. 그녀는 수입이 변변치 않았기 때문에 경제적으로도 쪼들렸습니다. 그녀의 건강은 무너지기 시작했습니다. 남편은 돌아오지 않을 것이고, 자녀들도 그들 자신의 인생을 살아야만 합니다. 학교를 졸업한 지도 오래 되었고, 그 동안 가정 주부로서 살아왔기 때문에 갑자기 좋은 직장을 구한다는 것은 거의 불가능했습니다. 여러 가지 삶의 압력들이 그녀의 건강을 해치고 체력을 약화시키는 것을 막을 수가 없었습니다.

우리는 때때로 자신이 환경이나 다른 사람들의 손아귀에 사로잡혀 있다고 생각합니다. 오직 하나님께서 우리의 모든 것을 주관하신다는 굳은 확신만이 이러한 어려운 상황들을 맞이하였을 때 우리로 하여금 흔들리지 않게 해주며 그 속에 담겨 있는 의미들을 깊이 생각하게 하여 영적으로 더욱 성숙하게 해줍니다.

영적인 공허감

매튜와 샌디는 결혼한 지 23년이 되었습니다. 그 동안 그들은 교회 생활도 참 열심히 한 편이었고, 기타 여러 가지 기독교적 활동에도 적극적으로 참여했습니다. 그런데 갑자기 어느 날 매튜가 샌디와 이혼하고 어디 조용한 산 속에 들어가 작은 오두막을 짓고 작가로서의 인생을 새로이 시작할 계획이라고 선언했습니다. 샌디는 그 이야기를 듣고 깜짝 놀라 어안이 벙벙하여 말이 나오지 않았습니다. 샌디가 그러지 말고 제발 새로운 각오로 결혼 생활을 시작해 보자고 애원하며 간청하였지만, 매튜는 냉정하게 거절하였고, 그 간청을 고려해 볼 마음도 먹지 않았습니다. 이 사건은 샌디의 마음을 완전히 사정없이 유린하였습니다. 샌디는 잠시 동안 친구들 사이에서 위안을 구했지만, 점차 그들을 대하기가 어색하고 불편함을 깨달았고, 그들이 자기를 대하는 태도도 예전과 같지 않다고 느끼게 되었습니다. 쓰디쓴 좌절감 속에서 샌디는 마침내 교회에 나가는 것을 그만두었습니다. 그러더니 얼마 후 그리스도인이 아닌 남성과 데이트를 시작했고 걷잡을 수 없이 죄악 된 삶으로 빠져 들어갔습니다.

누구에게 책임이 있었습니까? 물론 매튜에게도 부분적으로는 책임이 있습니다. 그러나 더 큰 책임은 샌디 자신에게 있었습니다. 샌디는 비록 오랫동안 기독교적 활동에 열심히 참여했을지라도 자신의 영적 성장에 대하여는 소홀히 해왔던 것이며, 급기야 시련이 닥쳤을 때 이기지 못하고 쓰러져 버린 것입니다. 그녀의 신앙 생활은 외적으로는 아무 문제가 없고 열심인 것처럼 보였을지 모르나, 또 신앙 생활을 시작한 지는 오래 되었지만 영적으로는 갓난 아이의 상태에 있었습니다.

예수 그리스도를 믿고 신앙 생활을 시작한 지 여러 해가 지난 후 자신의 영적인 삶이 판에 박힌 듯하고 무의미한 것같이 생각되고, 또한 그 동안 영적으로 거의 성장하지 않았다는 것을 깨닫는 것이야말로 실로 비극적인 일입니다. 신앙 생활의 경력으로 봐서는 다른 사람들을 영적으로 도울 시기인데 가진 것이 없기 때문에 아무것도 줄 것이 없습니다. 그 동안 영적으로 무관심하고 하나님의 뜻과는 거의 무관한 삶을 살아온 결과를 중년기에 들어와서 거두게 되는 것입니다. 이것은 자기 자신에게나 하나님의 나라에나 비극적인 일인 것입니다.

미국 전역의 모든 교회에서 여성들은 성실하게 예배에 참석하며, 성경 공부와 기도 모임에 참여합니다. 그러나 많은 여성들이 그러한 시간들을 통하여 하나님을 깊이 알아 가기보다는, 그것들이 단지 공적인 행사에 불과할 때가 많습니다. 그들의 겉으로 드러난 모습과 개인적으로 하나님과 동행하는 삶 사이에는 너무도 큰 간격이 있습니다. 물론 그러한 기독교적 활동들을 통하여 많은 축복들을 얻지만, 개인적인 삶에서는 하나님과 동행하는 삶을 살고 있지 않기 때문에 하나님께서 주시는 가장 좋은 것들을 놓치고 있는 것입니다. 만일 당신이 중년기의 여성으로서 자신이 영적으로 깊이가 없다는 것을 깨달았다면 실망하지 마십시오. 하나님께서 이제라도 당신에게 자신을 올바로 볼 수 있는 눈을 주신 것에 대하여 감사하면서, 이전 것은 잊어버리고 그리스도의 제자로 성장하는 삶을 새로이 시작하기로 결심하십시오.

직업 문제

중년기는 많은 여성들의 직업에 있어서 전환기라고도 할 수 있습니다. 자녀들이 장성하여 하나 둘 집을 떠남으로써 개인적으로 자유를 많이 누리게 되기 때문에 중년기의 많은 여성들이 새로이 직업을 구하거나 더욱 도전적인 직업을 구합니다. 많은 여성들이 가사 노동의 보상에 대하여 점점 환멸을 경험하면서 그와 아울러 불안과 초조한 감정이 증가하며 가사 노동 그 이상의 어떤 것을 하고 싶은 욕구를 느낍니다. 그들은 자신의 역량도 발전시키고 능력도 개발하고 경제적 수입도 더 늘리고 싶어합니다.

하지만, 기혼 여성인 경우 직업을 새로 가진다거나 바꾼다는 것은 가족 전체와 관련되어 있기 때문에 매우 민감한 문제라고 할 수 있습니다. 새로 직업을 가진다거나 보다더 도전적인 직장 생활을 한다는 것은 가정 주부로서 집에 들일 수 있는 시간을 감소시키게 될 것입니다. 그렇게 되면 가족들로부터 원망을 들을 수도 있을 것입니다. 또 새로이 부가된 압력들을 처리하는 법도 배워야 할 것입니다. 여기에서 이야기하고자 하는 요지는 중년기의 여성이 직장 생활을 해서는 안 된다는 것을 이야기하려는 것이 아니라, 하든 안 하든 자신과 가정의 여러 가지 필요를 깊이 고려하여 신중하게 결정해야 한다는 것입니다.

반면에 시간제 직업은 가정 주부들이 손쉽게 택할 수 있는 일거리가 될 수 있습니다. 시간제 직업을 갖기 위해서는 그에 관련된 직업 훈련도 쉽게 받을 수 있습니다. 그러나 이것 역시 이로 인하여 가정 주부로서의 본연의 책임을 소홀히 하는 일이 없도록 주의해야 할 것입니다.

여기서 꼭 짚고 넘어가야 할 것이 있는데, 그것은 직업(직장)에서만 삶의 만족을 얻기를 바라는 사람은 누구나 심각한 실패를 맛보게 된다는 것입니다. 삶에 있어서 참된 만족과 성취감은 오직 하나님과의 깊은 관계를 통하여서만, 그리고 다른 사람들의 삶에 기여를 함으로써만 온다는 것을 명심해야 합니다.

가정 문제

중년기 동안 많은 요소들이 결혼 생활을 방해합니다—예를 들면, 부부 간의 사이가 멀어지는 것, 부부 간에 관심과 목표가 서로 다른 것, 이혼하고 싶은 충동 또는 이혼, 성욕의 감퇴, 남편이 다른 여성에게(또는 아내가 다른 남성에게) 한눈을 팔거나 또는 심지어 부정한 관계를 맺는 것, 직업(직장)에 너무 몰두한 나머지 아내(또는 남편)와 자녀들에게 거의 관심을 갖지 못하는 것, 자녀 양육에 있어서 불일치 등.

자녀들 또한 중년기의 여성들에게 많은 염려와 걱정거리를 가져다 주는 요소입니다. 아이들이 우리의 기대에 못 미칠 때 우리는 실망하고 당황합니다. 때로는 아이들이 부모와 하나님에 대하여 드러내놓고 반항하기도 하며, 부모가 싫어하거나 반대하는 생활 방식을 고집하기도 합니다. 이런 것들은 중년기의 여성들을 더욱 피곤하게 만드는 것입니다. 한 부인이 결혼한 딸과 사위에 대하여 이렇게 말했습니다. "그들은 너무 까다롭고 대하기가 너무 힘들어요. 우리는 딸네집에서 잘못된 것들을 많이 보지만, 그들을 잃어버릴까봐 한 마디도 하지 않습니다. 우린 다만 기도할 뿐이에요."

중년기를 살아가는 사람들에게 가정은 가장 격려와 힘을 주는 그런 곳이 되어야 합니다. 그러나 그 가정에 어려움들이 슬며시 침입해 들어와 가족들 간의 유대 관계와 사랑을 파괴할 때 가정은 중년기의 여성들에게 가장 큰 짐이 되기도 합니다. 가정을 다시 세우는 데에는 늦었다고 생각할 때가 바로 가장 빠른 때입니다. 지금 즉시 가족들 간의 유대 강화를 위한 방안들을 깊이 생각해 보고 실천하십시오. 그리하여 한 지붕 밑에서 함께 자고 먹고 생활하지만 내면적으로는 서로 남남이나 다름없는 비극적인 상태에 이르지 않도록 특별히 큰 관심을 기울이기 바랍니다.

그러면 앞으로 어떻게 해야 할 것인가?

중년기의 여성들에게 문제는 늘 닥쳐 옵니다. 그러나 그 문제들에게 우리 여성들이 압도당해서는 안 된다고 생각합니다. 다음은 중년기를 살아가는 우리 여성들이 활력 있게 살아갈 수 있는 방안을 몇 가지 소개한 것입니다.

강한 영적 초점을 유지하십시오

몇 년 전 마티라는 중년기 그리스도인 여성과 점심을 같이 하면서 대화를 나눈 적이 있었습니다. 대화가 영적인 문제로 향하게 되었습니다. 나는 마티에게 주님과의 관계가 어떤 상태에 있느냐고 물었습니다.

"예. 좋아요, 좋아요" 하고 마티는 대답했습니다. "올해는 거의 한 번도 안 빠지고 주일마다 교회에 갔습니다."

"개인적인 성경 읽기와 기도의 삶은 어떻습니까?" 하고 내가 물었습니다. "교회에 빠지지 않고 나가는 것이 물론 중요하지만, 그것이 당신이 매일 개인적으로 성경 말씀을 읽고 묵상하며 기도하는 시간을 갖는 것을 대신할 수는 없습니다. 그래, 성경은 읽고 있으며 기도는 하고 있습니까?"

"아뇨. 못 하고 있어요. 때로는 교회학교에서 과제로 준 성경 본문을 읽기도 하죠. 그러나 솔직히 말해서 전 지금 너무 바빠요. 매일 일정이 꽉 찼고, 그러니 성경 읽고 기도하는 시간을 어떻게 더 첨가할 수 있겠어요? 그런 것들은 시간을 많이 잡아 먹잖아요?"

"물론 시간이 필요합니다. 그러나 마티, 당신이 성경 읽기와 기도를 계속하다 보면, 그것이 아침 식사하고 양치질하고 직장에 출근하는 것보다 더 중요하다는 것을 발견하게 될 것입니다. 하나님께서 성경 말씀을 통하여 당신에게 개인적으로 말씀하시는 것을 경험하게 되면 당신은 그 시간을 결코 놓치고 싶지 않을 거예요. 예배에 참석하여 설교를 듣고 교회학교 공과 시간에 교사의 가르침을 듣는 것도 좋은 것이지만, 그것들이 당신이 하나님과 홀로 교제하는 시간을 대신할 수는 없습니다. 이번 주에 한번 매일 7분간만 시간을 내어 하나님과 교제해 보시지 않겠습니까?" 나는 마티에게 하나님과 함께 7분간이라는 소책자를 주었습니다.

한 일주일쯤 지나 우리는 다시 만났습니다. 마티는 그 책에 있는 제안대로 하나님과 매일 7분간 시간을 보내고 있으며, 시간이 너무 빨리 가버리더라고 열심히 이야기했습니다. 마티는 매일 10분으로 시간을 늘리기로 했습니다. 그로부터 3년이 지난 지금 마티는 매일 30–40분간 성경 말씀을 읽고 묵상하며 기도하는 시간을 갖고 있습니다.

내가 처음 마티와 대화하면서 그녀에게 개인적으로 하나님을 찾는 시간을 가지라고 제안했을 때, 마티는 삶 속에서 몇 가지 위기를 경험하고 있는 중이었습니다. 십대인 딸이 두 번이나 가출했었고, 두 번 다 미성년자 음주 위반으로 경찰에 붙잡혀 돌아오는 등 부모의 속을 많이 썩였습니다. 또 마티 자신이 다니던 회사가 망하여 갑자기 일자리를 잃게 되었습니다. 그 당시 여러 환경들이 어려웠습니다. 그러나 마티가

1년 동안 경건의 시간을 가진 뒤 그녀의 삶은 변화하였습니다. 아직도 몇 가지 문제들이 해결되지 않고 남아 있었지만, 짜증과 불만으로 가득 찼던 이전의 태도에 비하면 그녀의 태도는 완전히 달라졌습니다.

마티는 하나님께서 절대주권을 가지고 계신 분이시며, 자기의 삶 속에 있는 모든 것들이 하나님께서 허락하신 것이라는 사실을 이해하고 경험하기 시작했습니다. 하나님께서는 우리가 맞이하는 모든 환경들을 알고 계시며, 하나님의 때에 그 환경들을 우리에게 허락하신 것이기 때문에 우리는 환경에 대하여 하나님께 불평을 해서는 안 됩니다. C.W. 웰치는 로마서 8 : 28을 이렇게 의역하였습니다.

> 주님께서는 그 일이 갑자기 나를 덮치도록 계획하시지는 않았을지도 모르겠습니다만, 주님께서 그것을 허락하신 것은 거의 분명합니다. 그러므로 그것이 적의 공격일지라도 그것이 내게 닥쳤다면 그것은 주님께서 허락하신 것입니다. 그러므로 모든 것은 좋습니다. 주님께서는 그것이 삶의 모든 경험들과 더불어 역사하여 선을 이루도록 하실 것입니다.

하나님의 절대주권을 받아들이기 위해서는 하나님을 신뢰해야 하며, 하나님을 신뢰하기 위해서는 하나님을 깊이 알아야만 합니다. 하나님을 아는 가장 좋은 길은 그분의 말씀인 성경 안에서 그분에 대하여 (그리고 우리 자신에 대하여) 배우는 것입니다.

아내가 남편에 대한 신뢰를 어떻게 발전시켜 나갑니까? 개인적인 관찰과 경험을 통해서입니다. 아내는 남편이 어떤 사람이며, 또 자기가 왜 남편을 신뢰해야 하는가에 대하여 다른 사람의 말을 듣고 판단하지 않습니다. 아내는 매일 남편과 함께 살면서 그를 관찰하고, 그와 대화하며, 개인적으로 그를 신뢰하는 것을 배우는 것입니다.

이것은 우리가 하나님과 동행하는 삶에 있어서도 마찬가지입니다. 우리가 매일 성경을 통하여 하나님을 알고 배워 나가는 시간을 갖는다면, 우리를 향하신 하나님의 뜻과 하나님의 선하심에 대하여 금방 새로운 시야를 갖게 될 것입니다.

얼마 전 한 여성과 이야기를 한 적이 있는데, 자신은 삶 속에서 하나님의 임재를 전혀 느끼지 못하고 있다고 했습니다. 그녀는 이렇게 말했습니다. "저는 제 자신이 영적으로 너무 메말라 있다는 것을 느낍니다. 저는 가짜 신자 같아요. 개인적으로 그리스도를 저의 구주로 영접하였고, 영생에 대한 확신을 가지고 있기 때문에 제가 그리스도인이라는 것은 알고 있지요."

내가 그녀에게 매일 얼마간씩 성경 말씀을 읽고 묵상하며 기도하는 시간을 가져 보라고 권면했을 때, 그녀는 이렇게 대답했습니다 : "글쎄요, 당신이 권하는 것이 해결책이라는 것은 알고 있지만, 제가 얼마나 바쁜지 당신은 모를 것입니다. 현재 제 스케줄에서는 뺄 것이 없어요." 내가 알고 있기로, 그녀는 여전히 좌절 가운데 영적으로 공허한 삶을 살고 있습니다.

어떤 사람이 말하기를, 하나님께서는 단지 호기심을 가진 사람에게가 아니라, 하나님을 아는 일에 자신을 헌신한 사람에게 그분 자신을 나타내신다고 했습니다. 우리는 하나님께서 우리에게 베풀어 주신 영적인 잔치를 그저 호기심으로 구경만 하는 사람이 되어서는 안 됩니다. 우리는 그 잔치에 헌신적으로 참여하는 사람이 되어야 합니다.

건강을 유지하십시오

우리가 중년기에 맞이하는 많은 변화와 위기들이 우리의 신체 건강의 약화로 인한 것이기 때문에 건강을 잘 유지하기 위해 예방적인 조치들을 취하는 것이 필요합니다.

아마 당신은 오랫동안 운동을 하지 않았을 것입니다. 그리고 영양 섭취에 대하여도 그리 신경쓰지 않았을 것입니다. 또한 대단히 바쁜 스케줄 가운데 적당한 휴식을 취할 시간을 가져 본 적이 없을지도 모르겠습니다. 당신은 이제 중년기에 들어서면서 서서히 그 열매를 거두고 있습니다. 불룩 나온 배, 피로와 무기력, 여기저기 쑤시고 아픈 것 등 이 모든 것이 당신이 그 동안 당신의 몸을 관리하는 일에 소홀하였다는 것을 말해 주는 것입니다.

건강의 회복과 유지를 위해 시작할 수 있는 몇 가지 간단한 조치를 제시하면 다음과 같습니다.

1. 매일 걷는 운동을 하십시오 — 집 근처를 산보하는 경우도 있고, 아파트에 살고 있는 사람이라면 계단을 서너 번씩 오르내릴 수도 있습니다. 자신의 상황에 맞게 택하여서 하되, 갑자기 너무 무리하게 하지 말고, 서서히 몸에 무리가 가지 않게 시작하십시오.
2. 영양 관리를 잘 하십시오. 사람에 따라 영양 섭취를 늘려야 할 사람도 있고 줄여야 할 사람도 있을 것입니다. 또 어떤 종류의 음식을 먹는 것을 절제해야 할 사람도 있고, 어떤 종류의 음식을 힘써서 먹어야 할 사람도 있을 것입니다.
3. 자신에게 휴식 시간이 좀더 필요한 경우, 자신의 스케줄을 살펴보고 한 가지 뺄 수 있는 것이 있으면 빼십시오.
4. 자신을 감정적으로, 정신적으로 쉬게 해주는 활동이 무엇인지 알아보고 피로할 때면 그런 활동을 하십시오. 다음의 내용은 몇 가지 예에 불과합니다. 각자 자신에게 알맞은 활동들을 적어 보십시오.
   - 지난 날의 추억을 담은 사진첩을 본다.
   - 친구와 점심을 먹는다.
   - 혼자서 밖에 나가 점심을 먹는다.
   - 집 근처, 공원, 시골길, 또는 해변을 산책한다.
   - 그 동안 읽고는 싶었지만 여유가 없어서 읽지 못했던 책을 읽는다.
   - 좋아하는 꽃씨를 심는다든지 화단을 가꾼다.
   - 새로운 요리법을 시도해 본다.
   - 윈도우 쇼핑을 한다.
   - 페인트를 칠한다.
   - 그림을 그린다.
   - 좋아하는 노래 — 찬송가도 좋고 가곡도 좋다 — 를 부른다(피아

노나 기타를 칠 줄 아는 사람은 치면서 불러도 좋음).

당신에게 쉼을 주는 것이 무엇입니까? 당신의 기분을 상쾌하게 해주거나 마음을 새롭게 해주는 것이 무엇입니까? 이번 주부터 한 번 실시해 보기 바랍니다.

당신의 현 상황을 평가하십시오

다음 질문들을 자신에게 해본 다음 솔직하게 자신의 대답을 적어 보십시오. 적으라고 하는 이유는 적어야 생각이 분명하여지기 때문입니다.

- 지금 나를 괴롭히고 있는 문제거리는 무엇인가?
- 나에게 스트레스를 많이 주며 신경을 많이 쓰게 하는 것들은 무엇인가?
- 밤에 잠자리에 들 때, 또는 아침에 일어났을 때, 나의 생각을 사로잡고 있는 것은 무엇인가?
- 이 문제 또는 상황에 누가 관련되어 있는가?
- 이것에 대한 가능한 해결책으로는 무엇이 있는가?
- 만일 해결책이 보이지 않는다면, 은혜로운 마음을 가지고 이 문제와 더불어 살기 위해 내가 할 수 있는 것은 무엇인가?

대답의 예를 적어 보면 다음과 같습니다.

- 현재 나의 문제거리 : 최근 3년 사이에 몸무게가 10kg이나 늘었음.
- 관계된 사람 : 나의 가족들. 왜냐하면 내가 가정주부로서 그들을 위해 장도 보고 요리도 하고 빨래도 하는 등 뒷바라지를 하기 때문이다. 내가 몸무게가 늘어 몸이 둔하고 불편하면 그들이 그만큼 불편을 겪을 것이다.
- 가능한 해결책 : 의사의 다이어트 처방을 이번 일요일부터 실행한

다. 그리고 일주일 중 6일은 매일 20분 동안 걷는 운동을 한다. 또 딸 케이와 함께 쇼핑을 함으로써 다이어트에 허용된 음식만 사도록 옆에서 지켜보게 한다. 또 식사를 할 때나 기타 음식을 먹을 때 내가 정량을 초과하거나 허용된 음식 이외의 것을 먹을 때는 내게 신호를 보내 주도록 남편과 약속한다.

중년기의 여성들을 괴롭히는 복잡한 문제들이 그렇게 쉽게 해결되리라고는 기대할 수 없습니다. 문제가 복합적인 만큼 그 해결책도 단순하지 않습니다. 그러나 문제가 닥쳤을 때 당황하지 말고, 차분하게 앉아서 철저히 생각하는 훈련을 하게 되면 늘 막연한 상태에서 당황해하지 않게 될 것입니다. 자신의 생각들을 적어 놓으면, 그것을 가지고 기도할 수도 있고, 또는 누구에게 도움이나 상담을 구해야 할지도 명확해지게 됩니다.

새로운 목표와 행동을 정하십시오

인생의 어느 시기나 다 그렇겠지만, 중년기에는 목표가 더더욱 중요하다고 할 수 있습니다. 중년기는 인생의 가장 중요한 전환기이기 때문입니다. 새로운 목표를 세우고 그것을 성취해 나갈 때 삶은 새로운 맛과 멋을 더하게 될 것입니다. 삶의 모든 영역에 대한 자신의 목표들을 재점검해 보고 새로운 목표를 세워 보도록 하십시오.

자신의 현재의 삶을 평가하기 위해서는 시간이 필요합니다. 당신의 스케줄을 검토하여 단 몇 시간이든 한 나절이든 또는 하루든 평가하는 시간을 계획하십시오. 당신의 현재의 삶 가운데서 제거해야 할 불필요한 것들은 무엇이며, 더욱 보강해야 할 것은 무엇이며, 새로이 첨가해야 할 중요한 것들이 무엇인지 생각해 보십시오. 방해받지 않는 장소에서 하는 것이 좋습니다. 집이 괜찮으면 집에서 해도 되고, 아니면 지역 도서관이든지 인근 공원이나 산일 수도 있습니다.

다음 페이지에 나오는 도표를 사용하면 도움이 될 것입니다.

활동 평가표

활 동	꼭 필요함	필요함	의문시됨	불필요

표 2-1

평가 결과 새로운 결정을 해야 하는데, 당신 자신 외에 남편이든 가족 중 어느 누구든 그 결정에 관련이 되어 있다면 그들과 상의해서 하십시오.

불필요한 활동들을 찾아서 앞으로는 그런 활동들을 하지 않겠다고 결심하는 것이 어려울 수가 있습니다. 그러나 일단 우리의 삶 속에 필요한 것들을 기도 가운데 결정하고 실행하기로 했으면, 그 목표와 우선 순위에 맞지 않는 다른 활동들은 과감하게 제거해야만 합니다.

최소한 일 년에 한 번은 평가하십시오. 가능한 한 6개월에 한 번 또는 3개월에 한 번 하는 것이 좋습니다. 자신의 스케줄을 목표와 연관하여 계속 통제하지 않으면 새로운 활동들과 책임들이 신속하게 불어날 것입니다. 삶의 좋은 것들이 너무 많아서 최상의 것들을 밀어내지 않도록 주의하십시오.

중년기는 여성에게, 가장 충만한 삶을 살며 하나님께서 자기와 함께

하시는 기쁨을 경험하며 다른 사람들과 안정되고 행복한 관계를 형성, 유지할 수 있는, 인생에 있어서 가장 생산적이고 보상이 있는 시기가 될 수 있습니다.

 지금까지 어떻게 살아왔든 이제부터가 중요합니다. 과거의 비생산적인 활동들을 과감히 끊어 버리며, 과거의 실패들에 집착하지 말고, 하나님께서 주시는 새로운 기회들을 놓치지 말고 붙잡아 새로이 전개될 멋진 인생을 기대하면서 열심히 살기를 바랍니다.

제 3 장

중년기의 남성

좋은 하루였습니다. 온 가족이 잠자리에 들었고, 밤이 깊어 감에 따라 밤공기가 점점 차가워지고 있었습니다. 아내는 옆에서 잠이 들었습니다. 이불 속이 따뜻하고 편안했습니다. 생각하기에 좋은 시간이었습니다. 그래서 나는 많은 것들을 생각했습니다. 현재의 나의 삶이 내 인생 전체에서 어디에 위치하고 있는지 검토하기 시작했습니다. 나는 중년기, 늙어 간다는 것, 얼마 있으면 맞이하게 될 생일 등 이것저것 생각했습니다. 내 나이가 지금 마흔 둘이니까, 인생을 칠십으로 칠 때 반절에서 7년이 더 지났구나. 그래도 아직 반절쯤은 남아 있어. 어느 새 나도 오십을 바라보고 있다니!

그 순간 나는 서른 다섯 살 때 정신적으로 불안해했던 적이 있었다는 것을 깨달았습니다. 나는 그때 자신이 중년기에 도달했다는 것을 잘 모르고, 여전히 나는 젊다는 생각에 집착하고 있었습니다.

나는 그 사실을 좀더 일찍 알아챘어야 했습니다. 요즘은 굵어진 허리와 혁대가 서로 싸우고 있습니다. 흰 머리가 많아졌습니다. 나의 몸에 대하여 이전보다 자신이 없습니다. 몸을 무리해서는 안 되지 하는 생각이 늘 머리 속에 있으며, 조금만 무리하면 근육통이 생깁니다.

우리에게 아무 선택권이 없긴 하지만 젊음이란 포기하기가 너무 아쉽고 힘듭니다. 우리는 젊음을 지향하는 문화 속에서 살고 있습니다. 한 친구가 최근에 말하기를, 어떤 사람이 앞으로 사장이 될지 안 될지는 30대 전에 결정된다고 했습니다. 이 말이 맞고 안 맞고는 둘째치고 중년기에 있는 우리에게는 실망이 되는 말이 될 수 있습니다.

헨리 스틸이라는 사람은 나이를 생각하면서 그의 책에서 이렇게 적고 있습니다.

> 날이 밝아 온다. 새벽 공기가 쌀쌀하고 눅눅하다. 잠자리에서 박차고 나와 하루 일과를 맞이하기가 자꾸만 더 어려워진다. 무릎과 어깨가 쑤시고 결린다. 몸을 긁을 때마다 건성이 된 피부에서 엷은 비듬 조각들이 떨어진다. 일어나 앉았지만 하루를 맞이하기가 꺼려지고, 팔과 다리에 있는 불룩 튀어 나온 핏줄들과 발과 손등에 있는 갈색 반점들이 유난히도 눈에 잘 뜨인다. 멍하니 피부에 나타난 변화들을 바라본다. 지난해 쓸개를 제거할 때 생긴 흉터가 아프다. 혈압과 콜레스테롤 수치를 생각하면 순간적으로 깜짝 놀란다. 어젯밤에 잠자리에 들면서 오늘 아침에 해야 할 일을 생각해 두었지만 잘 기억이 나지 않는다. 세수하러 세면장 거울 앞에 서는 것은 무섭다. 거울 속으로 뚱뚱한 몸에다 축 처진 이중턱, 비누 거품을 묻히기 전 여기저기 흰 수염이 보인다. 저 사람이 누구지?

많은 중년기의 남성들이 이 자신의 젊음이 사라져 가고 있다는 것을 문득 깨닫고는 깜짝 놀라면서 여러 가지 감정적 반응을 보입니다. 어떤 사람은 두려워합니다. 어떤 사람은 더 열심히 일에 몰두합니다. 또 어떤 사람은 옷을 젊게 입고 젊게 행동하려고 합니다. 어떤 사람은 필사적으로 운동을 합니다. 어떤 사람은 포기합니다. 그러나 이렇게 하든 저렇게 하든 누구나 어쩔 수 없이 나이와의 싸움에서 지고 중년기로 쿵 하고 뛰어듭니다. 우리를 잡아 당기는 중년기의 힘에 아무리 발로

차고 소리지르며 발버둥치면서 저항해 봐야 소용이 없습니다.
 중년기의 남성들이 맞이하는 문제들은 여성들이 맞이하는 것과는 사뭇 다릅니다. 남성들에게 있어서는 직장(직업)이 첫 번째를 차지하고 있습니다. 왜냐하면 그들은 가족들을 먹여 살리기 위하여 돈을 버는 일을 그만둘 수가 없기 때문입니다. 그들은 자신이 올가미에 걸려 있다고 생각합니다. 또한 자기는 감옥에 갇혀 있으며, 거기서 빠져 나가는 것은 불가능하다는 의식을 가지고 있습니다.
 남성은 중년기를 경험하면서 갑자기 낯선 문제들을 맞이합니다. 그는 자기가 과연 직업을 올바로 선택한 것인지 질문을 하기 시작합니다. 또 자기의 과거를 되돌아보면서 자기가 과거에 추구했던 꿈과 목표를 현재의 자신의 삶과 비교해 봅니다. 또한 자신의 결혼 생활을 되돌아 보면서 지금까지의 결혼 생활이 과연 자신의 기대를 충족시켰는지 생각해 봅니다. 만일 그렇지 못했다면 왜 그랬을까 하고 이유를 곰곰이 따져 봅니다. 그는 자신의 신체적 변화를 적나라하게 보여 주는 거울을 피합니다. 그는 또한 자신의 능력과 가능성을 의심하기 시작합니다. 한마디로 말해서 그는 자신의 삶에 대하여 전반적으로 재평가를 하는 것입니다.
 그러나 이러한 질문과 재평가가 나쁜 것은 아닙니다. 실상 이런 기회를 통해서 남성은 그 동안의 자신의 삶에 대하여 깊이 반성하며 평가하여 새롭게 발전적인 변화를 시도하게 되는 것입니다.
 물론 중년기의 남성들은 누구나 모종의 정신적인 충격을 경험해야만 하는 것은 아닙니다. 어떤 사람은 별충격 없이 자연스럽게 중년기를 맞이할 수도 있습니다. 그러나 충격이나 위기 같은 것을 경험하지는 않을지라도 변화들은 누구에게나 일어나게 되며, 그는 그 변화들에 반응하고 적응해야만 합니다. 그는 중년기를 맞이하여 더욱 발전하기보다는 퇴보할 수도 있습니다. 그러나 꼭 퇴보하게 되어 있는 것은 아닙니다. 자신의 삶에 대한 진지한 재평가를 통하여 올바른 시야와 전망을 가진 새로운 남성의 모습으로 다시 태어날 수가 있는 것입니다.
 다니엘 레빈슨은 중년기의 남성들이 겪는 내적인 혼란을 잘 묘사하고 있습니다.

　대부분의 남성들에게 있어서 … 중년기는 자기 자신과의, 그리고 외부 세계와의 요란한 싸움과 갈등을 불러 일으키는 시기입니다. 이 전환기는 사람에 따라 그 정도가 가벼울 수도 있고 심각할 수도 있겠지만 여하튼 위기의 기간입니다. 그들의 삶의 모든 면이 의문시되며, 그들의 약점과 결점들이 폭로되는 것을 보면서 무서워합니다. 그들은 자기 자신과 다른 사람들에 대한 비판과 정죄로 가득 차 있습니다. 이제는 전처럼 계속 나아갈 수가 없습니다. 길을 바꾸어 새 길을 선택할 시간이 필요합니다.
　이러한 위기에 있는 남성은 다소 비합리적인 경우가 많기 때문에 사람들은 그를 보고는 "병이 났다"거나 "탈이 났다"고 생각할 수도 있습니다. 그러나 대부분의 경우에 그는 병이 난 것도 탈이 난 것도 아닙니다. 그 사람 자신 및 그에 대하여 관심을 갖고 염려하는 사람들은 모두 그가 정상적인 발달 과정에 있으며, 정상적인 중년기의 과업을 수행하고 있다는 것을 알아야만 합니다. 자신의 삶에 대하여 의문을 던지고 새롭게 바꾸어 보려는 욕구는 매우 건전한 것입니다. 반성과 평가의 질문을 하고 새로운 방향을 진지하게 찾는 것은 중년기에 있어서 당연하고도 바람직한 것입니다. 어떻게 하면 이 위기들을 가장 잘 이용할 것인가를 깊이 생각해 보십시오.

　중년기에 많은 문제들이 여기저기서 정신차릴 틈도 없이 튀어 나와 우리를 당황하게 하지만, 소망은 있습니다. 그 문제들에 대한 해결책이 있는 것입니다. 이 문제들은 우리의 과거 즉 중년기 이전의 시기에 그 뿌리를 두고 서서히 자라다가 중년기의 여러 가지 신체적, 감정적 변화라는 비옥한 토양을 만나 왕성하게 성장하여 그 열매를 맺는 것입니다.
　사춘기 후기와 청년기 초기의 결정들이 그 이후 십 몇 년 동안의 삶에 큰 영향을 미치듯이, 중년기의 결정들은 그 다음 이삼십 년간의 우리의 생활 방식에 결정적인 영향을 미치게 될 것입니다. 그 결정들은 앞으로의 직업(직장), 결혼 생활, 그리고 은퇴시의 궁극적인 성취와 만족에 크게 영향을 미치게 됩니다. 우리는 성장할 기회를 간과해서도 안 되며, 성장하는 과정에서 경험하는 고통을 무시해서도 안 됩니다.

대부분의 이 방면의 권위자들이 중년기 남성의 주요한 생활 영역으로 첫째 직장(직업), 둘째 가정을 꼽고 있습니다. 물론 다른 것들도 중요하지만, 이 두 가지가 단연 앞서는 것입니다. 이 두 가지가 중년기 남성의 삶에 지속적으로 큰 추진력을 제공합니다. 그러나 나는 여기에 세상 사람들이 무시하는 세 번째 영역을 첨가하고자 합니다. 그것은 곧 영적인 영역입니다. 영적인 삶은 세 번째라고 말은 했지만 사실은 가장 중요한 생활 영역입니다. 그것은 우리의 삶의 열쇠라고 할 수 있습니다. 왜냐하면 그것은 우리의 인생 전반에 대한 올바른 시야와 한없는 힘을 제공해 주기 때문입니다. 영적인 삶은 우리의 삶과 존재의 기본 바탕을 이루는 천과 같으며, 우리는 그 바탕 위에 다른 삶들로 수를 놓아 간다고 볼 수 있습니다. 따라서 영적인 문제를 도외시하고 직업(직장)과 가정과 기타 영역들에서 생기는 문제들을 다루는 것은 근본 원인들은 다루지도 못하고 단지 겉으로 드러난 징후만을 건드리며 고통을 완화시키는 데 불과한 것입니다. 중년기의 위기들은 영적 성장의 맥락에서 자세히 검사를 받아야만 합니다. 그러면 중년기 위기를 불러 일으키는 것들에 대하여 주요한 영역별로 좀더 자세히 살펴보기로 하겠습니다.

직업(직장)

한번은 45세쯤 된, 제대를 앞두고 있는 공군 대령과 대화를 나눈 적이 있었습니다. 나는 그에게 장차 무엇을 할 계획인지 물었습니다. 그의 대답을 듣고 나는 깜짝 놀랐습니다. 그는 이렇게 대답했던 것입니다: "나의 문제는 어려서부터 지금까지 살아오면서 내가 무엇을 해야 할지

내 스스로 결정해 본 적이 없었다는 것입니다." 나는 웃고 넘어갔지만, 그의 말은 그와 같은 나이에 있는 남성들에 대한 한 가지 통찰력을 제공해 주었습니다.

열쇠는 성장입니다. 자기가 종사하고 있는 분야나 맡고 있는 일에서 자신이 죽어 매장당한 시체나 다름 없는 것이 아니라 여전히 살아 움직이며 능력을 발휘할 수 있다는 느낌이 남성에게는 절대적으로 필요한 것입니다. 보수, 지위, 책임, 성취와 업적, 인정 등 모든 영역에서 자신이 성장, 발전하고 있다는 것을 눈으로 보아야 합니다. 그러나 성장하고 있음에도 불구하고 자신의 직업(직장)에서 여전히 동기 부여도 받지 못하며 열매도 없다고 느낄 수도 있습니다.

한 남성의 신원은 그의 직업과 긴밀한 관계가 있습니다. "성함이 어떻게 되십니까?" 하고 물은 다음 "무슨 일을 하고 계십니까?"라든지 "어디에 근무하고 계십니까?"라는 질문이 거의 항상 따릅니다. 우리는 직업에 의해 사람들, 특히 남성들을 분류하고 평가합니다. 변호사, 의사, 판사, 목수, 목사, 교사, 공예가, 엔지니어, 노동자, 농부 등등 모든 직업은 각기 그 나름의 일정한 이미지를 가지고 있으며, 우리는 그 사람의 직업을 듣고 그 사람이 대충 어떤 사람일 거라고 생각을 하곤 합니다. 우리는 자신의 직업이 가지고 있는 일정한 이미지에 맞추어 자신의 자아상을 형성하며, 다른 사람들이 그 직업의 사람들에 대하여 기대하는 그런 사람이 되려고 하는 경향이 있습니다.

우리는 이러한 경향이 잘못되었다는 것을 잘 알고 있습니다. 한 남성의 개성과 가치는 그의 직업에서 나오는 것이 아니라, 그의 인격에서 나오는 것입니다. 물론 하나님의 시야에서 볼 때 그렇다는 것입니다. 그리스도인이든 그리스도인이 아니든 사람들은 어떤 사람을 평가할 때 그의 됨됨이가 어떠하냐가 중요하다는 것을 머리로는 알고 있지만, 실제로는 그 사람의 세상적인 지위를 더 중요시하는 것이 현실입니다.

일반적인 남성의 직업에 있어서의 변천 과정을 잠시 생각해 보십시오. 십대에는 앞으로 자기가 어떤 일을 할 것인가에 대하여 꿈을 꾸기도 하고, 때로는 두려워하기도 합니다. 그러다가 십대 후반과 이십대 초반에 가서 교육과 경험을 통하여 막연하게 이것저것 생각할 뿐입니다. 그래서 그는 일단 한 가지 직업을 택하여 자신을 던져 봅니다.

이십대에 대부분의 사람들은 부모로부터 독립하게 되며, 직장(직업) 생활을 시작하여 발전을 보이며, 자신의 가정을 갖습니다. 이 시기는 변화하는 상황과 세상에서 자신의 분명한 위치를 찾는 데 몰두하는 시기입니다. 어떤 사람은 공부를 더하기 위하여 학교로 돌아갈 수도 있고, 어떤 사람은 직업을 여러 번 바꿀 수도 있습니다. 그리고 자신이 시도한 어떤 일에서 실패를 경험할 수도 있습니다. 그러나 이러한 잦은 변화와 실패에도 불구하고 그는 젊음이라고 하는 강한 탄력성으로 인하여 금방 다시 회복되며 감정적인 혼란을 거의 겪지 않습니다. 그는 젊음의 패기로 다시 시도합니다.

일반적으로 20대 후반이나 30대 초반에 가서 남성은 평생의 직업(직장)을 결정하고 저돌적으로 그 분야에서의 발전을 위하여 노력합니다. 그는 직장에서의 승진을 위해 전력을 다합니다. 승진은 더 많은 경제적 수입과 더불어 안정된 생활 기반을 확립하는 데 결정적인 역할을 하기 때문입니다. 이 시기에 그의 생각을 지배하고 있는 것은 직업입니다. 결혼 생활과 가족에 대하여 신경을 쓰겠지만 직업에 대한 관심에 저만치 밀려나 있는 경우가 많습니다.

그러다가 30대 후반 내지 40대 초반에 가면 여러 가지 일들이 일어나기 시작합니다. 직장(직업)에서의 자신의 장래가 점점 어두워지고 있다는 것을 깨닫기 시작합니다. 승진, 성공, 창의성 등과 관련하여 자신이 제한되어 있다는 것을 인식하게 됩니다. 어떤 사람은 자신의 한계성을 잘 알면서도 그것을 인정하려 하지 않을 수도 있습니다. 어떻든 이젠 더 이상 "장래가 촉망되는 젊은이"가 아닙니다. "이 일은 그의 능력에는 부치는 일이다"느니, "이 일은 그의 능력으로는 좀 힘들다"느니 하면서 그의 능력의 한계에 대하여 주위에서 거론들을 하기 시작합니다. 그럴수록 그는 성공에 대한 집착이 강해지면서 뭔가를 성취하려고 발버둥칩니다.

지금까지 그가 싸워 온 성공의 대상이 경제적인 것이었다면, 그에게는 경제적 안정이 가장 중요한 문제가 될 것입니다. 경제적으로 안정된 생활을 해온 경우라면, 사회적 지위와 안락한 생활이 그의 생각을 지배할 것입니다. 사람마다 자기가 올라가야 할 사다리를 마음 속으로 가지고 있습니다. 사회적 지위, 부, 힘(권력), 명성, 직업, 가정 생활, 사회적 공헌 등 모든 영역에서 정상에 도달하기 위하여 부지런히 올라가려고 노력합니다. 자신의 세계에서 중견적인 위치를 확보하려고 분투하는 이면에는 자신의 목소리를 더 강하게 하려는 마음, 곧 더 많은 "힘"을 소유하려는 욕구가 있습니다.

많은 직업에서 중년기의 남성들이 올라갈 수 있는 사다리의 높이는 제한되어 있습니다. 더 이상 딛고 올라설 자리가 없는 경우도 있습니다. 어떤 직업이나 직장에는 아직도 올라갈 자리들이 있을 수도 있으나, 그에게는 올라가고 싶은 마음도 올라갈 능력도 없습니다. 자기의 직업에 대하여 싫증을 느끼거나 아무 만족도 얻지 못할 수도 있습니다. 인간 관계 및 기타 여러 가지 원인으로부터 야기된 갈등들이 그 직업에 대하여 권태와 피로를 느끼게 할 수도 있습니다. 어느 경우이든 실패와 절망감을 맛보게 됩니다. 자신의 한계에 대한 강한 자각은 위기감을 불러 일으킵니다.

중년기의 위기를 신호해 주는 대표적인 요인들로는 상처입은 자존심, 실패감, 경제적 불안 등을 꼽을 수 있을 것입니다.

상처입은 자존심

"교만은 패망의 선봉이요, 거만한 마음은 넘어짐의 앞잡이니라"(잠언 16:18). 상처입은 자존심은 중년기의 남성을 쉽게 침체에 빠지게 할 수 있습니다. 자신에게는 한계가 있으며 그의 잠재력에도 끝이 있다는 것을 발견할 때 그의 자아는 상처를 입게 될 것입니다. 그는 자신이 교만했다는 것을 인정하거나 자신의 한계들과 대면하기를 싫어합니다. 그는 자신의 젊음을 과대평가하며, 공연한 자존심에서 터무니없이 높게 수준을 설정합니다. 그러나 이러한 교만은 멀지 않아 자신의 패망을 가져오게 됩니다. 잔인한 현실이 그의 헛된 망상을 산산조각내 버릴 것입니다.

실패감

자기가 하는 모든 일에서 완전한 성공을 거두는 사람은 아무도 없습니다. 실패는 누구나 하기 마련입니다. 사람은 누구나 나면서부터 죽을 때까지 수많은 실패와 패배를 맛봅니다. 어린 시절 원하던 것을 이루지 못했을 때 당시에는 심각한 타격을 받을 수도 있으나 지나고 보면 그 영향은 작은 것을 보게 됩니다. 또 원하던 대학에 낙방한 것도 당사자에게는 어느 정도 고통스러운 실패가 될 수 있겠지만, 대학 시험에 떨어졌다 해서 인생의 패배자가 되는 것은 아니며, 나중에 가서 보면 그리 큰 문제가 되는 것도 아닙니다. 그러나 중년기의 남성이 가정 생활과 직업과 같은 삶의 핵심적인 영역에서 실패할 때 그 실패는 젊었을 때의 여러 가지 실패들과는 비교할 수 없을 정도로 그에게 크나큰 고통을 안겨 줍니다.

많은 남성들이 어떤 값을 치르고서라도 자신의 직업에서 성공을 거두기 위하여 피나는 싸움을 합니다. 그 결과 그는 성공을 위하여 큰 희생을 치릅니다. 직업과 가정 생활과 개인적 필요 간에 조화와 균형을 유지하려고 하기보다는 직업을 위해서 가정과 개인적인 삶을 희생합니다. 이렇게 해서 초기에는 성취감과 만족감을 맛볼지도 모르나, 그 희생의 댓가는 한참 후 중년기에 쓰디쓴 열매로 거두게 됩니다. 자신의 가정 생활과 개인적인 삶에서 실패했다는 것을 깨달을 때 초기의 성취감은 공허감으로 변합니다.

대부분의 남성들에게 있어서 직업에서의 실패감을 경험하는 시기가 바로 중년기입니다. 승진에서의 탈락 또는 지연, 가벼운 징계, 좋은 기회를 놓치는 것 등 작은 것으로부터 강한 견책과 징계, 해고, 자기보다 후배가 앞질러 승진하는 것 등과 같은 큰 것에 이르기까지 크고 작은 여러 가지 것들이 실패감을 가져다 줍니다. 또는 과도하게 시간외 근무를 요구받는다든지, 자신의 능력을 벗어나는 과제를 부여받는다든지 하는 것도 실패감을 불러 일으킬 수가 있습니다. 그러나 그 실패가 무엇이든지간에 그것은 중년기 경험 전체의 맥락에서 평가되어야만 합니다.

바울은 디모데후서 4:16-17에서 이렇게 말하고 있습니다: "내가 처음 변명할 때에 나와 함께 한 자가 하나도 없고 다 나를 버렸으나… 주께서 내 곁에 서서 나를 강건케 하심은 나로 말미암아 전도의 말씀이 온전히 전파되어 이방인으로 듣게 하려 하심이니, 내가 사자의 입에서 건지웠느니라." 감옥에 갇힌 바울은 실패감 속에서 낙심할 수도 있었을 것입니다. 그러나 그는 겉으로 보기에는 실망적인 환경 가운데서도 하나님의 목적들은 계속 성취되고 있다는 것을 분명하게 볼 수 있었습니다.

실패는 하나님께서 어떤 사람을 나중에 더 크게 사용하실 목적으로 그를 예수 그리스도의 형상으로 만들어 가기 위해 사용하시는 조각칼 중의 하나라고 할 수 있습니다. 실패는 그 사람으로 하여금 자신의 삶의 구조를 전반적으로 재평가하며 미래를 주의 깊게 계획하고 준비하게 하는 긍정적인 요소가 될 수도 있습니다. 시편 119:67, 71 말씀처럼 실패를 통하여 삶을 바로잡게 되고 주님의 말씀을 배우며 하나님을 더욱 의뢰하게 되는 것입니다 — "고난당하기 전에는 내가 그릇 행하였더니 이제는 주의 말씀을 지키나이다. 고난당한 것이 내게 유익이라. 이로 인하여 내가 주의 율례를 배우게 되었나이다."

경제적 불안

중년기에는 경제적 압박이 더 심해집니다. 아이들의 옷값, 학비, 여러 가지 레슨 비용, 그리고 좀더 큰 집에서 좀더 편안하고 안락한 생활을 하고 싶은 마음, 기타 수많은 요구들이 수입은 일정한 그런 시기에 계속 쏟아져 들어와 중년기의 남성을 당황하게 합니다.

젊었을 때는 허리띠를 졸라매며 열심히 살면 나중에 경제적으로 안정된 삶을 살게 되겠지 하는 기대감으로 경제적인 어려움들도 쉽게 이길 수 있었습니다. 그러나 중년기에 이르게 되면 민감하게 반응을 하지 않을 수 없게 됩니다. 예기치 않은 의료비, 집을 마련하기 위해 경제적으로 무리하는 것, 이사, 직업을 잃어버리는 것 등등이 경제적 안정을 위협하면서 중년기의 위기에 불을 붙일 수가 있습니다.

가족들을 부양해야 한다는 의무감이 남성으로 하여금 그가 싫어하는 직업(직장)에 계속 머무르도록 강요하며, 그가 새로운 인생 방향으로 나아가는 것을 가로막을 수가 있습니다. 이 의무감으로 인하여 그는 자기의 직업을 지키기 위하여 자신의 윤리적 표준을 타협하여 낮출 수도 있습니다. 또한 자신의 수입을 계속 유지하거나 더 늘려야 하는 압박으로 인하여 그는 가장 변화를 필요로 하는 때에 자신이 지금 어느 직업에 사로잡혀 있다고 느낄 수도 있습니다. 이것은 한 달 수입이 적은 사람들만 경험하는 것이 아닙니다. 수입이 많은 사람들도 그들 나름 대로 불안과 염려 가운데 살고 있습니다. 그들은 돈을 계획없이 헤프게 써버리거나, 새로운 일에 투자하는 모험을 함으로써 경제적 압박을 심하게 받기도 합니다.

직업과 관련하여 중년기 위기를 신호해 주는 대표적 요인들로는 위의 세 가지 외에도 많이 있습니다. 예컨대, 대인 관계의 갈등, 생산량 또는 작업 성과에 대한 압력, 전근이나 해고 명령, 과도한 시간외 근무에 대한 압박, 자신의 능력을 넘어서는 과제들, 불만족과 싫증 등 이 모든 것이 우리의 아픈 곳을 자극하고 위기 상황을 낳습니다. 그리고 남성에게는 그것은 아주 중요한 인생 문제입니다. 우리가 지은 당신의 직업 : 생존이냐 만족이냐라는 책은 좀더 구체적인 도움을 제공할 것입니다.

결혼 생활과 가정

남성은 자신이 직업에서 꿈꾸던 것들이 뒤틀리고 깨어지기 시작함에 따라 아내와 자녀들에 대하여 새로운 관심의 눈을 뜨게 되고 그들을 새로운 시야로 바라보게 됩니다. 이러한 눈은 빨리 뜰수록 좋습니다. 그러나 어떤 사람들은 너무 늦게 눈을 뜨기 때문에 많은 희생을 치르기도 합니다. 남성이 자신의 직업에서의 개인적인 야망들을 이루기 위해 몰두하는 동안 그의 결혼 생활과 가정은 개인적 야망의 그늘 밑에서 시들어 말라 가고 있는 것입니다. 이제 그가 가족들에 대하여 새로운 관심의 눈을 뜨게 되고 남편과 아버지로서의 자신의 필요와 부족한 점들을 볼 때 그에게는 새로운 고독감이 생깁니다. 이와 같이 새로운 관심의 눈을 뜨게 하는 계기로는 여러 가지가 있겠지만, 그 중 하나로 남성에게 있어서는 직업(직장)에서의 갑작스런 변화를 들 수 있습니다.

 몇 년 전 나는 아이들의 방학을 맞이하여 온 가족이 캠핑을 간 적이 있었습니다. 집을 떠나기 직전, 내가 근무하는 회사가 갑작스레 경영상의 변화를 맞이하게 되었고, 그 결과로 회사의 조직을 전면적으로 개편하는 것과 같은 후속 조치의 가능성이 있었습니다. 아마도 나는 거의 다른 지방으로 전근을 가게 될 상황이었습니다. 나는 여행을 가서도 마음이 불안하였고 며칠 동안 전화 박스에서 살다시피 했습니다. 나는 밤에 잠을 이룰 수가 없었습니다. 나에게는 아주 드문 일이었습니다. 여러 가지 생각과 아이디어들이 머리 속을 가득 채웠고, 착잡한 감정들이 한데 얽히면서 직장에서의 변화에 대하여 마음을 안정하지 못하고 어쩔 줄을 몰라 하였습니다. 고등학교에 다니는 아들 녀석과 함께 지낼 날도 이제 얼마 남지 않았는데, 내가 그 아이를 위해 해준 게 뭐지? 해주지 못한 게 너무도 많구나. 이럴 줄 알았으면 왜 진작부터 관심을 갖지 못했을까? 나는 머리가 어지럽고 마음이 괴로웠습니다.

 며칠간의 혼란을 겪은 후 나는 캠프장의 조용한 숲속에 혼자 앉아서 나의 생각들을 죽 적어 보았습니다. 나는 몇 가지 계획을 했고, 삶의 우선 순위에 따라 자신을 드리기로 굳게 결심했습니다. 나는 주님과 교제하면서 이 모든 것에 대하여 말씀드렸고, 그 후로 내 마음은 전적으로 평안했으며, 우리는 즐거운 시간을 보냈습니다. 직업 환경에서의 변화 가능성을 통하여 나는 가족의 필요에 눈을 뜨게 되었고, 나의 삶의 우선 순위와 생활 방식을 재평가하게 되었습니다.

 대부분의 남성들은 자신의 미래의 꿈을 나눌 수 있는 아내를 택합니다. 그들의 결혼 생활은 이상주의적인 태도로 시작됩니다. 그러나 서로에게 적응하기 위한 싸움들이 일어나면서 그들은 현실을 직시하게 되고 현실적인 태도를 취하게 됩니다. 만일 결혼 생활이 이 초기의 테스트를 무사히 거치고 살아남는다면 대개 중년기까지 안정이 계속됩니다. 그러다가 중년기에 들어와서 결혼 생활에 대한 재평가 작업이 진행되고, 그 결과 결혼 생활을 심각한 갈등과 위기로 이끌 수도 있습니다. 결혼 생활과 가정의 영역에서 남성에게 특별히 영향을 끼치는 것들을 몇 가지 들면 다음과 같습니다.

성적인 유혹

성적인 유혹의 문제는 훨씬 그 이전에도 나타나지만, 중년기에는 특별한 힘을 가지고 남성들 앞에 나타납니다. 점점 더 늙어 가는 아내를 볼 때 남편의 눈에는 아내가 이전보다 볼품없게 보일 수가 있습니다. 특히 부부 간에 평소 깊은 대화가 빈약했고, 부부 생활이 만족스럽지 못했다면 아내는 더욱 매력없이 보일 수가 있습니다. 그렇게 되면 그는 주위의 다른 여성들을 쳐다 보기 시작하게 되며, 그의 환상을 충족시켜 주는 다른 여성에게로 향하고 싶은 유혹을 받기 시작하는 것입니다. 중년기에는 감정이 안정되어 있지 못하고 또한 자신의 자아상도 변화하기 때문에 남성은 성적인 유혹의 영역에서 더욱 취약하게 됩니다. 그래서 많은 남성들이 도색 영화나 비디오, 잡지 등을 통하여 자신의 성적 불만족을 해결해 보려고 하지만, 오히려 그것은 그들의 불만족을 조장하며, 성적 유혹을 부채질할 뿐입니다.

우리는 중년기에 성적 유혹이 강하게 침투한다는 것을 알고 그것에 대한 특별한 방어를 꼭 해야만 합니다.

이혼

또한 많은 이혼이 중년기에 일어나고 있습니다. 새로운 목표와 새로운 삶을 찾으려는 피나는 노력을 하면서 많은 남성들이 결혼 생활을 포기하는 쪽을 택하기가 쉽습니다. 아무리 이성과 논리로 설득해도, 심지어 사랑에 호소해도 한 번 이혼하기로 마음먹은 그들의 마음을 돌이켜 계속 결혼 생활을 고수하며 어떤 어려움이라도 뚫고 나가도록 설득할 수가 없습니다.

오늘날 미국에서는 전체 결혼의 거의 절반이 이혼으로 끝나고 있습니다. 그리스도인들에게는 이전에는 이혼이 드문 일이었지만, 이제는 흔히 볼 수 있는 일이 되어 버렸습니다. 이혼이 나쁘다는 것을 그들이 몰라서 그런 일을 하는 것이 아니라, 나쁘다는 것을 알고 인정하면서도 결혼 생활의 문제들을 해결하고 극복해 나가는 데에 자신을 드리기를 거부하기 때문인 것입니다. 이혼의 결과는 비극적입니다. 부모의 무책임한 행동으로 인해 아무 죄없는 자녀들만 다시 돌이킬 수 없는 마음의 상처를 입는 등 애꿎게 피해를 입는 것입니다.

한 가정의 머리로서 남편은 이혼이라는 쉬운 길을 택하기보다는 화해로 가는 길을 택해야 할 책임이 있습니다.

자녀

많은 어려운 문제들이 남성에게 쏟아지는 바로 그때에 자녀들은 십대의 사춘기를 맞아 이전과는 완전히 다른 새로운 요구와 갈등들을 내놓습니다. 이것을 당하여 그는 부모로서 새로운 책임들을 깨닫는 계기가 될 수도 있습니다. 그는 자녀들이 정상적인 성인으로 성장하도록 돕는 일에 책임감을 가지고 임하든지, 아니면 아내에게 자녀들을 양육할 책임을 전부 떠맡기고 뒤로 물러나 버릴 수도 있습니다. 어느 경우든 중년기를 맞이하여 그렇지 않아도 여러 가지로 스트레스를 많이 받고 있는 중년 남성에게 자녀의 문제는 그의 스트레스를 더욱 심화시킵니다.

그러나 문제만을 보면 자녀는 한 중년 남성의 직업과 개인적인 삶에서의 발전에 장애물처럼 보일 수도 있으나, 그 문제에 올바로 반응할 때 그의 삶에 더 큰 행복과 성장을 가져다 주는 촉매 역할을 할 수도 있습니다.

부모의 죽음

중년기에는 또한 부모의 죽음을 맞이하는 경우가 많습니다. 부모의 죽음은 특히 그 동안 부모와의 관계가 좋지 않았다거나 깊지 않았던 경우에는 매우 어려움을 안겨 줄 수가 있습니다. 부모의 죽음은 또한 중년기의 남성에게 자신의 죽음을 생각하게 할 것입니다. 그 전에는 죽음이 먼 미래의 일로 생각되었으나, 부모의 죽음을 통하여 자신의 죽음이 현실로 다가오는 것을 느끼게 되는 것입니다. 부모를 잃은 상실감은 자신이 예상했던 것보다 훨씬 클 수도 있습니다. 그리고 이것을 자신의 삶의 방향을 재평가하는 좋은 계기로 삼을 수도 있습니다. 부모 외에도 다른 가까운 친척들, 특히 형제나 자매의 죽음도 비슷한 영향을 미칠 수 있습니다.

신체적 변화

한 중년기의 남성. 업종별 전화 번호부에서 뭔가를 찾으려고 신경을 곤두세우며 뒤적거리나 어디를 봐야 할지를 잘 모릅니다. 체육관, 스포츠, 체중, 헬쓰 클럽… 아, 여기 있군. 헬쓰 클럽. 그는 헬쓰 클럽 하나를 골라 다니기 시작합니다. 그리고 좀더 날씬하고 스포티하게 보이게 하는 옷들을 선택합니다. 몸에는 이것 저것 장신구를 걸치고 셔츠의 맨 위 단추 두 개는 끌러 놓습니다. 그리고 예전 보다 좀더 일찍부터 햇빛에 몸을 태우려고 합니다. 중년기의 많은 남성들이 점차 늙어 감에 따라 젊음이라는 것에 집착하여 조금이라도 더 젊게 보이려고 안간힘을 씁니다.

신체적 변화들은 중년기임을 가장 분명하게 알려 주는 신호입니다. 이런 변화들을 피하려고 할지 모르나, 이런 변화들이 오는 것을 막을 수 있는 사람은 아무도 없으며, 모든 이에게 그들이 더 이상 젊지 않다는 것을 나타내 줍니다.

늙어 감에 따라 그리스도인 남성은 어떤 태도를 취해야만 합니까? 그냥 자신을 방임해야 합니까? 아니면 자기 나이를 무시하고 계속 젊은이처럼 생각하고 행동하려고 노력해야 합니까? 자기가 늙어 가고 있다는 것을 감추기 위하여 허영심에 찬 행동들이라도 해야 합니까? 다음에서 중년기에 일어나는 주요한 신체적 변화들을 살펴본 다음, 그 변화에 대처할 수 있는 몇 가지 방안을 제시하고자 합니다.

외모

30대 중반을 넘어선 대부분의 남성들이 점점 불어나는 몸과 끊임없이 싸움을 합니다. 미국처럼 경제적으로 풍요하여 잘 먹는 사회에서는 이 싸움에 직면하지 않는 남성이 드뭅니다. 이전에는 체중 문제에 대하여 전혀 신경을 쓰지 않아도 됐던 사람들도 점점 허리가 불어나는 것을 보면서 신경을 쓰기 시작하게 됩니다. 체중이 키에 비해 많이 나가는 사람은 운동이나 다이어트를 통하여 알맞게 조절할 수 있습니다. 그러나 운동이나 다이어트에도 불구하고 체중이 불어나기만 할 때는 지금까지 자신만만했던 사람도 당황하게 됩니다. 체중 문제는 관심을 갖고 조절해 나가야 합니다. 만일 소홀히 하게 되면 과중한 체중과 아울러 신체의 다른 부분의 건강에도 나쁜 영향을 미치게 됩니다.

나는 자주 거울에 비친 나의 허리를 몹시 후회하는 눈으로 바라보곤 합니다. 나의 시선은 허리 둘레에 붙어 있는 군살에 쏠려 있습니다. 나는 그 군살을 싫어하지만, 그 군살을 빼기 위하여 뭔가 단호한 조치를 취할 만큼은 못 되는 것 같습니다. 하지만 운동에 대한 필요성을 느끼면서 나는 내가 점점 늙어 가고 있다는 것을 깨닫고 있으며, 내가 지금 발전시키는 습관이 훗날 나의 삶을 많이 지배하게 될 것이라는 생각을 하게 됩니다.

그러나 남자에게 있어서 허리 둘레의 변화는 중년기에 일어나고 있는 많은 신체적인 변화들 가운데 하나에 지나지 않습니다. 흰 머리카락이 침입하기 시작하며, 머리카락이 빠지기 시작합니다. 얼굴도 젊은 시절의 살결과 탄력성을 잃어버리기 시작합니다. 팔이나 다리의 근육도 예전에는 단단했는데, 이제는 물렁물렁합니다. 젊음을 다시는 회복할 수 없습니다.

체력

남성에게 있어서 체력의 약화는 외모의 변화들보다 훨씬 더 괴로운 것이라 할 수 있습니다. 중년기의 남성은 이전만큼 회복력이 없습니다. 전에는 신체적으로 조금 무리를 해도 하룻밤만 충분히 쉬면 몸이 다시 원상으로 회복되는 것 같았지만, 이제는 조금만 무리를 하면 금방 피로해지고 심하면 병이 납니다.

체력의 약화는 특히 육체 노동을 하는 사람들에게 큰 영향을 미칩니다. 목수, 배관공, 부두 노동자, 농부, 그리고 기타 많은 육체 노동자들은 외모에 대해서는 거의 신경을 쓰지 않습니다. 그러나 체력의 약화는 그들에게 큰 타격을 입힙니다. 그들의 생계가 거기에 달려 있기 때문입니다. 슬프게도, 많은 고용주들이 종업원의 나이와 신체 조건에 대하여는 거의 신경을 쓰지 않으며, 50세의 사람에게 25세 때와 같은 양의 결과를 요구하는 경우가 많습니다.

중년기의 남성은 건강 유지를 위해 특별한 신경을 써야 하며, 그렇지 않으면 그의 체력은 급격히 떨어져 급기야는 바닥이 나게 될 것입니다. 중년기의 많은 남성들이 하루 일과를 마치고 난 후 아주 피곤하고 지치는 것을 경험하고 있습니다. 때로는 영적인 활동들, 가정 생활, 그리고 부부 생활, 직장 생활 등 모든 것이 고통스럽게 여겨지기도 합니다.

우리가 늙어 감에 따라 비록 신체적인 힘은 감소하지만, 또 하나의 힘은 더욱 증가하는 경우가 많은데 지구력입니다. 젊은이들은 모든 활동에 열정적으로 뛰어들어 자신을 돌보지 않고 에너지를 소비하는 나머지 얼마 가지 않아 에너지가 고갈되어 버리는 경우가 많습니다. 지구력 또는 인내하는 힘이란 역경 속에서도 계속 앞으로 나아갈 수 있는 힘으로서, 신체적인 힘과 에너지를 포함하지만, 더 중요한 것은 정신적, 감정적 에너지입니다. 이것들은 인생의 경험으로부터 나옵니다.

우리가 중년기에 우리의 에너지를 잘 관리한다면 젊은 시절보다 훨씬 더 효과적으로 자신의 에너지를 사용할 수 있습니다. 젊은 시절에는 대개 자신의 에너지를 과신한 나머지 무계획하게 사용함으로써 에너지의 낭비가 많은 것이 사실입니다. 중년기에 오면 자신의 에너지를 아껴 쓸 줄 알게 되고 효과적으로 사용하는 방법을 스스로 터득하게 됩니다. 자신의 에너지를 지혜롭게 사용하기 바랍니다.

신체 관리를 위한 한 가지 제안

왜 우리는 자신의 건강 및 외모에 대하여 관심을 가져야 합니까? 어떤 사람들은 남들에게 젊게 보이고 싶다거나, 나이 먹는 것이 두렵다거나, 성적으로 매력 있게 보이고 싶다거나 하는 잘못된 동기에서 자신의 신체에 대하여 관심을 기울입니다.

성경은 우리의 몸을 성령의 전이라고 말합니다. 따라서 우리는 우리의 몸으로 하나님을 영화롭게 하기 위하여 우리 자신의 몸을 잘 관리해야 하는 것입니다.

매력을 주는 외모는 그리스도를 증거하는 데 도움을 줍니다. 우리의 겉모습이 단정하지 못하고 볼품이 없다면 사람들은 우리를 꺼리거나 피할 것입니다. 그리고 우리의 외모는 우리의 자아상과 관계가 많이 있습니다. 우리의 외모는 우리 안에 무엇이 있는가를 반영하는 경우가 많습니다. 우리는 흔히 어떤 사람의 겉모습을 보고 그가 지금 어떤 상태에 있다고, 또는 그가 어떤 사람이라고 추측을 하곤 합니다. 우리는 대개 침체 상태에 있을 때는 겉모습에 대하여 별로 신경을 쓰지 않고 부주의하여 단정치 못합니다. 그리고 흔히 영적으로 활기 있는 삶을 살고 있을 때는 자신의 겉모습에 대하여 더욱 신경써서 돌아보게 됩니다.

우리의 몸으로 하나님께 영광을 돌리는 삶을 살기 위하여 건장한 운동 선수처럼 될 필요는 없지만, 건강하고 적당히 살이 찔 필요는 있다고 생각합니다. 우리의 동기는 하나님을 효과적으로 섬기는 것이어야만 합니다. 너무 마르고 약해도 주님을 효과적으로 섬기는 데 방해가 되고, 너무 살이 쪄 비둔해도 주님을 효과적으로 섬기는 데 방해가 됩니다. 바울은 고린도전서 9:27에서 "나는 내 몸을 쳐서 복종케 한다"고 하면서 절제의 필요성을 이야기했습니다. 디모데후서 1:7에서도 그는 하나님께서는 우리에게 근신하는 마음을 주셨다고 했습니다. 이 절제와 근신은 영적으로, 신체적으로도 다 적용됩니다.

이와 같이 우리가 좋은 외모와 건강을 유지하는 것은 개인적인 영광을 위한 것이 아니라 하나님의 영광을 위한 것입니다. 이 사실을 염두에 두고 중년기의 신체 관리를 위한 몇 가지 구체적인 제안을 하고자 합니다.

1. 단정하고 깔끔하게 입으십시오. 일시적인 최신 유행들이나 남들 보기에 이상하고 거부감을 주는 옷을 피하십시오. 그리고 너무 젊게 입으려 하지 말고, 자신의 나이에 맞게 입으십시오.
2. 개인 위생 및 청결에 세심한 관심을 기울이십시오. 예를 들면, 면도, 체취, 이, 구취, 손톱, 옷 등등. 우리가 깨끗할 때에는 아무도 우리를 주목하지 않을지도 모르지만, 그렇지 못할 때는 사람들은 금방 알아 차린다는 것을 기억하십시오.
3. 적당한 영양 섭취를 하십시오. 사람에 따라 먹는 양을 줄여야 할 사람도 있고 늘려야 할 사람도 있을 것입니다. 그리고 몸에 해를 주는 잡동사니 음식을 피하고, 영양학적 관점에서 현재 자신의 필요가 무엇인지를 알아서 그에 맞는 식사를 하십시오. 또 짜고 맵고 달게 먹는 것은 일반적으로 몸에 해롭다고 알려져 있습니다.
4. 개인의 필요에 맞는 규칙적인 운동 계획을 세워서 실행하십시오. 극단적인 것을 피하십시오. 갑자기 마라톤을 하겠다고 하는 것은 안 됩니다. 조깅도 자신의 신체 상태에 따라 시간과 속도를 잘 결정하십시오. 또 몸무게를 자신의 나이와 키의 평균 몸무게보다 10 킬로그램이나 적게 줄이겠다는 것은 무모한 것입니다. 휴식 중에 분당 70번 정도의 맥박수를 유지하도록 하십시오. 허리가 아프다거나 근육이 땅기는 것을 막기 위해 근육 운동을 충분히 하여 정상적인 근육 상태를 유지하십시오.
5. 해마다 건강 진단을 받도록 하십시오.
6. 적당한 휴식과 영양 섭취를 통하여 정신적으로, 신체적으로 자신

의 페이스를 유지하도록 하십시오. 너무 몸을 무리하지 마십시오. 그렇다고 잠을 10시간으로 늘리라거나 밤 9시에 자라는 것은 아닙니다. 요는 건전한 상식선에서 자신의 몸을 건강하게 유지하기 위하여 노력하라는 것입니다.

중년기의 영적 패턴

중년기는 자신의 환경에 대하여 "왜?"라는 질문을 하고 있는 그리스도인 남성에게 많은 영적인 문제들을 제기할 수도 있습니다. 그것은 심각한 영적인 쇠퇴를 가져올 수도 있고, 놀라운 성장을 가져올 수도 있습니다. 다음에서 중년기 전후에 걸쳐 일어날 수 있는 영적 패턴들을 간단히 살펴보도록 하겠습니다.

강한 믿음→믿음에서 멀어지거나 타락→회복과 성장

이 경우의 사람은 일찍이 그리스도를 영접하고 아주 열심히 신앙 생활을 한 사람입니다. 그러다가 중년기 위기를 맞이하여 믿음이 흔들리고, 신앙에 대하여 쓴뿌리가 생기고 의문을 품게 되면서 하나님과 동행하는 삶에서 멀어져 갑니다. 이런 상태는 여러 달 또는 여러 해 동안 계속될 수도 있으며, 급기야 교회를 떠나거나 그리스도인의 교제를 떠날 수도 있습니다. 나아가 개인적인 신앙 생활도 중단하게 되고, 아내와 자녀들과도 관계가 나빠지고, 최악의 경우 이혼까지도 하게 됩니다. 많은 남성들이 하나님께서 모종의 중요한 사건들을 통하여 신앙에 대한 그들의 관심을 불러일으킬 때까지 영적 반란을 계속합니다. 모종의 사건들을 통하여 그들은 자신의 행동이 어리석고 무익한 것이었음을 깨닫게 되고, 다시 성경 말씀으로 돌아가게 되며, 하나님과의 관계를 새롭게 하고 동행하는 삶을 회복하게 됩니다. 그들은 이전보다 더욱 열심히 주님을 사랑하고 섬기며 힘있게 삽니다.

믿지 않음→그리스도를 믿음→새로운 삶

어떤 사람들은 하나님을 믿지 않고 살다가 중년기 위기를 맞이하여 하나님께서 인생의 문제들에 대한 진정한 답을 가지고 계신다는 것을 발견하게 됩니다. 그리하여 그들은 예수 그리스도를 주님과 구주로 영접하고 새로운 삶을 시작하게 됩니다. 그들은 새로운 힘으로 중년기를 살아 나가며, 진실한 그리스도인으로서 성숙한 삶을 계속 영위해 나갑니다.

강한 믿음→믿음에서 멀어지거나 타락→영적으로 죽음

이 경우는 중년기의 영적 패턴에서 최악의 경우라고 할 수 있습니다. 이 사람은 젊은 시절에는 그리스도인으로서 열심히 살았으나, 중년기 위기를 맞이하여 쓴뿌리를 품고 반항적이 되어 하나님으로부터 영구히 떠나 멀어지는 사람입니다. 그는 하나님의 능력을 알고 있지만 여전히 하나님으로부터 떠나 있습니다. 또 감추어져 있었던 은밀한 죄가 겉으로 드러나 하나님과의 관계를 더욱 해치게 됩니다. 그러나 그는 자신의 죄를 회개하고 하나님께로 돌아가기를 거부합니다. 죄가 점점 그의 삶을 지배하게 됩니다. 급기야 그는 영적으로 죽어 있는 삶을 살게 됩니다. 이것은 그리스도인에게 있어서 비극 중에서도 비극입니다.

명목상 신앙→멀어짐 또는 타락→회복과 헌신

이 경우는 젊은 시절 이미 그리스도를 구주로 영접하기는 하였으나 하나님과 긴밀히 동행하는 삶을 살지 않고 명목상의 신앙을 유지해 온 사람입니다. 그는 하나님께 헌신해 본 적도 없습니다. 그의 신앙은 하나님의 말씀에 기초하여 세워져 있지도 않고, 하나님을 개인적으로 경험해 본 적도 거의 없기 때문에 중년기 위기가 닥치면 그는 쉽게 흔들립니다. 그리하여 하나님으로부터 더욱 멀어지게 되는데, 그러다가 어느 시점에서 그는 절망 가운데 하나님께서만이 그의 삶의 모든 필요를 채워 주실 수 있다는 것을 깨닫기 시작합니다. 마침내 그는 하나님께로 돌아가 자신의 삶을 그리스도께 헌신하고 그리스도를 주님으로 인정하게 됩니다. 그 결과 그의 삶은 풍성한 열매를 맺는 삶으로 발전합니다.

강한 믿음→시련→영적으로 더욱 성장하고 열매 맺음
이 경우는 이상적인 영적 패턴이라고 할 수 있습니다. 그는 젊은 시절 그리스도를 개인적으로 알아 영적으로 깊이 성장하며 하나님과 깊이 동행하는 삶을 살며 그리스도를 주님으로 인정하고 그분께 헌신하는 삶을 살았습니다. 그러다가 중년기의 여러 가지 위기와 변화를 맞이하여 그는 더욱 깊이 뿌리를 성경 말씀 속에 내리고, 중년기의 경험들을 하나님을 믿고 의뢰하는 삶에서 더욱 성장하는 계기로 이용합니다. 그 결과 그는 삶의 모든 면에서 더욱 성숙한 남성으로 성장하며, 장래에도 계속 풍성한 열매를 맺는 삶을 살게 됩니다.

삶의 목표와 자부심

사람들은 누구나 삶의 목표들을 가지고 있지만, 그것을 구체적으로 적어 놓은 사람은 소수에 불과합니다. 여하튼 각 사람은 자기가 목표로 하고 있는 목표물에 생각과 마음을 집중합니다. 또 어떤 사람의 경우에는 남들이 보나 자기 스스로 보나 목표가 분명치 않고 모호하고 막연할 수도 있습니다. 하지만 누구나 젊은 시절부터 자신의 인생에서 자기 나름대로 뭔가 꿈꾸며 바라는 것이 있습니다. 그것을 성취했을 때 그는 깊은 만족을 느낄 것입니다. 그는 자기의 소원과 꿈을 아내에게도 표현할 수 없을 수도 있습니다. 그러면서도 그는 자신이 미래에 성취할 어떤 것을 향한 갈망과 동경을 계속 간직하며 발전시킵니다.

어떤 남성은 이상적이고 야심적인 목표를 가지고 있기도 하지만, 어떤 사람은 소박한 것일 수도 있습니다. 단지 좋은 직업, 문제가 없는 가정, 자녀들의 건전한 성장, 경제적 안정, 또는 자기 집일 수도 있습니다. 또 어떤 사람에게는 직장에서의 승진, 부, 회사 경영, 정치적 권력의 획득 등이 목표가 될 수도 있습니다.

　중년기의 남성에게 있어서는 목표의 크기나 의의는 크게 중요하지 않습니다. 크든 작든 자신이 목표로 한 것을 성취하는 것과 연관하여 현재 어디만큼 와 있느냐가 더 중요합니다. 자신이 젊었을 때 세운 목표를 성취하는 사람은 거의 없으며, 중년기 동안에 사람들은 자신이 그 목표에 도달하지 못할 것이라는 사실을 깨닫습니다. 그 결과 사람들은 혼돈과 의심에 빠집니다. 이런 현상은 그리스도인에게도 마찬가지입니다. 그 목표가 잘못된 것인가? 나는 왜 실패했는가? 어디에서? 계속 그 목표를 향해 노력해야 하는가? 아니면 목표를 새로이 정해야 하는가? 남성들은 자신의 목표에 도달한 경우에도 성취감을 느끼지 못하고, 결국 도달하지 못할 수도 있는 새로운 목표들을 세워야만 한다는 압박을 받기도 합니다.

　남성의 자부심은 목표의 성취와 깊은 관련이 있습니다. 대개 중년기가 되면 자신을 보다 더 현실적인 눈으로 바라보게 되면서, 자신을 낮게 바라보고 미래에 대한 자신감을 잃어버리게 될 수도 있습니다. 이런 결과는 대개 올바르지 못한 목표들을 가지고 있었다거나, 목표는 건전한데 그 동기가 잘못되어 있는 경우 자주 생깁니다.

잘못된 목표와 동기

　많은 남성들이 어떤 목표를 추구하며 성취하느라 삶과 에너지를 투자하고 소비하지만 그 목표에는 영속적인 의미가 없다는 것을 발견할 뿐입니다. 그 결과 그들은 불만족과 공허감을 느끼게 됩니다. 또한 그들은 자신의 목표가 인생에서 진정 가장 중요한 것들과 정면으로 충돌하며 반대되는 것임을 발견할 수도 있습니다. 어떤 목표들은 특히 파괴적이라고 할 수 있는데, 예를 들면 다음과 같습니다.

　1. 물질주의. 목표가 물질주의적일 경우에는 아무리 성공한다 해도 실제로 아무 만족도 가져다 주지 못합니다. 돈, 가구, 집, 차, 옷 등등은 우선 보기에는 중요하게 보일지도 모르나, 거기에는 영원한

가치가 없습니다. 세상은 한 남성의 성공 여부를 주로 돈과 소유의 축적 정도에 의해 평가합니다. 물질주의적인 동기는 부자든 가난한 사람이든 누구에게나 똑같이 파고들 수 있습니다. 돈이 많은 사람이 더 많은 것을 소유하기를 탐하는 것도 아닙니다.

성경은 영적인 목표들이 우리의 삶을 지배해야 한다고 가르치고 있습니다. "너희를 위하여 보물을 땅에 쌓아 두지 말라. 거기는 좀과 동록이 해하며 도적이 구멍을 뚫고 도적질하느니라. 오직 너희를 위하여 보물을 하늘에 쌓아 두라. 저기는 좀이나 동록이 해하지 못하며 도적이 구멍을 뚫지도 못하고 도적질도 못하느니라. 네 보물 있는 그곳에는 네 마음도 있느니라"(마태복음 6:19-21). 모든 재정적인 목표들은 영적 목표들의 맥락 가운데 있어야만 합니다.

불행하게도, 많은 남성들이 물질주의적인 목표들을 추구하면서 일에 몰두합니다. 이렇게 젊은 시절을 보내다가 대개 중년기에 들어서서 자신의 목표가 잘못되었다는 것을 발견하고 실망하곤 합니다. 어느 누가 봐도 물질적으로 성공한 어느 중년 남성이 이런 말을 한 적이 있습니다 : "저는 지금까지 헛 살았습니다." 당신은 어떻습니까?

2. 이기심(자기 중심주의). 우리 부부의 경험에서 한 가지 발견한 것은 남성이 여성보다 훨씬 더 이기적이고 자기 중심적이라는 사실입니다. 대부분의 여성들은 성인기의 초기 시절을 다른 사람들에게 뭔가를 주는 데 사용합니다. 특히 여성들은 가정 주부로서 거의 모든 시간과 에너지를 가족들을 위하여 바칩니다. 반면에 남성들은 뭔가를 얻는 데 초기 시절을 보냅니다. 이를테면 직장(직업), 돈, 승진, 기타 여러 가지 것들을 얻기 위하여 거의 모든 시간과 에너지를 바칩니다. 남성들이 추구하는 이런 것들이 물질주의적인 것들이라는 데에만 잘못이 있는 것은 아닙니다. 어떤 목표든지 오직 자기 중심적일 때는 궁극적으로 자기 파멸로 이끄는 것입니다. 자기 자신만을 위하여 사는 사람은 으레 결국에 가서는 공

허하고 쓴뿌리를 가진 사람이 되는 법입니다. 어떤 일이든 주님께 하듯 최선을 다하며 탁월한 수준으로 하겠다는 것은 좋은 것이지만, 다른 사람들과 비교하는 마음에서 "넘버 원"을 추구하는 것은 올바르지 못한 것이며, 하나님의 명령과는 반대가 됩니다. 성경은 이렇게 말합니다: "아무 일에든지 다툼이나 허영으로 하지 말고 오직 겸손한 마음으로 각각 자기보다 남을 낫게 여기고, 각각 자기 일을 돌아볼 뿐더러 또한 각각 다른 사람들의 일을 돌아보아"(빌립보서 2:3-4).

3. 영적 초점의 결여. 아무리 고상하고 비이기적인 목표라 할지라도 그의 삶에 영적 초점이 결여되어 있다면 그것은 무의미한 것입니다. 초점이라는 말은 선명한 상(像)과 구체적인 방향을 내포하고 있어서 이 문제를 설명하는 데 매우 도움이 됩니다. 많은 그리스도인 남성들이 부정적인 의미에서의 평범한 영적 생활로 만족하려 합니다. 영적인 삶에 있어서 그들의 목표를 알아 보면, 희미한 것으로부터 아예 초점이 없는 것에 이르기까지 다양합니다. 그들의 삶을 자세히 들여다 보면 여전히 삶의 중심에는 그리스도가 아니라 그들 자신이 앉아 있는 것을 발견하게 됩니다.

우리는 우리 자신의 노력으로 하다하다 잘 안 될 때 마지막으로 하나님께 도움을 청하는 식으로 하나님을 하인 부리듯 이용해 먹는 경우가 많이 있습니다. 하나님께서는 우리의 삶의 중심에 있는 보좌를 원하십니다. 우리가 그리스도를 구체적인 삶에서 첫 자리에 모시지 않기 때문에 우리의 목표 중 많은 것이 잘못되어 있는 것입니다. "너희는 먼저 그의 나라와 그의 의를 구하라. 그리하면 이 모든 것을 너희에게 더하시리라"(마태복음 6:33).

새로운 생활 구조의 형성

한 남성의 목표와 야망들이 무너질 때 그가 지금까지 영위해 온 생활 방식도 아울러 무너지기 시작합니다. 이러한 일이 일어나고 있다는 것을 깨닫는 것은 그야말로 무서운 일입니다. 그의 자부심은 흔들리기 시작합니다. 그는 자신감을 잃고 자신의 능력을 의심합니다. 직업이나 직장을 바꿀 수도 있습니다. 또 그는 성격 변화를 경험할 수도 있고, 이혼이라는 최악의 경우를 고려하며 실행할 수도 있습니다. 그리고 옛 생활로부터 탈출하여 새로운 목표들을 추구하지만, 그것들이 옛날의 목표 못지 않게 헛된 것일 수도 있습니다.

물론, 새롭고도 영속적인 의미를 지닌 생활 구조를 형성하기 위해서는 자신의 목표와 가치관에 대한 재평가가 요구됩니다. 자기 자신에게 솔직하게 질문을 던져 보아야 합니다. "현재 나의 삶에서 가장 중요한 것은 무엇인가? 정말 내게 필요한 것은 무엇인가? 나의 가정 생활은 바람직한가? 나의 직업은 얼마나 중요한가? 과거의 삶에서 놓친 것은 무엇인가? 나의 목표들은 올바른 것인가? 영적인 목표들은 올바른 것인가?" 등등. 이러한 질문들에 스스로 솔직하게 답을 하는 과정에서 그는 풍요하고 만족스러운 삶을 위한 새로운 방향과 지침을 얻게 될 것입니다.

중년기 위기의 신호들

중년기를 거치면서 대부분의 사람들의 삶 속에는 중요한 변화들이 일어나게 될 것입니다. 이러한 변화들에 대하여 영적이고 적극적이고 긍정적인 태도로 임하는 사람들은 위기를 경험하지 않을 수도 있습니다. 그러나 어떤 사람에게 있어서는 이러한 변화들이 일련의 부정적인 사건들과 더불어 일어남으로써 위기를 불러일으킬 수도 있습니다.

우리는 자기가 알지 못하거나 이해하지 못하는 것을 만나면 두려워하는 경향이 있습니다. 미지의 것에 대한 두려움이라고 할 수 있을 것입니다. 사람들이 병에 걸리면 두려워하는 이유도 바로 자기의 몸에서 일어나고 있는 것이 무엇인지 모르기 때문인 것입니다. 따라서 중년기 위기의 신호들을 알게 되면 그 위기들을 맞이하여 당황하지 않고 건설적으로 다룰 수 있게 됩니다. 다음에서 말씀드리는 내용은 누구나 반드시 경험하는 것은 아닙니다. 어떤 사람은 그 중에서 단 한 가지만 경험할 수도 있고, 어떤 사람은 많은 것을 경험할 수도 있습니다. 또 많은 것을 경험하되 어떤 사람들은 한 번에 모두 경험할 수도 있고, 어떤 사람들은 몇 년에 걸쳐 경험할 수도 있습니다.

성공에 대한 집착과 실패에 대한 두려움

우리의 연구 조사에 의하면 남성들이 겪는 중년 위기의 대부분이 그들의 직업(직장)과 직접적인 관련이 있었습니다. 바야흐로 그 위기가 임박했다는 것을 가리켜 주는 신호 가운데 제일 먼저 들 수 있는 것이 성공에 대한 집착과 실패에 대한 두려움입니다. 자기가 실패하고 있다는 느낌, 나는 이미 정상에 도달했다, 나는 이미 능력의 한계점에 도달했다, 나는 더 이상 올라갈 데가 없다는 생각, 또는 자신이 목표로 한 것을 달성할 시간적 여유가 얼마 남지 않았으며 거의 바닥이 났다는 느낌, 또는 승진의 기회가 지나가 버렸다는 느낌 등이 그들을 압도하기 시작합니다. 그들은 자신의 성공에 대하여 초조해지기 시작하며 이전보다 더욱 성공에 집착하면서 전전긍긍하며 허둥대고, 때로는 미친 듯이 일에 몰두합니다. 그러면서 한편으로는 자신이 성공하지 못하고 실패하면 어쩌나 하는 두려움이 마음을 짓누르고 있습니다.

동기력의 결여

중년기 위기를 가리켜 주는 또 하나의 신호로는 직장(직업)에 있어서의 동기력이 점점 사라져 가는 것입니다. 이것은 앞에서 언급한, 성공하려고 바둥대는 것과는 정반대 반응입니다. 이러한 현상은 주로 직업(직장)에서 일어나지만, 삶의 다른 영역에도 영향을 미칩니다. 그리하여 심해지면 무기력증에 빠지게 됩니다. 이와 같이 삶의 의욕 상실을 경험하고 있는 남성은 "나에게 동기를 불러 일으키는 것, 나에게 삶의 의욕을 불러 일으켜 주는 것이 무엇인가?" 하는 질문을 자신에게 던지면서 자신을 평가해 보아야 합니다.

당신에게 동기와 의욕을 불러 일으켜 주는 것은 무엇입니까? 승진, 돈, 권력, 또는 성공입니까? 이런 것들은 사실 일시적인 가치밖에 없는 것들입니다. 궁극적으로 중요한 가치가 없는 것들로부터 동기 부여를 받게 되면 결국 다시 실망하게 될 것입니다. 그러나 가장으로서 가족들을 부양해야 한다든지, 또는 가치 있는 어떤 일에 기여하고 싶다든지, 또는 잃어버린 영혼들을 그리스도께로 인도하고 그들의 영적 성장을 도와 주려는 마음에서 나온, 가치 있는 동기력은 직업(직장) 환경이 변할 때에도 계속 유지될 것입니다.

침체(우울)

침체란 물론 중년기에만 있는 현상은 아닙니다. 우리의 연구 조사에 의하면, 대부분의 중년기 남성과 여성들이 중년기 위기를 맞이하게 되면 침체에 빠지는 것을 발견하였습니다. 이전에 침체를 경험해 본 적이 없는 사람인 경우에는 그것을 맞이하기가 특히 어렵습니다.

성적 유혹

대부분의 남성들이 성적 능력을 젊음과 연관시키며, 그들의 젊음이 시들어 감에 따라 아울러 성적 능력도 잃을까봐 두려워합니다. 직업(직장)에 대한 만족의 감소, 그저그런 결혼 생활 등을 경험하면서 중년기의 남성은 자신이 아직도 젊다는 것을 증명하고 싶은 욕구를 새로이 느끼게 됩니다. 이때 그는 자칫 성적인 유혹에 쉽게 굴복할 수가 있습니다. 이것은 그리스도인이든 비그리스도인이든 모두 마찬가지입니다. 포기 내지 절망감과 함께 어떤 남성들은 다른 여성들과 부정한 관계를 맺음으로써 상처입은 자아를 회복하려고 합니다.

많은 경우 이러한 성적 유혹은 남성이 자신이 경험하고 있는 내적 갈등들을 다른 여성에게 털어 놓는 것을 그 여성이 귀기울여 들어 줄 때 시작됩니다. 이러한 무분별한 행동을 반복하게 되고 자신을 방임하게 될 때 비극적인 결말을 초래할 수가 있습니다. 많은 경건하고 영적으로 성숙한 그리스도인 남성들이 이 유혹에 빠졌으며, 결국은 자기 자신의 파멸을 맛보았습니다. 처음에는 이 유혹이 달콤하고 만족을 가져다 주기 때문에 많은 남성들이 마음이 솔깃하고 쏠릴 수가 있습니다. 그러나 그 결과는 쓴뿌리와 침체와 결혼 생활의 파탄, 영적, 사회적 영향력의 상실 등일 뿐입니다.

감정적 변화

중년기 위기가 다가오고 있다는 것을 가리켜 주는 신호의 하나로 또 우리의 감정적 변화를 들 수 있습니다. 과거에는 화를 잘 내지 않던 사람이 갑자기 화를 잘 내고 분노를 터트리는 것입니다. 또한 열심히 활동하고 사람 중심적이던 사람은 우울해지고 움츠러드는 경우가 있습니다.

두려움

두려움들이 엄습해 온다는 것 또한 중년기 위기를 가리켜 주는 신호일 수 있습니다. 실패에 대한 두려움, 경제적 안정을 잃어버리는 것에 대한 두려움, 직장(직업)을 잃는 것에 대한 두려움, 자녀들이 반항적이 될지도 모른다는 두려움 등등, 이전에는 생각지도 않았던 두려움들이 몰려 옵니다. 이러한 두려움에 대한 반작용으로 자기의 직업(직장)에 이전보다 더욱 몰두해 버릴 수도 있습니다. 만일 그 직업(직장)을 잃는다면 그의 나이로는 다른 직업(직장)을 구하기가 어렵다는 것을 잘 알고 있기 때문입니다. 그는 점점 나이를 먹으면서 은퇴와 은퇴 후의 생활 보장 문제를 더욱 의식하게 됩니다. 은퇴 후의 일을 생각한다는 것이 물론 잘못된 것은 아닙니다. 이러한 의식은 바로 삶에 있어서 새로운 변화의 시기가 다가오고 있다는 것을 가리켜 주는 분명한 신호인 것입니다.

중년기 위기 극복을 위한 실제적인 제안

자신을 이해하라

중년기에 당신은 이전보다 더욱 자신이 어떤 사람인지를 알게 되는 기회를 갖게 될 것입니다. 당신은 자신의 능력과 재능을 현실적으로 평가할 만큼 인생을 충분히 살았습니다. 당신은 자신이 약하다는 것을 알 만큼 충분히 실패를 경험했고, 그러나 또한 새로운 인생 방향을 정할 수 있을 만큼 충분한 인생 경험을 가지고 있습니다.

이 기간을 이용하는 열쇠는 자신의 과거와 현재를 객관적으로 바라보고 자신이 지금 인생에 있어서 어디에 와 있는지를 이해하는 것입니다. 또한 앞으로 닥칠지도 모르는 여러 가지 변화들을 이해하고 미리 준비하기 바랍니다.

자신을 아는 한 가지 방법으로 테일러-존슨 기질 분석 테스트와 같은 적성 검사를 받아 보는 것도 좋습니다. 자신의 개성, 능력, 재능들을 알기 위하여 가능한 모든 방법들을 시도해 보십시오. 아내에게 당신에 대한 평가를 부탁하는 것도 객관적인 평가를 위한 좋은 방법입니다.

자신의 영적 헌신을 새롭게 하라

중년기는 또한 하나님께 당신 자신을 헌신하거나 또는 기왕의 헌신을 새롭게 할 수 있는 아주 좋은 기회라고 할 수 있습니다. 당신 자신과 가정을 위한 영적 목표들을 점검해 보고 새로이 세워 보십시오. 무엇보다도 먼저, 매일 성경을 읽고 기도하는 시간을 가지십시오. 당신의 삶을 평가하는 데에는 하나님의 도우심이 필요합니다. 또한 자기 자신을 위하여 기도하되, 현재 당면한 긴급한 문제들을 해결하는 데 너무 집착하지 말고 하나님과의 관계를 보다 깊게 하는 데 중점을 두십시오. 소위 발등에 떨어진 불을 끄기에 급급하는 그러한 태도로 하나님의 도우심을 구하는 경우 자신이 원하는 바가 속히 이루어지지 않을 때 도리어 실망하고 하나님을 향하여 원망하고 쓴뿌리를 가지게 될 수도 있습니다. 중년기는 당신의 인생에 있어서 가장 영적으로 풍요로운 기간이 될 수도 있고, 당신의 인생에서 하나님을 몰아내 버리고 자신의 고집대로 자신의 길을 가는 기간이 될 수도 있습니다. 그 결과가 어떻게 되리라는 것은 말하지 않아도 잘 알 것입니다. 당신은 중년기를 영적으로 헌신을 새롭게 하는 기간으로 삼겠다고 의식적으로 선택해야만 합니다. 당신은 둘 중 하나를 선택해야 하며, 그 중간 지대란 없습니다.

자신의 목표를 재정립하라

성서적인 원리들과 개인적인 필요에 비추어 자신의 목표들을 다시 생각해 보기 바랍니다. 이전에 가지고 있었던 목표들을 분석해 보고, 변화가 필요하다면 변화를 가하십시오. 다음 질문을 해보십시오:

- 나의 이전 목표들은 올바른 것이었는가?
- 나의 이전 목표들 가운데서 잘못된 것은 무엇이었는가?
- 현재 나의 필요는 무엇인가?
- 나에게 필요한 새로운 목표는 무엇인가?

시간을 내라

변화는 하룻밤 사이에 일어나지 않습니다. 중년기라고 하는 이 인생의 전환점에서 충동적인 결정은 재난을 초래할 수도 있습니다. 그러므로 생각하고 기도하는 시간을 가지십시오. 자신의 생각들을 적으십시오. 아내와 자녀들과 특별한 시간을 가지십시오. 아내와 함께 긴장을 풀고 쉬며, 기도하며, 생각하며, 대화할 수 있는 시간을 갖기 위하여 짧은 휴가를 계획해 보도록 하십시오. 그리고 감정, 문제, 위기들은 시간과 함께 변할 수 있다는 것을 기억하십시오. 하나님께서 당신의 성품을 변화시켜 주시며 더욱 그리스도를 닮은 인격으로 성장하도록 도와 주시기를 기도하십시오. 하나님께서 당신의 사고 방식을 변화시켜 주시도록 기도하며, 당신의 장래를 주관하시도록 내어 맡기십시오. 이 일에는 인내가 필요하는 것을 기억하십시오. 당신은 현실에서 닥치는 삶의 압력들을 피하여 도망갈 수는 없으며, 또 그러기를 원치도 않을 것입니다. 하나님께서는 당신이 맞이하는 삶의 압력과 압박들을 이용하여 당신을 더욱 성숙하게 하시며, 삶의 깊이를 더욱 깊게 하여 주실 것입니다.

자신의 삶의 우선순위를 재점검하라

새로운 목표를 정했으면 당신의 삶의 우선순위를 이 목표와 일치시켜야 합니다. 당신의 삶에서 무엇이 가장 중요한가를 알아야 할 뿐 아니라, 또한 가장 중요한 그것을 행해야만 합니다. 당신의 목표가 아내나 자녀들과 더 많은 시간을 보내는 것일 수도 있고, 매일 하나님과 교제하는 시간을 갖는다거나 그 교제 시간을 더 깊이 있게 갖는 것일 수도 있으며, 교회 일에 더욱 적극적으로 참여하는 것일 수도 있고, 개인적으로 전도하고 양육하는 일에 더욱 열심히 자신을 드리는 것일 수도 있으며, 텔레비전 보는 시간을 줄이는 것일 수도 있고, 일하는 시간을 줄이는 것일 수도 있습니다. 열쇠는 가장 중요한 것을 먼저 하는 것입니다.

인생의 현명한 조언자를 찾으며, 또한 자신이 그런 사람이 되라

인생의 현명한 조언자란 다른 사람을 올바른 길로 인도하고 가르치고 조언하고 뒤에서 밀어 주는 사람을 가리킵니다. 그는 보통 우리보다 나이가 많은 사람으로서, 우리를 그의 날개 아래로 데리고 가서 인생을 살아가는 방법들을 보여 줍니다. 그는 우리의 경쟁 상대가 아니라, 우리의 마음을 있는 그대로 이해해 주고 함께 대화를 나눌 수 있을 만큼 나이가 지긋이 든 사람입니다. 나에게는 이러한 분이 4-5명 정도 있습니다.

우리는 나이가 듦에 따라 이러한 분들을 떠나기가 쉽습니다. 그러나 중년기에도 이런 분을 가지고 있는 사람은 축복받은 행복한 사람이라고 할 수 있을 것입니다. 우리는 젊은 시절뿐 아니라 중년기에도, 영적인 삶뿐만이 아니라 일반적인 삶에 대하여 우리에게 경건하고 지혜로운 조언을 해줄 사람을 필요로 합니다. 어쩌면 인생의 가장 중요한 변환기인 이 중년기는 그런 사람을 더더욱 필요로 하는 때일 수도 있습니다.

중년기가 가져다 주는 또 하나의 축복은 바로 우리 자신이 다른 사람을 위한 지혜로운 조언자가 되는 것입니다. 직장에서나 교회에서나 기타 어느 곳에서나 중년기가 되면 사람은 내부지향적이 되는 경향이 있는데, 이 문제에 대한 최상의 해결책은 우리의 관심을 밖으로 돌려서 다른 사람들을 섬기는 일에 자신을 드리는 것입니다.

우정을 더욱 깊게 하라

중년기에 우정은 우리에게 감정적으로 큰 격려를 줄 수 있습니다. 우정은 대부분 젊은 시절에 형성됩니다. 중년기에 다다름에 따라 남성은 대개 더욱 독립적이 되고, 대인 관계에서도 더욱 피상적이 되며, 마음 속에 있는 생각들을 다른 사람들과 나누기를 더욱 꺼려하게 됩니다. 어린 시절의 친구들이 중년기를 맞이한 당신에게 큰 힘이 될 수도 있겠지만, 오늘날과 같이 유동적인 사회에서 그런 어릴 적 친구들이 가까이 있을 가능성은 거의 없습니다. 그래서 마음 속에 있는 갈등과 문제들을 허심탄회하게 나눌 사람을 가장 필요로 하는 때인 중년기에 가서는 막상 그런 가까운 사람이 하나도 없을 수도 있습니다. 그러므로 적어도 두세 명과 깊은 우정을 발전시키는 것은 대단히 중요합니다.

이상적인 것은 다른 몇 부부와 가까운 우정을 형성하고 발전시키는 것입니다. 현실적으로 영적인 목표가 서로 다르다든지, 서로 개성이나 성격이 너무 달라 조화될 수 없는 경우에는 우정을 발전시키기가 쉽지 않으므로, 영적인 목표가 서로 같고 성격도 충분히 조화를 이룰 수 있으며, 사회적 배경이나 지위도 비슷한 사람들 가운데서 그러한 우정을 형성하고 발전시키는 것이 실제적일 것입니다. 잠언 17:17에 나와 있는 그러한 우정을 발전시키기 위하여 당신이 이니셔티브를 취하십시오: "친구는 사랑이 끊이지 아니하고, 형제는 위급한 때까지 위하여 났느니라."

적절한 운동을 계속하라.

중년기는 남성에게 있어서 더욱 에너지와 지구력을 필요로 하는 때인데도, 많은 중년기 남성들이 이런저런 핑계로 신체 관리와 영양 관리를 소홀히 합니다. 당신의 식사 습관을 점검해 보십시오. 건강을 해치는 습관은 없는지 알아 보십시오. 또한 체력의 유지와 향상을 위하여 자기에게 맞는 적절한 운동을 하십시오. 스트레스를 가장 많이 받는 시기에 몸이 불편하고 체력이 약하면 그것들을 감당하기가 더 어려울 것입니다. 운동이라 하면 너무 거창하게 생각하는 사람들도 있는데 잘못 생각하는 것입니다. 맨손 체조나 줄넘기 등 집안에서 할 수 있는 운동도 얼마든지 있으며, 조깅 등 집 주위에서 할 수 있는 것도 있습니다. 무엇을 하든 자기에게 맞는 운동을 매일 몇 분간씩 지속적으로 하는 것이 중요합니다.

제 4 장
성공과 실패

나는 톰 포스터의 양 어깨에 있는 새로운 대령 계급장을 보며 그의 승진을 축하해 주었습니다. 그와 잠시 대화를 나누고 나서 그에게 "톰, 당신은 승진과 새로운 보직에 대하여 그리 기뻐하지 않는 것 같군요" 하고 말했더니, 그는 정말 그렇다고 대답했습니다.

"사실 나는 제대를 하려고 했지만, 공군 당국이 제대를 허락하지 않았습니다."

나에게는 알려져 있지 않았지만, 톰의 삶은 무너지고 있었습니다.

외적으로는 그는 성공한 사람이었습니다. 공군 대령에다가 우주비행학 분야의 박사 학위 소지자였습니다. 사관학교를 졸업한 그는 또한 수천 시간의 비행 기록을 지닌 뛰어난 조종사였으며, 어느 중요한 공군 과학 연구 기관의 부책임자였습니다.

그러나 내적으로는 그는 절망감을 느끼고 있었습니다. 그는 공군 기지에 있는 직장에서 집에까지 20-30분 동안 차를 몰고 가는 동안 자신이 어디에서 잘못되었는지를 알아보고 싶었습니다. 직장 일은 따분하고 도전도 없었습니다. 훌륭한 가족들조차도 그에게 만족을 주지 못했습니다.

톰은 후에 내게 이렇게 말했습니다:"나를 당연히 행복하게 해주었어야 하는 것들이 모두 내게 아무 유익이 없었습니다. 나는 친구가 하나도 없는 것 같았습니다. 진정으로 나에게 관심을 갖고 돌아보며, 내가 현재 경험하고 있는 것에 관심을 갖고 염려하고 함께 고민해 주는 사람이 하나도 없다는 생각이 들었습니다."

마침내 톰은 공군에서 제대하고 어느 기업체에 들어갔습니다. 몇 달 후 그의 딸 캐롤이 어느 교회에 나가 복음을 듣고 예수 그리스도를 마음에 영접하고 자기의 삶을 예수님께 맡겼다고 말했습니다. 톰은 딸의 말이 별로 마음에 들어 오지 않았습니다. 캐롤은 말을 마치면서, 아빠도 그리스도께서 살아 계셔서 우리와 함께하시는 것을 경험하시기를 원하시면 자기가 나가는 교회에 나와 보시라고 했습니다.

그로부터 한 달쯤 후 뛰어난 체조 선수인 그의 아들이 운동 중 떨어져 엉덩이를 다쳤는데, 처음에는 대수롭지 않게 생각했습니다. 그러나 계속 통증이 심하여 재검사를 받은 결과 엉덩이뼈가 깨져 있었는데 거기 큰 종창이 생겨 남은 해결책은 다리를 엉덩이 바로 아래에서 절단해야 한다는 것이었습니다.

톰은 내게 이렇게 말했습니다:"나는 정말 무력했습니다. 그때 맨 먼저 든 생각이 하나님의 도우심이 필요하다는 것이었습니다. 캐롤의 말이 기억났습니다. 그래서 다음 주 일요일 캐롤이 나가는 교회에 나갔습니다. 나는 큰 상처를 입었고, 도움이 필요했습니다. 그날의 설교는 나에게 딱 맞는 설교였습니다. 내가 교회에 나가 하나님의 살아 계심을 경험한 것은 그게 처음이었습니다."

톰은 그 다음 일요일에도 그 교회에 나갔습니다. 그 교회의 목사님이 톰에게 복음을 자세히 설명해 주었고, 톰은 예수님께서 그의 삶 속에 들어오셔서 그의 삶을 다스려 주시도록 기도했습니다.

그러는 동안 그의 아들은 더욱 자세히 검사를 받았습니다. 의사들은 다리를 절단하지 않고도 치료할 수 있다는 결론을 내렸습니다. 그러나 수술이 성공한다 해도 여러 달 동안 기브스를 하고 있어야 하며, 다시는 체조를 할 수 없을 것이라 했습니다.

수술은 성공적이었습니다. 그리고 회복도 기적적이었습니다. 7주 만에 그의 아들은 기브스를 풀었고, 몇 달 후에는 다시 학교에 나갈 수 있게 되었습니다. 아들은 계속 체조를 할 수 있게 되었을 뿐만 아니라, 그 주(州)에서 고교 우수 선수가 되었고, 체육 대학에 입학 허가를 받게 되었습니다. 더욱이 병원에 있는 동안 한 친구의 전도를 통해 그리스도인이 되었습니다. 톰과 그의 아들은 매일 함께 성경 공부를 하기 시작했습니다.

톰은 이렇게 말했습니다: "세상적인 성공을 이룬 후 왜 그 모든 갈등과 어려움이 있었는지 이제 이해가 갑니다. 나는 잘못된 것들에 자신을 드리고 있었던 것입니다. 나의 삶에서 그런 위기가 나를 그리스도께로 인도했습니다."

톰의 경우에는, 그를 짓누른 실패 의식이 누군가의 도움을 절실히 필요로 하게 만들었고, 나아가 참된 성공이 무엇인지를 깨닫게 하는 계기가 되었습니다.

그러나, 누구나가 실패에 그렇게 긍정적으로 응답하지는 않습니다. 신문에서 한 중년 남자에 대한 기사를 읽은 적이 있습니다. 그는 어느 좋은 회사에서 책임 있는 지위에 있었습니다. 그는 그의 직업 분야에서 둘째 가라면 서러워할 만큼 실력이 있었습니다. 온 세상이 전부 그의 것처럼 보였습니다. 그는 자신만만했고 때로는 이것이 지나쳐 너무 자신을 과신하는 것처럼 보이기도 했습니다. 그런데 어느 날 사장이 그를 부르더니 회사를 그만두라고 했습니다.

그는 얼마 후 이전보다 보수가 더 나은 좋은 일자리를 얻었습니다. 이런 사건이 있은 지 1년 후 그는 그때 일을 다음과 같이 말했습니다:

"그 사건을 통하여 저는 많은 것을 배웠습니다. 언젠가는 그때 일을 웃으면서 이야기할 날이 오겠지요. 하지만 지금은 전 웃을 수 없습니다. 그때 제가 경험했던 감정은 죽음과 같은 것이었습니다. 그렇게밖에는 표현할 방법이 없습니다. 저는 제가 죽어 가고 있다는 느낌을 깊이 경험했습니다.

"저는 제가 직장에서 이룬 성공을 보고 모든 사람이 저를 부러워하고 있다고 생각하곤 했습니다. 해고를 당하기는 했지만 전 그때보다 더 좋은 지위에 있고, 보수도 더 많습니다. 겉으로 보기에는 전보다 더 성공했다고 할 수 있을 것입니다. 그러나 1년 전의 그 악몽과 같은 해고 사건은 제 인생에 지울 수 없는 오점을 남겼습니다. 저는 그것 때문에 영원히 인생의 실패자라는 생각이 듭니다. 저는 사람들이 알까 두렵습니다.

"제가 또 다시 너무 자신을 과신하고 방심하면 다시 해고당할지도 모른다는 두려움이 제 안에 있습니다. 여러 가지 면으로 볼 때 저는 이전과 같은 사람이 아닙니다. 여전히 좋은 직장에서 일하고 있지만 똑같은 사람이 아닙니다. 지난 1년 사이에 전 딴 사람이 된 것 같습니다."

아무도 실패를 좋아하지는 않습니다. 누구나 성공을 원합니다. 그러나 성공과 실패는 둘 다 올바로 다루지 않으면 위험하며 사람을 잘못된 길로 이끌 수가 있습니다. 성공은 스스로 우쭐하여 하나님과 다른 사람들을 무시하게 할 수 있습니다. 실패는 사람으로 하여금 포기하게 하며 환경에 대하여 하나님을 원망하게 할 수 있습니다. 그러나 우리가 하나님의 지도하심을 따라 성공과 실패를 다룰 때에는 이를 통하여 더욱 성숙한 사람으로 성장할 수도 있습니다.

물론 성공이란 시야와 태도의 문제입니다. 5명의 사람이 있는데, 한 사람은 다음 달이면 승진하게 될 예정이었고, 다른 네 사람은 일시 해고 상태에 있었습니다. 승진 예정인 사람은 승진하게 되면 월급이 100불은 더 오를 것이라고 기대했는데 50불밖에 오르지 않으면 실패라고 생각할 것입니다. 그러나 일시 해고 상태에 있는 네 사람은 다시 정상적으로 일하게 된 것만으로도 성공이라 생각할 것입니다.

우리네 문화에서는 성공에 대해 광적이다 싶을 정도입니다. 우리는 성공적인 운동 선수, 성공적인 사업가, 성공적인 배우, 성공적인 정치가 등등, 성공한 사람들을 높입니다. 우리는 남들 보기에 실패로 보이는 것들을 피합니다. A. W. 토저는 이 문제에 대하여 다음과 같이 말했습니다:

이 세상에서 남성들은 그들의 능력에 의하여 평가됩니다. 그들은 성취라고 하는 산의 정상을 향하여 얼마나 올라갔는지 그 올라간 높이에 따라 평가됩니다. 산 밑에 있으면 철저한 실패요, 정상에 있으면 완전한 성공입니다. 이 두 극단 사이에서 오늘날의 사람들은 대부분 젊은 시절부터 노년에 이르기까지 땀흘리며 수고합니다….

그러나 이것 속에는 행복이란 없습니다….

성공하기를 원하는 마음 그 자체가 나쁜 것은 아닙니다. 오늘날과 같이 그 정도가 지나쳐 병적이다 싶은 것이 문제입니다. 우리가 창조된 목적을 성취하려는 욕구는 물론 하나님께서 주신 선물입니다. 그러나 죄가 이 선한 욕구를 왜곡시켰고, 그것을 정상의 영광을 차지하려는 이기적인 정욕으로 변질시켰습니다. 마귀는 이 정욕을 이용하여 온 세상 사람들을 충동질하였으며, 이 유혹을 피할 길이 없습니다.

그러면 하나님께서는 성공을 어떻게 재십니까? 하나님께서는 우리에게 무엇을 원하십니까? 하나님께서는 여호수아에게 하나님의 말씀을 주야로 묵상하여 그 가운데 기록한 대로 다 지켜 행하면 그의 길이 평탄하게 될 것이며 그가 형통할 것이라고 말씀하셨습니다(여호수아 1:8). 이 말씀에서 보듯이 형통 또는 성공이란 하나님의 말씀에 대한 순종을 그 조건으로 하고 있습니다. 이것은 세상의 시야에서 본 것이 아니라 하나님의 시야에서 본 성공입니다.

우리는 대개 세 가지 중 하나로 자신의 성공 여부를 결정짓는 것 같습니다. 첫째는 단순히 자신이 성공했다는 주관적인 느낌입니다. 이것은 느낌상으로 그렇게 느끼는 것이기 때문에 그 판단 기준이 모호하고 불확실할 수도 있습니다. 그래서 자신이 완전히 잘못된 경우에도 성공했다고 느낄 수 있습니다. 때로는 그 느낌이 자신이 정한 특정한 수준이나 기대나 목표에 근거한 것일 수도 있지만, 그것들 역시 비현실적이고 불필요한 것일 수가 있습니다.

둘째로, 우리는 남들이 자신을 어떻게 평가하는가에 따라 자신의 성공과 실패 여부를 판단합니다. 이 평가 방법 역시 잘못될 수가 있습니다. 다른 사람들의 판단 역시 자기의 판단만큼이나 주관적이고 사실과 무관할 수가 있기 때문입니다.

셋째로는 자기가 속한 사회에서 일반적으로 받아들여지고 있는 객관적인 기준에 의한 평가가 있습니다. 이를테면 시험이라든지, 승진이나 보수 인상을 위한 인사고과표라든지, 학위 등을 들 수 있습니다.

그러나 궁극적으로 우리의 성공 여부를 판단하시는 분은 하나님이십니다. 우리 그리스도인에게 있어서 가장 중요한 것은 성공에 대한 하나님의 관점인 것입니다. 자신의 느낌, 다른 사람들의 의견, 정해진 객관적인 기준들이 하나님의 기준을 파기할 수는 없습니다.

취약한 영역들

사람들은 자기에게 가장 중요한 삶의 영역이라 생각되는 것들에 대해서는 성공이냐 실패이냐 대하여 아주 민감한 반응을 보입니다. 이 영역들은 나이에 따라 변할 수 있지만, 중년기의 남성과 여성에게 있어서 가장 중요한 것으로 직업(직장), 결혼 생활, 자녀, 기타 인간 관계들, 그리고 자신의 영적 상태 등 다섯 가지를 들 수 있습니다.

세상 사람들은 대부분 직업 분야에서의 성공을 첫째로 생각합니다. 그리스도인들도 이 영역에서는 세상 사람들과 똑같은 기준을 가지고 있는 경우가 많습니다. 그리하여 빈번히 더 중요한 다른 영역들에서의 성공을 놓치는 수가 있습니다.

결혼 생활에서의 실패는 삶의 다른 어떤 영역에서의 실패보다 감정적으로 어렵게 만들며 상처를 입힙니다. 우리가 결혼식 날 상대방에게 자신을 바치겠다고 한 최초의 서약은 우리의 삶 모든 영역과 관련되어 있습니다. 두 사람의 관계는 세월이 지남에 따라 더욱 성장하고 발전하기도 하고, 더 나빠지고 상처를 남기기도 합니다.

최근 아내와 이혼한 한 중년기의 그리스도인 남성이 자신의 내적 경험을 내게 보낸 편지 가운데서 이렇게 적었습니다: "저는 계속 감정의 기복을 겪고 있습니다. 때로는 고독했습니다. 저는 지난 일들을 재검토하고 있습니다. 무엇이 잘못되었는지를 이해하려고 노력하고 있는 중입니다. 여하튼 현재의 시점에서 저는 삶의 가장 중요한 영역 중의 하나에서 실패했다는 심한 실패감을 느끼고 있습니다."

이혼은 우리를 감정적으로 영적으로 찢어 놓습니다. 그러나 그리스도인 부부들은 아무리 중년기에 심한 문제를 겪는다 할지라도 결혼 생활에서 성공할 수 있는 모든 자원과 이유를 가지고 있습니다.

부모로서 자신의 성공 여부에 대한 느낌은 많은 경우 자녀의 성공에 달려 있습니다. 자녀가 어떤 영역에서 성공하면 기뻐하고 가슴뿌듯한 감정을 느끼지만, 어떤 영역에서 실패하면 감정적으로 푹 꺼집니다. 자녀와 이야기하다 보면 단 한 시간 동안에 이런 정반대의 감정을 여러 차례 경험한 적이 있을 것입니다. 우리는 감정적으로 취약합니다. 부모로서 그들의 성공과 실패에 대한 통제권을 그들의 성장과 더불어 점점 잃어 가고 있기 때문입니다. 때로는 그들이 부모의 말씀에 직접 반대하기도 하는 등 그들은 점점 부모로부터 독립하며 스스로 결정하기 시작합니다.

가족 이외의 인간 관계에 있어서도, 우리에게 두터운 우정과 친분 관계가 절실히 필요한 바로 그때에 다른 사람들과의 관계를 맺는 능력이 점점 줄어들고 성장이 멈추는 경향이 있습니다.

영적인 영역에 있어서는, 머리는 희어지고 겉으로는 성공한 것처럼 보이지만 영적으로는 미성숙하다는 것을 발견하게 되는 것만큼 중년기의 그리스도인을 당황하게 하는 것은 없습니다. 세월이 우리를 저절로 영적으로 성숙하게 해주는 것은 아니기에, 자신이 영적으로 실패했다고 느끼게 되는 것보다 중년기의 그리스도인에게 있어서 더 큰 비극은 없습니다. 영적 성숙은 다른 모든 영역의 문제들을 해결할 수 있는 열쇠가 되기 때문입니다. 우리는 젊은 시절 자신의 영적 성장과 발전을 무시하고 소홀히하기가 쉽습니다. 그러다가 마침내 영적 성장의 필요성을 발견할 때에는 이제는 너무 늦었다고 생각해 버립니다. 너무 늦었다고 생각하는 사람이 있다면 결코 그렇지 않다는 것을 기억하십시오. 영적 성장은 지금도 여전히 가능합니다. 그리스도인은 영적 성장의 영역에서는 실패를 그냥 감수해 나가서는 안 됩니다. 이 영역에서는 반드시 성공을 쟁취해야 합니다.

이 모든 영역에서의 성공과 실패는 곧 우리 자신의 자아상을 결정짓습니다. 우리의 자아상은 부정확하고 틀릴 수도 있지만, 우리는 그것을 보고 믿고 있습니다. 대부분의 성공과 실패는 사실 자기가 자신에 대하여 가지고 있는 자아상에서 비롯된다고 해도 과언이 아닙니다. 우리는 자신이 누구라고 생각하기 때문에 어떤 것에서 성공 또는 실패할 것이라고 생각하는 것입니다. 그리고 조만간 그 생각은 예언처럼 현실로 성취되어 나타나는 것입니다.

하나님께서는 왜 성공 또는 실패를 허락하시는가?

두 사람의 헌신된 그리스도인이 있었습니다. 둘 다 회사에서 유능한 일꾼이었으며 직업의 영역에 있어서 그리스도의 주재권을 인정하고 있는 사람입니다. 그런데 한 사람은 승진에 승진을 거듭하여 마침내 그 회사의 사장이 되었고, 한 사람은 승진을 못하고 마침내 회사를 그만두지 않으면 안 될 형편에 이르게 되었습니다.

불공평하게 보이지 않습니까? 당신은 이 문제에 대하여 어떻게 설명하겠습니까? 대답하기가 쉽지 않습니다. 그러나 분명한 것은 우리 가운데 어느 누구에게도 쉽게 이해되지는 않겠지만 우리를 위한 하나님의 크신 계획과 목적 가운데서 그렇게 되었으리라는 것입니다.

이 문제를 올바른 시야로 바라보기 위해서는 먼저 삶에 대한 세상의 관점과 하나님의 관점 간의 차이를 알아볼 필요가 있습니다.

세상의 관점	하나님의 관점
사람에게 안락과 쾌락과 자존심을 제공하는 돈, 소유물, 기타의 것들에 초점을 둔다.	하나님은 사람의 내적 인격의 발전에 초점을 두고 계신다. 그리하여 그 사람은 하나님이 갖고 계시는 모든 선한 성품들을 나타내게 된다.
사람의 외적인 지위, 서열 또는 명예를 강조한다.	그의 인격 곧 됨됨이를 강조한다. 각 사람의 무한한 가치를 인정한다.
단기적 이익을 위해 애쓴다. 현세의 삶에서 최대로 얻으려 한다.	하나님께서는 각 사람의 장기적 이익을 위해 일하신다. 그 사람의 이땅에서의 삶과 영원한 삶을 위해 그에게 유익한 것을 도모하신다.
자기 중심주의 곧 "나의" 필요에 집중하는 이기심을 강조한다.	하나님은 우리가 다른 사람들의 필요에 관심을 집중하도록 도우신다.
세상은 경제적, 신체적 안전을 강조함으로써 자기 보호에 힘쓴다.	하나님께서는 우리가 영적으로 견고한 삶을 사는 것이 중요함을 가르치시며, 하나님께서 우리와 함께하시는 것이 바로 우리의 참된 안전임을 가르치신다.

뚜렷한 대조를 이룹니다. 세상의 관점에서 본 성공이란 결국 가짜인 것이며, 사람들은 이 가짜가 주는 일시적인 기쁨과 만족에 끌려 계속 이 가짜를 붙잡으려고 쫓아갑니다. 하나님께서는 그리스도인들을 위

하여 전적으로 다른 목표를 마음 속에 가지고 계십니다. 성경에 보면 이것은 두 가지로 되어 있는데, 첫째로 하나님께서는 모든 사람이 인간의 죄를 위하여 자기 목숨을 내어 주신 그리스도로 말미암아 하나님과 화목케 되기를 원하시며, 둘째로는 하나님과 화목케 된 모든 사람들이 그리스도의 형상을 온전히 닮아 가기를 원하십니다.

그리스도로 말미암아 화목케 된 우리 그리스도인들은 또 다른 사람들이 하나님과 화목케 하는 일에 자신을 드리며, 계속 그리스도 안에서 영적으로 성장해 나가야 합니다. 로마서 8:28 말씀은 우리가 성공했을 때든 실패했을 때든 늘 확신과 격려를 주었습니다: "우리가 알거니와 하나님을 사랑하는 자 곧 그 뜻대로 부르심을 입은 자들에게는 모든 것이 합력하여 선을 이루느니라." 이 구절은 하나님께서 우리의 모든 환경을 절대주권을 가지고 주관하신다는 것을 보여 주고 있습니다. 이 구절에는 우리가 왜 그분의 절대주권을 믿을 수 있는가는 설명되어 있지 않습니다. 그 답은 29절에 나타나 있습니다: "하나님이 미리 아신 자들로 또한 그 아들의 형상을 본받게 하기 위하여 미리 정하셨으니, 이는 그로 많은 형제 중에서 맏아들이 되게 하려 하심이니라."

여기에서 우리는 하나님의 궁극적인 목적은 모든 그리스도인이 예수 그리스도의 형상을 본받는 것임을 알 수 있습니다. 우리의 인격과 삶 전체가 그리스도를 닮아 가야 하는 것입니다. 그러므로 28절에 있는 "선"은 하나님 보시기에 선한 것이며, 우리가 생각하기에 선한 것을 말하지 않습니다. 하나님의 목적은 삶에서 일어나는 모든 사건을 통하여 우리 속에 인내, 사랑, 겸손, 거룩, 긍휼, 믿음 등 그리스도를 닮은 인격을 발전시키는 것입니다.

구약 성경을 보면 하나님께서는 이스라엘 민족을 향해서도 같은 목적을 가지고 계셨습니다. 이스라엘 민족이 경험한 시련과 승리들은 어떤 특정한 목적을 위하여 하나님께서 계획하신 것이었습니다. 신명기 8:1-3에 이렇게 말씀하고 있습니다:

내가 오늘날 명하는 모든 명령을 너희는 지켜 행하라. 그리하면 너희가 살고 번성하고 여호와께서 너희의 열조에게 맹세하신 땅에 들어가서 그것을 얻으리라. 네 하나님 여호와께서 이 사십 년 동안에 너로 광야의 길을 걷게 하신 것을 기억하라. 이는 너를 낮추시며 너를 시험하사 네 마음이 어떠한지, 그 명령을 지키는지 아니 지키는지 알려 하심이라. 너를 낮추시며 너로 주리게 하시며 또 너도 알지 못하며 네 열조도 알지 못하던 만나를 네게 먹이신 것은 사람이 떡으로만 사는 것이 아니요 여호와의 입에서 나오는 모든 말씀으로 사는 줄을 너로 알게 하려 하심이니라.

이 말씀 가운데는 두 개의 큰 실패와 성공의 사건들이 나타나 있습니다. 이스라엘 백성은 불순종으로 말미암아 광야에서 사십 년 동안 떠돌아다녔습니다. 그 과정에서 하나님의 약속을 믿은 모세와 여호수아와 갈렙 세 사람을 제외하고는 모든 성인들이 다 죽었습니다. 이제 이 쓰라린 경험에 뒤이어 약속의 땅으로 들어가 그 땅을 얻게 되는 도저히 상상도 못할 엄청난 성공이 다가오고 있었습니다. 광야에서의 생활을 마치고 약속의 땅 가나안으로 들어가려는 이 시점에서 하나님께서는 지난 40년 동안의 실패의 이유와 다가올 성공의 조건들을 말씀하십니다.

성경의 매 페이지마다 두 가지 사상이 나타나고 있습니다. 곧 순종과 기억하라입니다. 이 둘 중에서 순종이 앞섭니다. 이스라엘 백성은 그들의 불순종 때문에 광야에서 방황했습니다. 그들의 미래의 성공은 순종에의 새로운 헌신에 달려 있었습니다. 환경과 관련없이 그들의 순종은 하나님의 가장 중요한 관심사였습니다. 이러한 주제는 성경 전체에 담겨 있습니다. "여호와께서 번제와 다른 제사를 그 목소리 순종하는 것을 좋아하심같이 좋아하시겠나이까? 순종이 제사보다 낫고 듣는 것이 수양의 기름보다 나으니"(사무엘상 15:22). "나의 계명을 가지고 지키는 자라야 나를 사랑하는 자니"(요한복음 14:21). 따라서 우리는 성공하고 있든 실패하고 있든 자신이 알고 있는 하나님의 말씀에 순종해야 합니다. 순종은 실패에서 벗어나 성공에 이르는 길입니다.

하나님께서 과거에 당신을 어떻게 인도하셨는지 깊이 생각해 보십시오. 노트에 적어 보면 더 좋습니다. 과거가 미래를 보장하지는 않지만, 과거는 미래를 위해 우리를 준비시켜 줍니다. 우리는 마가복음 6:52에 나오는 예수님의 제자들처럼 현재에만 시선이 가 있습니다: "이는 저희가 그 떡 떼시던 일을 깨닫지 못하고 도리어 그 마음이 둔하여졌음이러라." 하나님께서는 우리가 미래를 위한 준비로서 하나님께서 과거에 베풀어 주신 축복과 교훈들을 자세히 묵상하고 세어 보기를 원하십니다.

우리는 순종과 기억의 중요성과 가치에 대해서는 쉽게 인정합니다. 그러나 우리는 그 교훈들을 배우는 과정에 대해서는 거부합니다. 신명기 8:2에서 하나님께서는 그 실패 경험의 목적이 "이는 너를 낮추시며 너를 시험하사 네 마음이 어떠한지 그 명령을 지키는지 아니 지키는지 알려는 것"이었다고 밝히고 계십니다. 모든 것은 인격 계발의 과정이었습니다.

시험을 통해서 우리는 어떤 물체의 힘과 가치를 알 수 있습니다. 시험이 없이는 하나님께 대한 우리 자신의 헌신의 깊이가 어떠한지를 올바로 알 수 없습니다. 시험은 우리의 경건과 인격의 질을 더욱 높여 줍니다. 우리가 감당하기에 너무 큰 시험은 없습니다: "사람이 감당할 시험밖에는 너희에게 당한 것이 없나니, 오직 하나님은 미쁘사 너희가 감당치 못할 시험당함을 허락지 아니하시고, 시험당할 즈음에 또한 피할 길을 내사 너희로 능히 감당하게 하시느니라"(고린도전서 10:13). 유혹과 시험은 밀접한 관련이 있습니다. 마태복음 4장에서 예수님은 시험과 유혹을 받으셨습니다. 대부분의 경우 두 단어는 동의어입니다. 시험은 거기에 올바로 반응한다면 인격을 발전시켜 줍니다. 그러나 거기에 올바로 반응하지 않으면 쓴뿌리와 원망으로 인도합니다.

"교만은 패망의 선봉이요, 거만한 마음은 넘어짐의 앞잡이니라. 겸손한 자와 함께하여 마음을 낮추는 것이 교만한 자와 함께하여 탈취물을 나누는 것보다 나으니라"(잠언 16:18-19). 겸손은 삶의 최대의 덕 중의 하나이며, 하나님께서는 거듭하여 겸손하라고 우리에게 명령하십니다. 교만은 겸손의 반대로서 하나님께서는 그것을 가장 엄하게 정죄하십니다.

그리하여 하나님께서는 실패와 같은 삶의 경험들을 사용하셔서 인격의 핵심이라고 할 수 있는 겸손을 발전시키십니다. 미가 6:8에서 하나님께서는 모든 그리스도인들에게 기대하시는 것을 말씀하고 있습니다 : "사람아, 주께서 선한 것이 무엇임을 네게 보이셨나니, 여호와께서 네게 구하시는 것이 오직 공의를 행하며 인자를 사랑하며 겸손히 네 하나님과 함께 행하는 것이 아니냐?"

실패만큼 우리를 겸손하게 만들어 주는 것은 없는 것 같습니다. 실패는 감정적으로는 받아들이기가 어렵지만, 때로는 우리의 삶을 올바른 방향으로 돌려 놓아 주는 귀중한 경험이 될 수도 있습니다. 젊은 공군 장교 시절 나는 조종사 훈련을 받으면서 조종사가 되는 꿈으로 부풀어 있었습니다. 비행의 매력이 나의 마음을 사로잡았습니다. 그런데 9개월 동안의 훈련을 잘 마치고 치른 제트기 편대 비행 시험에서 그만 불합격했습니다. 이것은 내 삶에서 영적 전환점이 되었습니다. 그 실패로 인해 나는 나의 삶의 방향을 정하기 위하여 하나님께로 돌아갔고, 일들을 내 마음대로 처리하여 내 마음대로 살지 않게 되었습니다.

돌이켜 보면 그것은 작은 실패였지만, 어떤 실패도 그 당시에는 작게 보이지 않습니다. 특히 중년기에는 더욱 그렇습니다. 그러나 하나님의 시야는 동일하십니다. 참된 성공은 겸손이라는 주춧돌 위에 세워지며, 실패를 취하여 자신을 겸손히 낮추며 자신의 인격을 발전시킨다면 이 또한 참된 성공에 속하는 것입니다.

하나님께서는 또한 우리를 겸손하게 만들기 위하여 성공을 사용하실 수도 있습니다. 우리는 자신이 이룩한 성공을 볼 때 자신이 한 일이 너무도 적다는 것을 발견하고는 하나님께서 우리를 위하여 어떻게 역사하셨는가를 깨닫고 겸손하게 됩니다. 그러나 성공을 통하여 겸손을 배우기란 훨씬 더 어렵습니다. 흔히 우리가 성공의 가도를 달리고 있을 때는 교만해지기가 너무도 쉽기 때문입니다.

하나님의 훈련 과정의 마지막 부분은 우리의 마음이 진정 어떠한지를 나타내 보여 주는 것입니다. 역시 초점은 우리의 속사람 즉 인격에 맞추어져 있습니다. 우리의 인격이 어떠한지를 알 수 있는 길은 우리가 하나님의 말씀에 순종하는지 순종하지 않는지를 보는 것입니다.

하나님께서 이스라엘 백성을 낮추시고 시험하신 것은 그들로 하여금 하나님의 말씀을 온전히 의뢰하도록 하기 위한 것이었습니다. 하나님께서는 그들이 사람이 떡으로만 사는 것이 아니요 하나님의 말씀으로 산다는 것을 깨닫기를 원하셨습니다.

삶이란 "빵" 즉 음식, 재산, 지위, 권력, 성공 그 이상의 것입니다. 삶은 하나님의 말씀에 순종할 때에만 의미를 지닙니다. 그러므로 우리는 다시 순종에 초점을 맞추게 됩니다.

당신이 지금 성공을 경험하고 있다면, 그 성공은 하나님께서 주신 것이지 당신의 힘으로 된 것이 아니라는 것을 꼭 기억하십시오. 또한 이땅에서의 성공이란 잠시 후면 사라져 버릴 덧없는 것임을 기억하십시오. 성공은 우리가 당연히 누릴 권리가 아니라, 일정 기간 동안 하나님께서 주신 특권일 뿐입니다. 우리는 그 특권을 잃게 될까봐 두려워할 수도 있습니다. 그러나 우리 마음의 시선이 하나님께 고정되어 하나님을 전심으로 의뢰하고 있다면 이러한 두려움을 가질 필요가 없습니다.

풍성한 삶

실패란 아무리 작은 것일지라도 실패를 경험하고 있는 당사자는 동요와 아울러 쓰라림을 느끼며, 나아가 자신의 지난 날의 삶을 돌이켜 보면 실패의 연속처럼 보일 수가 있습니다. 남들은 그를 보고 "왜 당신의 삶이 실패의 연속이냐?" 하면서 그가 과거에 거둔 성공들을 이것저것 댈 것입니다. 그도 역시 과거의 삶에서 덜 침체되었던 시기를 기억해 낼 수 있을 것입니다. 그러나 문제는 그가 개인적으로 기대하는 성공이 그가 실제로 성취할 수 있는 것보다 더 높다는 데 있습니다.

사람들은 자신이 설정한 기대 수준에 비추어 자신의 성공 여부를 결정하는 경향이 있습니다. 그러나 이러한 기대 수준이 현실과는 동떨어진 경우가 많습니다. 또한 이 기대들은 인생 전체를 놓고 볼 때 늘 일정하지만은 않습니다. 중년기의 기대와 청년기의 기대는 상당히 다를 수가 있습니다.

우리 자신의 기대 수준에 영향을 미치는 것은 무엇입니까? 우리는 가장 큰 영향을 미치는 것이 바로 "다른 사람"이라는 것을 인정해야 할 것입니다. 남들이 나에게 무엇을 기대하는가? 남들이 나에 대하여 어떻게 말하는가? 남들이 무엇을 성공이라 생각하는가? 나는 다른 사람들의 무엇을 보고 경탄하며 모방하기를 원하는가? 이와 같이 다른 사람들과 비교하는 것은 잘못된 것입니다.

그러면 성공이냐 실패냐를 평가할 수 있는 기준은 무엇입니까? 지나치게 단순화한 점이 있긴 하지만, 103페이지 그림 4-1에 있는 네 가지 영역-그리스도와의 관계, 가정, 직장(직업), 사역-을 중심으로 하여 자신을 신중하게 평가해 보시기 바랍니다.

그리스도와의 관계. 예수 그리스도와 올바른 관계를 갖는 것은 진정으로 충만한 그리스도인의 삶을 사는 데 있어서 첫째 가는 가장 중요한 차원입니다. "그러므로 너희가 그리스도와 함께 다시 살리심을 받았으면 위엣 것을 찾으라. 거기는 그리스도께서 하나님 우편에 앉아 계시느니라. 위엣 것을 생각하고 땅엣 것을 생각지 말라"(골로새서 3: 1-2).

예수님과 올바른 관계를 갖는다는 것은 우선적으로 그분을 당신의 개인적인 구주와 주님으로 믿고 영접하는 것을 의미하며, 나아가 당신의 삶을 다스리시는 그리스도와 함께 매일 깊이 동행하는 삶에 헌신하는 것을 의미합니다. 당신은 어떻습니까? 즐거이 그리스도와 동행하는 삶을 살고 있습니까? 아니면 마지못해 그리스도인의 활동에 참여하며 그리스도인의 삶을 흉내내고 있는 수준입니까?

그리스도와의 관계는 다른 세 영역의 기초가 됩니다. 많은 사람들이 이 기초를 올바로 놓지 못하고 있습니다. 이와 같이 기초가 없거나 튼튼하지 못하기 때문에 위기가 닥치게 될 때 흔들리며 당황하는 것입니다. 당신이 진정으로 헌신된 그리스도인의 삶을 살아오지 않았다면, 당신은 중년기에 갑자기 맞이하게 될 실패를 올바로 다룰 준비가 되어 있지 않다는 것을 기억하십시오.

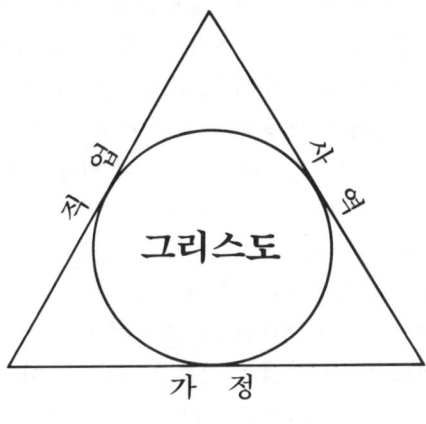

그림 4-1

가정은 풍성한 삶을 사는 데 있어서 두 번째로 중요한 차원입니다. "아내들아, 남편에게 복종하라…남편들아, 아내를 사랑하며…자녀들아, 모든 일에 부모에게 순종하라"(골로새서 3:18-21). 남성들은 가정보다 직업에 우선순위를 부여하기가 쉽습니다. 반면 여성들은 그리스도와의 올바른 관계보다 가정에 더 우선순위를 부여하기 쉽습니다. 둘 다 잘못되었습니다. 그리스도와의 관계가 가장 중요하고, 그 다음이 가족 관계입니다.

세 번째로 중요한 차원은 직업입니다. 직업의 가장 기본적인 목적은 가족들에게 필요한 것을 공급해 주는 것입니다. 따라서 관심의 초점이 자기 만족이나 자신의 영예, 또는 부자가 되는 것이 될 때에는 일의 가장 기본적인 목적이 거꾸로 뒤바뀌게 됩니다. 하나님께서는 우리가 하고 있는 일을 즐기기를 원하시며, 눈가림으로 하지 않고 마음을 다하여 성실하게 하기를 원하십니다. 우리는 다른 사람의 칭찬이나 인정을 받기 위해서가 아니라 하나님의 칭찬과 인정을 받기 위해서 성실하게 일해야 합니다. 직업(직장)은 우리의 그리스도인으로서의 삶이 공개적으로 드러나는 곳입니다.

마지막으로 중요한 차원은 사역입니다. 사역이라 함은 전도만을 가리키는 것이 아니라 우리가 그리스도인으로서 하는 모든 섬김을 의미합니다. 불신자들을 복음으로써 섬기는 것은 전도라 할 수 있으며, 신자들을 섬기는 것은 봉사라 할 수 있을 것입니다. 우리는 그리스도 안에서 누리고 있는 사랑과 생명을 가지고 다른 사람들에게로 나아가야 합니다. "외인을 향하여서는 지혜로 행하여 세월을 아끼라"(골로새서 4:5). 우리는 불신자들이 그리스도 안에서 새생명을 얻도록 돕는 일에 기쁨으로 적극 참여해야 합니다. 또한 새생명을 얻은 사람들이 그리스도 안에서 성장하도록 돕는 일에도 자신을 적극 드려야 합니다.

이 네 가지 영역 중 어느 하나라도 소홀히 하는 일이 없도록 하십시오. 그리스도가 없으면 우리 삶의 다른 세 영역을 하나로 묶어 주고 유지시켜 주는 힘의 근원을 잃게 됩니다. 그리고 다른 세 영역들 중 어느 하나라도 잃게 되면, 삶은 균형을 잃게 되고, 나아가 좌절과 실패를 초래할 수도 있습니다(그림 4-2 참조).

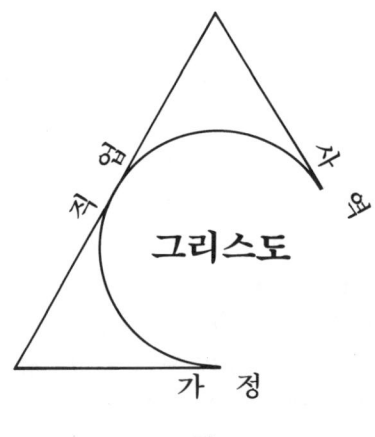

그림 4-2

평가

참된 성공 여부를 평가하기 위해서는 우리는 주관적인 느낌들을 객관적인 사실들로 표현할 필요가 있습니다. 다음 내용을 읽고 답을 해 보십시오. 자신의 강점이 무엇인지, 자신의 약점 또는 필요가 무엇인지를 알게 될 것입니다.

그리스도와의 관계   예   아니오
1. 나는 일주일에 적어도 4일은 개인적으로 성경을 읽고 기도하는 시간을 갖는다. ____   ____
2. 나는 지난 6개월 동안 적어도 네 번 개인적으로 성경 공부를 하고 그 내용을 기록하였다. ____   ____
3. 나는 개인적인 문제와 영적인 문제를 깊이 서로 나누는 그리스도인 친구를 적어도 한 사람 갖고 있다. ____   ____
4. 나는 하나님의 말씀에 응답하여 지난 해 나의 삶 속에서 한 가지 이상 중요한 변화를 이룩했다. ____   ____
5. 최근 다른 사람과의 갈등이 해결되었고, 이제는 나를 괴롭히지 않는다. ____   ____
6. 내가 아는 한 나는 어떤 주요한 문제에 대해서도 하나님을 거역하고 있지 않다. ____   ____
7. 나는 분명히 그리스도를 나의 개인적인 구주와 주님으로 영접했다. ____   ____
8. 나는 그리스도인의 교제에 적극 참여하고 있으며 즐기고 있다. ____   ____

가족
1. 지난 달에 나는 각각의 자녀들과 따로 시간을 보낸 적이 있다. ____   ____

2. 지난 달에 나는 아내(또는 남편)와 집 밖에서 둘만의 시간을 가진 적이 있다. ___ ___
3. 지난 달에 나는 아내(또는 남편)와 약간 심한 의견 대립이 한 번 이하로 있었다. ___ ___
4. 지난 주에 우리 가족은 적어도 한 번 가족 경건의 시간을 가졌다. ___ ___
5. 나는 지난 달에 아내(또는 남편)와 함께 기도하는 시간을 가졌다. ___ ___
6. 나는 지금까지 이혼은 생각해 본 적도 없다. ___ ___
7. 나는 자녀들과 좋은 관계를 갖고 있다. ___ ___
8. 나의 직업은 나에게 가족들과 함께할 시간을 충분히 가질 수 있게 한다. ___ ___

직업
1. 나는 직업을 가지고 있다. ___ ___
2. 나의 기본적인 물질적 필요는 충족되고 있다. ___ ___
3. 나의 수입은 내 자신과 가족들이 살아가기에 충분하다. ___ ___
4. 나는 해고당한 적이 없다. ___ ___
5. 나는 기본적으로 나의 일에서 성공적이다. ___ ___
6. 나는 근무 성적에 따라 공정하게 정기적으로 승진되어 왔다. ___ ___
7. 나는 평생토록 일하기를 원한다. ___ ___
8. 나는 직장에서 다른 사람들과 큰 갈등은 전혀 없다. ___ ___

사역
1. 나는 지금 개인적으로 구체적인 사역을 하고 있다. ___ ___

2. 나는 하나님께서 내게 주신 특수한 영적 은사
   또는 능력을 알 수 있다.   _____ _____
3. 나는 지금 이 은사와 능력을 사용하고 있다.   _____ _____
4. 나는 교회에서 봉사에 적극 참여하고 있다.   _____ _____
5. 나는 가족 이외의 어떤 사람을 그리스도께로
   인도한 적이 있다.   _____ _____
6. 나는 가족 이외의 어떤 사람의 삶에 아주 중요
   한 기여를 하고 있다고 믿는다.   _____ _____
7. 나는 하나님께서 지금 나를 사용하고 계신다고
   믿는다.   _____ _____

위의 항목들을 다시 한 번 훑어 보십시오. 답을 할 때 마음에 두려움이나 괴로움, 또는 우울함 등을 느낀 항목에 대해서는 표시를 하고 그 영역에 대해서는 더 자세히 평가를 해보도록 하십시오. 전체의 50% 정도에 예라고 응답을 했다면 너무 저조하다고 할 수 있습니다. 당신이 만일 정직하게 대답을 했다면 자신의 필요가 무엇인지 알게 되었을 것입니다.

새로운 목표와 우선순위의 설정

중년기의 실패는 숙명론과 같은 의식으로 우리를 무력하게 만듭니다. 숙명론은 우리가 새로운 목표들을 설정하고 다시 앞으로 나아가는 것을 어렵게 만듭니다. 그러나 실망하지 마십시오. 우리는 충분히 다시 전진할 수 있습니다.

중년기의 실패를 딛고 일어서서 새로운 목표를 세우고 다시 전진하기 위해서는 첫 단계로 자신의 필요를 인정하는 것이 필요합니다. 실패를 경험할 때 우리의 자연스런 반응은 그것을 아무도 모르게 감추고 모든 것이 잘 되고 있는 양 가장하는 것입니다. 이러한 기만은 우리의 속을 갈기갈기 찢어 놓을 뿐입니다. 우리가 내부에서 일어나고 있는 그 싸움을 숨기고 있기 때문에 다른 사람들은 알 수가 없으며, 따라서 우리를 도와 줄 수가 없습니다.

최근 나는 한 젊은 그리스도인 부부를 만났습니다. 그들은 주님을 위하여 아주 열심히 살고 있었습니다. 남편 되는 사람은 글을 거의 읽지 못하는 사람이었는데 지금은 잘 읽을 수 있게 되었다고 했습니다. 그 사람은 예수님을 믿고 난 이후에도 자기가 글 못 읽는 것을 감추고 그럭저럭 지냈다고 합니다. 그러다가 몇 년 후 그 문제가 직업에서나 성경 공부를 할 때나 그에게 많은 제약을 가하고 있다는 것을 깨닫고, 그는 자존심을 꺾고 한 국민학교 선생님에게 개인 지도를 부탁했습니다. 그는 자기의 문제를 숨기거나 피하지 않고 다른 사람에게 드러내 놓고 정면으로 부닥쳤으며, 그것을 고치기 위한 행동을 취했습니다.

실패와 싸우기 위해서는 우리는 현실적이 되어야 하며, 실패의 영역을 분명히 알아낼 필요가 있습니다. 감정이 사실을 감추지 못하도록 가능한 한 내용을 자세히 기록하십시오. 다음 제안이 도움이 될 것입니다.

1. 쓴뿌리를 막으라. 하나님, 자기 자신, 또는 다른 사람들에 대하여 쓴뿌리와 분노를 품지 않도록 하십시오.
2. 지금까지 하나님께서 주신 축복들을 자세히 세어 보라. 하나님께서 지금까지 당신의 삶을 어떻게 축복해 주셨는지 회상하며 그것들을 기억하십시오. 하나님께서는 당신이 지금 경험하고 있는 그 실패를 사용하셔서 선을 이루실 줄을 믿고 감사하십시오.
3. 포기하지 말라. 절망감이 당신을 지배하지 못하게 하십시오. 이를 위해서는 마음 속의 바람만 가지고는 안 되며, 훈련이 필요합니다.
4. 자신의 삶을 평가하라. 당신이 현재 어디에 와 있는지, 그리고 장차 어느 방향으로 가기를 원하는지 생각해 보십시오.
5. 개인적인 훈련을 하라. 적당한 휴식, 영양 섭취, 운동이 필요합니다. 말씀을 보며 기도하는 시간을 늘이십시오. 당신에게는 전보다

더욱 이런 것들이 필요합니다. 하나님께서 이런 것들을 하고자 하는 욕구를 자동적으로 당신에게 주입시켜 주시지는 않을 것입니다. 하나님께서는 우리가 자신을 훈련하기를 원하십니다.

버드 폰텐이라는 사람은 개인적인 훈련의 영역에서 나에게 아주 깊은 영향을 주었습니다. 버드는 뇌성 소아마비를 앓고 있었는데, 이로 인하여 언어 및 신체에 장애가 많았습니다. 나는 지난 30여 년 동안 그가 수많은 어려움들과 시련들을 겪는 것을 보았습니다. 인간적인 눈으로 보면 그의 삶은 실패의 연속이었지만 그는 그 모든 시련들을 꿋꿋이 견디어 냈습니다. 나는 그가 경영하는 작은 인쇄소에서 일할 때 그가 조판을 위해 취한 피나는 훈련을 직접 보았습니다. 그의 작은 인쇄소는 경쟁에서 뒤져 문을 닫지 않을 수 없었습니다. 그 다음에는 장애자라는 이유로 해서 어렵게 잡은 직장에서 해고당했습니다. 해마다 새로운 시련들이 나타났습니다. 그러나 그는 이 모든 것을 개인적인 훈련과 하나님께 대한 온전한 의뢰를 통하여 이겨냈습니다. 나는 그가 하나님이나 다른 사람들에 대하여 불평하는 것을 들어 본 기억이 없습니다. 그와 같은 상황이라면 하나님이나 다른 사람이나 자신에 대하여 쓴뿌리나 원망을 품는 것이 오히려 자연스러운데도 말입니다.

제 5 장

침 체

마르다. 그녀는 사회 활동도 아주 적극적이었으며, 교회에서도 열심히 봉사한 교양 있는 여성이었습니다. 남편 역시 이해심이 많고 자상한 사람이었습니다. 그런데 언젠가부터 그녀는 침체에 빠졌습니다.

그녀가 이따금씩 이러한 침체 상태를 경험하기 시작한 것은 막내인 셋째 아들을 낳은 직후부터였습니다. 그녀는 자신을 항상 적극적이고 낙천적인 사람으로 여겨 왔기 때문에 자신이 경험하고 있는 침울하고 비참한 감정들에 대하여 당황하고 어쩔 줄 몰랐습니다. 그녀는 몇 달 동안 자신의 침체 상태를 모든 사람에게 숨기면서, 침체 상태에서 벗어 나려고 무진 애를 썼습니다.

그녀는 매일 잠을 제대로 이루지 못했습니다. 밥맛도 줄어 조금밖에 먹지 않았습니다. 그녀는 내적으로는 슬프고 우울한 감정으로 고통을 당하고 있으면서도 외적으로는 즐겁고 행복하게 살고 있는 것처럼 보이려고 많은 노력을 기울였고, 그렇게 보이기 위해서라면 어떤 일도 서슴지 않았습니다. 이렇게 해서 겉으로는 말쑥하고 매력 있는 외모를 그럭저럭 유지해 나갔습니다.

그러나 그녀의 침체 상태는 계속되었습니다. 마침내 절망 가운데서 그녀는 가정의와 상담을 했습니다. 그녀는 의사에게 이렇게 말씀드렸습니다: "저는 제가 왜 이러는지 이해할 수가 없어요. 저를 행복하게 해주는 데 필요한 것을 모두 갖고 있거든요. 그런데 언제부턴가 매우 침체되는 것을 느껴요. 단 일 분간도 지탱할 수 없다는 생각이 들어요. 때로는 자살까지도 생각한답니다. 저를 좀 도와 주세요. 이젠 더 이상 두려운 침체 상태에 빠져 있고 싶지 않아요. 어서 벗어 나고 싶어요."

의사는 마르다에게 자세한 종합 건강 진단을 실시했습니다. 그 결과 약한 빈혈 증세가 있다는 것이 발견되었지만, 그것으로는 그녀가 겪고 있는 심각한 침체를 설명할 수 없었습니다. 의사는 그녀에게 한 그리스도인 정신과 의사를 추천했습니다.

"저, 저는 정신과 의사에겐 갈 수 없습니다. 선생님 말씀을 듣고 전 너무 당황했어요. 남편이 어떻게 생각할까요? 미쳤다고 생각하겠죠? 제게 뭔가 정말로 잘못된 것이 있다는 생각이 들어 심히 죄책감을 느끼고 있습니다." 마르다는 의사에게 항의하듯 말했습니다.

의사는 온유하게 대답했습니다. "마르다, 당신은 미치지 않았습니다. 하지만 뭔가 잘못된 것이 있고, 그러니 당신은 도움을 받아야만 합니다."

오랜 대화 끝에 마르다는 정신과 의사의 도움을 받기로 했습니다. 그날 밤 그녀는 남편에게 이야기할까 말까 한참이나 망설이다가 자초지종을 다 이야기했습니다. 그러자 큰 안도감이 남편의 얼굴을 스치면서 그는 아내를 두 팔로 감싸며 이렇게 말했습니다: "나는 무엇인가가 당신을 괴롭히고 있다는 것을 알았소. 하지만 어떻게 해야 할지 몰랐소. 당신이 정신과 의사의 도움을 받기로 했다니 기쁘오. 내가 도울 수 있는 것이면 무엇이든지 하고 싶소."

매주 정신과 의사의 상담을 받은 지 몇 달 후 마르다는 자신의 침체 감정이 사라지는 것을 느끼기 시작했습니다. 정신과 의사는 마르다가 항상 스스로에게 높은 수준을 요구했고, 그 요구 수준은 그녀에게 어느 누가 기대하는 것보다 훨씬 높은 것이었음을 발견하도록 도와 주었습니다. 그녀는 요구 수준이 너무 높았기 때문에 자연 자신은 그 수준에 결코 도달할 수 없다고 느끼게 되었고, 따라서 자신은 무능하다고 생각하기 시작했던 것입니다. 이러한 사고 방식을 가지고 여러 해를 살다 보니 그것이 결국 침체를 낳게 된 것입니다.

해마다 수많은 사람들이 마르다와 같은 경험을 하고 있습니다. 상황과 환경이 다르고, 속도가 빠를 수도 있고 느릴 수도 있고, 원인들도 다르고, 그 강도도 다양하지만, 침체 가운데 있는 사람들은 모두 동일한 감정으로 고통을 당하고 있습니다.

침체는 당사자로 하여금 실제로 고통을 느끼게 하며, 때로는 절망감을 느끼게도 합니다. 이렇게 되면 그는 자신이 경험하고 있는 침체의 악순환이라는 늪에서 벗어나기 위하여 어떤 행동이라도 기꺼이 하려는 마음을 갖게 됩니다.

침체는 자주 그리스도인의 삶 속에도 침투하며, 또한 중년기는 침체에 대하여 특히 취약한 시기이기 때문에 별도로 한 장을 할애하여 다루었습니다. 틀림없이 이 책을 읽고 계시는 사람들 중에도 많은 이들이 침체를 경험하고 있을 것입니다. 그리스도인들이 특히 침체의 감정들과 싸우는 것은 모든 침체는 죄의 결과라고 잘못 생각하기 때문입니다. 이러한 오해는 현재 경험하고 있는 침체에 더하여 죄책감을 느끼게 하며, 죄책감은 당사자에게 훨씬 더 무거운 짐을 안겨 줍니다.

본서는 침체를 다루는 데 있어서 산수 문제처럼 딱 맞아떨어지는 단순한 해결책을 제시하고 있지는 않습니다. 이는 침체의 종류와 정도는 침체로 인하여 고통을 당하고 있는 사람들만큼이나 다양하기 때문입니다. 따라서 그 해결 방법도 일률적으로 말하기가 어렵고 아주 다양하다고 할 수 있습니다. 본서는 단지 침체를 일으킨다고 생각되는 몇 가지 가능한 원인들과 침체 가운데 있는 사람들이 이용할 수 있는 몇 가지 도움이 되는 제안을 하고자 합니다. 특히 본서는 중년기에 핵심이 된다고 생각되는 것들을 중심으로 하여 다루고자 합니다.

성경에는 침체의 시기를 거치면서 침체와 싸운 경건한 사람들의 예가 많이 기록되어 있습니다. 사무엘상 1장에 기록되어 있는 한나의 이야기는 침체 가운데 있는 여성의 거의 전형적인 모습을 보여 주고 있습니다. 그녀의 가정 환경은 그녀에게 끊임없이 스트레스를 가했습니다. 남편 엘가나는 아내가 둘이었습니다. 브닌나는 자녀들을 낳았지만, 한나는 자녀를 낳지 못했습니다. 당시의 사회와 문화에서 여자가 아이를 낳지 못하는 것은 크나큰 수치였습니다. 뿐만 아니라 그녀는 브닌나의 모욕을 감수하며 살았습니다. 이러한 상황이 여러 해 동안 계속되었습니다. 마침내 그 스트레스는 한나를 침체 가운데 빠지게 하였습니다.

사무엘상 1:8에 있는 엘가나의 질문은, 침체의 공통적인 징후들이 한나의 삶 속에도 있음을 보여 줍니다.

- 어찌하여 울며
- 어찌하여 먹지 아니하며
- 어찌하여 그대의 마음이 슬프뇨?

엘가나는 한나의 문제에 접근하는 데 있어서 실수를 했습니다. 그는 한나에 대한 깊은 사랑 가운데서 최선을 다하여 그녀를 도와 주려고 하기는 했지만, 그녀에게 그녀의 상태를 설명하도록 요구함으로써 큰 실수를 범한 것입니다. 그는 이외에도 그녀에게 "내가 그대에게 열 아들보다 낫지 아니하뇨?" 하고 말함으로써 한 가지 실수를 더했습니다.

이 이야기는 가족 중 한 사람이 침체 가운데 있을 때 한 가족 안에서 어떤 일이 일어나는가를 잘 보여 주고 있는 예입니다. 침체에 빠진 사람은 필사적으로 거기에서 벗어날 수 있는 해결책을 찾는 반면, 다른 식구들은 그의 생각과 태도를 변화시키려고 노력한다는 것입니다.

절망 가운데서 한나는 자신의 슬픔과 괴로움을 하나님께 쏟아 놓았습니다. 하나님만이 홀로 그녀를 침체에서 구원해 주시고 만족할 만한 해결책을 주실 수 있기 때문입니다.

하나님께서는 은혜를 베푸사 그녀의 간절한 기도를 들으시고 한 아들을 주셨습니다. 사무엘상 2:1-10에 기록된 한나의 기도는 하나님께서 그녀를 침체 가운데서 구원하여 주셨음을 나타내 주고 있습니다. 한 나는 하나님께서 자기를 높여 주신 것을 기뻐하고 있습니다. 그녀의 기도에는 하나님의 절대주권에 대한 신뢰와 확신이 나타나 있습니다. 그녀는 하나님의 거룩하심과 지식과 능력과 심판을 찬양하고 있습니다.

욥 역시 엄청난 고난과 깊은 침체를 경험한 사람이었습니다. 욥기 2:11-13에 나와 있듯이, 욥의 세 친구들은 욥이 겪고 있는 너무도 엄청난 고통을 보고 큰 소리로 울며 각각 자기의 겉옷을 찢고 하늘을 향하여 티끌을 날려 자기 머리에 뿌림으로써 슬픔을 표시하였습니다. 그들은 욥의 상황이 너무도 처절했기 때문에 칠일 밤낮을 그에게 아무 말도 하지 않았습니다.

바울 역시 침체의 시기를 경험했음을 자신의 편지에서 밝히고 있습니다. 고린도후서 7:5-7에서 바울은 하나님께서 그의 심령을 회복시켜 주시기 위해서 어떻게 하셨는가를 말하고 있습니다.

> 우리가 마게도냐에 이르렀을 때에도 우리 육체가 편치 못하고 사방으로 환난을 당하여 밖으로는 다툼이요 안으로는 두려움이라. 그러나 비천한 자들을 위로하시는 하나님이 디도의 옴으로 우리를 위로하셨으니, 저의 온 것뿐 아니요 오직 저가 너희에게 받은 그 위로로 위로하고 너희의 사모함과 애통함과 나를 위하여 열심 있는 것을 우리에게 고함으로 나로 더욱 기쁘게 하였느니라.

하나님께서는 바울에게 경건한 위로를 제공하고 스트레스로부터 그를 구원하며 그의 기쁨을 회복시켜 주기 위해 디도를 사용하셨습니다.

다윗 역시 여러 차례 침체를 경험하였고, 침체의 시기 동안 하나님께서 그를 어떻게 다루셨는지를 이야기합니다. "내 마음이 내 속에서 심히 아파하며 사망의 위험이 내게 미쳤도다. 두려움과 떨림이 내게 이르고 황공함이 나를 덮었도다"(시편 55:4-5). 그러나 그는 시편 23편에서 그의 목자가 되시고 그의 영혼을 소생시키시는 하나님을 노래하고 있습니다. 하나님께서는 침체 가운데 있는 우리를 회복시켜 주시는 분이십니다.

　침체의 기본 원인이 무엇이냐에 대해서는 아직도 전문가들 사이에서도 논쟁이 계속되고 있습니다. 많은 사람들은 근본 원인이 신체적인 것이기 때문에 약으로 치료될 수 있다고 주장합니다. 어떤 사람들은 침체는 대부분 정신적인 원인들에 뿌리를 두고 있으므로 상담을 통하여 효과적으로 치료할 수 있다고 주장합니다. 또 어떤 사람들은 침체의 원인은 일차적으로 영적인 문제에 있다고 주장합니다. 그러나 침체 가운데 있는 사람에게는 원인은 두 번째 일이요, 먼저 중요한 것은 침체에서 건짐을 받는 것입니다.

침체의 원인

때로는 단 한 가지 원인이 침체를 야기시키고 발전시키기도 하겠지만, 대부분 경우는 일련의 원인들이 침체된 상태를 야기시키고 심화시킵니다.

신체 상태

　어떤 질병이든지 장기화될 때에는 침체를 일으킬 수 있습니다. 간질, 위산 과다, 고혈압, 혈액의 화학적 성질의 변화, 갑상선의 기능 부전, 폐경, 중년기 이후의 사람들에게 있어서의 뇌의 변화 등이 원인이 되기도 합니다.

　많은 사람들이 그들의 침체가 의학적인 원인에 기인한 것이기를 더 좋아할 것입니다. 사람들은 침체에 빠지면 당황하고 부끄러움을 느낍니다. 따라서 그들은 그들의 침체의 근원이 그들의 통제 밖에 있다고 믿고 싶어합니다.

　많은 병이나 신체적인 이상들이 의학적 치료를 통해 치료될 수 있습니다. 따라서 자신이 겪고 있는 침체 문제에 대하여 도움을 구할 때 먼저 의사를 찾아가 일반적인 건강 상태를 점검해 보십시오. 대개의 경우 의사는 침체에 대하여 정확한 진단을 내려 줄 것입니다. 여기서 한 마디 주의해 두고 싶은 것은, 어떤 의사들은 침체의 근본 원인들을 다루려 하기보다는 그 징후들을 제거하기 위해 약을 처방하는 데만 신경 쓸 수도 있다는 것입니다.

삶의 스트레스

정신과 의사인 프레데릭 일펠드는 침체와 스트레스 간에는 직접적인 큰 관계가 있다는 사실을 발견했습니다. 삶에서 스트레스가 없다고 응답한 사람들 중에서는 오직 3%만이 심각한 정도로 침체를 겪고 있는 반면, 삶에서 3가지 이상의 영역에서 강한 스트레스를 받고 있다고 한 사람들 가운데서는 34%가 심각한 침체 상태에 있다고 했습니다.

스트레스와 침체 간에는 큰 상관 관계가 있습니다. 스트레스는 때로 자기 스스로 부과한 내적인 것이기도 하지만, 많은 경우 스트레스는 과도한 업무 부담, 깊지 못한 가족 관계, 죽음, 이혼, 또는 실망 등 밖으로부터 옵니다. 스트레스가 계속 쌓여 상당한 수준에 이르면 침체가 일어날 수 있습니다. 우리는 모두 어느 정도는 스트레스와 압력을 받고 있으며 그와 더불어 살아야만 합니다. 사실 압력이란 부정적인 것만은 아닙니다. 압력은 우리에게 동기를 부여하며 우리를 활성화시킵니다. 문제는 그 압력이 너무 과중하여 우리가 지탱할 수 없을 정도가 되는 것입니다. 자신이 감당할 수 없을 정도로 스트레스가 쌓이게 되면 사람은 몸도 말을 잘 안 듣게 되고, 마음도 닫혀 버려 이제는 더 이상 어떤 것을 받아들이기를 거부합니다.

몇 년 전 짐은 40회 생일을 맞이했습니다. 그 전 여러 해 동안 그는 직장에서 더 업무가 많아졌고, 교회에서도 책임이 점점 더 증가했습니다. 그는 활동적인 사람이었기 때문에 점점 더 증가하는 업무와 책임들을 기꺼이 받아들였습니다. 그의 매일의 삶은 바빴습니다. 해야 할 일도 많았고 만나야 할 사람들도 많았습니다. 그는 자신이 한계에 다다랐다는 것을 깨닫지 못하고 계속 더 바쁘게 살았으며, 계속 더 무거운 책임들을 받아들였습니다. 그러던 어느 날 사장이 회사에서 부서 하나를 더 맡아 달라고 했습니다. 그런데 그의 입에서 나온 대답은 "예"가 아니라 "아니오"였습니다. 그는 화를 내며 퉁명스럽게 사장님의 제안을 거절하고 만 것입니다. 그리고 나서 그는 퇴근하여 집으로 향했습니다. 집 현관문에 다다랐을 쯤에는 화가 가라앉았고, 대신 절망감과 침체감이 무겁게 그를 짓눌렀습니다. 그는 소파에 몸을 던진 후 고개를 떨구고 어깨는 축 늘어뜨린 채 힘없이 앉아 있었습니다. 그는 자기가 왜 그런 반응을 보였는지 알 수 없었습니다. 놀랍기도 하고 당황되기도 했습니다. 우울한 기분이 엄습하였습니다. 그는 처음으로 자신의 무력함을 느꼈습니다. 눈물이 핑 돌았습니다. 이렇게 눈물을 흘려 보기는 24세 때 어머니가 돌아가신 이후로 처음이었습니다.

그때 십대인 두 딸이 친구들과 함께 방에서 나와 아빠를 보고 즐겁게 인사했습니다. "아빠, 안녕하세요. 즐거운 하루이셨어요?"

짐은 딸 아이의 인사에 "아니다"라고 화난 투로 큰 소리로 말했습니다.

아이들의 눈이 둥그레지고, 아내 엘렌이 그 소리를 듣고 위층에서 내려와 그 옆에 앉아 "무슨 일이에요? 여보. 뭐가 잘못됐어요?"

"나도 모르겠어. 그냥 기분이 나빠. 사장님이 내게 일을 더 맡으라고 요청했는데, 못하겠다고 했어. 이젠 더 이상 맡을 수 없어. 이 이상 나가면 쓰러져 버릴 것만 같은 생각이 들어." 그는 두 손으로 얼굴을 감싸 쥐었습니다.

"여보, 그 문제를 위하여 기도합시다."

"당신이 기도해. 나는 할 수 없어."

엘렌은 주님께서 남편에게 지혜를 주시며 남편을 위로해 주시도록 간단히 기도했습니다. 그 다음 짐과 엘렌은 짐이 맞고 있는 상황에 대하여 차근차근 이야기하기 시작했습니다. 여러 해 전부터 엘렌은 짐에게 그의 페이스를 늦추도록 권했지만, 그는 늘 자신은 일을 더 맡을 수 있다고 생각했습니다.

그 다음날 아침 짐은 목사님에게 전화를 걸어 상담을 요청했습니다. 짐은 목사님에게 자기가 겪고 있는 것을 모두 털어 놓았습니다. 목사님은 그에게 현재 그가 하고 있는 일이나 활동들을 모두 적으라고 했습니다. 다 적고 난 후 그들은 그 항목들을 가지고 기도했습니다. 그리고 나서 각 항목들을 평가했고, 어떤 것은 삭제했습니다.

짐은 아내의 지혜로운 충고로 침체에서 벗어나기 위한 행동을 즉각 취했지만, 그의 침체 상태는 금방 사라지지 않고 계속 남아 있었습니다. 그가 오랫 동안 신체적으로나 정신적으로나 스트레스를 받으며 살았기 때문에 그 결과가 쉽사리 제거되기는 어려웠던 것입니다. 완전히 해결되는 데에는 시간이 걸렸습니다.

노력의 결과는 몇 달 후에 나타났습니다. 그의 침체는 진정되었고, 삶 또한 안정되었습니다. 짐은 아내에게 그 동안의 경험을 이렇게 말했습니다: "여보, 분명히 말해서 나는 침체 상태를 즐길 수가 없었소. 하지만 이제 나는 그 침체에 대하여 감사하오. 그것을 통해 내 자신에 대하여 새로운 이해를 하게 되었고, 내 자신과 삶을 새로운 시야로 바라보게 되었으며, 하나님의 위로와 치료를 새롭게 경험하고 깨닫는 기회가 되었기 때문이오."

오늘날의 사람들이 인생이라는 길을 가고 있는 모습을 보고 있노라면 보고 있는 내 자신도 급해지는 것을 느낍니다. 여유 있게 걸어 가는 사람은 거의 없습니다. 많은 사람들이 달려갑니다. 미친듯이 질주하고 있다고 표현해도 지나치지 않을 것입니다. 자기 주위의 사람들이 모두 질주하고 있으면 여유 있게 걸어 가고 있는 자신이 오히려 이상하게 생각되고 퇴보하고 있는 것은 아닌가 하는 생각이 들 수도 있습니다. 우리 그리스도인들은 이 면에서 자신을 주의 깊게 돌아보아야 합니다. 우리는 자신이 하고 있는 일과 활동들을 주의 깊게 평가하여 계속 해야 할 것은 하고 불필요하다고 생각되는 것은 과감하게 버릴 줄 알아야 합니다. 우리는 하나님의 시야에서 중요하지 않은 일들이 우리의 삶을 복잡하고 혼잡하게 만들지 않도록 해야 합니다. 이렇게 하면 불필요한 스트레스를 받지 않게 되고 침체에도 빠지지 않게 될 것입니다. 자신이 참여하고 있는 활동들을 죽 적어 본 후에 그것들에 대하여 기도하십시오. 하나님의 지혜를 구하며 하나님의 뜻을 보여 주시도록 기도하십시오. "여호와여, 주의 길로 나를 가르치시고, 내 원수를 인하여 평탄한 길로 인도하소서"(시편 27:11).
 당신을 대적하는 사람들 또한 당신에게 불필요한 스트레스를 주는 사람들이 될 수도 있습니다.

예비 자원의 고갈
 중년기의 사람들은 자신의 가족, 지역 사회, 고용주, 교회, 나아가 자기 자신으로부터 오는 많은 요구에 직면하게 됩니다. 그러한 요구들은 우리에게 큰 압력을 가하며 긴장하게 만들고 우리의 어깨에 무거운 책임을 지웁니다. 이 모든 것들이 우리의 관심을 요구합니다. 그때 우리는 풍성한 신체적, 감정적, 영적 자원들 가운데서 사람들에게 관심을 주는 것이 아니라, 일상적이고 습관적인 태도로 관심을 줍니다. 그러나 그것은 오래 갈 수 없습니다. 결국 가식적인 삶은 무너지고 침체가 일어날 수 있습니다.
 중년기의 그리스도인들은 과거의 영적 경험과 축복들에 의지하여 살아가는 경우가 많습니다. 영적 정체와 무관심은 신속하게 죄의식과 침체로 인도할 수가 있습니다. 영적인 삶에 있어서도 "가식"은 늘 문제를 일으킵니다.
 하나님께서는 우리가 진실하고 영적으로 늘 새로움을 유지하기를 원하십니다. 하나님은 호세아 6:6에서 이스라엘 백성에게 이렇게 말씀하셨습니다: "나는 인애를 원하고 제사를 원치 아니하며 번제보다 하나님을 아는 것을 원하노라." 공허한 형식과 의식으로는 하나님을 기쁘시게 할 수 없으며, 우리 자신에게도 만족을 주지 못합니다. 그것은 다만 죄의식과 불만족으로 가는 문을 열어 줄 뿐입니다.
 신체적인 영역과 감정적인 영역의 삶도 마찬가지입니다. 우리는 자신의 영적, 신체적, 감정적 자원들을 정기적으로 재충전해야 하며, 만일 그렇지 않고 이 자원들을 무리하게 사용하게 되면 병을 초래할 수가 있습니다.
 오랜 세월 동안 강하고 능력 있고 성공적인 삶을 살아 온 사람들은 자신은 무적이라는 생각을 할 수도 있습니다. 그런 사람은 인간은 감정적으로 붕괴되기 쉬운 경향이 있다는 사실을 인정하지 않으려 합니다. 우리는 교만하여, 자신의 한계와 부족을 인정하기를 피합니다. 갈라디아서 6:3에서 바울은 이렇게 썼습니다: "만일 누가 아무것도 되지 못하고 된 줄로 생각하면 스스로 속임이니라."

죄와 죄의식

많은 그리스도인들이 하나님을 사랑하면서도 여전히 침체 상태에서 살고 있는 것을 보는데, 그 이유를 살펴보면 그들의 죄에 대한 하나님의 용서를 그들 자신이 받아들이고 있지 않기 때문인 경우가 많습니다. 하나님께서는 이렇게 말씀하십니다: "만일 우리가 우리 죄를 자백하면 저(하나님)는 미쁘시고 의로우사 우리 죄를 사하시며 모든 불의에서 우리를 깨끗케 하실 것이요."(요한일서 1:9).

우리가 하나님과 교제 가운데 있으며 성령의 음성에 민감하다면 언제 범죄하였는지를 알게 될 것입니다. 자신의 죄를 깨달았으면 즉각 하나님께 자백해야만 합니다. 그 다음 중요한 것은 하나님께서 우리의 죄를 용서하여 주셨다는 사실을 믿고 받아들이는 것입니다.

41세인 수잔은 심각한 침체 상태에 빠졌습니다. 40세 때 어머니가 돌아가신 후 유산을 두고 남동생과 심하게 싸웠습니다. 두 남매는 서로에 대하여 분노와 적대감을 깊이 품은 채 갈라졌습니다. 그런데 며칠 후 남동생이 자동차 사고로 죽었습니다. 수잔은 남동생을 매정하게 대한 것에 대하여 용서해 달라고 하나님께 기도했지만, 그녀는 하나님의 용서를 받아들일 수도 없었고, 자신 또한 자신을 용서할 수도 없었습니다. 이러한 내적인 싸움이 그녀를 정신적으로 기진맥진하게 했으며, 남편 및 가까운 친구들과의 대화 내용도 늘 그런 것이었습니다.

마침내 남편과 목사님이 그녀로 하여금 한 그리스도인 카운셀러를 만나 보도록 설득하였습니다. 세심한 상담을 통해 그 카운셀러는 수잔에게 하나님의 은혜와 용서는 모든 죄를 덮는다는 것을 깨닫게 해주었습니다. 그녀는 죄를 자백하고 나면 하나님께서는 용서하시고 다 잊으신다는 것을 깨닫게 되었고, 이렇게 하여 수잔의 침체 상태는 서서히 해결되기 시작했습니다.

적대감과 분노

팀 라헤이는 침체를 다룬 그의 저서에서 이렇게 말합니다: "침체를 일으키는 연쇄 반응에 있어서 첫 단계는 분노입니다. 아마 당신은 자신도 모르게 이 말에 대하여 거부 반응을 보일 것입니다. 놀라지 마십시오. 침체 가운데 있는 사람들은 자신이 화가 나 있다고 생각할 수도 없고 그렇게 생각하지도 않는다는 사실을 나는 계속 목격하고 있습니다."

중년기에는 많은 사건들이 일어나며, 그 중에는 자신이 좋아하지 않는 것도 있습니다. 따라서 우리는 그 사건을 일으킨 사람들에 대하여 분노를 계속 쌓고 있을 수가 있습니다. 우리는 또한 하나님께 대해서도 분노할 수 있습니다. 화가 나 있고 적대감을 갖고 있는 사람은 대개 자신의 내적인 반응을 깨닫지 못하는 경우가 많습니다. 또한 그는 그에게 가해진 부당한 처사에 대하여 그러한 감정을 가질 권리가 있다고 생각합니다.

그러나 하나님께서는 분노와 적대감의 죄를 품을 권리를 우리에게 결코 허락하시지 않습니다. 분노는 우리가 하나님께 자백해야 할 또 하나의 죄입니다. 우리는 분노를 하나님께 자백할 뿐만 아니라, 분노를 버려야 하며, 이를 위해서도 하나님의 도우심을 간구해야 합니다. 분노는 올바로 다루지 않으면 침체를 낳을 수 있습니다.

초라한 자아상

엘리너는 그리스도인 가정에서 자랐습니다. 부모는 그녀를 매우 사랑했습니다. 그러나 그녀의 부모는 딸을 경건한 여성으로 기르려고 애쓴 나머지 딸의 삶 속에서 부정적인 면들을 지나치게 강조해서 이야기하고, 딸 아이가 해낸 일에 대해서는 어쩌다 한 번 칭찬했을 뿐 거의 칭찬을 하지 않았습니다. 부모는 칭찬을 너무 많이 하면 아이를 교만하게 만든다고 잘못 생각했던 것입니다.

  엘리너는 자주 부정적인 말을 들으며 자랐기 때문에 자신은 무능한 사람이라 확신하게 되었습니다. 그리하여 성인이 되었을 때 그녀는 늘 불안해하고 자기 자신을 고소하는 여성이 되었습니다. 그녀의 침체는 서서히 무르익고 있었습니다. 그녀는 자신의 내적인 불안을 경박하고 화려한 외모로 감추었습니다. 그러나 내적으로는 늘 자기 고소와 싸웠으며, 그로 인해 늘 고통을 당하고 있었습니다. 그녀는 직장에서도 훌륭한 사원이었습니다. 그녀는 항상 어느 누구보다 더 일을 잘하려고 애썼습니다. 그녀는 다른 사람을 기쁘게 하고 호감을 주는 사람이 되려고 했으며, 회사 일에도 헌신적이었고 일도 참 잘했습니다. 그러나 그녀는 늘 자신은 일을 잘 못한다고 생각했으며, 따라서 직장에서도 그녀는 늘 불안했습니다. 일을 더욱더 잘하지 않으면 해고당할지도 모른다고 생각하고 있었기 때문입니다.

  20대 중반에 결혼한 그녀는 자신의 모든 문제를 그대로 가지고 결혼생활에 들어갔습니다. 그녀의 남편 역시 완전주의자여서, 늘 스스로에 대하여 비판적이고 불안해하는 성격의 소유자였습니다. 따라서 엘리너의 삶은 그녀가 성장하면서 경험한 것과 기본적으로 동일한 환경 가운데서 계속 영위되었습니다. 결국 그녀가 자신의 내적인 불안과 고통을 감추는 것도 한계에 달했고, 마침내 그녀는 침체에 빠졌습니다.

  그리하여 그녀는 카운셀러를 찾아가 도움을 요청하였고, 카운셀러의 주의 깊고 성서적인 상담을 통하여 삶이 서서히 바뀌기 시작했습니다. 그녀는 자신의 삶을 하나님의 말씀에 기초하여 다시 세우기 시작했습니다. 이를 통하여 자신에 대한 하나님의 시야를 새로이 깨닫게 되었습니다. 그녀는 자신이 하나님 앞에서 귀한 존재며, 자신의 부족함에도 불구하고 하나님께서는 늘 사랑으로 받아 주신다는 것을 알게 되었습니다.

  엘리너는 점차, 자신의 자부심이 그녀가 개인적으로 이룩한 것이나 다른 사람들의 의견에 기초해서는 안 되며, 오직 하나님의 생각에 기초해야 한다는 것을 배웠습니다. 그녀는 또한 부모님의 비판이나 남편의 비판이 그녀의 감정을 지배하게 해서는 안 된다는 것을 깨달았습니다. 그러면서 그녀는 타당성이 있고 건설적인 비판과 부당하고 파괴적인 비판을 구별할 필요가 있다는 것을 알게 되었습니다.

그녀는 카운셀러의 제안들을 삶에 적용함으로써 많은 유익을 얻었습니다. 남들이 비수로 찌르는 것과 같은 말을 할 때에도 진짜 문제는 그녀에게 있는 것이 아니라 그와 같이 지나치게 비판적으로 말하는 그 사람에게 있다는 것을 알게 되었습니다. 그녀는 하나님의 무조건적인 사랑을 깨닫고 누리기 시작하면서부터 점점 자유를 누리게 되었고 행복을 느꼈습니다. 그녀의 삶에는 서서히 찬양과 감사가 넘치게 되었습니다.

어떤 사람에게 초라한 자아상을 계속 심어 주게 되면 마침내 그 사람의 정서적 안정을 파괴할 수가 있습니다. 그런데도 많은 사람들이 건전한 자아상을 갖는 것이 개인의 행복한 삶에 필수적인 요소라는 것을 깨닫지 못하고 있는 실정입니다. 초라한 자아상을 가지고 있는 사람들은 긍정적이고 건전한 자아상을 가진 사람보다 침체에서 벗어나느라 더 많은 에너지를 소비합니다.

그리스도인이라면 모름지기 자신의 과거 성장 배경이 어떠했든지 상관없이, 건전한 의미에서, 자기 자신에 대하여 올바로 이해하고 사랑하며 용납할 줄 알아야 합니다. 특히 중년기에 있는 우리는 하나님께서 우리에게 주신 강점들과 긍정적인 자질들을 알 필요가 있습니다. 우리는 자신의 약점들에 대해서는 흔히 괴로워하며 속상해하고 화를 내며 실망할 수가 있습니다. 갈라디아서 6:4 말씀을 보십시오: "각각 자기가 하는 일을 살펴봅시다. 그리하면 자기 스스로는 자랑할 근거가 있다 하더라도 남과 비교하여 남에게 자랑할 근거는 없을 것입니다" (새번역). 비교는 초라한 자아상을 갖게 만드는 데 있어 아주 큰 영향을 미칩니다.

이 세상 어느 누구도 우리가 사랑받고 있으며 특별하고 가치 있는 존재라고 말해 주지 않는다 해도, 하나님께서 친히 우리를 사랑하시며 우리를 특별하고 가치 있는 존재라고 말씀하시기 때문에, 우리는 자신이 그러한 존재라는 확신을 가질 수 있습니다. 하나님께서는 예레미야 31:3에서 이스라엘 백성에게 이 사실을 강조하여 말씀하셨습니다: "내가 무궁한 사랑으로 너를 사랑하는 고로 인자함으로 너를 인도하였다." 요한복음 10:14에서 예수님은 이렇게 말씀하셨습니다: "나는 선한 목자다. 나는 내 양을 알고, 내 양은 나를 알고 있다."

하나님께서 우리를 알고 우리를 사랑하신다는 사실을 깨달을 때 얼마나 격려가 되는지 모릅니다. 하나님은 우리의 한계점들을 아시지만, 또한 우리의 가능성을 보십니다. 초라한 자아상을 극복하는 일은 쉬운 일이 아닙니다. 특히 그것이 생각 없는 동료나 친구, 배우자나 부모 등의 성가신 잔소리에 의해 부단히 강화되어 온 경우에는 더욱 그렇습니다. 우리는 타인의 비판에 대해서는 하나님 앞에서 정직하게 생각해 보아야 합니다. 생각해 본 결과 그 비판이 타당한 경우에는 은혜스럽고 감사하는 마음으로 그 비판을 받아들여 자신을 변화시키기 위한 조치들을 취해야만 할 것입니다. 그러나 그 비판이 근거가 없고 부당한 것이라면 그것을 무시해도 좋습니다.

아무튼 우리는 자신의 초라한 자아상에 대하여 부모나 배우자, 친구, 동료, 고용주 등 다른 사람을 탓하는 자멸적인 올무에 결코 빠지지 않도록 해야 합니다. 하나님께서는 우리 자신의 태도에 대하여는 우리 자신에게 책임을 물으십니다. 다른 사람들이 우리에게 비판과 공격과 적대감과 비난을 퍼부었을지도 모릅니다. 그러나 하나님께서는 깨어진 우리의 삶과 감정들을 수선하시고 회복시키십니다. 때로는 앞에서 언급한 원인들 가운데 몇 가지가 합하여 우리를 침체에 빠지게 할 수도 있습니다. 예컨대, 어떤 병이 침체를 일으켰는데, 그 다음 가까운 친구의 죽음이 그것을 악화시킬 수가 있는 것입니다. 침체의 원인이 무엇인지를 자기 혼자서 밝혀 내기란 쉽지 않습니다. 신뢰할 만한 카운셀러나 친구에게 도움을 청하면, 침체의 원인을 알아 내고 회복을 위한 조치를 취하는 데 많은 도움을 얻을 수 있습니다.

침체는 여러 가지 복합적인 원인들로부터 생기기 때문에 카운셀러마저도 그 원인들을 다 밝혀 내지 못할 수도 있습니다. 그러므로 침체 가운데 있는 사람은 치료하시는 하나님을 신뢰하면서 한 가지 치료책을 택하여 계속 밀고 나갈 필요가 있습니다.

침체의 징후

침체가 무엇인지를 말씀드릴 필요는 없을 것입니다. 우리는 본능적으로 그것을 알고 있습니다. 그러나 자신의 침체를 분석한다는 것은 어려울 수가 있습니다. 침체 가운데 있을 때 우리는 가능한 한 자신을 이성적으로 논리적으로 바라볼 필요가 있습니다. 그러나 감정적으로 혼란되어 있을 때는 그렇게 하기가 결국 어렵게 됩니다. 이럴 때 외부의 도움과 동정과 이해는 우리가 침체를 다루는 데 도움을 줍니다.

수면 패턴이 변한다

침체에 빠진 사람은 정상적인 수면을 하는 일이 드뭅니다. 그의 일상적인 휴식 패턴이 침체와 직접적인 관계 가운데 바뀝니다. 그는 잠드는 데 어려움을 겪습니다. 그는 한밤중에 자주 깨며, 한번 잠이 깨면 다시 잠이 들기가 어렵다든지, 평상시보다 아주 일찍 잠이 깹니다. 많지는 않지만 필요 이상으로 잠을 많이 자는 사람도 있습니다.

설상가상 오랜 기간 동안 밤에 잠을 잘 못 잠으로 인해 그는 더욱 절망감을 느낄 수가 있습니다. 엎치락뒤치락하며 잠을 이루려고 애쓴다든지, 마음을 편하게 하려고 애쓰며 1부터 숫자를 세어 보지만 아무 효과가 없습니다. 자주 수면제가 매력적으로 보이지만, 그것도 장기적인 효과는 없습니다.

식욕이 감퇴한다

- "난 배고프지 않아."
- "아무것도 맛이 없어."
- "지금 당장은 아무것도 먹고 싶은 생각이 없어."

- "속이 안 좋은 것 같아 못 먹겠어."

침체에 빠지면 먹을 것을 보아도 통 구미가 당기지 않습니다. 심지어는 먹을 것을 보면 구역질이 날 것 같은 감정을 느낄 수가 있습니다. 침체 가운데 있는 사람은 회복을 위한 치료책으로서 적당한 영양 섭취가 필요한데도, 먹고 싶은 생각이 영 들지 않기 때문에 잘 먹지를 못 합니다. 그들은 먹는다는 생각만 해도 무섭게 느끼기 때문에 음식에 대하여 냉담한 반응을 보입니다. 결국 그 결과 체중의 감소가 곧 따르게 됩니다. 잘 먹지 않게 되면 몸이 약해지고, 결국 침체를 이기는 데 필요한 에너지원이 약화되어 침체를 이기기가 더 어렵게 되는 악순환이 반복됩니다.

드문 경우지만, 심각한 침체 상태에 있으면서도 과식하게 되는 사람도 있습니다. 그러나 과식하게 되면 결국 체중이 필요 이상으로 늘어나게 되고, 늘어난 체중과 뚱뚱한 겉모습은 침체를 가중시키게 됩니다.

성욕이 감퇴한다

침체와 더불어 성생활에 대한 관심이 현저하게 줄어드는 현상이 나타납니다. 침체는 당사자의 생각을 안으로 향하게 만들어, 배우자의 필요에 관심을 집중시키기가 아주 어렵게 됩니다. 이런 경우 침체 가운데 있는 사람의 배우자가 상대방을 따뜻한 마음으로 이해하고 받아 주지 않으면 두 사람 간의 갈등은 불가피할 것입니다.

자주 운다

"울지 않을 수가 없어. 울 이유가 하나도 없는데도 말이야, 일단 눈물이 나오면 멈출 수가 없어. 때로는 직장에서 근무 중에도 눈물이 나와."

침체 가운데 있는 사람들은 울음으로써 쌓인 감정들을 발산합니다. 그들은 대개 자신의 침체의 원인이 무엇인지를 모릅니다. 그들이 알고 있는 것은 단지 흘러내리는 눈물을 억제할 수 없다는 것뿐입니다. "울

지 마. 울어야 할 이유가 하나도 없잖아." 그들은 이런 말을 자주 듣습
니다. 그들은 자신을 통제할 수 없기 때문에 이런 말을 들으면 자신을
더욱 무능하게 생각합니다. 그들은 필사적으로 울지 않으려고 애쓰며,
대신 웃음을 지으려고 하지만, 눈물을 억지로 감추고 왜 웃음을 지어
야 하는지 그들로서는 통 이해가 가지 않는 일입니다.

외모가 병든다

침체된 사람은 우울하고 풀이 죽어 보입니다. 어깨는 축 쳐지고, 고
개는 떨구어져 있으며, 말이나 몸 동작이 느려집니다. 의기양양하게 서
서 뽐내며 이리저리 분주하게 왔다갔다할 필요가 있는가? 모든 수고
가 다 헛것인데. 그들은 이렇게 생각합니다. 침체의 짐이 너무 무겁게
내리누르기 때문에 그들은 허리를 똑바로 펴고 힘차고 당당하게 세상
을 살아간다는 것이 불가능하게만 여겨집니다.

뭐라고 딱 꼬집어 말할 수 없는 고통과 아픔들, 어둡고 슬픈 안색, 무
기력한 상태, 이 모든 것이 합하여 침체 가운데 있는 사람의 외모를 수
척하고 병들게 합니다.

행동을 예측할 수 없다

침체의 손아귀에서 벗어나려고 광적으로 노력하는 가운데 그들은
예측할 수 없는 행동을 합니다. 사교적이고 외향적인 사람들은 움츠러
들고 말이 없고 우울한 사람이 되고, 평소 말이 적고 내성적인 사람들
은 갑자기 큰 소리로 말하고 말이 많아지며 적대적이고 공격적인 사람
이 됩니다. 침체 가운데 있는 사람들은 결정을 내리는 데 어려움을 겪
습니다. 돈을 무계획하게 헤프게 씁니다. 영화나 텔레비전을 너무 많이
보기도 합니다. 또 하루는 열심히 일하다가도 그 다음날은 갑자기 아
무것도 않고 빈둥거리다가 시간만 때웁니다.

그러나 그들이 이렇게 행동하고 싶어서 이렇게 행동하는 것은 아닙
니다. 그들 자신도 이와 같이 예측할 수 없는 행동을 하기를 원치 않습
니다. 단지 삶의 패턴이 그렇게 바뀔 뿐입니다. 원하지 않는 행동을 하

는 자신이 밉기도 하지만, 행동은 어느 사이엔가 자신도 이해할 수 없는 어떤 충동에 이끌려 원치 않는 방향으로 나아가고 있습니다.

생각이 부정적이다

침체에 빠진 사람들은 염세적인 생각을 하는 경우가 많습니다. 그들에게 있어서 인생이란 고통입니다. 그들은 자신의 상황이나 상태를 병적이다 싶을 정도로 깊이 생각합니다. 그리고 나서 그들은 자기 연민에 빠져 슬픔과 고독을 느끼며, 자신은 아무 힘도 없는 무력한 사람이며 아무도 자기를 사랑하지 않는다고 생각합니다. 자신은 아무 가치도 없으며 어느 누구에게도 쓸모가 없다고 믿어 버립니다. 그들은 자신이 갇혀 있다고 생각합니다. 도저히 빠져 나갈 수 없는 덫에 걸려 있다고 느낍니다. 그들은 이런 생각 가운데 있는 것을 좋아하는 것이 아닙니다. 그들도 생각의 방향을 바꾸려고 노력을 합니다. 그러나 긍정적이고 밝은 마음 자세는 일순간 잠시만 유지되거나, 아니면 전혀 그런 마음이 생기지 않습니다.

침체된 사람의 말은 이런 생각들을 반영하고 있습니다:

- "나는 아무 소용없어."
- "나는 아무에게도 쓸모없어."
- "나는 지금까지 아무것도 제대로 해본 적이 없어. 바뀌기엔 너무 늦었어."
- "아무도 나를 원치 않아."

침체에 빠진 사람에게 가장 필요한 것 중에 하나가 바로 이러한 부정적인 사고 방식을 바꾸도록 도움을 제공하는 것입니다.

망상에 사로잡힌다

침체 상태가 계속 악화되어 심각한 상태에 이르면 망상에 사로잡힐 수가 있습니다. 그들은 결코 일어난 적이 없거나 또는 현재 일어나고 있지 않는 것들을 상상하게 됩니다. 이런 상태에 이르면 속히 전문가의 도움을 받아야 합니다. 망상에 사로잡힌 사람은 이성적인 대화와 토론으로는 접근할 수 없습니다. 전문적인 치료가 필요합니다.

침체를 다루는 법

침체를 다루는 데 있어서 가장 큰 애로 사항은 회복이 느리다는 점일 것입니다. 침체의 징후들이 너무도 고통스럽기 때문에 침체 가운데 있는 사람은 어서 빨리 거기에서 벗어나기를 갈망합니다. 그는 계속되는 정신적 고통과 불행으로부터의 영원한 자유를 갈망합니다.

우리는 지금 하루나 이틀, 또는 일주일 정도 계속된 침체 상태에 대하여 이야기하고 있는 것이 아니라, 여러 주, 여러 달, 또는 여러 해 동안 계속되는 고통스럽고 쓰라린 침체 상태에 대하여 이야기하고 있다는 사실을 기억하기 바랍니다.

새로워지는 데에는 시간과 노력이 요구됩니다. 다시 옛날로 되돌아가 버리는 일이 자주 생길 것입니다. 침체 상태는 하룻밤 사이에 치료되지 않습니다. 그러나 침체와 회복을 경험해 본 사람은 누구나 감정과 정서가 안정되고 건강할 때 느끼는 달콤한 맛을 알고 있습니다.

침체 상태가 2주일 이상 계속되거나 점점 더 심해질 때 도움을 얻을 수 있는 몇 가지 실제적인 조치들을 말씀드리겠습니다.

의사를 만나라

일반적인 경우는 아니지만 침체가 신체적인 원인에서 기인하는 경우가 있으며, 그런 경우에는 의학적인 치료를 통해 치료될 수 있을 것입니다. 의사에게서 여러 가지 도움을 얻을 수 있습니다. 잠자는 것을 돕기 위해서, 또는 염려와 불안을 진정시키기 위해서 가벼운 진정제를 처방할 수도 있으며, 식사 습관이나 영양 섭취와 관련하여 좋은 조언을 해줄 수도 있으며, 또는 침체의 원인을 발견하는 데 도움을 줄 수도 있을 것입니다.

침체의 징후들은 매우 심한 고통을 가져오기 때문에, 고통을 당하고 있는 당사자는 자신의 침체 상태가 심각한 것이며 어쩌면 다시 돌이킬 수 없는 치명적인 상태라고 쉽게 믿어 버립니다. 따라서 침체의 징후에 대한 의사의 친절한 설명은 쓸데없는 염려를 많이 없애 줍니다. 예를 들어, 어떤 사람은 가슴이 답답한 것이 심장이 약해서 그러는 것은 아닌가 하고 염려할 수 있습니다. 이런 경우 가슴이 답답한 상태는 침체가 계속되면서 긴장한 데서 기인한 것임을 알면 안심할 수 있습니다. 또한 두통과 불면증 역시 침체의 일반적인 징후라는 것을 알면 안심이 되고, 또 침체에서 회복되면 지금까지 매일 흘리던 고통의 눈물도 멈추게 될 것이라는 의사의 말 또한 위로가 됩니다.

의사에게 자신이 경험하고 있는 침체의 징후들과 자신의 약점들을 말하기를 부끄러워하거나 망설이지 마십시오. 의사는 이미 전에도 그런 이야기를 들은 적이 있어서 충격을 받거나 이상하게 생각하거나 불쾌하게 생각하지 않을 것입니다. 의사가 당신을 도와 줄 수 있으려면 당신에 대하여 사실대로 알아야 합니다.

하나님과의 교제를 유지하라

"전 성경을 읽고 싶은 마음이 없어요. 기도할 수도 없어요. 전 아주 무서워요. 해야 한다는 것을 알면서도 정신 집중이 안 되거든요." 50세 된 한 그리스도인이 여러 달 동안 심한 침체 상태를 겪고 나서 이렇게 말한 것입니다. 그 부인과 잠시 이야기를 나눈 우리 부부는 그 부인이 성경을 읽고 기도하는 일에 많은 시간을 드리려고 애쓰고 있다는 것을 발견했습니다.

침체의 부수적인 결과로 어떤 일에 집중할 수 없는 현상이 생깁니다. 그러므로 영적인 양식을 먹는 것도 하루에 조금씩 여러 번 먹어야 합니다. 한 번에 많이 하려 하지 말고, 하루에 여러 번에 걸쳐 시편을 몇 구절씩 읽는다든지, 간단한 기도를 하루에 여러 번 하는 것입니다. 우리의 삶을 치료하는 능력이 있는 하나님의 말씀을 조금씩 자주 대하는 것이 필수적입니다. 우리는 침체되어 있을 때는 언제나 시편이나 복음서를 읽도록 권합니다.

 자신이 알고 있는 죄를 하나님께 모두 자백하고 하나님의 용서를 받아들이십시오. 그러나 죄를 자백하는 이 일이 당신의 과거의 모든 실수와 죄들에 대한 병적인 분석으로 나아가지 않도록 조심하십시오. 또는 죄를 자백하는 그 일을 통해 하나님을 기쁘시게 하기를 바라면서 자기의 죄를 끝없이 하나님께 아뢰고 또 아뢰는 잘못에 빠지지 않도록 주의하십시오.

감사하는 마음을 유지하도록 힘쓰라

 "범사에 감사하라"(데살로니가전서 5:18). 모든 환경에서 감사하십시오. 어쩌면 침체 가운데 있는 당신은 감사할 것이 아무것도 없다고 생각할 것입니다. 삶은 무의미하고 비참하고 소망도 없는데 어떻게 감사가 나오느냐고 반문할지도 모르지만, 당신이 그리스도를 구주로 모시고 있다면 당신의 이름이 하늘나라에 기록되어 있는 것으로 감사할 수 있습니다. 자신의 감정에 좌우되지 말고 하나님께 순종하여 꾸준히 하나님께 감사하는 마음을 유지하십시오.

성령을 의지하라

 하나님께서 우리의 상담자와 위로자로서 성령을 우리에게 주셨다는 사실을 기억하십시오. "내가 아버지께 구하겠으니, 그가 또 다른 보혜사를 너희에게 주사 영원토록 너희와 함께 있게 하시리니"(요한복음 14:16).

 찬송하리로다. 그는 우리 주 예수 그리스도의 하나님이시요, 자비의 아버지시요, 모든 위로의 하나님이시며, 우리의 모든 환난 중에서 우리를 위로하사 우리로 하여금 하나님께 받는 위로로써 모든 환난 중에 있는 자들을 능히 위로하게 하시는 이시로다(고린도후서 1:3-4).

 하나님께서는 이 말씀에서 우리가 침체를 경험하는 한 목적을 알려 주십니다. 하나님께서는 우리가 겪는 침체라는 환난 중에서 우리를 위로하여 주실 것이며, 나아가 이 위로를 가지고 침체 가운데 있는 다른 사람들을 능히 위로할 수 있게 하시는 것입니다. 결국 불행으로 보였던 침체가 우리에게 선과 유익이 될 것입니다. 루드 마이어즈는 이렇게 말했습니다: "기쁨이 충만하고 가장 부요한 삶을 사는 사람들을 보면 그들은 또한 고통과 슬픔과 시련을 깊이 맛본 사람들입니다. 예수님 자신이 '간고를 많이 겪었으며 질고를 아는' 분(이사야 53:3)이셨습니다."

마음이 희망에 차 있도록 훈련하라

자신을 정죄하고 곤경에 빠뜨리는 생각을 모두 거부하십시오. 자신의 침체를 현실로 받아들이고 모든 것이 다 잘 될 희망에 찬 미래에 초점을 맞추십시오. 자신은 온전하며 행복하다고 상상하십시오. 자신이 침체에서 빠져 나와 다시 정상적으로 생활하는 모습을 마음 속으로 그려 보십시오. 이러한 훈련이 쉽지는 않겠지만, 금방 그 선한 열매들을 경험하게 될 것입니다.

자신의 몸을 돌보라

침체가 너무 심하여 자기 스스로 자기를 돌아볼 수 없는 경우에는 도움을 받아야 할지도 모릅니다.

하루에 여러 번 조금씩 영양가 있는 음식을 먹도록 하십시오. 건강에 아무 도움도 주지 않는 잡동사니 음식들을 피하십시오. 매일 비타민제를 복용하십시오.

적당한 휴식을 취하십시오. 침체의 회복에 필수적인 휴식을 취하기 위하여 일시적으로 수면제의 도움이 필요할 수도 있습니다.

자신의 외모에는 신경쓰고 싶은 마음이 없을지라도 억지로라도 외모에 신경을 써서 단정한 상태를 유지하십시오. 그것만으로도 마음을 즐겁게 유지하는 데 도움이 될 것입니다. 그렇게 되면 당신이 비록 내적으로는 고통을 당하고 있을지라도 여전히 밝은 모습을 사람들에게 보여 줄 수 있을 것입니다.

음악을 들으라
하루 집에서 쉴 기회가 있다면 마음을 차분하게 가라앉혀 주는 기독교 음악을 들으십시오. 신경을 거스리는 자극적인 음악을 피하십시오.

기여할 곳을 찾으라
유명한 정신과 의사인 칼 메닝커 박사는 정신 건강에 관한 강연을 한 후에 청중의 질문에 답하고 있었습니다.

한 신사가 이렇게 물었습니다: "어떤 사람이 신경 쇠약이 오고 있다고 느낀다면 박사님께서는 그 사람에게 무엇이라고 말해 주시겠습니까?"

사람들은 대부분 "정신과 의사와 상의하십시오"라는 대답을 예상했는데, 그의 대답은 전혀 예상을 뒤엎는 것이었습니다: "문을 잠그고 나가 동네에서 어려운 처지에 있는 사람을 하나 찾아 그 사람을 도와 줄 수 있는 일을 해보도록 하라고 말해 주겠습니다."

누군가에게 손을 뻗으십시오. 도움의 크고 작음에 구애받지 말고 아주 보잘것없게 보이는 도움일망정 도움의 손길을 내미십시오. 어느 의미에서 이것은 스스로 자신을 치료하는 자력 치료법이라고 할 수 있습니다. 일어나 기운을 내어 당신보다 더 어려운 처지에 있는 사람에게 당신 자신을 내어주십시오. 당신이 할 수 있는 것은 무엇입니까? 간단하고 작은 것부터 시작하도록 하십시오. 침체에 빠진 사람들을 살펴보면 처음에 자신을 너무 무리하게 확장한 데서 침체가 기인한 경우가 많이 있습니다. 따라서 작은 일을 취하여 자신을 다른 사람들에게 주는 삶을 시작해야 합니다. 다음에 든 예는 일부에 지나지 않습니다.

- 당신이 알고 있는 외로운 처지에 있는 사람에게 짤막한 편지를 쓰십시오.
- 교회 육아실에서 한 달에 한 번 자원하여 봉사하십시오(남자든 여

자든 관계없습니다). 아이들은 당신을 있는 그대로, 침체까지도 모두, 받아들입니다.
- 노인을 모시고 산책을 하거나 드라이브를 하십시오.
- 식구들의 짐을 덜어 줄 수 있는 자그마한 방법들을 찾아 보십시오.

상대방에게서 감사를 기대하거나 바라지 마십시오. 당신은 다른 사람들을 도와 줌으로써 결국 자기 자신을 돕고 있는 것입니다.

상담을 구하라

당신이 할 수 있는 것은 모두 했으나 여전히 침체가 그대로 있고, 때로는 더욱 악화되기만 할 수도 있습니다. 당신은 열심히 싸웠으나 아무것도 변하지 않았습니다. 이런 경우에는 다른 사람들의 도움을 청하기를 주저하지 마십시오. 주위에 있는 사람들로부터 당신이 필요로 하는 건설적이고 객관적인 도움을 받을 수 없다면 그 이상의 도움을 구하십시오. 영적 지도자들, 목사, 그리스도인 상담자, 또는 그리스도인 정신과 의사를 만나 보도록 하십시오. 경제적인 문제로 인해 전문가의 도움을 받기가 주저될 수도 있습니다. 그러나 지금의 지출은 당신의 미래를 위해 투자하는 것입니다.

성서적인 원리와 지침에 근거하여 당신을 상담하고 도와 줄 수 있는 그리스도인으로부터 도움을 받기를 강력하게 추천합니다. 지속적인 도움은 하나님의 말씀으로부터 옵니다. "오직 여호와의 율법을 즐거워하여 그 율법을 주야로 묵상하는 자로다. 저는 시냇가에 심은 나무가 시절을 좇아 과실을 맺으며 그 잎사귀가 마르지 아니함 같으니 그 행사가 다 형통하리로다"(시편 1:2-3).

침체 가운데 있는 사람을 돕는 방법

우리가 침체된 사람과 가까운 관계에 있다면 그에게 중요한 도움을 제공할 수 있는 기회를 얻은 셈입니다. 그러나 우리 혼자만으로는 침체를 회복시킬 수 없다는 것을 기억해야 합니다. 그 사람의 침체 회복에 대하여 자기 혼자서 모든 책임을 다 지려고 하는 것은 스스로 부당하게 무거운 짐을 지는 것이며 회복시키지 못할 경우 그렇게 못한 데 대한 죄책감에 사로잡힐 우려가 있습니다.

평소 명랑했던 배우자가 침체에 빠질 수도 있습니다. 이런 경우 당신이 한 어떤 행동이 그 침체를 야기시켰다고 생각하는 것은 금물입니다. 당신의 존재와 태도가 그 침체를 악화시키고 있다고 상상하지도 마십시오. 이것은 대개 사실이 아니기 때문입니다. 침체된 사람에게 그 침체에 대한 설명이나 이유를 요구하지 마십시오. 침체 가운데 있는 사람들은 자신이 침체 가운데 있다는 것을 알지 못하는 경우가 많습니다.

당신이 과거에 한 어떤 것이 그 침체를 일으키는 데 기여했을 수도 있습니다. 그러나 당신이 그 일에 대하여 상대방에게 용서를 구했다면 그 일에 대해서는 잊어버리십시오. 그 일을 다시 꺼내어 자꾸만 이야기하는 것은 그 침체를 없애지 못합니다. 논리와 토론은 다만 침체에 빠진 사람을 혼돈시키고 당황하게 할 뿐 입니다.

동정적이고 이해적이 되라

잠언 31:26 말씀을 깊이 생각하십시오:"입을 열어 지혜를 베풀며 그 혀로 인애의 법을 말하며." 침체된 사람들을 다룰 때 지혜와 동정과 인애는 필수적입니다. 그러나 동정을 베풀 때에는 그 한계를 정해야 합니다. 침체에 빠진 사람들은 긍정적이고 적극적인 방향 제시를 필요로 합니다. 그들에게 장차 그들은 침체에서 회복되어 아름다운 미래를 맞이하게 될 것이라고 자신감을 갖도록 도와 주어야 합니다. 지나친 동정은 그들의 생각을 현재의 고통에 집착하게 만들어 오히려 침체를 악화시킬 수 있습니다. 그러므로 그들로 하여금 현재에 집착하지 않고, 앞으로 다가올 행복한 미래를 바라보도록 해주어야 합니다.

침체된 사람들 앞에서 너무 쾌활한 모습을 보이는 것은 좋지 않습니다. "마음이 상한 자에게 노래하는 것은 추운 날에 옷을 벗음 같고, 쏘다 위에 초를 부음 같으니라"(잠언 25:20).

상대방의 반응에 대하여 지나친 기대를 하지 마십시오. 당신이 그를 위해 해준 만큼 그에게서 속히 변화가 나타나기를 바랄 수 있으며, 이렇게 되면 오히려 해결에 악영향을 끼칠 수 있습니다. 때로는 말없이 조용히 있는 사람이 해결에 좋은 영향을 줄 수도 있습니다. 당신이 침체된 사람과 같이 있기를 원하고, 있는 그대로 그를 받아 줄 때, 그는 안심하게 되며, 자신의 가치에 대하여 확신하게 되고, 자신의 존재에 대하여 불만스럽게 생각하는 것이 아니라 만족을 느끼게 되는 것입니다. 그들이 흘리는 눈물을 보고 불안해하거나 답답해하거나 비판하는 마음을 갖지 마십시오.

창조적인 대안들을 제시하라

침체 가운데 있는 사람들은 자기가 무엇을 해야 하는지를 알면서도 침체의 회복을 향하여 나아가고자 하는 동기력이 없는 경우가 많습니다. 알면서도 동기력이 생기지 않는 것입니다. 온유한 태도로 여러 가지 방안들을 제시하십시오. 퉁명스럽게 요구하거나 명령하면 아무 반응도 얻지 못할 것입니다. 그러므로 꾸준히 온유한 태도로 접근하십시오.

이러한 태도를 취하기 위해서는 하나님의 은혜가 필요할 것입니다. 왜냐하면 침체된 사람은 거의 아무 반응도 나타내지 않거나 감사하다는 표현을 하지 않는 경우가 많기 때문입니다.

그와 관계를 맺어 나가면서 에베소서 4:32을 그 기초로 삼으십시오: "서로 인자하게 하며 불쌍히 여기며 서로 용서하기를 하나님이 그리스도 안에서 너희를 용서하심과 같이 하라."

당신의 인자와 친절에 대해서 그가 아무 관심도 보이지 않을 수도 있습니다. 그러나 꾸준히 하노라면 당신의 사랑과 관심이 그에게 전달될 것이며, 결국 침체된 사람이 허물어진 자신의 자아상을 다시 일으켜 세울 수 있는 기초를 놓는 일에 큰 도움을 주게 될 것입니다.

그들이 정상적으로 기능을 하도록 도우라

식사를 정상적으로 하도록 도와 주십시오. 때로는 산책이나 드라이브를 제안하기도 하십시오. 함께 음악을 들으십시오. 그러나 상대방의 반응이 부정적이라면 억지로 강요하지는 마십시오.

어떤 상담자들은 침체 가운데 있는 사람에게 애완 동물을 추천하기도 합니다. 애완 동물을 보살피고 관심을 쏟게 되면, 그의 관심이 침체된 자신이 아니라 자기 밖의 대상에게로 쏠림으로써 치료에 도움을 줍니다. 동물들은 무조건적인 헌신을 합니다. 그들은 주인의 감정을 판단하지 못합니다. 그들은 주인의 눈물에 대하여 논리적으로 따지지도 않으며, 자신의 행동에 상응하는 반응을 요구하지도 않습니다.

진정한 칭찬을 하라

침체된 사람을 격려하고 칭찬하되, 마치 아부하듯이 과장된 표현을 한다든지 우월감을 나타내면서 어린 아이 취급하듯 해서는 안 됩니다. 침체 가운데 있다 해서 그의 지성까지 낮아지는 것은 아닙니다. 오히려 침체 가운데 있는 사람은 남들이 자기에 대해서 진실하게 대하고 있는지 안 그런지를 더 잘 알아차립니다. 따라서 격려나 칭찬을 진정한 마음으로 해야 하며, 그렇게 할 때 그것은 회복에 큰 도움이 될 것입니다.

하나님의 말씀과 기도를 사용하라

그들이 영적인 활동에 무관심하다면 짤막한 성경 구절을 읽어 주는 것도 좋습니다.

어떤 부인이 내게 들려 준 이야기입니다. 그녀에게 있어서는 한 친구의 방문이 침체의 회복에 아주 큰 도움을 주었다고 했습니다. 그 친구는 종종 그녀의 집을 방문하여 간단히 격려의 말을 몇 마디 한 다음, 성경 말씀을 간단하게 읽어 주고, 그녀 곁에서 무릎을 꿇고 그녀의 손을 잡고는 그녀의 회복을 위해 기도하고 돌아가곤 했다고 합니다. 그 친구는 침체에 대해서는 결코 말을 꺼내지 않았고, 비판적인 말은 절대로 하지 않았으며, 항상 하나님의 말씀으로 그녀를 격려했다는 것입니다.

　침체와 그에 수반되는 여러 가지 증상들이 중년기를 맞이한 당신의 기회와 기쁨을 망쳐 버리지 않도록 하십시오. 이제 다시 영적으로, 감정적으로 최고의 상태를 회복하기를 시작하십시오. 하나님의 도우심으로 당신은 능히 그 일을 해낼 수 있을 것입니다.

제 6 장

삶의 에너지의 비축과 재충전

예비 에너지의 비축

  삶의 많은 영역에서 자신의 정상적인 한계를 넘어서 에너지를 소비하는 경우가 보기 드문 일은 아닙니다. 회사에서 주어진 업무를 마치기 위하여 며칠씩 밤을 세워 가며 일을 하기도 하며, 개인적인 어려움을 맞이하여 그것을 해결하느라 골머리를 싸매는 때도 있습니다. 대개의 경우 사전에 충분한 휴식을 취하여 신체의 상태가 좋은 경우에는 2-3일 동안 잠을 몇 시간만 자고도 잘 버틸 수 있습니다. 그러나 몸이 이미 지쳐 있는 경우에는 잘 버티지 못하고 병이 날 수도 있을 것입니다.

  몇 년 전 가까운 친구가 삶의 예비 에너지의 비축과 관련하여 좋은 예화를 들려 주었는데, 그것을 내 나름대로 약간 고쳐 보았습니다.

  우리의 삶에는 신체적인 영역, 감정적인 영역, 영적인 영역의 세 가지 주요한 영역이 있습니다. 각각의 영역에서 우리는 비상시의 필요를 위해 예비 에너지를 비축합니다. 먼저 신체적인 에너지를 생각해 보기로 하겠습니다. 신체를 하나의 물통으로 생각해 봅시다(그림 6-1).

140 중년기와 그리스도인

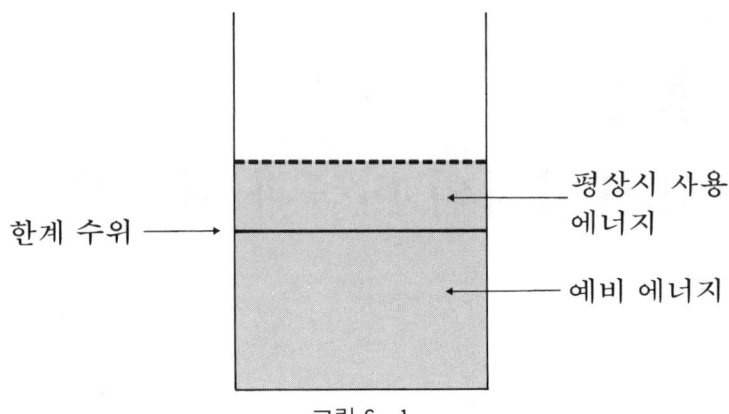

그림 6-1

하루하루를 살아갈 때 우리는 자신의 신체적 에너지를 소비하여 한계 수위까지 내려 갔다가 음식, 휴식, 운동 등을 통하여 다시 에너지를 보충하여 정상적인 수준으로 회복합니다. 때로는 한계 수위를 넘어서 예비로 비축해 둔 에너지까지 사용하는 경우도 있는데, 이때는 평상시보다 더 많은 에너지를 사용하였기 때문에 다시 보충하는 데도 시간이 더 걸립니다.

그런데 예비 에너지의 한계 수위가 그림 6-2와 같다고 해봅시다.

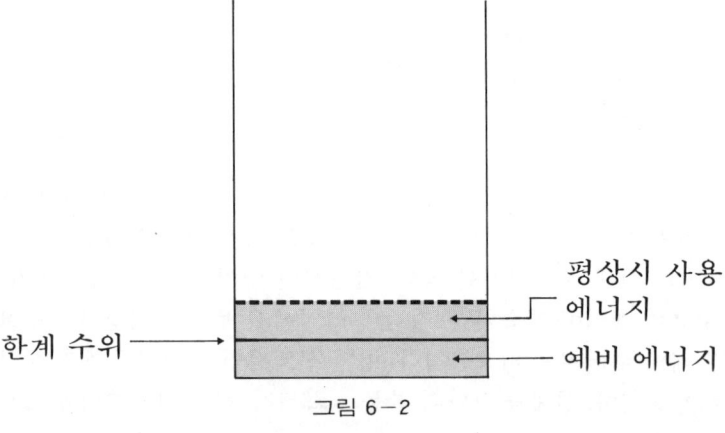

그림 6-2

이런 경우에는 스트레스의 시기에 끌어다 쓸 신체적 에너지가 아주 적습니다. 그 결과 신체적 에너지는 금방 바닥이 나게 되고, 병이 날 것입니다. 신체적 에너지의 재충전 과정이 필수적이라고 하겠습니다.

이제 세 가지 주요 영역으로 이야기를 확대해 보기로 하겠습니다. 이 세 가지가 합하여 우리의 상태를 보여 주게 되며, 상태는 사람마다 다를 것입니다. 예를 몇 가지 들어보면 다음과 같습니다.

- 모든 영역에서 한계 수위 위에서 생활하는 경우
- 한 영역에서는 한계 수위 위에서 생활하고, 다른 두 영역에서는 한계 수위를 침범하여 그 아래에서 생활하는 경우(그림 6-3 참조)
- 모든 영역에서 한계 수위 아래에서 생활하는 경우
- 기타

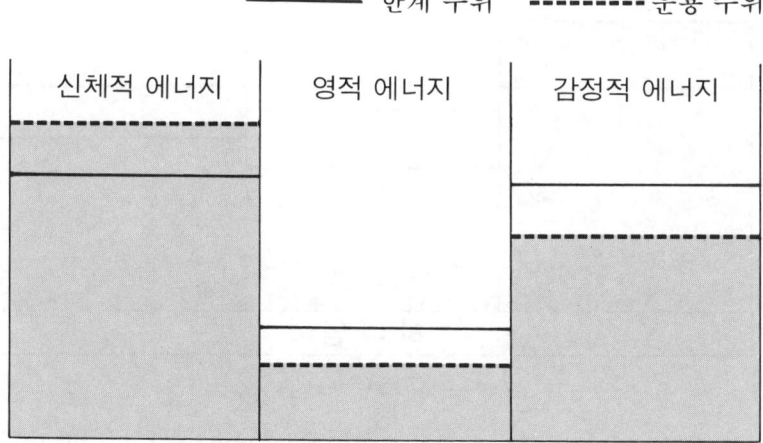

그림 6-3

세 영역 모두에서 우리는 한계 수위를 침범하여 예비 에너지를 사용할 수가 있습니다. 예비 에너지가 고갈되거나 적게 될 때 우리는 신체적으로는 병을, 영적으로는 죄를, 감정적으로는 신경 쇠약을 경험하게 됩니다.

그러나 아직도 이것이 그리스도인의 삶을 정확하게 나타내 보여 주고 있는 것은 아닙니다. 왜냐하면 하나님께서는 우리 삶의 모든 영역 -영적인 영역뿐만 아니라 신체적, 감정적 영역까지도-의 원천이시기 때문입니다. 하나님께서는 생명과 경건에 속한 모든 것을 우리에게 주셨습니다(베드로후서 1:3). "나의 하나님이… 너희 모든 쓸 것을 채우시리라"(빌립보서 4:19). "너희는 먼저 그의 나라와 그의 의를 구하라. 그리하면 이 모든 것을 너희에게 더하시리라"(마태복음 6:33). 따라서 그리스도인의 삶을 더 정확하게 표현하면 그림 6-4와 같이 될 것입니다.

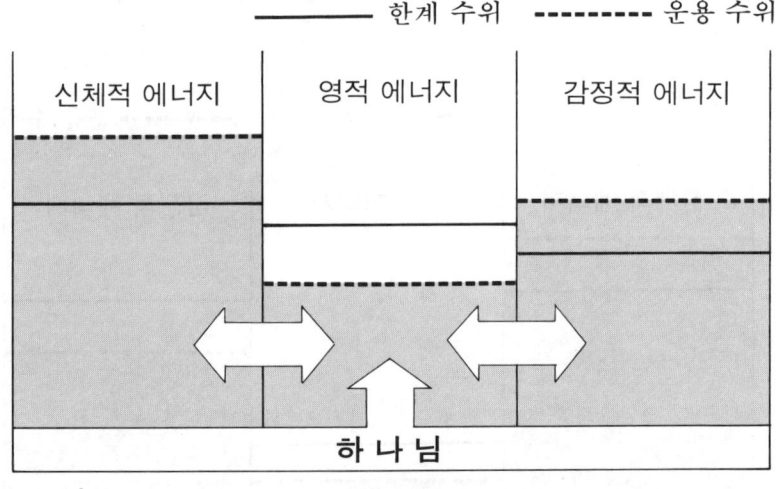

그림 6-4

예비 에너지를 저금이라 생각해 보십시오. 예비 에너지는 바닥이 날 수도 있고, 필요할 때에 사용할 수도 있습니다. 세 영역은 상호 독립적이면서도 또한 상호 의존적입니다. 일차적으로는 영적인 영역이 다른 두 영역에 에너지를 공급합니다. 물론 신체적, 감정적 예비 에너지들도 영적 에너지의 공급에 영향을 미칩니다. 어느 영역에서든 에너지를 고갈시키게 되면 정상적인 그리스도인으로서의 기능을 하지 못하게 됩니다. 자신의 삶을 돌아보면서 세 영역에서 자신은 어떤 상태에 있는지 그림으로 그려 보십시오.

다음에 우리의 신체적, 감정적, 영적 에너지의 비축과 관련하여 몇 가지 실제적인 제안을 하고자 합니다.

영적 예비 에너지의 비축

영적 예비 에너지는 신체적 에너지와 감정적 에너지를 위한 기초를 제공합니다. 세 가지는 상호 의존적이지만, 그리스도인에게 있어서는 영적 예비 에너지는 그리스도인이 아닌 사람들은 끌어 다 쓸 수 없는 힘을 제공해 줍니다.

가장 중요한 기초는 예수 그리스도입니다. "이 닦아 둔 것 외에 능히 다른 터를 닦아 둘 자가 없으니, 이 터는 곧 예수 그리스도라"(고린도 전서 3:11). 기독교적 활동에 참여하는 것으로는 부족합니다. 유일하고 확실한 기초는 그리스도를 개인의 구세주로 영접하여 영적으로 거듭나 그리스도와 살아 있는 관계 가운데 사는 것입니다.

"그러나 각각 어떻게 그 위에 세우기를 조심할지니라"(고린도전서 3:10). 숙련된 장인이 어떻게 물건을 만드는가를 한번 지켜 보십시오. 그는 어떤 연장을 어떻게 사용해야 하는지를 잘 알고 있습니다. 손으로 물건을 하나 만드는 데에는 시간이 걸립니다. 그는 인내를 발휘하여 주의 깊게 여러 가지 연장들을 사용하여 재료들을 하나의 작품으로 만들어 갑니다.

몇 년 전 가까운 친구이자 미공군사관학교 동료 교수였던 로저 브란트가 내가 책꽂이 만드는 것을 도와 주었습니다. 나는 둘이 힘을 합하면 하루나 이틀 저녁이면 책꽂이를 다 만들 것이라고 생각했습니다. 마침내 나는 책꽂이의 설계도를 그렸고, 남은 일은 만드는 것이었습니다. 로저는 세심하게 판자를 골라 자로 재어 보았습니다. 여러 번 확인한 후에 마침내 그는 설계도의 치수에 따라 판자를 잘랐습니다. 그러는 동안 나는 옆에서 조수를 하며 판자를 잡아 주기도 하고 토막들을 정리하기도 했습니다.

이제 나는 생각하기를 재빨리 못만 박으면 되겠거니 하고 생각했습니다. 그런데 그는 판자를 끼워 맞추기 위해 판자에 홈을 팠습니다. 그 다음 대패로 판자 모서리를 둥글게 다듬었읍니다. 그 다음 각 판자의 치수를 다시 확인하더니 조심스럽게 판자들을 부분적으로 결합시켜 보았습니다. 그리고는 그것들을 다시 분리했습니다. 마침내 판자에 아교를 칠해 전체적으로 결합시켰습니다. 드디어 책꽂이가 일단 완성되었습니다.

이제 나는 페인트만 칠하면 끝날 거라고 생각했습니다. 그러나 그것이 그렇게 간단하지가 않았습니다. 로저는 인내로 끝마무리를 했습니다. 거의 2주일이나 걸려 책꽂이는 훌륭한 작품이 되었습니다. 그는 못을 박지 않았습니다. 그 책꽂이들은 아직도 내 사무실에 있습니다. 그 동안 세 번이나 이사를 했지만 아직도 건재합니다. 그것들은 그것들을 만든 장인의 수준을 반영하고 있습니다.

나는 조급했습니다. 거의 아무 노력도 기울이지 않고 아이디어가 금방 현실로 나타나기를 원했습니다. 이와 비슷하게, 그리스도인의 삶에 있어서도 우리는 조금만 뚝딱뚝딱해서 빨리 성장하기를 원합니다. 그러나 영적인 예비 에너지를 비축하는 것 즉 그리스도 안에서 성장하는 것은 시간과 인내를 요합니다. 책꽂이를 허술하게 만들었다면 금방 망가져 버리듯이, 영적 예비 에너지를 조금밖에 비축하지 않으면 중년기에 다다를 때 우리의 삶은 십중팔구 무너져 버릴 것입니다.

많은 그리스도인들이 영적 진리들을 스스로 얻지 못하고 너무도 오랫동안 다른 사람들을 통하여만 얻고 있습니다. 다른 사람들을 통하여 얻는 것 자체가 잘못되었다는 말이 아니라, 남이 떠 먹여 주는 것만 받아 먹었기 때문에 자기 혼자 힘으로는 떠 먹을 수가 없게 되었다는 데 문제가 있는 것입니다. 또 이러한 지식들이 남의 지식인지 자신이 소화한 지식인지는 스트레스의 시기에 드러나게 됩니다. 남의 지식은 스트레스의 시기에, 마치 진열장에 먹음직스럽게 진열되어 있는 모조 음식과 같습니다. 보기도 좋고 생각하면 군침이 돌고 즐겁지만 가져다 먹을 수는 없습니다. 배고픔을 해결하는 데는 아무 쓸모가 없는 것입니다. 스트레스 가운데 있을 때 우리는 자신의 기초들을 다시 세우기를 꺼리는 경향이 많이 있는데, 그럴 때일수록 자신을 진지하게 돌아보고 기초를 다시 튼튼하게 세우고 보강하는 데 용기를 내어 힘써야 할 것입니다. 늦었다고 생각하는 때가 가장 빠른 때라는 말을 기억하기 바랍니다.

중년기에 영적인 삶을 세워 나가는 데 필요한 몇 가지를 말씀드리고자 합니다.

1. 매일 성경을 읽고 기도하는 시간을 가질 것. 이 가운데서도 가장 중요한 것은 개인적으로 주님과 교제하는 경건의 시간입니다. 한번은 내가 하고 있는 영적인 활동을 다 적고, 그 중에서 어떤 값을 치르고서라도 계속 해야 할, 그리스도인의 성장에 있어서 가장 기본이 되는 것이 무엇인가를 생각해 보았습니다. 나는 많은 활동 가운데서 하나님의 말씀을 읽고 기도하는 매일의 경건의 시간을 택하였습니다. 경건의 시간은 내가 그리스도인의 삶을 계속 살아가도록 해주는 데 있어서 가장 간단하면서도 가장 필수적인 활동이었습니다. 매일 개인적으로 주님과 교제하는 이 경건의 시간은 긴 시간이 필요 없고 복잡할 필요도 없습니다. 다만 규칙적이어야 합니다.

경건의 시간의 첫 번째 요소는 성경 말씀을 통하여 하나님의 음성을 듣는 것입니다. 신약성경부터 시작하여 매일 몇 구절 또는 한 장 정도의 적은 분량을 읽으십시오. 읽을 때 자신의 삶에 어떻게 적용할 것인가를 생각하며 기도하십시오.

그 다음 기도하는 시간을 가지십시오. 하나님께서 해주신 것들에 대하여 감사드리십시오. 자신의 짐들을 하나님께 아뢰십시오. 가족, 친구, 친지들을 위해 기도하십시오. 기도 노트를 따로 마련하여 다른 사람들의 기도 요청들을 보관하거나 적어 둔다든지, 또한 자기의 기도 제목들을 기록해서 가지고 있는 것이 많은 도움이 됩니다. 더욱 효과적으로 기도하고 하나님의 응답을 기록하도록 도와 주기 때문입니다.

매일 규칙적으로 하나님과 교제할 때 당신의 삶은 안정되고 큰 힘을 얻게 될 것입니다. 매일 자신에게 가능한 시간을 택하십시오. 매일 15분씩만 해도 일년이면, 300일만 한다 해도, 75시간이나 됩니다. 3일간 꼬박 주님과 교제한 셈이 됩니다.

하나님과 개인적으로 교제하는 이 시간이 당신의 삶과 생각에 미칠 영향을 상상이나 할 수 있겠습니까? 이 시간은 하루 삶에서 최우선 순위를 차지해야 하며, 그렇지 않으면 슬그머니 지나가 버릴 것입니다. 아침 식사를 하기 전, 텔레비전을 보기 전, 다른 책이나 신문을 보기 전, 또는 일을 하기 전 성경을 읽는 시간을 갖는 것이 도움이 됩니다. 일단 시작했으면 꾸준히 지속해 나가도록 할 것이며, 이것이 습관화가 되면 매일 그 시간이 기다려질 것입니다. 일주일에 5-6일간 하나님과 만나는 것을 현실적인 목표로 삼으십시오. 시간이 지나 몸에 배게 되고 그 유익함을 알게 되면 시간도 늘리게 되고 하루도 빠뜨리지 않고 하게 될 것입니다.

경건의 시간 이외에도 시간을 내어 성경 읽기와 기도의 시간을 갖는 것은 매우 유익한 일입니다. 성경 읽기 계획표를 하나 구하여 계획에 따라 읽어 나가십시오. 또 점심 시간이든 자기 전이든 기도하는 시간을 마련해 보십시오.

2. 개인적인 성경 공부. 어떤 책에서 이런 내용을 읽은 적이 있습니다: "여러 해 동안 켈리포니아의 해변 마을 몬테리는 펠리칸의 낙원이었습니다. 어부들은 고기를 씻을 때면 펠리칸들에게 작거나 상한 것들을 던져 주었습니다. 펠리칸들은 뚱뚱하게 살이 쪘고, 게으르고 만족해했습니다. 그런데 언젠가부터 버리던 고기 부스러기들이 상업적으로 이용되기 시작하면서 펠리칸들을 위한 먹을거리가 없어지게 되었습니다. 이런 변화가 왔는데도 펠리칸들은 스스로 고기를 잡을 노력을 하나도 하지 않았습니다. 펠리칸들은

어부들 주위를 서성거리며 기다렸습니다. 그들은 몹시 여위고 말라갔습니다. 많은 새들이 굶어 죽었습니다. 스스로 고기를 잡는 방법을 잊어버렸기 때문입니다. 그 문제는 남쪽 지방에서 다른 펠리칸들을 데려다 놓음으로써 해결되었습니다. 남쪽에서 온 새들은 스스로 먹이를 찾아 다니는 일에 익숙한 새였습니다. 이들은 기아 상태에 있는 형제 펠리칸들 사이에 갖다 놓자 즉시로 고기를 잡기 시작했습니다. 오래지 않아 배고픈 펠리칸들이 그들을 따라 하게 됐고, 기아 상태는 끝났습니다."

이 이야기는 우리 중 많은 이들의 상태를 잘 보여 주고 있습니다. 우리는 다른 사람들이 주는 것을 먹는 데 아주 익숙해져 있어서, 혼자 힘으로 하나님의 말씀 안에서 먹이를 찾는 방법을 잊어버렸습니다.

공부나 연구라는 말을 들으면 많은 사람들이 깜짝 놀라며 두려운 마음을 갖습니다. 우리는 자신을 배우는 학생으로 생각하지 않습니다. 그러나 우리는 항상 배워야 합니다. 직장에서도 수시로 어떤 일을 처리하는 법을 배우고 있습니다. 뿐만 아니라 개인의 삶에서도 많은 것들을 새로이 배워 나갑니다. 자동차 하나를 새로 사도 알아야 할 것이 많고, 카메라 하나를 새로 사도 공부해야 할 것이 많이 있습니다.

우리는 성경이 가르치고 있는 것을 알 때 중년기 위기를 극복하는 데 필요한 핵심적인 예비 에너지를 비축하게 됩니다. 성경에 대한 이차적인 지식으로는 부족합니다. 성경 자체를 알아야 합니다. "네가 진리의 말씀을 옳게 분변하며 부끄러울 것이 없는 일꾼으로 인정된 자로 자신을 하나님 앞에 드리기를 힘쓰라"(디모데후서 2:15).

많은 사람들이 성경 공부에 대하여 어렵게 느끼지만, 사실 성경 공부는 아주 간단합니다. 다음에 몇 가지 쉬운 제안을 드립니다.

- 소그룹 성경 공부 모임에 참여하십시오. 성경 공부는 혼자 하기

가 불가능하지는 않지만 어렵습니다. 우리는 연약하여 서로 점검해 주고 각자가 공부한 것을 서로 나누는 소그룹에서 얻는 상호 자극이 필요합니다.
- 성경 공부 교재를 이용하십시오. 네비게이토 출판사에서 나온 그리스도인의 생활 연구나 그리스도의 제자가 되는 길 등은 아주 좋은 안내자가 될 것입니다. 성경 공부 교재로는 이외에도 많이 있습니다.
- 교재를 미리 공부하여 성경 공부 모임에 참석하십시오. 성경 공부에서 얻는 축복은 거기에 얼마나 투자했느냐에 비례할 것입니다.

예배시에 듣는 설교와 교회 학교에서 배우는 내용이 비록 좋은 양식이지만 집중적인 성경 공부에 비하면 각 사람의 필요를 잘 채워 주지 못합니다. 듣는 것은 단 하나의 감각만을 사용하기 때문입니다. 그러나 공부는 눈을 통하여 들어온 것을 마음 속으로 보내어 묵상한 다음 다시 손을 통하여 종이 위에 기록하기 때문에 훨씬 효과가 있습니다.

교회 안에 소규모 성경 공부 모임이 있는지 알아보십시오. 또는 성숙한 그리스도인에게 그런 성경 공부 모임을 만들어 보라고 요청하십시오. 아니면 당신이 그런 모임을 시작할 수도 있습니다.

3. 교제. 동병상련이란 옛말이 있습니다. 어떤 위기든지 간에 위기 가운데 있을 때는 마음을 같이하여 진정으로 이해하고 힘을 북돋아 주며 도와 줄 사람들이 필요합니다. 그리스도인의 교제란 다름 아니라 서로 나누고 도와 주는 것입니다. "두 사람이 한 사람보다 나음은 저희가 수고함으로 좋은 상을 얻을 것임이라. 혹시 저희가 넘어지면 하나가 그 동무를 붙들어 일으키려니와 홀로 있어 넘어지고 붙들어 일으킬 자가 없는 자에게는 화가 있으리라"(전도서 4:9-10). "서로 돌아보아 사랑과 선행을 격려하며 모이기를 폐하는 어떤 사람들의 습관과 같이 하지 말고 오직 권하여 그날이 가

까움을 볼수록 더욱 그리하자"(히브리서 10:24-25).

위기가 닥치면 사람들은 흔히 자기를 고립시키는 방향으로 나아가는 경향이 있는데, 중년기에는 특히 더 그러합니다. 위기를 맞이하면 사람은 당황하고 어찌할 바를 모르게 되어 움츠러듭니다. 그러나 바로 이런 때일수록 교제와 우정이 절실히 필요하며, 따라서 더욱 필사적으로 교제를 추구해야 합니다. 교회에 다니면서도 그저 손님처럼 예배에만 참석하고 가버리는 사람이라면 마음과 마음을 나누는 교제를 나눌 대상이 없을 것입니다. 이런 사람은 주위 성도들 가운데서 이런 마음의 교제를 나눌 수 있는 사람을 열심히 찾아보기 바랍니다. 그리고 성경 공부 모임이든 일대일 교제든 다른 어떤 형태든 이미 다른 그리스도인들과 교제를 정기적으로 하고 있는 사람이라면, 위기가 올 때 그 교제를 자칫 그만두어 버릴 수가 있는데, 그러지 말고 오히려 계속 교제를 유지하여야 하며 더욱 힘써야 합니다. 왜냐하면 그때가 바로 마음을 나누는 친밀한 그리스도인의 교제를 가장 절실히 필요로 하는 때이기 때문입니다.

신체적 예비 에너지의 비축

"이기기를 다투는 자마다 모든 일에 절제하나니… 내가 내 몸을 쳐 복종하게 함은…"(고린도전서 9:25, 27). 하나님께서는 자신이 우리에게 주신 모든 것에 대하여 우리가 선한 청지기가 되기를 원하십니다. 따라서 우리는 우리의 몸에 대해서도 선한 청지기로서의 책임을 다하여야 합니다.

그렇다고 자기의 신체를 단련하기 위하여 당장 오늘부터 매일 10km씩 조깅을 시작한다든지, 건강 식품을 열광적으로 먹어야 할 필요는 없습니다. 단지 상식적인 수준에서 자기에게 맞게 훈련하며 절제하는 것이 필요합니다.

1. 식사 습관. 오늘날 미국인들이 먹는 음식의 양은 가히 엄청나서,

그것을 가지면 미국 전체 인구의 두 배가 훨씬 넘는 인구가 먹고 남을 정도라고 합니다. 그런데도 미국인들이 다른 나라 사람보다 건강한 것도 아닙니다. 과식하고, 인스턴트 식품 등 칼로리는 높으나 영양가는 적은 음식들을 선호하고, 편중된 영양 섭취를 하며, 식사를 규칙적으로 하지 않는 사람이 많습니다.

체중 조절을 위한 가장 간단한 해답은 자기에게 알맞은 양을 먹었으면 숟가락을 놓고 빨리 식탁에서 물러나는 것이지만, 이것이 말처럼 쉬운 것이 아니어서, 이를 위해서는 자신을 부인하고 훈련하는 일이 많이 필요합니다. 자기의 참필요에 맞는 건전한 식사 습관을 익혀 실천한다면 얼마 안 있어 자신이 신체적으로 훨씬 좋아지는 것을 느끼게 될 것입니다.

2. 운동. 중년기에 숨이 가쁘고 쉬이 피곤하고 몸이 쑤시며 허리가 아픈 것 등은 운동 부족 때문에 나타나는 몇 가지 징후에 불과합니다. 규칙적인 운동은 신체를 더욱 건강하게 하여 활력 있는 삶을 살게 할 뿐 아니라, 생명을 연장시켜 줄 수도 있습니다. 건강하고 날씬한 사람도 적당한 운동을 통하여 몸의 신진 대사 기능을 더욱 높이고 계속 날씬한 몸과 건강을 유지할 수 있을 것입니다.

2년 전까지만 해도 아내는 규칙적인 운동을 전혀 하지 않았습니다. 아내는 몸이 약한 편이어서 운동 같은 것에는 소극적이었고 어떤 때는 참여하기도 하지만 마지못해 했을 뿐입니다. 그러다가 운동의 필요성을 느끼기 시작하여 40세에 조깅을 하기 시작했습니다. 조깅은 문자 그대로 삶에 대한 아내의 사고 방식을 바꾸어 놓았습니다. 운동을 통하여 아내는 체력이 눈에 띄게 좋아졌고, 매사에 더욱 적극적으로 참여하는 태도를 지니게 되었으며, 감정적 용량도 더욱 커졌습니다.

걷기, 조깅, 배드민턴, 테니스, 줄넘기, 미용체조 등등 일상 생활에서 손쉽게 할 수 있는 것들을 택하는 것이 좋습니다. 또한 자신의 체력이나 신체 조건, 건강 상태에 맞게 운동의 양과 강도를 조절할 필요도 있습니다. 이를 위해 건강 진단을 한번 받아 보는 것도 좋습니다.

　서서히 시작하십시오. 무리하게 하지 마십시오. 그러나 무엇보다도 먼저 일단 시작하십시오. 그리고 그 유익을 경험하고 즐길 정도가 될 만큼 오랫동안 지속하십시오. 금방 효과를 기대하는 사람은 실망하게 되고 포기하게 될 것입니다.

3. 신체 검사. 네비게이토 간사인 세실 데이비슨은 60대에 군인 선교에 뛰어 들었습니다. 한번은 몸이 좀 아파서 병원에 가서 건강 진단을 받아 봤는데, 아무 이상이 없이 좋다는 진단 결과가 나왔습니다. 건강을 유지하기 위해 한 것이 무엇인지 묻자, "매주 토요일마다 군인들과 함께 축구를 했지요"라고 대답했습니다.

　자신의 건강에 아무 이상이 없다고 느끼는데도 불구하고 어떤 일에 활동적으로 참여하고 싶은 마음이 없을 수가 있습니다. 느낌이라고 하는 것은 흔히 우리를 속일 수가 있습니다. 정기적인 신체 검사는 꼭 필요한 것입니다. 우리의 생명이 거기에 달려 있을지도 모릅니다. 대부분의 신체적인 문제들이 조기에 발견되면 완치되는 경우가 많습니다. 일 년에 한 차례 정도 정기적인 건강 진단을 받아 볼 것을 권합니다. 적어도 2년에 한 번은 꼭 하기 바랍니다. 젊었을 때는 몰라도 중년기에 접어 들어서는 이러한 신체 검사가 아주 중요합니다. 병원에 가서 신체 검사를 하기 위해서는 물론 돈이 듭니다. 그러나 그 돈은 잘 쓴 돈이니 아까워하지 마십시오. 그것은 생명이 달린 것이며, 생명보다 귀한 것이 있겠습니까?

4. 휴식. 규칙적이고 효과적인 휴식과 수면은 신체적, 감정적 건강에 아주 중요합니다. 자기에게 적당한 수면 시간을 정하여 지키도록 훈련하십시오.

　대부분의 경우 6-8시간 정도의 수면을 필요로 합니다. 수면의 양도 중요하지만, 그에 못지 않게 중요한 것이 수면의 질과 규칙성입니다. 중년기에는 특히 적절한 휴식이 요구되는데, 왜냐하면 무리하게 몸과 마음을 혹사시키는 것은 중년기 위기에 불을 붙이는 확실한 길이기 때문입니다.

감정적 예비 에너지의 비축

몸의 상태를 알고 싶으면 신체 검사를 받아 보면 됩니다. 그러나 우리가 감정적으로 어떤 상태에 있는가를 알려면 어떻게 해야 합니까? 대개의 경우 신경 쇠약의 증세가 나타나기까지는 자신의 감정적인 필요에 대해서는 거의 신경을 쓰지 않습니다. 감정적 상태의 조사를 위해 여러 가지 테스트들이 있긴 하지만, 정확성에 있어서는 아주 미흡하며, 기껏해야 암시해 주는 정도에 불과합니다.

무너진 감정적 건강을 다시 원상으로 회복하는 데에는 시간과 노력이 많이 듭니다. 따라서 감정적 건강이 파괴된 다음에야 다시 꿰매고 치료하기보다는 감정적 예비 에너지를 미리 많이 비축하는 것이 훨씬 좋습니다. 다음에서 우리의 감정적 예비 에너지를 충전시켜 주기도 하고 반대로 고갈시켜 버리기도 하는 삶의 핵심적인 영역 몇 가지를 알아보고자 합니다.

1. 결혼 생활. 결혼 생활은 우리에게 가장 큰 기쁨과 만족을 주는 것이라고 할 수 있습니다. 부부 관계, 부모와 자녀 관계 등 가정 내의 여러 관계들이 좋은 상태에 있을 때에는 그것은 우리에게 말로 표현할 수 없을 정도로 감정적 힘과 격려를 제공합니다. 결혼 생활을 통하여 우리는 감정적으로 신선해지는 것을 경험하며 활력을 얻게 되는 것입니다. 그러나 관계들이 좋지 않은 경우에는 우리가 소유하고 있는 감정적 예비 에너지들을 밑바닥에 있는 것까지 고갈시켜 버립니다. 중년기에 접어 들면 결혼 생활을 치장하고 있던, 불필요한 장식들과 수식들은 다 떨어져 나가게 되고 남편과 아내는 결혼 생활의 "현실"을 마주하게 됩니다. 이때가 바로 두 사람의 결혼 생활이 지금까지 어떠했는가를 드러내주는 시험기입니다. 십대의 자녀들, 직장(직업) 등으로부터 부가되는 수많은 스트레스들을 안고 있습니다. 중년기의 부부는 그들의 결혼 생활을

더욱 굳게 세우는 일에 특별한 관심을 기울여야 합니다.
2. 직업(직장)과 업무. 결혼 생활과 직업은 대부분의 남성들에게 있어서 삶의 가장 중요한 부분이라고 할 수 있습니다. 오늘날에는 직장 여성이 점점 증가하는 추세에 있습니다. 자기가 종사하고 있는 직업이나 다니고 있는 직장, 그리고 맡은 일에 대해서 긍정적인 마음을 갖고 있으면 감정적으로 큰 안정을 얻습니다. 많은 감정적 에너지가 별로 중요하지도 않는 하찮은 문제들을 해결하느라 불필요하게 소모되고 있습니다. 따라서 개인의 삶과 가정 생활과 직업을 어떻게 조화시킬 것이냐 하는 것은 중년기에 있는 사람들의 주요한 과제입니다.
3. 자녀. 결혼 생활 초기에는 자녀는 우리를 신체적으로 힘들게 합니다. 반면 중년기에는 우리를 감정적으로 메마르게 하든지 더욱 풍부하게 하든지 합니다. 자녀 문제에 대해서는 8장에서 자세히 다루고 있습니다.
4. 여가와 쉼. 스트레스를 가장 많이 받는 시기에 운동이나 취미 활동이나 기타 가벼운 활동들을 통하여 우리는 감정적 예비 에너지를 재충전할 수 있습니다. 많은 그리스도인들이 가족들을 돌아보고 직장에서 이리 뛰고 저리 뛰며 교회의 여러 가지 활동들에 너무 바쁜 나머지 그들을 감정적으로 정신적으로 신체적으로 새롭게 해주는 일은 소홀히 여깁니다. 우리는 쉴 줄을 알아야 합니다. 여기서 쉰다는 의미는 아무것도 하지 않고 잠이나 자는 것을 의미하는 것은 아닙니다. 진정한 의미에서의 쉼, 몸과 마음을 새롭게 해주는 그러한 쉼을 말합니다. 또 어떤 사람의 경우에는 쉬기 위해서 계획한 활동들이 지나쳐서 오히려 에너지를 소모시켜 버리는 것을 보기도 합니다. 이러한 휴식은 휴식이 아니라 또 하나의 노동이 되는 것입니다.

우리는 스트레스가 많은 활동들 사이사이에 규칙적으로 쉴 수 있게 해주는 활동들을 할 필요가 있습니다. 몇 가지 예를 들면 다음과 같습니다.

- 독서
- 집에서 할 수 있는 취미 활동
- 스포츠
- 가벼운 오락들
- 음악 감상
- 찬송 부르기
- 뜨게질
- 사진
- 정원 가꾸기
- 공예
- 어떤 단체나 기관에서 평소 원하던 강좌를 들음
- 특정한 텔레비전 프로그램의 시청

　：

　쉼을 주는 이러한 활동들은 돈이 많이 드는 것일 필요가 없습니다. 자신의 업무와 다른 일이면 됩니다. 자신에게 즐거움을 줄 수 있는 것 가운데서 택하십시오. 목적은 우리의 감정을 쉬게 하고 새롭게 해주는 것입니다. 그러나 이런 활동이 저절로 이루어지는 것은 아닙니다. 관심을 가지고 계획해야만 합니다. 시간이 들 것입니다. 그러나 그런 시간은 잘 쓴 것이며, 장차의 삶에 유익을 줄 것입니다.

5. 기타 감정적으로 메마르게 하는 것들. 많은 사건과 환경들이 우리를 감정적으로 메마르게 하며, 특수한 문제들을 낳습니다. 중년기에 우리는 이런 것들을 어떻게 하면 잘 다룰 수 있는가를 배워야 합니다. 그 가운데서 몇 가지만 예를 들면 다음과 같습니다.

- 해결되지 않은 갈등들
- 다른 사람들의 동기에 대한 의구심

● 과도한 스케줄과 활동

우리는 위에서 5가지 핵심을 살펴보았는데, 이외에도 더 있을 수 있습니다. 우리의 감정적 예비 에너지는 충전되고 보호되어야 합니다. 이 에너지는 자동적으로 충전되지 않습니다. 다른 많은 것들이 이 감정적 예비 에너지의 저축을 도와 줍니다.

● 견고한 영적 생활
● 하나님께서 자신의 삶을 책임지고 계신다는 확신
● 운동과 쉼. 신체적 건강과 감정적 건강은 밀접한 관계가 있습니다.
● 자신에 대한 건전한 자아상
● 마음을 나눌 수 있는 사람들

핵심적인 성서적 개념들

중년기 위기를 낳는 사건들은 그 자체가 이 위기의 근원은 아닙니다. 그 근본적인 원인은 하나님의 성품과 목적에 대한 잘못된 이해에 있는 것입니다. 따라서 가장 중요한 치료책은 하나님에 대하여 올바로 이해하며, 하나님과의 견고한 관계 위에 자신의 삶을 세워 나가는 것입니다.

이 핵심적인 성서적 개념들은 본서의 기초가 되고 있으며, 또한 우리가 중년기 위기에 어떻게 반응하는 것이 올바른가를 가르쳐 주고 있습니다. 성경 말씀에 근거한 올바른 개념이 없을 때 우리는 자신의 감정과 느낌의 늪에 빠져 허우적거리기 쉽습니다. 우리는 자신의 발을 하나님의 말씀이라는 반석 위에 두어야 합니다. 이 개념들은 대부분 하나님이 어떤 분이시며, 세상에서 어떻게 역사하고 계시는가에 대한 우리의 생각과 관련되어 있습니다. 이것은 우리의 삶에 지극히 크고 깊은 영향을 미치는 중요한 주제입니다. 이 개념들은 다음 네 가지 질문에 답하고 있습니다.

- 하나님께서는 여전히 나를 돌보고 계시는가?
- 내가 무엇을 잘못했는가?
- 하나님께서 나에게 무슨 일을 하고 계시는가?
- 하나님과의 관계를 올바로 하기에는 너무 늦었는가?

이 네 가지 질문에 올바로 대답할 수 있는 사람이라면 중년기 위기뿐 아니라 다른 어떤 위기에서도 살아 남을 수 있는 성서적 기초를 가지고 있습니다.

하나님의 절대주권 – 하나님께서는 여전히 나를 돌보고 계시는가?

오랫동안 신학자들은 하나님의 절대주권에 대하여 연구하고 토의하고 글로 썼습니다. 그러나 아무도 우리의 머리로 쉽게 이해할 수 있는 답을 제시하지는 못했습니다. 더구나 인간의 자유의지 대 하나님의 절대주권을 설명하려고 할 때는 문제가 더욱 복잡해집니다. 이 두 가지 개념은 서로 반대되어 도저히 풀 수 없는 문제처럼 보입니다. 그러나 하나님의 절대주권이라는 것은 우리의 삶의 모든 영역에 있어서 근본이 되는 사실인 것입니다.

하나님께서는 자신이 창조하신 모든 피조물에 대하여 완전한 권능과 권세와 지배권을 가지고 계십니다. 하나님께서는 우리의 개인적인 삶과 세상에서 일어나는 모든 사건들을 통치하시며 주관하고 계십니다.

하나님은 자연을 다스리고 계십니다. "이는 삼림의 짐승들과 천산의 생축이 다 내 것이며, 산의 새들도 나의 아는 것이며, 들의 짐승도 내 것임이로다. 내가 가령 주려도 네게 이르지 않을 것은 세계와 거기 충만한 것이 내 것임이로다"(시편 50:10-12). "하늘이 주의 것이요 땅도 주의 것이라. 세계와 그 중에 충만한 것을 주께서 건설하셨나이다"(시편 89:11).

하나님은 이 세상의 지배자와 통치자들을 다스립니다. "가로되, 우리 열조의 하나님 여호와여, 주는 하늘에서 하나님이 아니시니이까? 이방 사람의 모든 나라를 다스리지 아니하시나이까? 주의 손에 권세와 능력이 있사오니 능히 막을 사람이 없나이다"(역대하 20:6). "대저 높이는 일이 동에서나 서에서 말미암지 아니하며 남에서도 말미암지 아니하고 오직 재판장이신 하나님이 이를 낮추시고 저를 높이시느니라"(시편 75:6-7). "왕의 마음이 여호와의 손에 있음이 마치 보의 물과 같아서 그가 임의로 인도하시느니라"(잠언 21:1).

하나님은 나의 환경을 다스리십니다. "우리가 알거니와 하나님을 사랑하는 자 곧 그 뜻대로 부르심을 입은 자들에게는 모든 것이 합력하여 선을 이루느니라"(로마서 8:28).

하나님께서는 또한 자신의 뜻대로 나를 지으셨습니다. "주께서 내 장부를 지으시며, 나의 모태에서 나를 조직하셨나이다. 내가 주께 감사하옴은 나를 지으심이 신묘막측하심이라. 주의 행사가 기이함을 내 영혼이 잘 아나이다. 내가 은밀한 데서 지음을 받고 땅의 깊은 곳에서 기이하게 지음을 받은 때에 나의 형체가 주의 앞에 숨기우지 못하였나이다. 내 형질이 이루기 전에 주의 눈이 보셨으며 나를 위하여 정한 날이 하나도 되기 전에 주의 책에 다 기록이 되었나이다"(시편 139:13-16).

하나님께서 절대주권을 가지고 계실지라도 나에게는 선택의 자유가 있을 수 있습니까? 그렇습니다. 하나님께서는 절대주권을 가지고 모든 것을 지배하시지만, 여전히 우리에게 다양한 선택을 할 자유를 허락하고 계십니다. 하나님께서는 우리가 무엇을 선택할 것인지를 알고 계시며, 우리로 하여금 그 선택의 결과를 책임지며 그것과 더불어 살도록 허락하셨습니다. 그러나 우리의 선택에는 일정한 한계선이 있습니다. 하나님께서는 그 한계선을 자세히 말씀해 주셨습니다. 그러나 하나님께서는 우리의 삶의 외적 환경들을 통제하여 우리의 선이 되도록 해주시겠다고 약속하셨습니다. 우리의 환경들이 때로는 우리에게 불리하게 보일 수도 있지만, 하나님께서는 무엇이 우리에게 최상의 선인가를 알고 계십니다. 그 다음 하나님께서 허락하시는 외적인 환경들에 대하여 어떤 반응을 보일 것인가는 우리의 선택에 달려 있습니다.

하나님의 절대주권과 인간의 선택 능력이 이성적으로는 상반된다고 생각할 사람이 있을 것이나, 이 두 가지는 모두 성경에서 가르치고 있는 진리입니다. 우리는 우리의 이성으로는 완전히 이해할 수 없는 이 사실들을 성경에서 가르치고 있는 그대로 받아들여야 합니다. "여호와의 말씀에 내 생각은 너희 생각과 다르며 내 길은 너희 길과 달라서 하늘이 땅보다 높음같이 내 길은 너희 길보다 높으며 내 생각은 너희 생각보다 높으니라"(이사야 55:8-9).

우리 주변에는 이성적으로는 이해할 수 없지만 엄연히 사실로서 존재하는 것이 많이 있습니다. 예를 들어, 중력은 하늘을 나는 모든 비행체와 모든 인간의 삶을 이 지구라는 혹성 위에 단단히 붙들어 두고 있지만, 중력에 대하여 완전히 설명할 수 있는 사람은 아무도 없습니다. 중력이 어디에서 나오며 무엇이 그것을 일으키는지 아무도 모릅니다. 그러면서도 우리는 중력을 수식으로 표시하며, 매일의 삶에서 중력을 경험하며, 전적으로 중력에 의존하여 삶을 지탱하고 있습니다. 중력에 대하여 완전히 이해하지는 못한다 해도 우리는 중력의 존재를 알고, 그것과 더불어 살며, 그것을 이용하고 있습니다. 이와 비슷하게 우리도 하나님의 절대주권에 대하여 완전히 이해할 수는 없을지라도, 그것을 믿고 받아들이며, 그 밑에서 우리의 삶을 영위할 수 있는 것입니다.

하나님의 절대주권을 알 뿐 아니라, 우리는 하나님께서는 마음 속에 항상 우리의 최상의 유익이 무엇인지를 생각하고 계신다는 것을 알아야만 합니다. "그런즉 이 일에 대하여 우리가 무슨 말 하리요? 만일 하나님이 우리를 위하시면 누가 우리를 대적하리요?"(로마서 8:31). "참새 두 마리가 한 앗사리온에 팔리는 것이 아니냐? 그러나 너희 아버지께서 허락지 아니하시면 그 하나라도 땅에 떨어지지 아니하리라. 너희에게는 머리털까지 다 세신 바 되었나니, 두려워 말라. 너희는 많은 참새보다 귀하니라"(마태복음 10:29-31).

하나님의 절대주권과 하나님의 사랑은 우리의 삶의 기초가 되는 진리로서, 이 두 가지 진리를 굳게 붙잡고 있을 때 우리는 어떠한 환경 가운데서도 흔들리지 않는 삶을 영위할 수 있습니다. 그러나 당신이 이 진리들을 믿지 않기로 선택할 수도 있습니다. 하나님의 절대주권과 사랑을 받아들이지 않을 때 나타나는 실제적인 결과는 무엇입니까?

1. 두려움. 하나님께서 절대주권을 가지고 계시지 않는다면 그분은 당신을 보호하며 도울 수도 없고 그렇게 하시지도 않을 것입니다.
2. 거역. 또한 당신은 당신의 삶에 대한 하나님의 궁극적인 목적과 계획에 대하여 반기를 들 것입니다.
3. 쓴뿌리. 또한 당신을 보호하고 당신의 환경을 주관할 능력이 없다고 하나님을 원망할 것입니다.
4. 싸움. 또한 자신이 자신의 환경을 피하거나 통제할 수 있다고 생각하여 당신의 환경에 대한 지배권을 두고 하나님과 싸울 것입니다.
5. 의문. 또한 하나님의 목적에 대하여 불확실하기 때문에 매일 삶 가운데서 일어나는 여러 가지 사건들 가운데서 하나님의 목적에 대해 의문을 품게 될 것입니다.
6. 의심. 당신에 대한 하나님의 사랑과 관심을 의심하게 될 것입니다.

위에서 열거한 태도 중 어느 하나만 지니고 있어도 우리를 영적인 메마름과 하나님의 사랑, 동기, 지혜에 대한 의심으로 인도합니다.
반면, 하나님의 절대주권과 우리를 향한 사랑을 믿을 때는 삶에 대해 완전히 다른 사고 방식을 갖습니다.

1. 평화(평안). 하나님께서 다스리시고 당신의 최상의 선을 위하신다는 것을 알기 때문에 마음에 평안이 있습니다.
2. 쉼. 당신이 살아남기 위하여 하나님과 또 환경들과 싸울 필요가 없다는 것을 알기 때문에 참된 쉼이 있습니다.
3. 확신. 당신이 맞이하고 있는 환경들을 통하여 궁극적으로 당신의 선을 위하시는 것을 경험함으로써 하나님께 대한 믿음이 더욱 성장하며 하나님의 능력을 더욱 확신하게 됩니다.

4. 낙관. 최종적인 좋은 결과와 승리가 하나님 안에서 보장되었다는 것을 알기 때문에 인생에 대하여 낙관할 수 있습니다.

하나님의 절대주권을 우리가 믿든 안 믿든 하나님은 절대주권을 가지고 계십니다. 이 주제는 간단하게 설명할 수도 있으나, 그 내용이 매우 깊고 광범위한 것이어서 더 깊이 알기를 원하는 분은 개인적으로 공부해 보시기 바랍니다. 본서에서는 중년기 위기와 관련하여 몇 가지만 더 살펴보고자 합니다.

하나님의 절대주권을 받아들일 때 우리는 올바른 시야와 전망을 가지고 중년기 위기 문제에 접근할 수 있습니다. 하나님의 절대주권에 비추어 볼 때 우리는 다음 여러 가지 사실들을 이해하게 됩니다.

1. 하나님께서는 우리를 육체를 가진 존재로 만드셨으며, 이 육체는 끊임없이 변화와 성장과 쇠퇴를 경험하고 있습니다. 따라서 중년기에 급격한 신체적 변화를 경험하는 것은 육체를 가진 인간으로서 정상적인 것입니다.
2. 하나님께서는 당신을 당신 고유의 개성과 특성, 강점과 약점을 가진 감정적 존재로 만드셨습니다. 당신이 중년기를 맞이하여 나타내는 매우 감정적인 반응들은 하나님께서 새롭고 신선한 방법으로 당신의 삶 속에 개입하실 근거를 제공합니다.
3. 당신의 과거에 일어난 많은 사건들이 심지어 자신의 잘못된 선택과 죄의 결과로 일어났다 할지라도, 하나님께서는 이 사건들을 사용하여 당신에게 교훈을 가르쳐 주시며, 당신을 다시 세워 주시고 성숙하게 하여 주실 것입니다. 지금까지의 당신의 삶은 하나님의 주권적인 통치 아래에 있었으며, 또한 앞으로도 계속 하나님께서는 당신의 삶을 주관하셔서 당신의 미래를 위한 그분의 계획을 이루실 것입니다.
4. 당신이 지금 겪고 있는 감정적인 싸움이나 문제가 무엇이든간에, 하나님께서는 당신을 데리고 그것들을 통과하실 것이며, 그것을

통하여 당신을 더욱 성숙하고 행복한 사람으로 만드실 것입니다. 터널 끝에는 항상 빛이 있는 법입니다.
5. 당신의 삶이 하나님의 절대주권 하에 있지만, 당신에게는 여전히 선택권이 있습니다. 단, 당신이 명심해야 할 것은 그 결과에 대해서는 당신이 책임을 져야 하며, 그것과 더불어 살아야 한다는 것입니다. "스스로 속이지 말라. 하나님은 만홀히 여김을 받지 아니하시나니, 사람이 무엇으로 심든지 그대로 거두리라"(갈라디아서 6:7). 하나님께서는 우리가 무엇을 선택할 것인지를 아십니다. 하나님께서는 우리가 선택하는 것을 명하시거나 정하실 수도 있으시지만, 그렇게 하지 않으십니다. "나의 계명을 가지고 지키는 자라야 나를 사랑하는 자니, 나를 사랑하는 자는 내 아버지께 사랑을 받을 것이요, 나도 그를 사랑하여 그에게 나를 나타내리라"(요한복음 14:21).

은혜 대 행위 – 내가 무엇을 잘못했는가?

삶에서 어려움이나 문제를 마주치게 되면 으레 우리는 내가 죄를 지어서 하나님께서 나를 벌하고 계시는 것은 아닌가 하는 생각을 하게 됩니다. 그리하여 우리는 자신의 삶을 돌아봅니다. 돌아보니 하나님의 벌을 받아 마땅한 영역들이 많이 발견됩니다. 그 다음 우리는 자신을 정죄하기 시작하면서 자신에 대한 개혁을 시도합니다. 진지하게 자신을 돌아보는 일이 필요하기는 하겠지만, 그러나 이것이 지나치면 건드려서는 안 되는 곳을 잘못 건드림으로써 오히려 해를 끼칠 수가 있습니다.

우리의 과거는 변할 수 없습니다. 지난 날의 자신의 잘못과 죄에 대하여 지나치게 분석하게 되면 거기서 건전한 결과를 얻기보다는 오히려 분석하는 일 자체에 마음을 온통 빼앗길 수가 있습니다. 그렇게 되면 우리는 하나님의 성품에 대하여 의심을 품기 시작합니다. 이렇게 못된 나를 하나님께서 사랑하실까? 이런 몸으로 어떻게 감히 하나님 앞에 나아갈 수 있는가? 이와 같이 자신에 대한 책망과 정죄가 계속되다 보면 우리의 눈은 하나님으로부터 떠나 자신만을 바라보게 되고, 마음 속에서 하나님의 모습은 희미해져 버립니다. 그리고 우리는 우리를 있는 그대로 받아주시고 사랑하시며 도와 주시는 하나님 대신 우리를 벌하시는 하나님을 생각하게 됩니다.

    그리스도인의 삶을 살아가는 데 있어서 은혜와 행위에 대한 올바른 이해는 이러한 악순환적 사고 방식을 바꾸어 놓는 데 있어서 큰 기여를 할 수 있습니다. 우리는 자신이 은혜로 구원받았다는 사실은 비교적 쉽게 받아 들입니다. 우리는 하나님의 은혜로 말미암아 그리스도를 믿어 하나님께로부터 의롭다 함을 얻어 하나님과 올바른 관계를 맺게 되었습니다.

> 우리를 구원하시되 우리의 행한바 의로운 행위로 말미암지 아니하고 오직 그의 긍휼하심을 좇아 중생의 씻음과 성령의 새롭게 하심으로 하셨나니, 성령을 우리 구주 예수 그리스도로 말미암아 우리에게 풍성히 부어 주사 우리로 저의 은혜를 힘입어 의롭다 하심을 얻어 영생의 소망을 따라 후사가 되게 하려 하심이라(디도서 3:5-7).

    이와 같이 구원은 은혜로 받았다는 것을 인정하면서도, 많은 그리스도인들이 구원받은 이후에는 자신의 행위를 근거로 하여 하나님과의 관계를 세워 나가는 경향이 있습니다. 예를 들면, 교회에 열심히 나간다든지, 헌금을 많이 한다든지, 전도를 한다든지, 성경 공부를 한다든지, 구제하는 일에 힘쓴다든지 등등. 우리는 열심히 일합니다. 죄에 대항하여 싸웁니다. 자신의 잘못된 습관을 변화시키려고 애씁니다. 심지어 칭의, 구원, 성화의 핵심 교리들을 공부하기도 합니다. 이와 같이 열심히 행하는 자가 되어, 하나님과 우리의 관계는 일련의 훈련, 활동, 일 속에 매몰되어 버립니다. 이러한 활동들 자체는 좋은 것이며, 우리에게 큰 만족을 줍니다. 그러는 사이 우리는 자신이 하나님을 위하여 뭔가를 하고 있다는 생각을 하게 됩니다. 그리고 자기도 모르는 사이에 우리는 하나님을 의뢰하기보다는 자신의 행위를 의뢰하게 되고, 어느 날 갑자기 하나님의 은혜에서 떠난 자신을 발견하게 됩니다.

그리하여 중년기 위기가 갑자기 닥칠 때면 여러 가지 감정들의 집중 공격을 받게 됩니다. 우리의 행위는 더 이상 우리에게 만족을 주지 못합니다. 일생토록 지속될 수 있는 보다 영구한 것, 다시 말하면 이따금씩 행하는 선한 일 그 이상의 것을 하려는 새로운 욕구가 우리에게 있기 때문입니다. 우리는 죄책감과 영적 동기력의 새로운 결핍을 느끼며, 정욕적인 생각들을 마음에 품게 됩니다. 하나님과 우리의 관계의 기초가 되는 진리로 돌아가야 할 때가 바로 이때입니다. 우리는 은혜를 인하여 믿음으로 말미암아 구원을 받았습니다. "너희가 그 은혜를 인하여 믿음으로 말미암아 구원을 얻었나니, 이것이 너희에게서 난 것이 아니요, 하나님의 선물이라. 행위에서 난 것이 아니니 이는 누구든지 자랑치 못하게 함이니라"(에베소서 2:8-9).

우리는 자신의 노력으로는 구원에 이를 수 없습니다. 마찬가지로 우리는 스스로의 노력으로 영적 침체에서 빠져 나올 수도 없습니다.

> 그러므로 너희가 그리스도 예수를 주로 받았으니, 그 안에서 행하되 그 안에 뿌리를 박으며, 세움을 입어 교훈을 받은 대로 믿음에 굳게 서서 감사함을 넘치게 하라. 누가 철학과 헛된 속임수로 너희를 노략할까 주의하라. 이것이 사람의 유전과 세상의 초등 학문을 좇음이요 그리스도를 좇음이 아니니라. 그 안에는 신성의 모든 충만이 육체로 거하시고 너희도 그 안에서 충만하여졌으니, 그는 모든 정사와 권세의 머리시라(골로새서 2:6-10).

우리는 예수 그리스도를 영접한 것과 똑같은 방식으로 그리스도인의 삶을 살아야 합니다. 우리가 어떻게 예수 그리스도를 영접했습니까? 은혜를 인하여 믿음으로 말미암아입니다. 골로새서 말씀을 주의 깊게 보십시오. 우리는 이미 과거에 그리스도 안에 뿌리를 박았습니다. 그리고 그 일은 하나님께서 하신 일입니다. 하지만 그리스도 안에 뿌리를 박는 일은 과거의 어느 한 사건으로 끝나는 것이 아니라 일평생

계속 되어야 할 일입니다. 우리는 계속 그리스도 안에 뿌리를 깊이 박아 나가야 하며, 위로도 성장해야 합니다. "믿음에 굳게 서서"라고 하였는데, "굳게"라는 말은 바로 그리스도 안에 튼튼하게 뿌리를 내려 어떠한 외적 도전에도 흔들리지 않아야 한다는 말입니다. 또 "세움을 입어"라는 말에서 볼 수 있듯이 우리를 세우시는 분, 즉 우리를 영적으로 자라나게 하시는 분은 하나님이십니다. 10절에서 우리는 그리스도 안에서 충만하여졌다고 가르치고 있습니다. 그리스도 안에 있는 우리에게는 부족한 것이 아무것도 없습니다.

위기 가운데 있을 때 우리는 하나님과 우리의 관계의 기본이 되는 사실들을 기억해야만 합니다. 자신이 어떻게 느낄지라도 우리는 여전히 하나님의 자녀이며, 하나님은 우리를 버리지 않으십니다. 다만 우리 스스로, 하나님과 자신과의 관계를 안전하게 하기 위해서는 하나님을 위해서 뭔가를 해야 하지 않겠는가라는 생각 가운데 여러 가지 일과 활동들에 바쁘게 자신을 드리고 있는 것입니다. 그러나 이것은 하나님의 은혜와 사랑 가운데 하고 있는 것이 아니기 때문에 아무리 열심히 해도 늘 부족한 것만 같은 느낌을 갖게 되며, 하나님과의 관계에 있어서 불안과 염려를 더욱 심화시킬 뿐입니다. 자신과 하나님과의 관계가 안전하다는 확신을 갖기 위해서는 하나님을 전적으로 의뢰하는 것이 필수 요건입니다.

영적 성숙 – 하나님께서 나에게 무엇을 하고 계시는가?

우리가 자신의 문제나 고통에 대하여 하나님을 원망하는 것은 죄 자체만큼이나 역사가 오래되었습니다. 하나님께서 절대주권을 가지고 계시지 않단 말인가? 하나님께서 이것들을 막으실 수 없으셨단 말인가? 하나님께서 나를 구해 주셨어야 했어. 이런 생각들이 자주 일어나다 보면, 하나님께서는 절대주권을 가지고 계시지도 않고, 나에게 닥치는 불행들을 막을 능력도 없으시고, 나를 구하려고 애쓰시지도 않는다고 은연 중 마음에 믿어 버립니다.

그러나 하나님께서 우리의 삶에 고통이나 불행이나 역경이나 문제

등을 허락하시는 데에는 우리의 잦은 잘못에 대한 옹졸한 벌 훨씬 그 이상의 깊은 목적이 있습니다. 하나님께서는 우리의 믿음과 삶이 견고해지고 성숙해지기를 원하십니다. 성숙하지 못한 사람들은 고통 가운데 있을 때 의심으로 가득 차지만, 성숙한 사람들은 오히려 고통을 통하여 성장하며 깊어집니다. 또 이와 같이 영적으로 성숙하여 영적 기초가 튼튼할 때 우리는 어떠한 위기라도 헤쳐 나갈 수 있습니다.

그러면 영적 성숙이란 무엇입니까? 몇몇 핵심이 되는 성경 말씀을 통하여 그 특성을 몇 가지 알아보고자 합니다.

영적으로 성숙한 사람은 다음과 같은 특징을 가지고 있습니다.

1. 겸손히 가르침을 받으며 배움. 그는 아무리 값이 들더라도 기꺼이 배웁니다. 가르침을 잘 받는 태도와 겸손은 사실상 아주 밀접한 관계가 있습니다. "지혜 있는 자는 듣고 학식이 더할 것이요, 명철한 자는 모략을 얻을 것이라"(잠언 1:5). "거만한 자를 책망하지 말라. 그가 너를 미워할까 두려우니라. 지혜 있는 자를 책망하라. 그가 너를 사랑하리라. 지혜 있는 자에게 교훈을 더하라. 그가 더욱 지혜로워질 것이요, 의로운 사람을 가르치라. 그의 학식이 더하리라. 여호와를 경외하는 것이 지혜의 근본이요, 거룩하신 자를 아는 것이 명철이니라"(잠언 9:8-10). 위기 가운데 있을 때 성숙한 그리스도인은 배우는 사람, 곧 지혜로운 충고를 구하며 거기에 귀를 기울이는 사람이 됩니다.

2. 교리적으로 건전하며, 말씀을 깊이 알고 있음. "감독은 하나님의 청지기로서 책망할 것이 없고… 미쁜 말씀의 가르침을 그대로 지켜야 하리니, 이는 능히 바른 교훈으로 권면하고 거스려 말하는 자들을 책망하게 하려 함이라"(디도서 1:7-9).

성경 말씀을 알고 실천하는 사람은 인생의 어떤 폭풍우에도 능히 견딜 수 있는 견고한 기초를 가지고 있습니다. 말씀에 대한 그들의 깊은 지식은 이론적인 것이 아니라 실제적입니다. 그는 단지 머리로만 알고 있는 것이 아니라, 실제 삶에서의 경험을 통하여 마음으로 알고 있습니다. 말씀에 대한 그의 지식은 삶의 용광로라고 하는 뜨거운 불 속에서 형성된 것입니다. 성숙한 그리스도인은 성경 말씀에 대한 깊은 이해를 계속 발전시켜 나감으로써 위기에 대비합니다. 성숙한 그리스도인이라고 삶에서 위기와 격한 감정과 싸움들을 경험하지 않는 것이 아닙니다. 그에게도 여전히 이런 것들이 있지만, 다만 그 기초가 튼튼하기 때문에 필요할 때는 언제든지 비축된 에너지를 끌어다 쓸 수 있어서 삶의 위기들에 대처할 수 있는 것입니다.

3. 인내와 절제. "감독은… 절제하며…"(디도서 1:7-8). 영적으로 성숙한 사람은 자신을 제어할 줄 아는 사람입니다. 위기에 처하여 있을 때 참을성이 없고 충동적으로 행동하며 분노의 감정을 가지고 있는 것은 패배로 가는 길을 열어 주는 것과 같습니다. 반면 자기 자신을 제어하며 인내할 줄 아는 사람은 그 마음을 하나님과 성경 말씀으로 향하게 함으로써 승리를 경험하게 됩니다. "오직 여호와를 앙망하는 자는 새 힘을 얻으리니, 독수리의 날개 치며 올라감 같을 것이요, 달음박질하여도 곤비치 아니하겠고 걸어가도 피곤치 아니하리로다"(이사야 40:31).

4. 믿음의 사람. 영적으로 성숙한 사람은 또한 믿음의 사람입니다. "믿음이 없이는 기쁘시게 못하나니, 하나님께 나아가는 자는 반드시 그가 계신 것과 또한 그가 자기를 찾는 자들에게 상 주시는 이심을 믿어야 할지니라"(히브리서 11:6). "믿음은 바라는 것들의 실상이요 보지 못하는 것들의 증거니"(히브리서 11:1). 성숙한 그리스도인은 시험을 거쳐 연단된 믿음을 가지고 있습니다. 기도 응답을 받으며, 하나님께서 역사하시기를 인내로 기다리며, 하나님의 뜻에 순종하며, 하나님의 약속들이 성취되는 것을 보는 등 실제 삶 속에서 경험한 믿음을 소유하고 있는 것입니다.

5. 분별력. "저희는 지각을 사용하므로 연단을 받아 선악을 분별하는 자들이니라"(히브리서 5:14). 분별력이 있다는 것은 머리를 사용하는 것입니다. 하나님께서는 우리에게 이성을 주셨으며 우리

가 그것을 성경의 테두리 안에서 성령의 지도를 받아 사용하기를 원하십니다. 올바른 분별력을 가지고 있으면 우리는 위기에 처할 때 당황하지 않게 됩니다. 생각이 혼돈되어 있고 충동적이면 우리를 더욱 불안하게 만듭니다. 따라서 성령의 인도를 받은 분명한 생각과 판단을 하는 습관을 발전시켜 나가야 합니다.

6. 사람이 아니라 하나님을 기쁘시게 하려 함. 우리에게는 습관적으로 다른 사람의 생각이나 기대에 의하여 자신의 행동들을 평가하는 경향이 있는데, 이것은 자칫 하나님의 뜻을 분명하게 분별할 줄 아는 능력을 약화시킬 우려가 있습니다. "무슨 일을 하든지 마음을 다하여 주께 하듯 하고 사람에게 하듯 하지 말라. 이는 유업의 상을 주께 받을 줄 앎이니, 너희는 주 그리스도를 섬기느니라"(골로새서 3:23-24). 우리가 섬겨야 할 분은 하나님뿐이심에도 불구하고 우리는 사람의 의견이나 생각에 따라 우리의 삶을 이끌어 가는 경우가 많습니다. 사람을 기쁘게 하는 행위는 믿음의 부패를 낳습니다. 사람은 변할 수 있지만 하나님은 그렇지 않습니다. 하나님은 항상 일정하시며 불변하십니다. 성숙한 그리스도인은 사람이 아니라 하나님을 기쁘시게 하는 데에 초점을 둡니다.

7. 거룩한 삶을 추구함. "오직 너희를 부르신 거룩한 자처럼 너희도 모든 행실에 거룩한 자가 되라"(베드로전서 1:15). 거룩함이란 그리스도를 닮아 가는 것과 거의 같다고 할 수 있습니다. 우리는 생각과 욕구와 행동에서 날마다 더욱더 예수 그리스도를 닮아 가야 합니다. 순결하고 거룩한 삶을 추구하는 것은 결코 작은 일이 아닙니다. 그것은 일생토록 추구해야 할 것입니다. 끊임없이 거룩함을 추구하며 그리스도를 닮기 위해 힘쓰는 태도는 성숙한 그리스도인의 특징입니다.

8. 정직. "감독은 하나님의 청지기로서 책망할 것이 없고…"(디도서 1:7). 정직한 사람은 어떠한 권력과 지위로도 살 수 없는 명예를 소유하고 있습니다. 상황 윤리가 매일의 행동을 지배하는 세상에서 정직이란 꼭 필요한 귀한 것인데도 오늘날 보기 드문 것이 되

어 버렸습니다. 정직은 그 무엇보다도 그리스도인의 분명한 특징이 되어야 합니다. 중년기 위기 가운데서 자기 자신과 다른 사람에게 자신이 겪고 있는 것에 대하여 정직할 때 새로운 의사 소통과 도움의 길이 열리는 것을 경험하게 될 것입니다.

9. 비이기적인 태도. "아무 일에든지 다툼이나 허영으로 하지 말고" (빌립보서 2:3). "돈을 사랑치 아니하며"(디모데전서 3:3). 이기심과 물질주의는 아주 밀접한 관계가 있으며, 영적으로 성숙하지 못하다는 것을 보여 주는 증거들을 낳습니다. 성경은 돈과 소유에 대하여 많이 언급하고 있습니다. 그리고 그것들에 대하여 우리가 어떤 태도를 지녀야 하는가에 대해서도 말해 주고 있습니다. 성숙한 그리스도인은 자신의 필요에 대하여 하나님을 의뢰하며, "이렇게 하면 내가 값을 얼마나 치러야 할 것인가?"를 생각지 않고 다른 사람들에게 자신을 아낌없이 줍니다. 이 세상의 물건들-옷, 건축, 가구, 차, 집 등등-을 얻는 데 초점을 맞추게 되면 하나님을 알고 다른 사람들을 섬기려는 욕구가 무디어집니다. 그리스도께서는 우리를 구원하시기 위해 죄인 된 우리 대신 십자가에서 비이기적인 태도로 자신을 완전히 주심으로써 완전한 본을 보여 주셨습니다. 신앙 생활의 햇수에 관계 없이 예수님을 믿은 지 오래 된 사람도 여전히, 영적 성숙을 더디게 하고 방해하는 물질주의적 사고 방식을 가지고 이기적으로 살고 있을 수 있습니다. 영원한 가치가 있는 것들에 초점을 맞추고, 다른 사람들을 위하여 사는 것을 배우십시오.

10. 어려운 시기에 견고함. "그러므로 내 사랑하는 형제들아, 견고하며 흔들리지 말며 항상 주의 일에 더욱 힘쓰는 자들이 되라. 이는 너희 수고가 주 안에서 헛되지 않은 줄을 앎이니라"(고린도전서 15:58). "그러므로 너희가 이제 여러 가지 시험을 인하여 잠깐 근심하게 되지 않을 수 없었으나, 오히려 크게 기뻐하도다. 너희 믿음의 시련이 불로 연단하여도 없어질 금보다 더 귀하여 예수 그리스도의 나타나실 때에 칭찬과 영광과 존귀를 얻게 하려 함이라"

(베드로전서 1:6-7). 어려운 시기에 인내로 견디는 사람은 영적으로 성숙하게 되며, 하나님을 의지하는 일에서도 성장하게 될 것입니다. 깊은 뿌리 곧 견고한 기초는 편안한 생활과 편안한 의자 속에서 형성되는 것이 아닙니다. 삶의 뿌리는 우리로 하여금 하나님을 의지하게 하는 시련과 시험들을 통하여 튼튼하게 자라는 것입니다.

용서와 회복-하나님과의 관계를 올바로 하기에는 너무 늦었는가?

많은 사람들이 다른 모든 도움이 끊겨 절망적일 때 비로소 하나님을 찾습니다. 우리 그리스도인들도 마찬가지입니다. 그토록 오래 기다려서야 하나님을 찾는다는 것이 불행한 일이기는 하지만, 하나님께 돌아가기만 하면 하나님은 여전히 우리를 받아주십니다.

> 수고하고 무거운 짐 진 자들아, 다 내게로 오라. 내가 너희를 쉬게 하리라. 나는 마음이 온유하고 겸손하니 나의 멍에를 메고 내게 배우라. 그러면 너희 마음이 쉼을 얻으리니, 이는 내 멍에는 쉽고 내 짐은 가벼움이라 하시니라(마태복음 11:28-30).

우리가 과거에 무슨 일을 했고, 지금 무슨 일을 하고 있건 용서는 가까이에 있습니다. 단순히 자신의 죄를 하나님께 그대로 아뢰십시오. 그러면 하나님께서 우리를 회복시켜 주셔서 그분과 교제하게 해주실 것이며, 바로 지금 우리의 에너지를 비축하시거나 재충전하시는 과정을 시작하실 것입니다.

재충전

삶의 에너지가 밑바닥 나고 점점 쇠약해져 가고 있을지도 모르겠습니다. 어쩌면 난생 처음으로 빠져나갈 길이 없음을 볼지도 모릅니다. 이제 하나님께로밖에는 돌아갈 곳이 없습니다.

우리가 하나님께로 돌아갈 때 하나님께서는 곧 이어 재충전 과정을 시작하실 수 있습니다. 십중팔구 당신의 삶의 대부분은 행복해지고 성공하려는 당신의 시도들과 성취들을 중심으로 하여 세워졌을 것입니다. 이제 당신이 하나님께 기회를 드린다면 하나님께서는 기꺼이 당신의 삶을 다시 세우십니다.

그러면 우리는 어떻게 삶을 다시 세울 수 있습니까? 몇 가지 간단한 아이디어를 들면 다음과 같습니다.

자신의 영적 기초를 검토하라

하나님께 대한 자신의 개인적인 헌신을 살펴보십시오. 자신의 구원에 대하여 하나님께 감사하십시오. 만일 당신이 구원을 위하여 진정으로 그리스도를 믿은 적이 없다는 것을 발견한다면 지금 그리스도를 믿으십시오. 모든 일에서 하나님께 당신의 삶을 재헌신하십시오. 그리고 당신의 삶을 다시 세우는 일에 오늘 하나님께서 도와 주시도록 기도하십시오.

하나님과 다른 사람들 앞에서 자신의 현재 필요를 인정하라

당신이 느끼고 생각하는 바를 정직하게 하나님께 말씀드리십시오. 당신이 중년기의 문제들을 겪고 있을 때 함께 의논할 수 있는 그리스도인 친구나 상담자를 찾으십시오. 어느 한 사람이 모든 문제에 대한 해결책을 가진 사람이기를 기대하지 마십시오. 하나님께서는 당신의 환경들을 통하여 당신을 가르치시고 도와 주시기를 원하십니다.

기꺼이 다시 시작하라

다시 세운다는 것은 삶의 영역에서 다시 시작하는 것을 의미합니다. 이 장의 앞부분에서 언급한 대로 기초로 돌아가서 영적, 신체적, 감정적 예비 에너지들을 다시 충전하십시오. 그 일을 하는 데에는 인내가 필요하다는 것을 기억하십시오.

목표를 설정하라

자신이 어디로 가야 할 것인지 분명한 목표가 없어 방황할 때 자연스럽게 생기는 것은 불안과 염려입니다. 삶에 불안과 염려가 생길 때는 바로 자신의 삶의 목표를 분명히 정해야 할 때입니다. 먼저 작은 목표들을 세워 즉각적으로 필요한 것들을 채우기 바랍니다. 그 다음 보다 깊고 원대한 발전을 위한 목표들을 정하십시오.

그리고 당신이 무엇을 하고 있든지간에 도중에 포기하지 마십시오! 분명히 해결책이 있습니다. 이 시기는 지나갈 것이며, 당신은 영적으로 성장했든지 아니면 하나님과의 동행을 공개적으로 포기했든지 할 것입니다. 무엇이 일어나도록 할 것인지는 당신의 선택에 달려 있습니다. 당신은 성장을 선택하겠습니까, 포기를 선택하겠습니까? 하나님은 지금 당신의 모든 필요를 충분히 채우실 수 있습니다. 하나님께서는 당신이 하나님께로 돌아와 그분만을 온전히 의뢰하기를 원하십니다.

제 7 장

결혼 생활

어느 날 오후 늦게 마이크 러셀은 퇴근하여 집으로 왔습니다. 그는 아내 제니스에게 안방으로 좀 오라고 했습니다.

"몇 분만 기다릴 수 있겠어요? 저녁이 거의 다 됐어요" 하고 제니스가 대답했습니다.

"아니, 중요한 일이야. 저녁은 이따 먹어도 돼."

안방에서 마이크는 간단히 이렇게 선언했습니다: "여보, 나 이혼하고 싶어. 곰곰이 생각해 봤어. 이미 아파트도 빌렸고, 곧 떠날 거야."

제니스는 너무나 놀라서 말문이 막혀 말없이 앉아 있다가 더듬거리며 말했습니다: "여보, 진정으로 하는 말이 아니죠?" 그러나 그의 얼굴을 쳐다보니 농담으로 말하고 있는 것이 아니라는 것을 알 수 있었습니다.

"왜요? 이렇게 오랫동안 같이 살았는데, 왜, 왜…" 그녀는 더듬거리며 말했습니다.

"나중에 이야기할 기회가 있을 거야. 애들, 당신 잔소리, 당신과 아이들이 나를 따돌리는 것, 우리의 관계 — 이 모든 것을 도저히 참을 수가 없어." 그는 떠나려고 했습니다.

"하지만, 여보, 우린 그리스도인이지요. 이것은 옳지 않다는 것을 당신도 알잖아요?" 하고 그녀는 애원했습니다.

"우린 기도도 했고, 변하려고 노력도 했지만, 아무 효과가 없었어. 성경에서 뭐라고 말하고 있는지는 나도 알아. 하지만 난 이제 돌이킬 수 없어. 그리스도인이든 아니든 나는 결정했어." 그리고 나서 마이크는 짐을 꾸려 떠나더니 다시는 그의 가족에게로 돌아오지 않았습니다.

그들은 24년간 결혼 생활을 해왔으며, 4명의 자녀가 있었습니다. 마이크는 30대까지만 해도 영적으로 열심히 살았는데, 30대 후반에 직업을 바꾸면서 그와 함께 영적으로 반항적이 되었고, 이 모든 것이 마침내 절정에 달했던 것입니다.

그들의 결혼 생활은 대부분 남편인 마이크가 주도했습니다. 아내인 제니스는 남편이 이끄는 대로 묵묵히 따르며 복종했습니다. 그녀는 말수가 적었고 아주 조용한 편이었습니다. 그러나, 그녀는 자신이 무엇을 하고 있는지를 자기도 모르는 채 남편의 권위를 침식하기 시작했습니다. 마이크는 38세 때 전격적으로 직업을 바꾸었습니다. 그러나 그는 새로운 직업에 잘 적응하지 못하고 어려워했으며 실패만 했고, 거기서 아무 만족도 얻지 못했습니다. 여기에 영적인 반항이 수반되었습니다. 이것이 그를 침체에 빠지게 했습니다. 이런 과정에서 결혼 생활의 모든 영역에서 둘 사이의 의사 소통은 악화되었고, 개인의 삶이나 가정의 중요한 문제들에 대하여 함께 대화하며 의논하는 일이 아주 드물게 되었습니다.

중년기에 들어서도 마이크와 제니스는 결혼 생활 초기에 정해졌던 패턴을 되풀이했습니다. 그들은 중년기의 위기를 극복하는 데 필요한 변화를 이룩하는 일에 실패했고, 점점 극한 상황으로 치닫더니 마침내 다시는 돌이킬 수 없는 한계점에 도달하여 이혼이라는 비극적인 결말을 맞이하게 되었습니다. 그들은 결혼 생활이 깨어지는 것을 막을 수 있었습니까? 그렇습니다. 하지만 어떻게 막을 수 있습니까? 이것이 이 장의 초점입니다. 이 장에서는 중년기 결혼 생활의 문제들을 몇 가지 택하여, 이러한 문제를 아름답게 극복하고 결혼 생활을 더욱 멋진 작품으로 만드는 법을 함께 이야기하고자 합니다.

  지나치게 단순화한 위험이 있긴 하지만, 마이크와 제니스의 결혼 생활은 다음의 희생물이었습니다.

1. 중년기에 마이크에게 일어난, 직업상의 새로운 변화와 심각한 위기
2. 마이크의 중년기 위기를 이해하지 못한 제니스의 무능력과 그로 인한 둘 사이의 계속적인 갈등
3. 제니스가 가족의 영적 리더쉽이 되었을 때 마이크의 심각한 영적 침체
4. 두 사람 모두 서로 들어 주고 이해해 주어야 하는 일이 절실히 필요한 때에 가정의 경제 문제, 자녀 문제, 영적인 문제들에 대한 의사 소통의 단절

  동일한 패턴이 셀 수 없이 많은 원인들과 더불어 수백 번 되풀이 되면서 처음에는 작은 불만이던 것이 점점 쌓이고 커져 마침내 부정(不貞)과 결혼 생활의 파탄으로 이어진 것입니다.

  그러나 오해는 하지 마십시오. 중년기의 결혼 생활이 다 이렇게 불행한 것은 아닙니다. 중년기에 들어서 더욱 행복한 결혼 생활을 영위하는 사람들도 있으며, 많은 경우에 중년기는 결혼 생활이 점점 더 나아지는 때입니다.

  중년기의 결혼 생활을 보면, 기쁨으로 충만한 결혼 생활로부터 단지 이를 악물고 참아 내며 심지어는 죽지 못해 사는 수준의 불행한 결혼 생활에 이르기까지 다양합니다. 중년기에 결혼 생활의 갈등들은 더욱 미묘해지고 깊어집니다. 그러나 중년기는 결혼 생활의 발전을 위한 잠재 가능성 또한 과거 어느 시기보다 크다고 할 수 있습니다. 중년기 초기에 부부는 자녀들이 장성하여 집을 떠난 후 얼마나 서로 친밀하게 사랑하며 즐거워하는 삶을 영위할 것인가를 결정하게 됩니다.

  부부가 중년기의 상황에서 서로를 알고 이해하게 될 때에만 새로운

차원의 결혼 생활은 영위될 수 있습니다. 결혼 당시와 똑같은 사람은 아무도 없습니다. 부부는 그들이 깨닫는 것 이상으로 각기 변했습니다. 더욱이 그들은 서로에게 새로운 기대와 새로운 역할을 가지고 나타나게 됩니다.

역할과 기대의 변화

중년기에 우리는 새로운 인생관을 발전시킵니다. 우리의 가치관도 변합니다. 우리는 다른 관점으로 사물을 봅니다. 일반적으로 젊었을 때와는 다른 것들을 삶에서 기대하고 바랍니다. 자기 자신에 대해서도 다른 것들을 기대합니다. 환경과 사건들에 대하여 새로운 방법으로 반응합니다.

특히 결혼 생활에서, 우리는 자신의 기대와 심지어는 자신의 역할까지도 변하는 것을 발견합니다. 만일 그 변화들이 부정적인 것으로 보인다면 매우 당황하고 불안을 느끼게 될 것입니다. 남편과 아내가 여러 가지 방법으로 서로 다른 시기에 변화하고 있을 때에는 그것이 훨씬 더 당혹스럽게 합니다. 몇 가지 문제들을 살펴보기로 하겠습니다.

중년기 결혼 생활의 위기를 가리켜 주는 것들

결혼 생활에 문제가 곧 발생할 것이라는 사실을 경고해 주는 몇 가지 징후들이 중년기에 나타납니다. 그것들이 무엇인지를 알고 있으면 오히려 그것들을 성장과 발전을 위한 기초로 삼을 수가 있습니다.

성생활의 변화는 문제가 잠복해 있다는 것을 가장 분명하게 가리켜 주는 징후 중의 하나입니다. 성관계의 횟수가 갈등의 원인이 된다든지 부부 중 한쪽편의 성적 욕구가 눈에 띄게 감소될 때에는 그 근본 원인을 찾아 보십시오.

권태 역시 중년기의 결혼 생활에서 아주 흔한 것입니다. 결혼 생활을 하다 보면 부부는 서로를 당연시하게 되고, 두 사람의 관계에는 활기가 사라져 버립니다. 둘만 있을 때는 침묵 또는 무관심이 지배하게 됩니다. 로맨스는 과거의 것입니다. 특히 과거에 부부가 함께 있을 때 활력과 즐거움이 넘치는 것을 진정으로 경험한 경우에는 매우 심각합니다. 이 권태는 배우자로 하여금 결혼 생활에 마땅히 있어야 할 교제와 친교를 구하기 위하여 다른 곳을 바라보게 할 수가 있습니다.

갈등이 더욱 심해지고 날카로워집니다. 우리의 참을성은 증가하든지 감소하든지 할 것입니다. 많은 중년기의 변화들이 부부에게 영향을 미치면서 성미가 점점 급해집니다. 갈등은 더 강해지고 더 깊어집니다. 그들은 상대방의 행동보다는 상대방의 인격을 더욱 공격합니다. 이어 사과하는 일이 점점 줄어 들고, 문제와 갈등은 해결되지 않은 채 방치되게 되고, 이런 일들이 점점 많아집니다. 심지어는 상대방이 결코 바뀌지 않을 것이라고 스스로 결론을 내려 버리며, 심한 말다툼을 하게 됩니다. 우리의 결혼 생활에서 이런 일들을 목격하고 있다면, 부부 사이에 아직 해결되지 않은, 모종의 깊은 문제가 있다는 것을 확신할 수 있습니다.

영적으로 점점 벌어집니다. 이것은 무서운 일입니다. 그러나 중년기에 목표들이 변함에 따라 한쪽은 영적으로 뒤쳐지는 반면 다른 한쪽은 영적으로 더욱 열심을 내게 되는 것은 흔한 일입니다. 이렇게 되면 상대방의 새로운 영적 열심에 대하여 시기하거나 원망하는 마음을 품을 수도 있습니다. 둘 다 영적으로 성장하고 있을 때조차도 부부가 서로 다른 모임에서 우선적인 교제와 자극을 얻는다면 둘 사이가 벌어질 수 있습니다. 당신은 배우자에게 자신의 영적인 문제들을 이야기합니까? 개인적인 깊은 것들을 이야기합니까? 이상적인 것은 부부가 영적으로 더욱 친밀해져서 함께 사역을 해나가는 것입니다.

부부가 서로 다른 목표를 향하여 나가는 것입니다. 부부가 서로 다른 목표를 추구할 때 결혼 생활의 분열의 원인이 됩니다. 결혼 초기에는 경제적인 안정을 얻기 위하여 부부가 모두 직장 생활을 하였고, 내 집 마련이라는 공동 목표가 자동적으로 부부로 하여금 한 목표를 향하여 나아가게 했습니다. 그러다가 중년기에 접어들게 되면 부부는 각기 자신의 개인적인 삶의 방향을 재평가하기 시작합니다. 자녀들이 하나 둘 집을 떠남에 따라 아내는 직장 생활을 해보고 싶은 마음을 더욱 갖게 되며, 교육을 더 받아볼까 하는 마음도 갖게 됩니다. 남편은 새로운 직업을 선택할 수도 있습니다. 집, 정원, 레크리에이션, 자유 시간, 돈 등의 가치가 두 사람 모두에게 변할 수가 있으며, 이것이 부부를 정반대 방향으로 몰고 갈 수도 있습니다.

만일 당신이 배우자와는 아주 다른 목표들을 추구하고 있다면 그 목표들이 두 사람 사이를 갈라놓지 않게 경계하십시오. 중년기에는 이기적으로 "나의 목표", "내가 원하는 것"을 하려는 경향이 있는데, 이것이 자주 부부의 연합을 깨뜨립니다. 한쪽(대개 남편)이 한 목표에 온통 마음을 빼앗겨 모든 것을 소모시킬 때, 그것은 다른 쪽의 개인적인 소망이나 목표들을 완전히 짓밟아 버릴 만큼 강력한 것일 수도 있습니다. 물론 부부는 각자 개인적인 목표들을 정하고 그 목표를 향하여 부지런히 성장해야 합니다. 중년기에는 변화에 대한 동기 부여를 자주 받는 것이 사실이며, 부부는 서로 상대방의 목표 성취를 위해 격려하고 지원해 주면서 함께 성장하고 함께 변화해야 합니다.

중년기에는 또한 상대방의 말에 더욱 비판적이 되고 더욱 과민해집니다. 옛말에 "지나치게 허물 없으면 멸시하게 된다"는 말이 있습니다. 이것은 직장이나 군대에서 상하 관계에도 맞는 말이지만, 결혼 생활에서도 있을 수 있습니다. 부부 사이만큼 가깝고 허물이 없는 관계도 없지만, 여기에 사랑과 헌신이 수반되지 않으면 역시 부부 사이에도 상대방을 얕보게 되는 일이 생길 수 있습니다. 사랑과 헌신이 줄어들 때 상대방의 겉모습에서 결점들을 보기 시작합니다. 그 결점들이 옛날에는 없다가 지금 생긴 것은 아닙니다. 그 결점들은 옛날부터 있었던 것입니다. 그 결점들을 이전에도 이미 본 적이 있을 수도 있고, 이제야 처음 보게 된 경우도 있을 것입니다. 여하튼 이제 그 결점들은 상대방을 비판하기 위한 근거가 됩니다. 상대방에게 있는 어떤 점들에 대해서는 마음이 급해지고 분노를 터뜨리기도 합니다. 예를 들면, 목소리가 너무 크다든지, 얼굴에 주름살이 있다든지, 개인적으로 있을 때하고 공적으로 있을 때하고 말이 다르다든지, 아내의 코 모양이라든지, 아내의 굵은 허리라든지, 남편의 무의식적인 버릇이라든지, 기타 전에는 전혀 중요하지도 않았던 여러 가지 사소한 일들이 신경을 건드립니다. 이제 우리는 그것들을 보며, 마음에 품으며, 마침내 적대감을 가지고 그것을 배우자에게 말로 표현합니다. 이러한 비판들은 이혼을 향하여 나아가는 부부들에게 더욱 두드러지게 나타납니다.

  과거에는 부부들이 끈기를 가지고 인내하면서 결혼 생활의 여러 가지 문제들을 헤치고 나아갔으며, 설령 문제들을 해결하는 데 별 진전이 없다 하더라도 끝까지 함께 살려고 노력했습니다. 그러나 요즈음에는 이혼율이 급상승했습니다. 그것은 이혼하면 모든 게 편하다는 생각에 의해 고무되었습니다. 오늘날의 부부들은 결혼 생활의 문제들에 대하여 참을성이 이전보다 덜한 것 같으며, 이전보다 더 쉽게 문제 해결을 위한 노력을 포기하고 급기야 결혼 생활 자체를 그만두는 것 같습니다. 결혼 후 2-3년 뒤에 이어 중년기가 이혼에 대하여 매우 취약한 시기입니다.

기대와 필요의 표현

  많은 부부들이 결혼 초기의 젊었을 때와 중년기에 있어서 그들의 필요에 차이가 있다는 것을 깨닫지 못하고 있습니다. 다음 비교를 주목하기 바랍니다.

젊었을 때	중년기
이상적이다	현실적이다
부부가 직장 또는 가정에서 따로 활동한다	둘이 그들의 활동 영역에서 지원과 이해를 원한다
결점에 대해서 인내한다	결점에 대하여 참을성이 덜하다
남편은 아내의 독립을 격려한다	남편은 아내의 독립을 원망하거나 불쾌하게 생각하기 시작한다
가정에서 남편이 의사 결정권자가 되기 쉽다	남편이 가정에서의 리더쉽을 포기하기 쉽다

여전히 구애하고 있다	서로를 당연하게 여긴다
부모로서의 책임이 거의 없다	남편은 더욱 가정적인 남자가 되어야 한다는 압력에 대해 불만을 품는다
아내는 가정주부로서의 역할을 받아들인다	아내는 가정에 매여 있는 것에 대하여 불만을 품기 시작한다
한 사람이 아프면 다른 쪽도 마음으로 함께 아파하며 걱정한다	많은 신체적인 문제들에 대하여 참지 못한다
아내는 남편의 리더쉽에 잘 따르며 복종하는 자로서의 역할을 쉽게 받아들인다	아내는 남편의 권위에 대해 불만을 품는다
서로를 기쁘게 하려고 노력한다	자기를 기쁘게 하려는 데 집중한다
결정과 계획을 할 때 의사 소통을 많이 한다	독립적으로 행동하려는 경향이 있다

 이밖에도 많이 있겠지만, 이러한 중요한 변화들이 중년기에 일어난 다는 것을 보여 주는 것으로 족합니다. 문제들을 고치고 해결하는 데 있어서 첫 단계는 필요를 인식하는 것입니다. 부부가 함께 잠시 시간을 갖고 위에 열거한 내용 가운데서 당신 부부에게 해당하는 것을 표시해 보십시오.
 이외에도 여러 가지 비교들이 중년기 결혼 생활의 문제 해결에 대한 실마리를 제공해 줍니다. 부부는 자주 중년기에 서로 다른 가치관과 우선순위를 발전시킵니다. 아내는 일반적으로 결혼 생활이 더 깊어지기를 원합니다. 아내는 현상 유지 수준으로 살 수는 없습니다. 남편은 드러난 갈등이 없고, 성생활이 만족스러운 한, 친절하고 만족해합니다. 아내는 부부간의 관계와 경제적인 영역에서의 안전과 안정에 집중하기 시작합니다. 남편은 직업을 바꾸거나 더 크게 되기 위해서는 지금

이 마지막 기회라는 생각이 들면 모험을 하려는 경향이 있습니다. 아내는 더욱더 말로 인정이나 감사를 표현하는 것을 듣기를 원합니다. 반면 남편은 아내에게 덜 감사하고 의사 소통도 덜하는 경향이 있습니다. 아내는 더욱더 애정을 원합니다. 반면 남편은 더 만족스런 성생활을 원합니다. 아내는 특히 신체적이고 감정적인 문제들에 대하여 더욱더 많은 이해를 원합니다. 남편도 역시 더 많은 이해를 원하지만, 직업(직장)의 영역에서 그렇습니다. 아내는 숙명론적이 되어, 남편과의 관계가 결코 변하지 않을 것이라고 생각합니다. 남편은 변화가 필요하다는 사실을 알지도 못합니다.

그리하여 진지하게 서로를 생각하고 배려하며, 함께 의논하고 해결하려는 노력이 없으면 갈등과 오해는 계속해서 일어납니다. 우리 부부는 우리의 결혼 생활에서 이러한 징후들 가운데 많은 것을 보았고, 몇 가지 취약점들을 알아낼 수 있게 되었습니다. 몇 가지 영역에서는 아직도 서로의 생각을 잘 모르지만, 우리는 이러한 주제들을 진지하게 생각해 보면서 서로에 대한, 그리고 결혼 생활에 대한 우리의 깊은 사랑과 헌신이 문제 해결의 기초를 제공한다는 것을 발견하게 되었습니다.

주요 문제들
우리는 다음과 같은 몇 가지 주요한 경향들을 알아낼 수 있습니다:

1. 중년기에는, 특히 리더쉽, 경제적 필요, 영적인 문제의 영역에서 역할의 변화와 전도(轉倒)가 있을 것이다.
2. 중년기의 최대의 실패는 두 사람이 모두 변했으며, 계속 변할 것이라는 사실을 깨닫지 못하는 것이다.
3. 점점 독립적이 되어 가면서 이것이 이기심으로 이끌 수가 있다.
4. 차이점과 갈등 가운데 있을 때 결혼 생활을 깊게 하고 견고하게 하기 위해 적극적으로 힘써 노력하지 않으면 불행한 결혼 생활을 더 취약하게 만들 수 있다.

의사 소통

어느 날 저녁, 막내딸 크리스가 내게 뭔가를 이야기하고 있었습니다. 나는 그 아이의 말을 귀로는 들으면서도 어떤 일에 몰두하고 있었기 때문에 시선이 자꾸 그 아이를 향하지 않고 다른 곳으로 갔습니다. 갑자기 딸애가 내 양볼을 붙잡더니 내 얼굴을 자기 얼굴 쪽으로 돌려 놓고 바싹 코를 맞대고는 자기 이야기를 계속했습니다. 딸애는 일방적으로 이야기하기를 원한 것이 아니라, 내가 자기 말을 들어 주기를, 내가 자기 말을 듣고 있다는 것을 알기를 원한 것입니다. 이것이 의사 소통의 핵심입니다.

사랑에 대한 성서적인 헌신 다음으로 결혼 생활에서 가장 중요한 요소는 의사 소통입니다. 좋은 의사 소통이 없으면 문제들은 이야기될 수도 없고 해결될 수도 없기 때문에 의사 소통은 중년기에는 훨씬 중요해집니다. 중년기의 불안 가운데서 우리는 배우자가 "여보, 사랑해요"라든지, "전 당신이 어떻게 생각하고 있는지에 대해서 관심이 있어요"라고 말하는 것을 들어야 할 필요가 있습니다.

이 장에서 바람직한 의사 소통의 원리들을 다 다루려고 한다면 주제 넘은 일일 것입니다. 여기에서는 중년기 의사 소통에 있어서 핵심이 된다고 생각되는 사항들과 원리 가운데서 몇 가지를 살펴보고자 합니다.

다양한 수준과 강도

아무도 대화하는 동안 내내 100% 깊고 의미 있는 의사 소통을 유지할 수는 없습니다. 우리는 모두 자신의 가장 깊은 감정은 드러내지 않은 채, 가벼운 대화나 의견 표현 등 많은 대화에 참여합니다.

의사 소통의 수준은 여러 가지 방법으로 분류되어 왔습니다. 가장 일반적인 수준은 인사말이나 대화의 도입을 위한 질문이나 진부한 대화입니다. 예를 들면, "안녕하세요?"라든가, "요즘 어떻게 지내십니까?"라든가 "아, 참 날씨가 좋습니다" 또는 "뭐 별일 없이 잘 지냅니다" 등입니다. 대화가 이것으로만 끝나 버린다면 진부한 대화가 되어 버리지만, 이것은 대화를 그 다음으로 진전시키기 위한 도입말이 될 수도 있습니다. 우리는 이런 가벼운 말을 통해서 상대방과의 대화의 문이 열려 있는지 닫혀 있는지를 알 필요가 있습니다. 이 수준의 의사 소통은 대개 예의 있고 공손하고 정중합니다.

남편이 직장에서 돌아와 현관문을 열고 들어옵니다. 그때 아내는 부엌에서 한 손으로는 밀가루를 반죽하고 한 손으로는 오븐을 켜고, 자꾸만 옆에서 칭얼대는 아이들에게는 이따가 머리를 다듬어 줄테니 조금만 기다리라고 달래고 있는데, 남편이 주방으로 들어오자 아내는 잔뜩 손에 밀가루 등을 묻힌 채로 남편에게 기계적으로 "안녕히 다녀 오셨어요?" 하고 인사를 합니다. 만일 이때 남편이 아내의 인사가 형식적이라고 생각하여, "여보, 당신이 정말로 나에 대하여 어떻게 느끼고 있는지, 당신 마음속 깊은 곳에 있는 것을 내게 말해 주오" 하고 말했다면 얼마나 우스꽝스럽겠습니까? 당장 아내에게 필요한 것은 아내의 인사에 빨리 응답하고, 어서 가서 양복을 벗고 아내를 도와 주는 것입니다. 엄마에게 자꾸만 달라붙어 칭얼대는 아이들을 봐준다든지 등등.

의사 소통의 그 다음 수준은 사실에 대한 의사 소통입니다. 우리는 대개 인사조의 말이 끝나면 자기 생활 주변에 있었던 사건이라든지, 아이들 이야기, 직장(직업)에서 있었던 이야기, 앞으로의 계획 등에 대한 사실적인 의사 소통으로 옮아 갑니다. 예를 들면, "케시가 오늘 저녁 교회에 가려면 차가 필요해요", "제가 오늘은 열이 있는데요", "오늘 부모님한테서 편지 왔어요", "차가 왜 이렇게 잘 못가지!" 등등. 이런 말들 속에는 단지 사실 외에 다른 의미와 감정이 함축되어 있을 수도 있지만, 아직도 주로 사실들을 의사 소통하고 있는 것입니다. 사실들에 대한 우리의 반응 여하에 따라 의사 소통은 그 이상의 수준으로 더 진전될 수도 있고, 그저 사실에 대한 의사 소통으로 끝날 수도 있습니다.

우리는 대화 속에서 자기 자신, 곧 자기 자신의 생각을 드러내기를 원하지 않는 경우가 많습니다. 그래서 우리는 제3의 인물을 대화의 소재로 꺼냅니다. 예를 들면, "존이 그러는데 우리 교회에 심각한 문제가 있다고 하더군요", "스미스 씨네가 집을 파는 데 어려움을 겪고 있다고 하던데요" 등등. 우리는 자기 자신의 감정이나 신념이나 결점보다는 다른 사람들의 감정이나 신념이나 결점에 대하여 이야기하기가 더 쉬운 것을 봅니다. 제3의 인물을 소재로 꺼내는 것도 중요합니다. 이것을 통하여 새로운 정보를 전할 수도 있고, 또 보다더 개인적인 대화를 위한 도입의 역할을 하기 때문입니다.

의사 소통의 그 다음 수준은 위험을 무릅쓰고 대담하게 자신의 견해를 표현하는 것입니다. 예를 들면, "나는 상사가 에드에게 불공평하다고 생각해", "아이들에게 형제 간에 서로 우애하고 화목하는 것을 가르쳐야 한다는 생각이 들어요", "내 생각엔 우리나라에는 새로운 지도자가 필요해", "지난 주 쥬디가 패티에게 그런 반응을 보인 것은 잘못됐다고 생각해요" 등등. 여기에서는 자기 자신에 대하여 앞에서보다 많이 드러내고 있습니다. 우리는 자신의 의견이나 견해를 제시합니다. 상대방이 그 의견들에 동의하지 않게 되면 그 의견들로 인해 우리는 오히려 공격과 비판을 받을 위험이 많습니다. 따라서 상대방과의 관계의 안전도가 어떠하냐에 따라 우리 자신의 생각을 얼마나 드러낼 것인가도 결정됩니다.

마지막으로, 자신의 감정이나 느낌을 표현하는 수준이 있습니다. 예를 들면, "오늘은 애들 때문에 정말이지 화가 나", "당신이 내가 말하는 것을 정말로 이해하고 있는 것 같지 않아요", "집안의 경제적인 문제에 대해 이야기할 때면 난 식료품비로 너무 조금 쓰기 때문에 죄책감을 느껴요" 등등.

감정 또는 느낌과 사실은 무관할 때가 많습니다. 우리는 자신이 왜 그렇게 느끼는지 항상 알고 있는 것은 아닙니다. 하지만 거부에 대한 두려움이 없이 배우자에게 이러한 감정 또는 느낌들을 표현하는 것은 반드시 필요한 것입니다. 남자들은 특히 자기의 감정을 더 많이 표현하고, 아내의 표현을 거부하지 않고 받아 주는 것을 배워야 합니다. 여자들은, 감정을 솔직하게 표현하는 것이 남자들에게 있어서는 더 힘들다는 것을 이해해야 할 필요가 있습니다. 여자들은 또 감정이나 느낌에만 기초하여 그들의 결혼 생활을 평가하지 않도록 주의해야 합니다. 자신과 서로를 분석하십시오. 필요를 알기 전까지는 의사 소통 습관을 고칠 수 없습니다. 그러므로 자신의 의사 소통의 유형을 아는 것은 중요합니다. 배우자와의 의사 소통은 다른 사람들과의 의사 소통과는 상당히 다를 수도 있다는 것을 기억하십시오. 다른 사람들과 이야기할 때는 그들에게 아주 민감하며 자신을 열어 놓으면서도, 배우자와 이야기할 때는 조용히 침묵만 지킬 수도 있습니다.

지난 2주 동안의 일을 상기해 보십시오. 그런 다음, 다음 질문에 답을 해보십시오:

1. 우리는 사적인 대화를 나누는 데 얼마나 시간을 썼는가?
2. 사적인 대화를 15분 이상 한 날은 며칠이나 되는가?
3. 우리는 어떤 것을 토의할 때 화를 내지 않고 "감정이나 느낌" 수준의 의사 소통을 적어도 한 번 이상 했는가?
4. 내가 먼저 "감정이나 느낌" 수준의 의사 소통을 하려고 시도한 적이 있는가?
5. 나에게 이해가 되지 않는다고 생각되는 주제를 놓고 대화한 적이 있는가?

위 질문들은 당신이 배우자와 의사 소통을 얼마나 잘하고 있는가에 대하여 아이디어를 제공할 것입니다. 배우자와 당신의 대답에 대하여 이야기하십시오.

의사 소통에는 시간과 노력이 필요합니다. 가치 있는 것 중에 쉽게 저절로 얻어지는 것은 거의 없습니다. 모두 수고를 요합니다. 의사 소통이라고 해서 다를 것이 없습니다. 우리는 자기 자신과 배우자에 대하여 연구해야만 합니다. 그리고 겸손히 자신의 결점이나 필요에 대하여 인정할 줄 알아야 합니다. 우리는 우리의 의사 소통을 개선하는 일에 헌신할 필요가 있습니다. 상대방이 변화되고 개선되기를 기대하기에 앞서 우리 자신이 먼저 변화와 개선을 시도해야 합니다.

습관이란 오랜 세월에 걸쳐 형성된 것이기 때문에, 변화되기가 그리 쉽지 않고 또 빨리 고쳐지지도 않는다는 것을 기억하십시오. 변화에는 시간과 노력이 필요할 것입니다. 당신은 어떤 시간과 노력이 들더라도 배우자와 의사 소통을 개선하고 발전시키려는 마음 가짐이 되어 있습니까? 이러한 헌신과 시간의 투자가 없이는 결혼 생활에서 의사 소통은 결코 발전되지 않을 것입니다.

귀기울여 듣고 이해하라. 두 사람 사이에서 의사 소통이 일어나면 둘 중 한 사람은 경청해야 합니다. 당신의 말을 진정으로 듣지 않고 듣는 척하는 사람에게 이야기하는 것은 자존심을 상하게 하고 그와의 관계를 깨뜨릴 수도 있습니다.

당신은 어떻게 듣습니까? 어떤 이는 반박하기 위하여 듣습니다. 어떤 이는 비판하기 위하여 듣습니다. 어떤 사람은 예의로 듣습니다. 그리고 어떤 이는 기억하기 위해 듣습니다. 어떤 이는 이해하기 위하여 듣습니다. 당신은 "그 사람은 내 말을 듣고 있지 않아요. 그는 이해하고 있지 않습니다"라는 불평을 들은 적이 있습니까? 우리는 모두 이해받기를 필사적으로 애썼으나 머리를 벽에 부딪히는 것과 같은 느낌을 받았던 때를 회상할 수 있을 것입니다.

중년기에 부부들이 서로가 서로를 이해하고 있지 않다고 생각하여 포기하고 단념해 버리는 것을 우리는 흔히 봅니다. 그들은 영구히 막다른 골목인 것 같은 곳에 다다른 것입니다. 그러나 해결책은 아주 간단한 경우가 많습니다. 배우자 중 한 사람이 책망이나 논쟁을 하지 않고 상대방의 말을 하나도 놓치지 않고 순수하게 들으려고 결심하고 진정으로 이해하려고 노력한다면 돌파구는 생길 것입니다. 우리 부부는 특히 실망이 되어 있을 때에는, 아내는 토의를 원하지 않으며, 단지 자기 말을 들어 주고 공감해 주는 귀를 원한다는 것을 발견했습니다. 당신은 기꺼이 듣습니까?

그러면, 우리는 단순히 듣는 것으로부터 보다 깊은 이해에로 어떻게 나아갈 수 있습니까? 여기에는 두 가지 핵심적인 문제가 있습니다. 곧,

실제로 말한 바와 의도한 바입니다. 아무도 자기의 감정과 생각을 완벽하게 표현하지는 못합니다. 말이란 불완전하고 부정확한 의사 소통 수단입니다. 상대방의 말을 정확하게 이해하는 한 가지 방법은, 당신이 듣고 이해한 바를 상대방에게 다시 이야기한 다음 정확하게 이해했는지 물어 보는 것입니다. 또 하나 도움이 될 만한 것은 상대방이 위협을 느끼지 않게 하면서 상대방의 말에 대하여 질문을 던지는 것입니다. 위협을 느끼게 하는 질문이란 따지듯이, 또는 싸우듯이, 또는 화난 듯이 "당신은 왜 그렇게 말합니까?"라든지, "당신은 그게 사실이라고 확신합니까?"라든지 또는 "당신은 왜 그렇게 했는가?" 하고 묻는 것입니다. 위협을 주지 않고 도움이 될 만한 질문은 이런 것입니다 : "제가 그 생각을 이해할 수 있도록 다른 식으로 말씀해 주시겠습니까?" 또는 "아직 완전히 이해가 되지 않는데, 다시 한 번만 말씀해 주시겠습니까?"라든지, "당신이 이야기한 것을 예를 들어 한 번 설명해 주시겠습니까?" 등등. "왜" 하고 묻는 질문은 대부분 위협적입니다.

대인 관계에 있어서 지혜와 이해를 주시도록 기도하는 것은 필수적입니다. 중년기 동안에 좋은 의사 소통은 부부가 스트레스와 변화의 시기를 거치는 동안 남편과 아내 모두에게 큰 격려가 될 것입니다. 그것이 없으면 당신은 혼자 싸우는 것입니다. 우리는 친밀한 의사 소통을 통한 친교를 절대적으로 필요로 합니다. 대체할 다른 것은 없습니다.

갈등을 해결하는 법을 배우라. 갈등을 해결하는 것은 가장 중요한 의사 소통 가운데 하나입니다. 갈등은 어떤 형태의 의사 소통은 방해하고 또 다른 형태의 의사 소통을 시작하게 합니다. 삶과 결혼 생활은 갈등으로 가득 차 있습니다. 삶이 늘 높은 갈등 상태에 있는 것은 아니지만, 모종의 갈등은 늘 있게 마련입니다. 이 장 앞부분에서 언급했듯이, 중년기에 우리는 더 비판적이 되고, 참을성이 적어지며, 더 이기적이 되기 때문에 갈등의 빈도수는 더욱 많아집니다. 그리하여 갈등들은 자주 더 날카로워지고 더 깊어지고 더 오래가는 경향을 보이는 것입니다. 따라서 갈등을 해결하는 문제는 절대적으로 필요한 내용입니다.

해결책을 알아 내기 위해서는 성경에서 이에 대하여 말씀하고 있는 것을 살펴볼 필요가 있습니다. 다음 구절에서 그 원리를 찾아 보십시오.

- "오직 사랑 안에서 참된 것을 (말)하여 범사에 그에게까지 자랄지라. 그는 머리니 곧 그리스도라"(에베소서 4:15). 원리:진실을 말하되 사랑의 태도로 말해야 합니다. 진실해지는 것은 우리가 그리스도 안에서 성장하면서 마땅히 갖게 되는 성품입니다. 이 구절은 그리스도의 몸에 대한 가르침 가운데 나옵니다. 따라서 결혼 생활에도 적용됩니다.
- "무릇 더러운 말은 너희 입 밖에도 내지 말고 오직 덕을 세우는 데 소용되는 대로 선한 말을 하여 듣는 자들에게 은혜를 끼치게 하라"(에베소서 4:29). 원리:우리의 말은 파괴적이 아니라 건설적이어야 합니다.
- "서로 인자하게 하며 불쌍히 여기며 서로 용서하기를 하나님이 그리스도 안에서 너희를 용서하심과 같이 하라"(에베소서 4:32). 원리:우리의 의사 소통에서 인자와 용서의 태도는 필수적입니다.
- "유순한 대답은 분노를 쉬게 하여도 과격한 말은 노를 격동하느니라. 지혜 있는 자의 혀는 지식을 선히 베풀고 미련한 자의 입은 미련한 것을 쏟느니라"(잠언 15:1-2). 원리:우리가 만일 부드럽고 온유하게 의사 소통을 한다면 분노와 갈등을 피할 수 있을 것입니다. 이 충고를 따랐더라면 그 동안 얼마나 많은 갈등들을 예방할 수 있었을지를 생각해 보십시오.
- "사연을 듣기 전에 대답하는 자는 미련하여 욕을 당하느니라"(잠언 18:13). 원리:우리는 대답하기 전에 상대방의 말을 잘 듣고 완전하게 이해해야 합니다.
- "경우에 합당한 말은 아로 새긴 은쟁반에 금사과니라"(잠언 25:11). 원리:좋은 의사 소통은 말로 다 표현할 수 없는 가치가 있습니다. 올바른 말뿐 아니라 올바른 시기 역시 긍정적인 대인 관계를 위해서는 중요합니다.

많은 성경 구절들이 경건한 의사 소통이 필요하다는 것을 강조하고 있습니다. 좋은 의사 소통이 중년기에만 필요한 것은 아니며, 결혼 생활에서 좋은 의사 소통은 미래를 위한 올바른 기초를 놓거나 다시 놓는 데 있어서 필수적인 것입니다.

성생활

론과 린다는 똑같이 40세로 세 명의 사랑스런 자녀를 가졌고, 좋은 직업에다 교회에서도 책임 있는 위치에 있었고, 겉으로 보기에는 누가 보아도 행복한 가정이었습니다. 그런데 얼마 후 그들의 결혼 생활은 폭발하여 산산조각이 나버렸습니다. 나중에 알아 본 결과 두 가지 핵심적인 문제들이 드러났습니다.

첫째, 두 사람 사이에는 의미 있는 의사 소통이 거의 없었습니다. 론은 다스렸고 린다는 복종했습니다. 둘째, 그들은 완전히 불만족스러운 성생활을 영위했습니다. 산아 제한에 대한 갈등이 있었고, 린다는 또 임신하게 될까봐 두려워했습니다. 린다는 론에게 성생활에서 너무 차갑고 수동적이었습니다. 이러한 문제들이 오랫동안 있어 왔는데도 두 사람 중 어느 누구도 도움을 구하지 않았고, 급기야는 때가 너무 늦어 버린 것입니다.

중년기는 결혼 생활의 육체적 영역에서 완전히 새로운 즐거움과 만족을 얻는 시작점이 될 수도 있고, 끊임없는 불만족과 갈등의 근원이 될 수도 있습니다. 성생활이 자주 소홀히 여겨지는 이 시기에 많은 일들이 감정적으로 육체적으로 일어나는데, 주로 부부가 인생의 이 단계에서 자신이나 서로를 이해하지 못하기 때문입니다. 여기서는 중년기의 부부들이 맞이하는 성생활에 있어서의 핵심적인 문제들을 몇 가지 살펴보고자 합니다.

각기 다른 성적 충동

감정적으로 신체적으로 늘 똑같은 사람은 아무도 없습니다. 우리는 시간에 따라, 그리고 매일, 매년 변합니다. 젊은 부부가 제일 먼저 배우게 되는 것 중의 하나는 아내에게는 생리 주기로 인하여 매달 신체적, 감정적 싸이클이 있다는 것입니다. 이 사이클에 대한 배려가 없음으로 해서 자주 갈등과 오해가 일어납니다.

그러나, 중년기의 성생활을 이해하는 데 있어서 또 하나의 중요한 변수가 있습니다. 아래의 그래프를 참조하십시오. 이 그래프는 모든 사람에게 해당되지는 않지만, 대부분의 사람들의 일반적인 성적 충동의 변화를 보여주고 있습니다. 남성은 대개 18-25세 사이에 성적 충동이 절정에 달합니다(남성은 신체적으로 이때가 가장 왕성합니다). 그러다가 나이가 듦에 따라 성적 충동은 점점 감소되기 시작합니다. 그러나 특별한 신체적 질병이 없는 한 6, 70대까지, 또는 그 이상으로 계속 성적으로 활동적인 상태를 유지할 수 있습니다. 반면, 여성은 30-40세 사이에 성적 충동이 최고조에 달합니다. 그렇다고 그때가 더 생식 능력이 있는 것은 반드시 아니지만, 성에 대한 욕구와 개인적인 즐거움은 이 시기에 가장 큽니다.

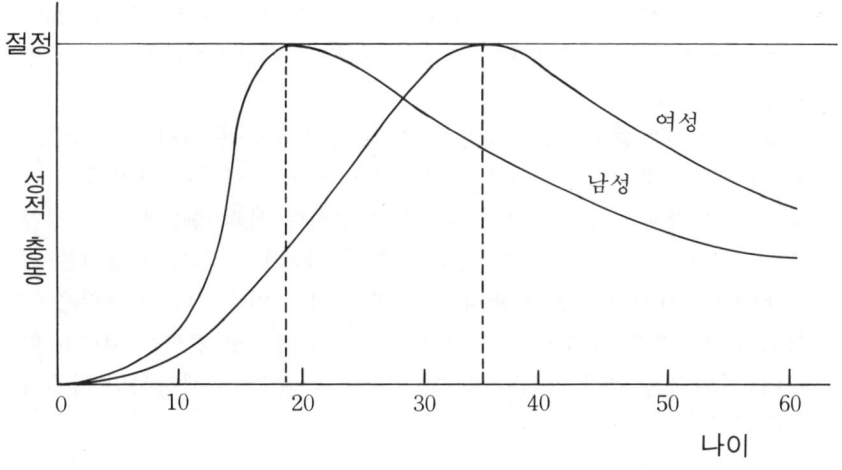

그림 7-1

20대의 남성은 육체적인 수준에서 일차적으로 반응하고 감정적인 수준에서는 이차적으로 반응하다가, 나이를 먹어 육체적 충동이 감소함에 따라 이 양자가 서로 역전되어 가며, 30대와 40대에 이르면 감정적 충동에 더욱 의존하게 됩니다.

반면 20대의 여성은 성관계에서의 만족을 얻기 위해 감정적 자극에 주로 의존합니다. 그러다가 육체적 욕구가 점점 발달하고 커짐에 따라 30대에 이르러 절정에 달합니다. 여성에게 있어서의 이러한 변화에는 많은 이유가 있습니다.

여성들은 결혼 초기에는 임신과 출산에 대한 압박과 두려움으로 인하여 육체적 관계를 전적으로 즐기지 못하는 경향이 많습니다. 젊은 아내들은 자기들이 보다 따뜻하고 감정적인 관계를 원할 때 남편에게 있는 과도한 육체적 충동을 보면서 자기가 "이용되었다"고 생각하는 경우가 많습니다. 또한 어떤 여성들은 결혼한 지 여러 해가 지나도록 오르가즘 상태를 경험하지 못하기도 합니다. 여성들은 성생활을 해나가면서 서서히 육체적 충동이 증가합니다.

그러므로 부부가 이 차이와 변화를 알고 이해하게 되면 중년기에 이르러 그들의 성생활을 더욱 쉽게 발전시킬 수 있습니다. 30대와 40대 초기에 배우자와의 생활이 곧 50대와 60대에 이르기까지의 장기적인 만족을 결정짓습니다.

또 하나 관찰할 수 있는 것은, 여성의 성적 충동은 폐경이나 자궁의 절제(난소의 제거가 수반됨)에 의하여 마침내 변한다는 것입니다. 물론 이것은 신체의 호르몬적 불균형으로 인하여 성적 충동에 나쁜 영향을 미칩니다. 어떤 여성들은 거의 아무런 어려움이 없이 폐경기를 겪는 반면, 어떤 여성들은 신체적, 감정적 상처를 입습니다. 성생활은 능력이나 즐거움의 면에 있어서 상처를 입거나 급격한 변화를 해서는 안 됩니다. 변화를 쉽게 맞이할 수 있는 방안을 몇 가지 제시하면 다음과 같습니다:

1. 부부 쌍방이 모두 폐경기의 신체적 변화 과정을 이해해야 합니다.

2. 여성이 그 변화에 대하여 긍정적인 태도를 지니고 있으면 훨씬 더 잘 지낼 것입니다. 부정적인 면들만을 곰곰이 생각하고 자신의 모든 신체적, 감정적인 문제들을 폐경기 탓으로 돌리는 여성은 많은 어려움을 겪을 것입니다.
3. 의사들은 정기적으로 여성의 신체에 나타난 변화를 보충하기 위하여 호르몬제를 처방합니다.
4. 이해심과 인내심이 많은 남편은 폐경기의 변화에 최대의 도움을 줄 것입니다.

많은 여성들이 폐경을 이유로 남편들의 요구에 응하지 않음으로써 성생활의 만족을 파괴합니다. 절제가 필수적인 것은 아니며, 자칫 부부의 전반적인 관계에 해를 끼칠 것입니다. 그러나 폐경기에 적응하는 데에는 남편과 아내 모두의 협력과 배려가 필요합니다.

남성들의 경우에는 중년기에 겪는 감정적 문제들로 인하여 일시적으로 성적 충동을 잃어버릴 수도 있습니다. 그 다음 그들이 성적 관심을 불러일으키는 데에는 더 큰 자극이 요구됩니다.

성숙한 성생활을 위한 몇 가지 제안

중년기 동안 부부간의 성생활은 다른 어느 시기보다도 가장 만족스러운 것이 될 수 있으며 마땅히 그렇게 되어야 합니다. 그러나 이 일은 저절로 이루어지는 것은 아닙니다. 이를 위하여 계획을 세우고 노력해야 합니다.

중년기의 만족스런 성생활의 열쇠가 되는 것은 서로를 기쁘게 해주려는 마음입니다. 잠언 5:18 말씀에서 "네가 젊어서 취한 아내를 즐거워하라"고 가르치고 있습니다. 남편 또는 아내에게 대한 사랑이 있으면 상대방을 섬기고 기쁘게 해주려는 마음이 계속 생기게 됩니다. 하나님께서는 에베소서 5:25에서 이렇게 명령하십니다: "남편들아, 아내 사랑하기를 그리스도께서 교회를 사랑하시고 위하여 자신을 주심같이 하라." 이러한 사랑이 있게 되면 상대방에게 가장 좋은 것을 추구하게 마련입니다. 남편은 아내를 사랑함으로써 아내를 섬깁니다. 아내에게 주신 하나님의 명령은 다음과 같습니다: "아내들이여, 자기 남편에게 복종하기를 주께 하듯 하라"(에베소서 5:22). 아내들은 왜 주님께 복종합니까? 그들이 주님을 사랑하고 주님을 섬기기를 원하기 때문입니다. 참된 복종은 두려움에서 나온 것이 아니라 상대방을 사랑하고 기쁘게 하며 섬기려는 마음에서 나옵니다.

그 다음 열쇠는 상대방의 충동과 필요를 이해하는 것입니다. 배우자를 연구하십시오. 남편 혹은 아내가 지금 무엇을 겪고 있는지를 알아보십시오. 이보다 훨씬 좋은 것은 남편 혹은 아내가 무엇을 겪을 것인지를 예상하고 미리 그것을 위해 준비하는 것입니다. 상대방의 필요와 문제들에 대하여 대화를 나누십시오. 어떤 남편들은 아내가 겪고 있는 것이 무엇인지 알아야 할 필요가 있습니다. 어떤 아내들은 남편이 감정적으로 무엇을 경험하고 있는지를 알아야 할 필요가 있으며, 또한 그것이 남편의 성생활에 영향을 미친다는 것을 알아야 합니다. 서로를 더 잘 이해하면 할수록 더욱더 부부간의 관계는 발전할 것입니다.

성생활에서 문제점들이 있으면 기꺼이 함께 대화를 나누십시오. 많은 부부들이 갈등이 있거나 불만이 있을 때를 제외하고는 그들의 성생활에 대하여 대화를 나누지 않습니다. 여러 가지 변화들이 일어날 때 의사 소통은 부부간에 벌어진 이해의 틈에 다리를 놓을 수 있습니다. 기꺼이 배우십시오. 성생활에 관한 책을 함께 읽고 토의하는 것도 생각해 볼 수 있습니다.

성숙한 성생활은 상호 신뢰 위에 세워집니다. 중년기의 남성 또는 여성은 성생활은 그들의 전반적인 결혼 생활의 일부일 뿐이라는 것을 충분히 이해해야 합니다. 당신이 변함에 따라 성생활 역시 발전하고 변할 것입니다. 성생활에서의 향상은 시간과 노력을 요하는 하나의 과정입니다. 그러나 많은 사람들이 변화하는 필요들을 인내로 받아들이고 점진적인 응답을 기대하기보다는 즉각적인 결과를 기대합니다.

변화나 문제들이 발생할 때 신뢰는 쇠퇴보다는 성장을 낳는 요소입니다. 배우자가 나의 최선의 유익을 추구하고 있다는 사실을 알면 나는 신뢰를 가지고 응답할 수 있습니다. 많은 남성과 여성들이 성생활에서의 갈등 가운데 있을 때 상대방을 의심하는 반응을 보이며, 상대방을 마음 속으로 정죄하거나 문제를 조작합니다. 상대방을 신뢰하고 있으면 이러한 생각들에게 허리를 굽히지 않습니다. 신뢰는 상대방을 정죄하려 하지 않고 진정으로 도우려고 합니다. 신뢰는 진실한 사랑과 손을 합하여 인내 가운데 부부 관계를 견고하게 세워 줍니다.

그러나 성숙한 관계 가운데 있을 때에도 모종의 공통적인 문제들은 빈번히 나타나게 마련입니다. 모든 성생활에 있어서 가장 근본적인 문제는 이기심입니다. 부부는 쌍방이 모두 성생활에서 완전한 만족을 원합니다. 이러한 마음은 서로를 기쁘게 하려는 마음과 반대가 됩니다. 이기적인 성생활은 결코 성숙한 성생활에 다다르지 못하며, 항상 갈등으로 가득 차 있을 것입니다.

여성들이 주로 하는 불평 가운데 하나가 자신이 사랑받고 있기보다는 이용당하고 있다는 두려움입니다. 특히 중년기에 자신의 삶에 대한 많은 재평가가 일어나고 있을 때 여성은 자신이 사랑받는 사람이라기보다는 정욕의 대상이라는 생각이 들어 분히 여깁니다. 그러므로 여성은 신뢰해야만 하고 남성은 비이기적인 태도를 배워야 합니다.

그러나 중년기의 남성 역시 두려움을 품고 있으면서도 겉으로는 숨기고 있는 경우가 많습니다. 그는 성적으로 무능력해지면 어쩌나 하고 두려워합니다. 중년기에는 젊은 시절처럼 육체적 충동이 강렬하지 않기 때문에 그는 더욱 감정적 자극에 의존하게 됩니다. 그는 무능력을 두려워합니다. 이러한 무능력 현상은 실제의 신체적인 질병 이외에도 일시적이고 감정적인 데서 기인하는 경우가 많습니다. 그는 이제 자신이 아내의 반응에 의존하고 있다는 사실에 당황하게 되는 경향이 있습니다. 그리하여 그의 자아는 상처를 입습니다. 아내는 부부간의 성생활에서 육체적 만족보다 감정적 만족을 더 원하고 있는데, 중년기에 남성에게 일어나는 이러한 현상은 남편으로 하여금 아내의 필요를 더욱 민감하게 이해하도록 하기 위한 하나님의 방법 중의 하나입니다. 그러나 이러한 현상이 남성을 정욕으로 이끌어, 결혼 생활 밖에서 성적인 충족을 구하게 되는 원인이 될 수도 있습니다.

중년기 결혼 생활에서 정욕의 문제

부정(不貞)은 어느 때든지 여러 가지 이유로 일어날 수 있습니다. 중년기는 다른 시기보다 정욕을 위하여 더 비옥한 토양을 제공합니다. 부정은 마음 속에 여러 달 또는 여러 해 동안 품어 왔던 것의 결과입니다.

먼저 우리는 정욕이 일어나는 구체적인 이유 몇 가지를 살펴본 다음, 그것의 보다 근본적인 뿌리가 무엇인지를 살펴보고자 합니다. 결혼 생활이 그리스도께 대한 헌신과 서로에 대한 깊은 사랑 위에 올바로 세워져 있을 때는 이러한 요소들 중 아무것도 부정으로 이끌지 않을 것입니다.

중년기의 남성은 점점 더 늙어 가는 자신을 보게 됩니다. 아마 머리가 벗겨지기 시작하고 몸이 불어나게 될 것입니다. 직업에 있어서 호랑이처럼 강한 사람도 이제는 연약한 자아상과 싸울 수도 있습니다. 아내와 가족들이 그에게 부가적인 압력과 요구를 안겨 줍니다. 그럴 때 다른 여성이 그에게 관심을 기울여 주면 그는 크게 기뻐하고 우쭐해하며 영광으로 생각합니다. 그의 자아는 격려를 받게 됩니다. 그가 자기 아내 이외의 여성에게 마음과 감정이 향하는 것을 허락하게 될 때 그는 개인적인 만족을 얻기 위하여 결혼 생활 밖을 바라보기 시작합니다. 거기에서 다만 독과 쓴뿌리가 들어 있는 거짓 즐거움만을 발견할 뿐이지만 많은 남성들이 거짓 즐거움의 유혹에 자신의 몸을 맡깁니다.

여성들 역시 비슷한 딜레마를 경험합니다. 중년기에 여성들은 더 깊은 의사 소통을 원합니다. 그래서 그들은 자기의 말을 들어 줄 남성을 발견하면 그 남성과의 관계-그것이 비록 순수할지라도-를 가치 있게 여기고, 자기 남편에 대하여 불만을 품으며 원망을 하기 시작합니다.

직장 여성의 경우에는 기혼 남성, 이혼 남성, 미혼 또는 독신 남성 등 많은 남성들을 접촉하게 되며, 그들은 그녀를 하나의 여성으로 대하면서 그녀와 친밀한 관계를 발전시키기를 원하는 경우가 많습니다. 그들은 대개 예의바르고 관심을 갖고 그녀의 말을 있는 그대로 들어 줍니다. 그러한 접촉이 계속되다 보면 그것을 친구 관계와 긴장 해소의 방편 이상으로 만들려는 의도가 없었어도 자기도 모르는 사이에 더 깊은 관계로 발전할 수가 있습니다. 이윽고 그녀는 자신의 애정이 남편 대신 다른 남성에게로 쏠리는 것을 발견하게 됩니다.

이러한 현상은 또한 아내는 늘 외모에 신경을 써서 가꾸며 매력적인 모습을 유지하는 반면, 남편은 외모에 대하여 신경도 안 쓰고 몸은 불어 뚱뚱해질 때 일어날 수도 있습니다. 그 반대의 경우에도 이런 현상이 일어날 수 있습니다. 어느 경우이든 부부 사이에는 원망과 불화가 있게 되며, 이러한 마음의 태도는 둘 중 어느 하나가 결혼 생활 밖에서 인정을 구하고 인정받기 시작할 때 점점 커질 수 있습니다.

흔히들 간음이나 간통에 대하여 말할 때 "죄에 빠졌다"고 묘사하는데, 아무도 그 죄에 갑자기 빠지지는 않습니다. 무분별하고 부도덕한 행동은 그러한 행동을 하는 순간에 갑자기 시작된 것이 아닙니다. 그 씨앗은 이미 여러 달 또는 여러 해 전에 심어진 것입니다. 그리하여 먼저 마음 속에서 그러한 부정한 행위가 시작되었고, 그러면서 점점 육체 관계를 맺는 데까지 다다른 것입니다. 마음에 뿌려진 씨앗은 무분별하고 경솔한 예비적인 육체적 접촉들을 통하여 자란 것입니다. 그 부도덕한 사건은 그 동안 마음 속에서 키워 온 열매를 따는 것에 불과한 것입니다.

"속에서 곧 사람의 마음에서 나오는 것은 악한 생각 곧 음란과 도적질과 살인과 간음과 탐욕과 악독과 속임과 음탕과 흘기는 눈과 훼방과 교만과 광패니, 이 모든 악한 것이 다 속에서 나와서 사람을 더럽게 하느니라"(마가복음 7:21-23). 이러한 죄로 이끄는 과정이 야고보서 1:15에 묘사되어 있습니다: "욕심이 잉태한즉 죄를 낳고, 죄가 장성한즉 사망을 낳느니라."

성적인 죄는 마음 속에서의 성적 순결을 위한 싸움으로부터 시작합니다. 우리는 자신이 끊임없이 생각하는 그것을 궁극적으로 행하게 됩니다. 마음의 중요성은 성경에 나오는 두 개의 단어 속에 반영되어 있습니다.

첫째는 aselgeia라는 헬라어로서, 때로 호색, 방탕이라 번역되며, 성경의 여러 구절에서 사용되고 있습니다. "육체의 일은 현저하니, 곧 음행과 더러운 것과 호색[aselgeia]과"(갈라디아서 5:19). "그러므로 내가 이것을 말하며 주 안에서 증거하노니, 이제부터는 이방인이 그 마음의 허망한 것으로 행함같이 너희는 행하지 말라. 저희가 감각 없는 자 되어 자신을 방탕[aselgeia]에 방임하여 모든 더러운 것을 욕심으로 행하되"(에베소서 4:17, 19).

두 번째 단어는 정욕이라고 흔히 번역되는 epithumia라는 헬라어입니다. "또한 네가 청년의 정욕[epithumia]을 피하고 주를 깨끗한 마음으로 부르는 자들과 함께 의와 믿음과 사랑과 화평을 좇으라"(디모데후서 2:22). "…영혼을 거스려 싸우는 육체의 정욕[epithumia]을 제어하라"(베드로전서 2:11). "이는 세상에 있는 모든 것이 육신의 정욕[epithumia]과 안목의 정욕[epithumia]과 이생의 자랑이니"(요한일서 2:16).

죄의 씨를 뿌리는 데에 마음이 아주 중요한 관여를 하기 때문에 우리는 마음을 아주 주의 깊게 지켜야만 합니다. 마음으로 들어가는 문인 감각 기관으로는 눈, 귀, 신체적 접촉 등을 들 수 있습니다. 이러한 감각들이 모두 호색적이고 정욕적인 생각들을 점화시킬 수 있습니다. 지금 우리는 하나님의 선물인 성적 충동에 대하여 이야기하고 있는 것이 아니라, 결혼 생활 밖의 죄악된 성적 충동에 이야기의 초점을 맞추고 있습니다.

텔레비전, 광고나 게시판, 잡지들이 부도덕한 행동으로 이끄는 생각이나 관념들을 마음에 퍼붓고 있습니다. 마음에 영향을 미치고 마음을 지배하려는 이 외적인 싸움은 매일 일어나고 있습니다. 그 싸움의 결과를 좌우하는 마음의 유일한 실질적 지배권은 그 개인에게 있습니다. 우리는 자신이 무엇을 보고, 읽고, 들을 것인가를 선택합니다. 우리는 텔레비전이나 인쇄물에서 음란한 장면들을 한 번 맛보기만 한다는 게 불가능합니다. 일단 그것이 우리의 마음 속에 들어오면 그것은 우리의 머리 속에 새겨집니다. 이러한 생각들은 그 다음 싹이 나고 자라서 우리를 부정으로 인도할 수도 있습니다. 그 생각들이 육체적 관계에로까지는 이끌지 않는다 해도 우리의 마음을 더럽히고 결혼 생활에 심각한 악영향을 미칩니다. 당신의 배우자 이외에 다른 어느 누구에게로 마음을 향하게 하는, 호색적이고 정욕적인 생각을 불러 일으키는 것들로부터 당신의 눈과 귀를 보호하십시오.

한 젊은 부인의 이야기인데, 그녀는 남편과의 성생활에서 어려움을 느끼고 있었습니다. 남편은 그녀의 기대에 미치지 못했던 것입니다. 그녀는 텔레비전 연속극에 사로잡혀 있었습니다. 그녀는 연속극에서 매력적인 남성들을 많이 보았고, 또한 그들이 혼외 성관계를 맺고, 이혼하는 장면들을 보았습니다. 어느 사이엔가 그녀는 남편을 연속극에 나오는 극중 인물들과 비교했고, 남편에게는 그들과 같은 매력과 남성다움이 없는 것 같았습니다. 그녀는 자기가 뭔가를 놓치고 있다고 생각했고, 남편을 비난하기 시작했습니다. 그녀가 그 연속극들을 보는 것을 중단할 때까지 그들의 결혼 생활은 위태위태했습니다.

눈과 귀를 성실히 지킨 경우에도 마음으로 들어가는 또 다른 문이 열려 있는 경우가 많습니다. 그것은 곧 신체적 접촉입니다. 우호적이고 다정하며 상대방을 지지하는 몸짓이나 상대방을 격려하는 의미에서 상대방의 어깨를 가볍게 두드리는 행위들은 상대방에 대한 자기의 애정과 관심을 나타내 보여 주는 것입니다. 그러나 신체적 접촉이 너무 잦거나 접촉 시간이 길어질 때 우리는 상대방에게 잘못된 인상을 주거나 상대방으로부터 잘못된 인상을 받게 됩니다. 상대방과 함께 있거나 신체적인 접촉을 할 때 순결치 못한 생각이나 욕망이 일어날 때는 상대방과의 관계를 재평가해야 할 필요가 있습니다. 우리는 대인 관계에서 서로 친절하며 서로를 도와 주며 예의를 갖추고 호의를 베풀어야 하지만, 이성과의 관계에 있어서는 그러한 행동들이 한계선을 넘어 호색이나 정욕으로 흘러 가지 않도록 경계해야 합니다.

우리의 마음에 관하여 교훈하고 있는 성경 구절들이 많이 있습니다. 히브리서 4:12-13에서는 하나님의 말씀은 사람의 마음의 생각과 뜻을 감찰한다고 했으며, 고린도후서 10:5에서는 우리는 모든 생각을 사로잡아 그리스도에게 복종케 한다고 했습니다. 마음을 제어하고 다스리는 것은 계속적인 과정입니다. 우리 그리스도인들은 이 세상의 방식을 더 이상 본받지 말고, 마음을 새롭게 함으로써 변화를 받아야 합니다. 그렇게 할 때 우리는 하나님의 선하시고 기뻐하시고 온전하신 뜻이 무엇인지를 분별할 수 있을 것입니다(로마서 12:2 참조).

우리는 지금 결혼 생활의 온전성을 보존한다고 하는 중심 주제를 다루고 있습니다. 성적 방탕이 우리의 마음과 몸에 침투하도록 허락할 때 중대한 영적 위험이 따릅니다. "사람이 불을 품에 품고야 어찌 그 옷이 타지 아니하겠으며, 사람이 숯불을 밟고야 어찌 그 발이 데지 아니하겠느냐? 남의 아내와 통간하는 자도 이와 같을 것이라. 무릇 그를 만지기만 하는 자도 죄 없게 되지 아니하리라"(잠언 6:27-29). 결혼 생활에서의 성적 관계의 아름다움이 호색적이고 정욕적인 생활 방식에 의하여 더럽혀지지 않도록 하십시오.

그러나, 정욕적인 생각이나 마음의 갈등이 생길 때는 어떻게 해야 합니까? 우리는 그것들의 실체를 알고 구체적으로 다루어야만 합니다.

이러한 문제들이 일어날 때 남편이 빈번히 반응하는 방식은 성생활에 대한 책자를 사서 읽고 아내가 해야 할 일이 무엇인가를 안 다음, 그 책을 읽고 유의하라는 의미로 아내에게 줍니다. 이런 행동은 아내에게 무엇을 전달하고 있는 것입니까? 그의 행동은 이런 의미입니다: "나는 당신에게 만족하지 못하고 있소. 잘못은 당신에게 있으니, 아내가 어떻게 해야 하는지 이 책을 읽어 보시오. 그리고 나서 배운 것이 있으면 내게도 알려 주시오."

그러나, 결혼 생활에서 성생활의 문제는 육체적인 것만은 아닙니다. 그러한 문제들은 보다 깊은 문제들의 징후입니다. 다음에 정욕을 다루는 방법을 몇 가지 제안합니다:

1. 말로써 서로에게 재헌신하십시오.
2. 당신의 생각이 얼마나 거룩하고 순결한지 솔직하게 살펴보십시오. 필요하다면 당신의 필요를 하나님께 고백하고 당신의 마음을 하나님께 재헌신하십시오.
3. 정욕적인 생각을 불러 일으키는 상황이나 내용들을 피하십시오.
4. 배우자와의 의사 소통을 강화하십시오. 부부가 둘 다 감정적인 변화를 경험하고 있을 때 인내를 가지고 실천하십시오.
5. 정욕이 실제로 당신의 문제로 되어 있다면, 기도하는 가운데 배우자와 그 문제에 대하여 의논하는 것도 고려해 보십시오. 이것은 신중을 요합니다. 아내에게 그런 문제에 대하여 말을 꺼낸다는 것은 제 삼자에 대하여 마음이 있다는 것을 드러내는 것이기 때문에 모험이 따릅니다. 그러나 그것이 당신 부부로 하여금 결혼 생활에서의 어떤 필요에 대하여 정신차리고 깨어 있게 만들며, 그 문제를 해결하기 위하여 함께 노력하도록 도와 줄 수도 있습니다.
6. 고린도전서 10:13을 암송하십시오.
7. 당신 부부의 성생활에 대하여 함께 검토하여 보십시오. 사랑과 존경이라는 올바른 기초 위에 당신의 결혼 생활의 이 면을 다시 세워야 할지도 모릅니다. 경건한 그리스도인들이 쓴 부부간의 성생활에 대한 책들을 참고하십시오.

투기(질투)

"시기와 다툼이 있는 곳에는 요란과 모든 악한 일이 있음이니라"(야고보서 3:16). 투기는 독약과 같아서 결혼 생활을 죽음으로 이끌 수도 있습니다. 당신이 배우자에 대하여 그 정절을 의심하기 시작할 때, 배우자와 다른 사람과의 관계에 대하여 의심하기 시작할 때, 당신은 배우자에 대한 신뢰를 무너뜨리는 투기의 씨앗을 뿌리게 됩니다. 그러나 사랑이 수반된 신뢰는 부부를 계속 하나로 묶어 놓습니다.

잭과 캐런은 중년기 후반의 부부입니다. 최근 여러 해 동안 한 가지 문제가 그들의 결혼 생활을 지배해 버렸습니다. 아내 캐런은 남편인 잭에 대하여 의심하기 시작하더니 마침내 그것이 확신으로 변했습니다. 캐런은 남편에 대하여 온갖 상상을 하기 시작했습니다. 캐런은 잭에 대하여 투기하기 시작했습니다. 그녀는 직장에도 전화를 걸어 잭이 자리에 없을 때는 의심스럽게 생각했습니다. 그가 전화를 받지 않으면 그것 봐 하고 하나의 증거로 생각했습니다. 잭은 캐런이 계속 자기를 의심하자 화가 났습니다. 이와 같이 팽팽한 긴장 가운데 그들은 몇 년을 보냈고, 거기에는 많은 희생이 따랐습니다. 잭은 캐런이 싫어졌고, 나중에는 그런 태도가 겉으로도 나타났습니다. 슬프게도 두 사람 모두 그리스도인이었습니다. 캐런이 잭을 의심하게 된 데는 전혀 이유가 없는 것은 아니었습니다. 결혼 생활 초기에 잭이 결혼 생활에 충실하지 못하고 한눈 팔았던 적이 있었습니다. 그러나 잭은 모든 것을 깨끗이 청산하고 새로운 삶을 살았습니다. 하지만 캐런에게 있어서는 그 문제가 완전히 해결된 것이 아니었습니다. 캐런이 옛날 일을 생각할 때마다 잭에 대한 혐오감과 투기하는 마음이 생겼습니다. 어떤 말로도 잭이 변했다는 것을 캐런에게 설득시킬 수가 없었습니다. 오히려 잭이 외적으로 흠없고 경건하게 사는 것에 대해 분개하며, 그것은 위선이라고 혹평했습니다.

투기는 상상과 사실 모두로부터 나옵니다. 일반적으로 당신의 마음 속에 배우자에 대하여 투기하는 마음이 있을 때는 배우자에게 알리는 것이 최상입니다. 배우자에게 당신의 마음을 이야기하되 배우자를 정죄하는 듯한 태도로 하지는 마십시오. 배우자에게 알렸을 때 부부 간에 싸움이 있을 수도 있고, 그 문제에 대하여 격렬한 말이 오가며, 심지어 마음이 상할 수도 있을 것입니다. 그러나 나중에 더 많이 상하는 것보다는 지금 조금 상하는 게 더 낫습니다. 당신은 단지 마음속에 느끼고 있는 것을 말하고자 할 뿐이며 그러한 생각이 잘못된 것일 수도 있다는 것을 분명히 밝히도록 하십시오.

당신의 의심을 배우자에게 알렸을 때, 흔히 세 가지 반응 중 하나를 보입니다. 첫째는, 배우자가 그러한 사실을 절대 부인하며 사랑과 성실을 재다짐하는 경우입니다. 둘째는, 배우자가 자신의 잘못을 인정하는 것입니다. 셋째는, 부인도 시인도 하지 않고 오히려 화를 내며 공격적인 태도를 보이는 경우입니다. 어느 경우이든지 배우자가 말한 것을 그대로 받아 주십시오. 경우에 따라 투기의 원인들을 찾아서 제거하기 위하여 부부가 함께 더 깊은 대화를 나누어야 할 필요가 있을 수도 있습니다. 사람마다 다르기는 하지만 어떤 남자나 여자들은 상대방의 배우자를 상하게 하려는 의도가 전혀 없이 자연스럽게 서로 친하게 지내고, 심지어는 의심받기 딱 알맞는, 도에 지나치는 행동들을 하는 경우도 있습니다. 그러므로 배우자의 의심을 살 만한, 현명치 못하고 경솔한 행동들을 자신이 한 적은 없는지 살펴보고, 있었다면 고치는 것이 필요합니다.

실제로 과거에 배우자가 부정한 행동을 한 적이 있었고, 그로 인해 부부간의 관계가 손상을 입은 적이 있는 경우에는 투기의 위험이 훨씬 더 커집니다. 이럴 때 투기를 막을 수 있는 유일한 방법은 당신의 결혼 생활을 하나님께 온전히 맡기며, 하나님과 배우자를 신뢰하는 것입니다. 이런 질문을 해보십시오. "나는 그 죄에 대하여 진정으로 배우자(남편 또는 아내)를 용서했는가?" 용서하지 않는 마음은 장차의 부부간의 모든 관계를 더럽힙니다. 또 잘못을 범한 사람이 당신이라면 이렇게 질문해 보십시오. "나는 하나님과 배우자 앞에서 그 죄에 대하여 회개하고 용서를 구했는가?" 당신은 이미 일어난 일을 바꾸어 놓을 수는 없지만, 그것을 다시 범하는 일은 막을 수 있습니다. 그러나 만일 투기가 당신의 결혼 생활에 깊이 침투해 있다면 다시 범하게 될 수도 있을 것입니다.

만일 배우자와 이런 문제에 대하여 이야기하는 것이 바람직하지 못하다고 생각된다면 영적으로 성숙한 그리스도인이나 전문 카운셀러에 상담을 구할 수도 있을 것입니다. 그러나 이런 경우에도 당신은 배우자의 부정에 대한 모든 증거를 가지고 있으며 따라서 당신의 의심과 투기는 정당하다는 태도로 상담을 구하지 않도록 주의하십시오. 많은 사람들이 단지 자기의 배우자를 공적으로 정죄하고 다른 사람의 공감과 동정을 얻기 위해 상담을 구하는 것을 봅니다. 유능한 카운셀러는 우리가 쓸데없는 상상을 제멋대로 하고 있는 곳이 어디인지를 분별할 수 있습니다.

때로는 투기의 감정이 아주 깊어서 어떠한 이성적 설득이나 상담으로도 그것을 제거할 수 없는 경우도 있습니다. 이런 경우에는 당신은 한시도 쉬지 않고 당신을 삼키는 투기와 함께 살아야 한다는 것을 깨달아야만 합니다. 그것은 이제 영적이요 정신의학적 문제입니다. 하나님께서 당신의 마음속에 있는 이 장애물을 무너뜨리실 때까지는 당신은 고통에서 벗어나 쉼을 누리지 못할 것입니다.

고린도전서 13:4-7은 투기라는 독에 대한 해독제를 이야기하고 있습니다.

> 사랑은 오래 참고, 사랑은 온유하며, 투기하는 자가 되지 아니하며, 사랑은 자랑하지 아니하며, 교만하지 아니하며, 무례히 행치 아니하며, 자기의 유익을 구치 아니하며, 성내지 아니하며, 악한 것을 생각지 아니하며, 불의를 기뻐하지 아니하며, 진리와 함께 기뻐하고, 모든 것을 참으며, 모든 것을 믿으며, 모든 것을 바라며, 모든 것을 견디느니라.

솔로몬은 결혼 생활의 신성함을 유지하는 문제에 대하여 가장 지혜로운 충고를 하였습니다:

> 네 샘으로 복되게 하라. 네가 젊어서 취한 아내를 즐거워하라. 그는 사랑스러운 암사슴 같고 아름다운 암노루 같으니 너는 그 품을 항상 족하게 여기며 그 사랑을 항상 연모하라. 내 아들아, 어찌하여 음녀를 연모하겠으며, 어찌하여 이방 계집의 가슴을 안겠느냐?(잠언 5:18-20)

> 대저 음녀의 입술은 꿀을 떨어뜨리며 그 입은 기름보다 미끄러우나 나중은 쑥같이 쓰고 두 날 가진 칼같이 날카로우며 그 발은 사지(死

地)로 내려가며 그 걸음은 음부로 나아가나니 그는 생명의 평탄한 길을 찾지 못하며 자기 길이 든든치 못하여도 그것을 깨닫지 못하느니라. 그런즉 아들들아, 나를 들으며 내 입의 말을 버리지 말고 네 길을 그에게서 멀리하라. 그 집 문에도 가까이 가지 말라. 두렵건대 네 존영이 남에게 잃어버리게 되며 네 수한(壽限)이 잔포자에게 빼앗기게 될까 하노라(잠언 5:3-9).

중년기 결혼 생활의 발전을 위한 몇 가지 제안

중년기는 결혼 생활에 있어서 그 어느 시기보다 가장 좋은 시기라고 생각합니다. 젊은 시절의 천박함에서 벗어나 많은 인생 경험을 통하여 원숙하여집니다. 부부간의 친밀하고 신뢰하는 관계에서 비롯된 안전감은 자유를 줍니다. 부부간의 관계는 더욱 깊어져서 다른 어떤 것보다도 깊은 만족을 주게 됩니다. 부부간의 튼튼한 관계는 중년기의 여러 가지 요구들을 맞이하는 데 없어서는 안 되는 안정감을 제공합니다. 결혼 초창기의 좌절과 긴장과 압력으로 되돌아가기를 원하는 부부는 거의 없습니다. 현재의 즐거운 생활은 젊은 시절 미숙함으로 인해 야기되었던 어려움을 능히 압도할 것입니다.

그리고 좋은 관계는 계속 큰 관심을 기울여 보호하고 돌보며 발전시켜 나가야 합니다. 다음은 중년기의 결혼 생활을 보호하고 발전시키기 위한 몇 가지 방법입니다.

1. 하나님께서 당신과 배우자의 한계와 결점들을 받아 주셨듯이 당신도 배우자의 한계와 결점들을 받으십시오. 당신도 배우자가 당신의 한계와 결점들을 받아 주기를 원할 것입니다.
2. 매일 적어도 5분간 대화를 나누기로 약속하고 실천하십시오. 이것은 아이들이나 텔레비전의 방해를 받지 않는 부부 둘만의 시간이어야 합니다.
3. 얼마간의 시간을 떼어 놓아 함께 시간을 보내십시오. 일주일에 적

어도 이틀은 이런 시간을 가져 보십시오. 이런 시간을 갖기 위해 멀리 갈 필요도 없고 비싼 장소로 갈 필요도 없습니다. 단지 부부가 함께 대화하며 독서를 하기도 하고 말씀을 읽으며 기도하며 서로간의 관계를 발전시킬 수 있는 곳이면 됩니다. 때로는 특별한 활동이 없이 그저 함께 산보하거나 함께 있는 것으로도 충분합니다. 분주하고 틀에 박힌 일상적 활동에서 벗어나 부부가 함께 한숨을 돌리며 여유를 즐기는 시간을 가져 보십시오.

4. 당신의 결혼 생활에서의 성장을 위하여 하나님 및 서로에게 헌신하십시오. 요즈음에는 교회나 기독교 기관 등에서 결혼 생활에 대한 세미나를 여는 경우가 많은데 한 번쯤 가서 들어 보는 것도 유익할 것입니다. 또 결혼 생활을 주제로 한 성경 공부도 결혼 생활을 풍요롭게 하는 데 많은 도움을 줄 것입니다.

5. 성장과 발전을 위하여 서로 돕고 격려하십시오. 배우자가 자기의 목표들을 성취할 수 있도록 도와 주십시오. 이렇게 하기 위해서는 배우자의 필요와 야망과 목표가 무엇인지를 아는 것이 필수적입니다.

6. 영적 성장에 자신을 재헌신하십시오. 당신 자신이 하나님과 친밀하게 동행하는 삶에서 성장하지 않는다면 당신의 결혼 생활은 개선되지 않을 것입니다. 당신과 하나님과의 관계가 발전하고 있지 않다면, 아무리 훌륭한 결혼 생활 세미나에서 훌륭한 방법들을 배웠다 해도 거의 아무런 효과가 없을 것입니다.

7. 쓴뿌리와 투기로부터 자신을 지키십시오. 이런 독들은 성장을 저해할 것입니다.

당신의 결혼 생활을 발전시키고 심화시킬 이 최대의 기회를 놓치지 마십시오. 만일 중년기에 당신의 결혼 생활을 소홀히 하고 방치한다면 당신의 삶에 그 무엇으로도 채울 수 없는 공허함을 남겨 줄 것입니다. 그러나 서로에게, 그리고 하나님께 새로운 마음으로 헌신하여 결혼 생활을 주의 깊게 돌본다면 당신의 결혼 생활은 모든 인간 관계 중에서도 가장 만족스런 것이 될 것입니다. 왜냐하면 꺼져 가는 불에서 연기가 사라져 가듯이 직업과 물질적 성취들이 사라질 때에도, 부부는 영원하기 때문입니다. 당신의 결혼 생활을 지키십시오. 물을 주고 양분을 주어 더욱 발전시켜 나가십시오. 부부간에 서로를 즐기십시오!

제 8 장

자녀

십대의 자녀

존은 침대 머리판에 기대어 앉아 어둠 속을 응시하고 있었습니다. 마음이 참 착잡했습니다. 아내는 옆에서 조용히 자고 있었습니다. 몇 주 동안 그는 직장에서 좌절감과 싸웠습니다. 대학을 졸업한 후 그는 어느 제조 회사에 다녔습니다. 그는 상사로부터 칭찬과 인정을 받아 왔습니다. 존 자신도 자신이 유능한 사원이라는 자부심을 갖고 있었습니다. 그런데 최근 이러한 자부심을 송두리째 뒤흔들어 놓는 일이 일어났습니다. 두 번이나 자기보다 후배 사원이 자기를 앞질러 먼저 승진한 것입니다. 그는 아직도 정상을 향하여 올라가고 있는 중이라고 생각하고 있었는데 후배들이 자기를 제치고 앞서 나간 것입니다. 이것을 목격하면서 그는 자신이 개인적인 능력 면에서 절정 곧 한계점에 이미 도달했다는 것을 깨달았습니다.

마음에는 온갖 생각들이 오갔습니다. 다른 회사에서 일자리를 구해야 하나? 이 회사에서 해고당하면 어떡하지? 아니야, 설마 그럴 수는 없을 거야. 25년간이나 일해 왔는데. 하지만 해고하면 어떡하지? 우린 어떻게 살아 나가지? 쌍둥이인 두 아이가 내년이면 대학에 들어가는데. 학비는 어떻게 대지?

그때 요란한 전화벨 소리가 적막을 깨뜨렸습니다. 존은 수화기를 들었습니다.

"여보세요?"

"존, 나 해릴세."

"그래, 해리. 무슨 일이라도 있나? 이렇게 늦은 밤중에."

"그래. 나도 너무 늦은 건 알지만 전화하지 않을 수 없었어. 문제가 생겼어, 존."

"문제라고? 무슨 말이야?"

"아, 글쎄, 자네 아들 조지와 우리 딸 데비가 요즘 사귀고 있잖아. 그런데 걔들이 지금 여기 있는데, 고등학교도 졸업하기 전에 결혼하겠다고 하잖아. 이런 어처구니없는 일이 어딨어?"

"결혼이라고? 저런 정신나간 녀석들." 존이 소리쳤습니다.

옆에서 자고 있던 그의 아내 캐롤이 깜짝 놀라 잠이 깨어 물었습니다: "무슨 일이에요? 뭐가 잘못됐어요?" 캐롤이 일어나 앉아 불을 켰습니다.

존이 캐롤에게 말했습니다: "조지와 데비가 해리에게 말했다지 않소. 고등학교를 마치기 전에 결혼하겠다고. 그 말이 믿어져? 그 아이들은 애들이야. 나 원 참!"

존은 다시 전화에 대고 말했습니다: "해리, 그 아이들 거기에 그대로 있게 해. 집사람과 내가 지금 그리로 갈테니까." 그는 전화기를 쾅 내려 놓았습니다.

"내 그토록 걱정했었건만." 존은 화가 나서 몹시 시근거렸습니다. "조지는 왜 그 모양이지? 왜 그 녀석은 형인 매트와는 그토록 다를까? 매트는 한 번도 우리 골치를 썩이지 않았는데."

"여보, 침착하세요." 아내가 그를 진정시켰습니다. "우리도 해리 씨처럼 당황해하고 화를 내서는 안 돼요. 흥분을 가라앉히고 기도한 다음 그 아이들에게 가서 이야기합시다."

"당신 말이 옳아, 여보. 내가 좀 전에 직장 문제로 너무 염려하고 있었나 보오. 미안하오."

존과 캐롤 부부는 십대의 자녀를 키우면서, 가장 흔하면서도 부모를 아주 당혹케 하는 경우를 경험한 것입니다. 십대들의 반항과 좌절과 불만과 심리적 갈등들은 중년기 부모에게 무거운 짐을 지우며, 큰 충격을 안겨 줍니다. 왜냐하면 너무도 자주 그 시기가 부모들이 중년기의 변화를 겪고 있는 때와 일치하기 때문입니다.

우리네 부모들은 십대의 자녀들을 사랑하며, 자녀들 역시 우리 부모들을 사랑하고 있다고 생각합니다. 그러나 우리의 사랑하는 십대들은 부모들에 대하여 실망을 해왔습니다. 우리네 부모들은 자녀의 건강과 행복과 장래를 위하여 필요하기 때문에 어떤 것들을 못 하게 하고 충고를 하지만, 그들은 부모들의 제한에 대하여 못마땅하게 생각하고 거기로부터의 자유를 요구합니다. 부모들은 인생 경험을 통하여 많은 교훈을 배웠으며 자기들보다는 현명하다는 사실을 자녀들이 깨닫기만 했어도, 그들은 그토록 많은 재난적인 상황과 결정들을 피하는 데 많은 도움을 얻을 수 있었을 것입니다. 우리 부모들은 자신이 감정적 압박들로부터 자유로울 때 자녀들이 자기들의 문제를 겪었으면 하고 바랍니다.

그러나 인생이란 우리의 편의만을 도모하여 우리가 편리한 대로 전개되지는 않습니다. 우리는 영적으로 감정적으로 준비를 갖추며, 자녀들이 성숙하도록 돕는 일에 우리의 신체적 감정적 자원들을 모두 기꺼이 투자해야만 합니다.

아이들이 자라 십대에 들어설 때 부모들은 흔히들 두려움을 표시하기도 하지만, 십대의 자녀들이 겪는 갈등은 그들이 부모에게 안겨 주는 기쁨에 비하면 아주 작은 것이 될 수도 있습니다.

너무도 자주 부모들은 자녀들이 성장해 감에 따라 그에 비례하여 자녀들이 부모의 시간을 덜 요구하게 된다고 생각합니다. 그래서 부모들은 그들 자신의 생활에 더 몰두하여, 그들의 스케줄을 빡빡하게 채웁니다. 그러나 이것은 좋은 것이 아닙니다. 십대들은 부모의 시간을 덜 요구하지만, 여전히 부모의 관심을 원합니다. 자녀들은 자기들 나름대로 바쁘게 살면서도 자기들이 요구하거나 필요로 하거나 원할 때는 부모인 우리가 즉각 그들에게 시간을 내주고 관심을 쏟아 주기를 바라고 있습니다. 아이들이 한가할 때 부모인 우리가 그들에게 시간 내주기를 거부한다든지, 자녀들이 밤중에 들어올 때면 우리가 너무 피곤하여 그들과 대화를 할 수가 없다든지, 또는 우리가 자기 일에만 빠져 자녀들을 제쳐 두고 관심을 쏟지 못한다면, 그들은 곧 부모인 우리와 대화를 나누기를 중단할 것입니다. 그렇게 되면 우리는 정말로 그들을 잃어버리게 될 것입니다.

자녀들에게 보이는 우리의 반응 속에서 우리는 자녀들에게 우리 자신을 나타내게 됩니다. 우리가 생각하는 것보다 우리는 더 투명합니다. 자녀들은 그들에 대한 우리의 진짜 반응이 무엇인지를 쉽게 간파합니다.

십대들에 대한 그릇된 반응들

화. 화는 대부분 자기의 권리에 대한 공격이나 침해의 결과로서 발생합니다. 중년기에 다른 사람들의 분별 없는 행동으로 말미암아 우리의 권리들이 침해당할 때 그것을 온유함으로 참는 법을 배우지 못했다면, 우리는 십대 자녀들에 대해서도 늘 화를 내게 될 것입니다.

부모에게도 종류는 다를지언정 자기들과 마찬가지로 갈등이 있다는 것을 알고 부모를 이해하며 부모에게 올바로 반응하는 자녀는 드뭅니다. 이런 성숙한 행동은 아주 성숙하고 민감한 자녀들이나 가능할 것입니다. 자녀들에게는 우리 부모들이 경험하고 있는 압력과 압박, 우리가 느끼는 필요를 알 수 있는 인생 경험이 없습니다. 대부분의 십대들은 그들의 부모를 포함하여 중년기의 사람들이 자기들이 맞이하고 있는 중대한 문제들을 알지도 이해하지도 못한다고 생각하고 있습니다.

십대들이 반항하거나 온당치 못한 행동을 할 때마다 우리가 화를 낸다면, 우리는 그들을 향한 적대감과 분노의 태도를 전달하게 될 것입니다. 자녀들에 대하여 화를 내는 것에 대한 해답은 인내입니다. 사도 바울은 이 원리를 알았기 때문에 디모데에게 "범사에 오래 참음과 가르침으로 경책하며 경계하며 권하라"(디모데후서 4:2)고 가르친 것입니다. 우리도 이 말씀대로 행해야 합니다. 화를 제어하고 다스릴 줄 알게 되면 십대들과의 갈등이 줄어들 것입니다. 잠언 말씀들이 이 사실을 뒷받침해 주고 있습니다. "분을 쉽게 내는 자는 다툼을 일으켜도 노하기를 더디하는 자는 시비를 그치게 하느니라"(잠언 15:18). "유순한 대답은 분노를 쉬게 하여도 과격한 말은 노를 격동하느니라"(잠언 15:1).

분개. 십대의 자녀들에게 화를 내지는 않는다 할지라도, 그들이 가지고 있는 문제, 그들이 즐기는 음악이나, 그들의 친구, 형편 없는 성적, 단정치 못한 행동이나 말이나 옷차림, 가족들에 대한 무관심, 감정적 격발 등에 대하여 그들에게 분개를 느낍니다.

한 어머니가 열일곱 살 먹은 자기 아들에 대하여 이렇게 말했습니다: "나는 그 아이 밥 해주는 사람이요 빨래해 주는 사람이죠. 내가 자기를 위해 해준 것을 하나도 고맙게 여기지 않죠. 감사하다고 말한 적이 한 번도 없어요. 사실 걔는 나한테는 말을 거의 하지 않습니다. 정말이지 화가 납니다. 걔가 차라리 집에서 나갔으면 행복하겠어요." 그녀는 비록 자기 아들이 듣는 데서는 그런 말을 하지 않았을지라도 틀림없이 아들은 이미 어머니의 그러한 태도를 느꼈을 것이며, 어머니의 원망과 증오 밑에서 움츠러들며 기를 펴지 못하고 어머니와의 관계가 부정적이 되었을 것입니다.

십대들은 우리 부모들이 제공할 수 있는 모든 지원을 필요로 합니다. 그들은 부모의 분개를 느낄 때 "내가 알게 뭐야"라는 거친 태도로써 그들이 받은 감정적 상처를 덮을 것입니다. 그들은 부모들의 칭찬과 인정을 필사적으로 원하고 있습니다. 그러나 숨겨져 있든 드러나 있든 분개하는 마음은 자녀를 향한 어떠한 지지나 격려의 말을 하지 못하게 막아 버릴 수도 있습니다. 우리는 자녀에게 분개의 마음을 품는 것에 대하여 하나님의 백성 중의 한 사람에게 죄를 범하는 것으로 알고, 그것을 하나님 앞에 자백하며, 자녀를 있는 그대로 순수한 마음으로 사랑하며 자녀의 잠재력을 보고 그들을 칭찬하고 인정해 주기로 결심해야만 합니다. 우리는 비판을 최소화하고 진정한 칭찬을 늘려 가야 합니다.

염려. 염려란 바야흐로 일어나려는 어떤 것 또는 장차 예상되는 어떤 것에 대한 두려움에서 생기는 정신적 고통이나 동요라고 사전에 나와 있습니다. 십대들에 대한 부모로서의 우리의 통제권이 약화되고 줄어들면서 그에 비례하여 염려는 증가합니다. 자녀를 통제하려 하지 말고 스스로 알아서 하도록 내버려 두면 차라리 속 편하고 좋겠지만, 그렇게 할 수도 없는 것이 부모의 마음이요 입장인 것입니다. 스스로 알아서 하도록 내버려 두었을 때의 만일의 가능성들이 부모의 마음을 무겁게 짓누르며 마음 편하지 못하게 하는 것입니다. 십대의 자녀들은 아주 쉽게 잘못된 선택들을 할 수 있습니다. 그들의 판단력은 아직도 미숙합니다. 그들은 이전에 실수를 계속 해왔고, 우리는 그들이 반드시 다시 실수할 것이라고 생각합니다. 삶이 규모가 없고 진지함이 없는 아이들은 날마다 실수할 수도 있을 것입니다. 그들은 부모인 우리가 주는 영적 가르침을 거부할지도 모릅니다. 또는 그들이 마약 등 약물에 손대거나, 건전치 못하거나 부도덕한 이성 관계에 빠지게 될 수도 있습니다.

여러 해 동안 우리는 그들의 행동을 인도해 왔고, 그들의 반응을 지켜 보았습니다. 우리는 부모로부터의 독립을 향하여 세차게 나아가는 그들을 보지만 그들의 그러한 움직임을 맞이할 준비가 되어 있지 않습니다. 우리는 그들이 독립하여 우리 곁을 떠날 날이 반드시 오리라는 것을 알고 있습니다. 우리는 그들이 성숙하고 책임 있는 어른이 되도록 도와 주고 인도하는 일에 부모로서 나름대로 최선을 다해 노력하였습니다. 우리 부모들은 자녀가 언제나 우리의 품속에 있는 것이 아니라 언젠가는 우리의 품을 떠날 것이라는 것을 잘 알면서도 자녀들이 서서히 우리의 품에서 떠나는 것을 경험할 때 염려와 불안을 느낍니다.

우리는 이러한 자녀들을 위하여 하나님께 간절히 기도하기보다는 우리의 마음이 너무도 속히 염려와 걱정으로 향하는 것을 경험합니다. 빌립보서 4:6-7에서 하나님께서는 염려하고 있는 우리에게 귀한 해결책을 주고 계십니다: "아무것도 염려하지 말고 오직 모든 일에 기도와 간구로 너희 구할 것을 감사함으로 하나님께 아뢰라. 그리하면 모든 지각에 뛰어난 하나님의 평강이 그리스도 예수 안에서 너희 마음과 생각을 지키시리라." 우리는 십대의 자녀들을 하나님께 맡겨야 합니다.

실패. 솔로몬은 잠언 10:1에서 "지혜로운 아들은 아비로 기쁘게 하거니와 미련한 아들은 어미의 근심이니라"고 했습니다. 아마도 솔로몬은 자기 자녀들에 대한 실패와 그로 인한 실망감을 가지고 이 말을 썼을 것입니다.

자녀들이 십대를 거칠 때 우리는 그들이 예수 그리스도의 신실한 제자와 사회에 기여하는 시민이 되기를 간절히 원합니다. 그들이 우리의 기대에서 벗어나 다른 길로 갈 때 우리는 실패감으로 가득 차게 될 것입니다.

자녀들은 우리가 반대하는 생활 방식을 선택할 수도 있습니다. 또는 직업의 선택에 있어서 우리의 기대를 만족시켜 주지 못할지도 모릅니다. 다른 사람들이 우리의 자녀에 대하여 물으면 당황과 수치를 경험할 수도 있습니다. 우리를 잘 아는 사람들이 자꾸만 우리 자녀에 대하여 묻고 한 마디씩 할 때, 설령 그들이 아무런 악의가 없이 했다 할지라도, 그들의 질문과 말은 우리의 좌절과 실망을 증가시켜 줄 뿐입니다.

그러나 우리는 자녀가 우리와 같이 되기를 원하는지, 아니면 예수 그리스도와 같이 되기를 원하는지 한번 진지하게 질문을 던져 보아야 합니다. 우리는 그 아이들 속에서, 그리고 그 아이들을 위하여 하나님께서 역사하고 계신다는 것을 신뢰할 수 있습니까? 그들이 어려운 시기를 겪으며 싸우고 있을 때, 우리는 그들과 우리 자신을 받아 줄 수 있습니까?

우리는 그들의 삶 속에서 하나님께서 역사하실 것을 믿어야 합니다. 우리에게는 그들을 위해 기도할 책임이 있습니다. 그리고 우리가 할 수 있는 최대한으로 그들에게 좋은 영향을 주어야 할 책임이 있습니다. 아울러 계속 그들을 사랑하고 받아 주어야 합니다.

압력. 우리는 자녀를 양육하면서 그들의 십대 기간을 최대한으로 활용해야 할 필요를 느낍니다. 압력은 다음과 같은 것들로부터 옵니다:

- 자녀들과 함께 있을 시간이 얼마 남지 않았음
- 우리가 중년기의 변화를 겪고 있을 때 그들이 문제들을 안겨 줌
- 그들의 예측할 수 없는 행동
- 그들의 감정적 대격변
- 그들의 친구들
- 그들이 한 인생의 선택들

만일 당신의 가정에 십대의 자녀가 있다면, 당신은 한 번에 여러 전선에서 싸우고 있다고 느낄지도 모릅니다. 한 자녀의 삶 속에 있는 위기 상황을 해결하여 그것이 끝나고 나면 다른 자녀의 삶 속에서 또 다른 문제가 생겨 그 싸움터로 당신을 끌어들입니다. 압력은 삶 전체에 걸쳐서 하나의 현실로 남아 있습니다.

자녀들과 그들의 필요들이 가하는 압력을 맞이할 때 우리는 이것을 하나님을 더욱 깊이 의뢰하는 계기로 삼아야 합니다. 하나님께서 상황을 변화시켜 주시지 않을 수도 있습니다. 그러나 하나님의 절대주권을 믿고 있을 때 우리가 느끼는 압력은 크게 줄어들 것입니다. 다윗은 이 원리를 이해했습니다. "여호와께서 공의를 사랑하시고 그 성도를 버리지 아니하심이로다. 저희는 영영히 보호를 받으나 악인의 자손은 끊어지리로다. 의인의 구원은 여호와께 있으니 그는 환난 때에 저희 산성이로다"(시편 37:28, 39).

부모의 가치관의 전수

중년기에 다다를 때쯤이면 우리는 퍽 견고한 가치 체계를 지니게 됩니다. 우리는 우리의 삶 속에서 주목을 받고 있는 것이 무엇인지를 알

고 있습니다. 우리는 어떤 활동들에는 강조점을 두고 시간을 사용하지만, 어떤 활동들에는 그렇게 하지 않습니다. 우리는 어떤 태도, 활동, 업적, 관계들에 대해서는 높은 가치를 부여합니다.

당신은 자녀들에게 어떤 가치 체계를 심어 주고 있습니까? 당신은 그들이 당신을 본받기를 원하고 있습니까? 당신은 사도 바울처럼 말할 수 있습니까? "그리스도 안에서 일만 스승이 있으되 아비는 많지 아니하니, 그리스도 예수 안에서 복음으로써 내가 너희를 낳았음이라. 그러므로 내가 너희에게 권하노니, 너희는 나를 본받는 자 되라"(고린도전서 4:15-16).

아니면, 자녀들에게 이렇게 말합니까? - "내가 하는 대로 하지 말아라. 내가 말하는 대로 하라." 자녀들에게 하는 충고 및 교훈과 당신이 살아가는 생활 방식 간에는 서로 일치되지 않는 것이 있습니까? 십대의 자녀들은 부모의 삶 속에서 어떤 가치 체계를 관찰할 수 있어야 합니까?

영적 훈련. 자녀들은 부모의 삶에 대한 개인적인 관찰을 통하여, 부모인 우리가 하나님의 말씀을 믿고 삶에 적용하고 있으며, 기도의 삶을 살고 있으며, 다른 사람들을 섬기고 있다는 것을 굳게 확신해야 합니다. 우리는 또한 그들에게, 우리가 다른 그리스도인들과 교제하는 것과 그리스도의 몸 안에서 모종의 방법으로 기여하고 있다는 것을 보여 줄 필요가 있습니다. 그들은 또한 우리가 그리스도를 알지 못하는 사람들에 대하여 관심을 갖고 있으며 그 사람들을 그리스도께로 인도하기 위하여 노력하고 있다는 것을 알아야 합니다. 그들은 또 우리가 선교를 위하여 헌금하고 있다는 것도 알아야 합니다. 우리는 그들을 우리의 영적인 삶의 여러 부분에 참여시켜야 합니다. 예컨대, 당신은 자녀들에게 당신을 위해 기도해 줄 것을 부탁한 적이 있습니까? 있다면 몇 번이나 됩니까?

우리는 자녀들에게 올바른 영적 가치 체계를 전달해 주기 위해 교회만을 의지할 수는 없습니다. 부모로서 우리가 그들에게 보여 주는 본이야말로 그들에게 가장 강력하게 말해 주며, 그들이 하나님을 향하여 어떤 태도를 갖게 되느냐를 결정짓는 데 직접적인 영향을 미칩니다. 부모가 하나님을 사랑하며 제자의 삶을 사는 데 헌신되어 있다는 것을 아는 것보다 부모인 우리가 자녀에게 물려 줄 수 있는 더 큰 유산은 없습니다.

십대들은 큰 인식 능력을 지니고 있으며, 위선을 쉽게 간파할 수 있습니다. 한 18세의 소년이 이렇게 말했습니다: "아저씬 저희 아빠를 모르세요. 아마 제 말을 곧이 듣지 않으실 거에요. 아빤 교회에도 나가고, 더군다나 교회학교에서 가르치기도 하며, 모든 교인들이 아빠를 교회의 훌륭한 일꾼이라고 생각합니다. 그러나 집에서는 아빤 엄마에게 고함치고, 저에 대해선 관심도 없습니다. 모든 사람이 아빠를 훌륭한 그리스도인이라고 생각할지라도, 전 아빠를 그 사람들보다 더 잘 압니다. 전 아빠가 집에서 성경 읽는 것을 본 적도 없고 들은 적도 없습니다. 교회학교의 교인들 앞에서 슈퍼 그리스도인이 되기 위해 공과를 준비하는 것 외에는 말이에요."

모세는 이스라엘 백성에게 자녀들에게 영적 가치관들을 가르치라고 명하였습니다:

> 이스라엘아, 들으라. 우리 하나님 여호와는 오직 하나인 여호와시니, 너는 마음을 다하고 성품을 다하고 힘을 다하여 네 하나님 여호와를 사랑하라. 오늘날 내가 네게 명하는 이 말씀을 너는 마음에 새기고 네 자녀에게 부지런히 가르치며 집에 앉았을 때에든지 길에 행할 때에든지 누웠을 때에든지 일어날 때에든지 이 말씀을 강론할 것이며(신명기 6:4-7).

당신의 자녀들은 당신에게서 어떤 영적 가치관들을 배우겠습니까?

직업(직장)

젊은 시절 빌은 기필코 자기 회사의 정상에까지 올라가겠다고 결심했습니다. 그에게는 아들이 둘 있었는데, 그들은 성장하면서 일주일에 한 번도 아버지 얼굴을 보기가 힘들었습니다. 빌은 아이들이 깨기 전에 출근했고, 직장에서 밤 늦게까지 일하는 적이 많았기 때문에 대개 아이들이 잠이 든 후에 집에 돌아왔습니다.

그러다가 아이들이 고등학교에 다닐 때였습니다. 오랫동안 꾹 참아온 아내의 설득으로 어느 주말 수양회에 참석하게 되었는데, 수양회의 주제가 책임 있는 부모가 되는 것이었습니다. 거기서 그는 십대들을 어떻게 하면 장차 영적으로 힘있게 사는 성인이 되도록 이끌어 주며, 또한 그들과 어떻게 하면 효과적으로 대화를 할 수 있는지를 배우면서, 그 동안 자기가 자녀들을 위하여 너무나도 투자를 하지 않았다는 사실을 깨닫고 소스라치게 놀랐습니다. 아내가 일을 좀 덜하고 집에서 아이들과 조금만 더 시간을 보내 주기를 얼마나 부탁을 많이 해왔던가? 그러나 그때는 아내가 자기 직업에 대하여 너무 부정적으로 반응한다고 생각하여 귀를 기울이지 않았었습니다. 내가 이렇게 열심히 일한 덕분에 난 아이들이 갖고 싶어하는 것은 다 주었지 않은가? 두 아이 모두에게 차를 한 대씩 사주었고, 겨울에는 스키를 배우게 해줬으며, 여름이면 가장 좋은 캠프에 참가하도록 해주었지 않은가?

성령께서 빌의 마음을 움직이셔서 그 동안 그가 아이들에게 너무 소홀했다는 것을 깨닫게 해주셨고, 그는 마침내 자신의 잘못된 생각과 생활 방식을 바꾸기로 결심했습니다. 그러나 그는 또 한 번 크게 놀랐습니다. 유감스럽게도 아이들이 아빠와 함께 뭘 하기를 싫어한 것입니다.

큰 아들이 이렇게 말했습니다 : "아빠, 저흰 모두 잘 생활하고 있어요. 아빠의 의도는 좋으시지만 저흰 지금 꽤 바빠요. 저희가 어렸을 때는 아빠랑 함께 뭘 할 수 있었을텐데요. 지금은 시간이 없어요."

빌은 뒷통수를 크게 한 방 얻어 맞은 기분이었습니다. 그는 깊은 좌절감을 맛보았습니다. 너무도 마음이 아팠습니다. 그러나 그는 여기서 자녀들과의 관계를 개선하려는 시도를 단념하지 않고 계속 시도하기로 했습니다. 그는 사무실에 밤 늦게까지 남아 있는 것을 중지했고, 매일 저녁 집에 와서 가족들과 식사를 하기로 하고 실행했습니다. 집으로 일거리를 가져 오는 일은 특별한 경우를 제외하고는 삼갔습니다. 그는 아이들이 자기들이 하고 있는 일에 빠진 나머지 식사 시간에 없는 것을 많이 보았습니다. 그런 날이면 아내와 함께 식사를 하고 혼자서 성경을 보거나 기도하기도 하고, 아내와 함께 아이들을 위해 기도하기도 하면서 시간을 보냈습니다. 이와 같이 빌이 계속 저녁 시간을 집에서 보낸 지 몇달 후 아이들은 아빠가 진지하고 성실한 태도로 그렇게 하고 있다는 것을 서서히 깨달았습니다. 빌은 아이들이 저녁에 일찍 집에 들어와 식사도 함께 하고 함께 시간을 보내며 대화하는 횟수가 점점 증가하는 것을 느낄 수 있었습니다. 그러던 어느 토요일 아침에는 "아빠, 함께 고기잡으러 가요" 하고 먼저 제안하는 것이었습니다.

빌은 헛되이 보내 버린 지난 날들을 후회했습니다. 그러나 그는 지난날은 지난날이고 지금 어떻게 사느냐가 중요하다는 것을 깨달았습니다. 그는 아이들이 성인이 되어 부모인 자기 곁을 떠나기 전에 가능한 한 많이 그들과 시간을 함께 보내야 한다는 것을 굳게 확신했습니다.

우리의 십대들은 자신들이 언제나 따돌림을 당했으며, 부모의 삶에서 가장 우선순위를 차지하고 있는 것은 직업이라는 것을 잘 알고 있습니다. 부모들은 자기들의 우선순위가 무엇인지를 말로 설명할 필요가 없습니다. 십대들은 너무도 쉽게 부모의 우선순위를 간파할 수 있습니다. 말로만 "우린 너희들이 우리의 삶 속에서 가장 중요해"라고 해봐야 소용이 없습니다.

하나님께서는 우리가 자녀를 양육하는 데 얼마나 정성을 다하였으며 시간과 노력을 투자했는지 자녀 양육에 대한 책임을 우리에게 물으실 것입니다. 직업 분야에서의 발전과 성공이 자녀 양육을 소홀히 한 것에 대한 변명은 결코 될 수 없습니다. 아무리 직업 분야에서 성공했다 할지라도 자녀를 하나님 앞에서 성서적으로 올바로 양육하는 데 실패했다면 그 책임을 면할 수 없을 것입니다.

시간

당신은 정말로 야고보서 4:14 말씀을 믿고 있습니까? - "내일 일을 너희가 알지 못하는도다. 너희 생명이 무엇이뇨? 너희는 잠깐 보이다가 없어지는 안개니라."

당신의 생명이 어느 추운 날 아침의 입김처럼 잠깐 보이다가 없어지는 것이라는 사실을 정말로 굳게 믿는다면 당신이 하고 있는 일들에는 변화가 있게 될 것입니다. 현재 당신이 하고 있는 일이나 활동들을 한번 생각해 보십시오. 우리는 우리의 귀한 시간들을 무의미하고 별로 중요하지도 않고 비생산적인 활동들로 가득 메우는 때가 너무도 많습니다. 그러면서도 우리는 자신이 하고 있는 일들이 다 중요하여서 뺄래야 뺄 수 없는 것들이라고 믿고 있습니다. 정말 그렇습니까? 한번 진지하게 우리의 시간 사용에 대해서 평가를 해보십시다. 우리의 십대들은 우리가 다른 사람들을 위하여 시간을 내주는 것을 보고 있습니까, 아니면 우리가 개인적인 쾌락을 추구하고 있는 것만을 보고 있습니까? 우리가 자녀와 우리의 개인적인 활동들 사이에서 선택해야 한다면, 무엇을 선택하겠습니까? 자녀들과 함께 의미 있는 시간을 보내겠습니까? 아니면 텔레비전을 보며 저녁 시간을 보내겠습니까? 자녀들은 과연 우리의 생활 속에서 어떤 우선순위를 차지하고 있습니까? 우리의 시간 계획 속에서 얼마나 자녀들을 배려하고 있습니까? 자녀들은 그들이 언제든지 부모인 우리의 생활 속에 끼어 들 수 있으며, 그들이 시간을 요구할 때는 우리가 언제든지 시간을 내어 줄 수 있다는 것을 알고 있어야 하며, 또한 우리가 그들을 위하여 최선을 다할 것이라는 사실도 알고 있어야 합니다. "우리 아빠와 엄마는 너무나 바쁘셔. 우리에 대해선 안중에도 없으시단 말이야. 우리를 위해 내어 줄 시간이 없으셔" 하는 생각들을 자녀들이 갖고 있다면 문제가 심각한 것입니다.

물론, 부모인 우리가 하는 모든 일에 자녀들을 참여시켜야만 하는 것은 아닙니다. 어떤 때는 자녀들에 대하여 상대적으로 신경을 쓰지 못하는 경우들이 생길 것입니다. 그러나 이런 경우들이 자주 있어서는 안 되며, 이런 경우에는 자녀들이 이해할 수 있도록 잘 설명해 줄 필요가 있습니다. 그리하여 자녀들의 마음 속에 우리 부모님들은 언제나 우리를 사랑하며 우리에 대하여 진정으로 관심을 갖고 있다는 생각이 굳게 자리잡도록 해야 합니다.

우리 가정을 예로 들어 본다면, 직장에서 더 큰 책임을 맡게 되고 선교 사역이 확장됨에 따라 우리는 다른 지방이나 다른 나라로 여행을 해야 하는 경우가 증가하게 되었고, 이로 인해 여러 해 동안 우리 부부는 아이들과 함께해 주는 것과 우리가 하고 있는 일 사이에서 많은 압력을 느낀 적이 있었습니다. 우리는 우리의 시간 계획 가운데서 자녀들의 활동을 우선시하는 것을 배우게 되었고, 그후로는 우리의 여행과 사역 계획을 세울 때 아이들을 최대한 배려했습니다. 우리는 아이들이 운동 시합에 나가게 되었다든지, 음악 연주회에 나가게 되었다든지, 어떤 대회에 참가하게 되었다든지 등등 이런 것이 있을 때에는 그 날짜를 기록해 두었다가 가능한 한 참석하였고, 어떤 일로 인하여 갈 수 없었을 때에는 아이가 집에 돌아오면 관심을 갖고 질문도 하고 들어 주었으며, 여행 중이어서 함께 있지 못할 때에는 전화를 걸어서 어떠했는지 묻고 아이의 말을 귀기울여 들어 줌으로써, 아이로 하여금 우리의 관심과 사랑을 다시금 확신하도록 해주었습니다.

한번은 딸 아이가 운동 시합에 선수로 나가게 되었는데, 출장 관계로 참석할 수가 없었습니다. 그랬더니 딸 아이가 "아빠 엄마가 안 계시면 제가 무슨 재미로 경기를 하죠?" 하고 물었습니다. 만일 우리가 참석하지 않으면 딸 아이가 마음에 굉장히 서운하게 생각하리라는 것을 직감하고, 가까운 친척 한 분에게 그 시합을 지켜보게 했으며, 그것이 그 아이로 하여금 부모님의 사랑과 관심을 다시금 확신하게 해주었습니다.

우리는 학교에서 하는 행사나 활동들에 부모들이 거의 참석하지 않는 것을 보고 깜짝 놀라기도 하고 실망이 되기도 했습니다. 우리는 자녀의 나이가 많아짐에 따라 부모의 참석도 줄어든다는 것을 알았습니다. 부모들이 자녀들의 활동에 가장 많이 참석하는 때는 유치원 때인 것 같으며, 그 이후로 국민학교, 중학교를 거치면서 점점 줄어들다가,

고등학교 때는 거의 참석하지 않는 것을 보았습니다. 오히려 자녀들이 십대일 때 부모들이 자녀의 활동에 개인적인 관심을 보이는 것이 배나 더 중요합니다.

십대의 자녀들은 그들의 부모가 영원한 가치가 있는 것들, 예를 들면 영적인 일과 사람들의 삶에 시간을 집중적으로 투자하고 있다는 것을 직접 눈으로 보고 확인할 필요가 있습니다.

부모로서 자녀들에게 가치관들을 전해 주려고 할 때에는 언제나-의식적으로 노력한 것이든 안 한 것이든 가치관의 전달은 있게 마련입니다-연합 전선을 펴서 통일성이 있어야 합니다. 한 주부가 우리에게 이렇게 말했습니다: "제 남편은 가족들이 텔레비전을 보는 것을 좋아하지 않아요. 남편은 아이들이 대신 책을 읽기를 원하죠. 그러나 남편이 없으면 우린 각기 자기가 원하는 것을 하죠."

이 주부의 말을 통해서 다음과 같은 사실을 알 수 있습니다:

- 가정에서 아빠의 의견은 존중되고 있지 않다.
- 엄마는 아빠를 반대하고 자녀들 편에 있다.
- 오락적인 활동이 탐구적인 활동보다 낫게 여겨진다.
- 불일치가 속임수에 의해 무마될 수 있다.

에베소서 6:1에서 이렇게 말씀하고 있습니다: "자녀들아, 너희 부모를 주 안에서 순종하라. 이것이 옳으니라." 여기에는 부모 양편의 일치가 전제로서 내포되어 있습니다. 아무도 모순된 명령에 순종할 수는 없습니다. 자녀들에게 부모에 대한 존경심을 길러 주며, 올바로 영향을 주려면, 부모로서의 행동과 말에 통일성이 있어야 합니다. 아버지와 어머니가 서로 다른 명령을 한다든지, 부모가 어떤 때는 이렇게 하라 하고, 어떤 때는 저렇게 하라 하는 등 일관성이 없고, 마치 그때그때의 부모의 감정에 따라 변하는 것처럼 아이들의 눈에 비친다면 부모의 권위는 떨어지는 것입니다. 어떤 주제나 문제에 대하여 자녀들에게 가르치거나 명령을 하려 할 때에는 이미 부모는 개인적으로 의논하여 의견의 일치를 보아야 합니다. 설령 의견이 일치되지 않았어도 일단 어떻게 하기로 결정을 내렸으면, 그 결정이 위험하거나 너무도 분명하게 틀린 것이 아니라면, 아내는 남편의 결정을, 남편은 아내의 결정을 전적으로 지지해 주어야 합니다.

자녀의 죽음

중년기에 많은 사건들이 있을 수 있지만, 한번 잃어버린 아들이나 딸은 다시 얻을 수가 없습니다. 특히 십대나 성인이 된 자녀의 죽음은 중년기의 부모로 하여금 인생에 있어서 가장 깊은 문제들 가운데 하나를 경험하게 합니다.

우리의 가까운 친구인 로이와 글렌다 맥팔린 부부는 갑작스런 사고로 스무 살 된 딸을 잃었습니다. 글렌다는 이 사건이 그들의 삶에 준 충격을 다음과 같이 말해 주었습니다:

"우리의 첫 반응은 단순히 충격이었습니다. 3주가 지난 후 우리는 '왜?'라는 질문을 했습니다. 초기의 충격이 있은 후 일주일쯤 지나자 우리는 화가 났어요. 하나님에 대해서가 아니라 딸에 대해서 말이에요. 우린 그 아이가 바보같이 그런 사고를 당한 것 때문에 화가 난 것이지요. 또한 우리는 그 아이가 갑작스런 사고로 죽었다는 것 때문에도 화가 났지요. 우리가 화를 낸 것은 불합리한 것이긴 하지만, 실제로 정말 화가 났습니다.

"그 다음 우리는 한동안 죄의식에 빠졌습니다. 우리가 화를 낸 것에 대한 죄의식, 하나님을 의심한 것에 대한 죄의식, 딸 아이를 위해 아무 것도 해주지 못했다는 것에 대한 죄의식 등등.

"그 다음 어느 날 밤에는 더 이상 살고 싶지 않다는 생각도 들었습니다. 제 자신도 깜짝 놀라게 저는 자살을 곰곰이 생각하고 있었습니다. 친구에게 전화를 했더니, 그 징후들을 알고 있는 친구는 즉각 전화상으로 저를 위해 기도하기 시작했습니다. 그리하여 잠시 후에는 제 인생을 끝마치려는 마음이 사라졌지만, 제가 자살할 마음을 품었다는 사실이 충격이 되었습니다.

"우리의 허전함은 말로 다 표현할 수 없었습니다. 우리의 상실감은 견딜 수가 없었습니다. 우리에게는 자식이 그 애 하나밖에 없었기 때문에 딸 아이의 결혼식에 참석하는 것도, 손자를 보는 것도 이제 끝나 버렸다는 것을 알았습니다. 우리는 나이가 너무 많아서 다시 아이를 가질 수도, 양자나 양녀를 맞이할 수도 없었습니다. 그 아이는 결코 채워지지 않을 빈 자리를 우리 속에 남겨 놓았습니다. 부모를 잃었을 때와는 다른 느낌이 들었습니다. 그분들은 사실 만큼 사셨습니다. 자녀의 죽음은 전혀 다릅니다.

"우리는 지금도 상실감을 극복하려고 노력하고 있습니다. 이 사건을 통하여 우리는 하나님의 도우심을 경험했습니다. 우리의 삶에서 처음으로 하나님께서 그분의 외아들을 우리 대신 죽게 하셨다는 것이 어떤 의미인지를 마음 깊이 깨달았습니다. 예수님이 십자가에 못박혔을 때 예수님의 어머니 마리아가 느꼈을 고통을 우리도 느꼈습니다. 친구들과 목사님의 계속적인 격려가 우리에게 큰 힘이 되었습니다. 그래서 우린 그 사건이 있은 지 첫 3주 동안 외로움을 거의 느끼지 못했습니다. 사람들이 항상 우리 곁에서 우리와 함께 짐을 져주었습니다. 앞으로 우리의 인생이 어떻게 전개될지는 전혀 모르지만, 분명히 알고 있는 것은 하나님께서 영원토록 우리를 붙들어 주시며 우리의 필요를 채워 주시리라는 사실입니다."

우리는 다른 사람에게서도 이런 것을 보아 왔습니다. 우리 사촌 론은 20대 초반에 비극적인 트럭 사고로 죽었습니다. 그는 어느 부모라도 자랑할 만한 패기 있고 멋있는 젊은이었습니다. 그는 그리스도를 사랑하였고 희생적으로 살았습니다. 그는 불구인 동생을 극진한 관심을 갖고 보살폈습니다. 론의 죽음이 그의 부모에게 미친 충격은 말로 다 설명할 수 없습니다. (역자주:저자 역시 90년 봄 20대의 결혼한 아들을 불의의 사고로 잃었습니다. 한 총격 사건의 무고한 희생자였습니다.)

자녀의 나이가 몇이든 자녀의 죽음은 고통스러운 것이지만, 십대 또는 20대의 자녀를 잃은 부모들은 회복도 더 늦고 반응도 다르게 하는 것 같습니다. 자녀의 죽음은 부모의 마음에 슬픔과 어두움의 그림자를 드리웁니다. 여하튼 그 사건은 부모의 인생 과정을 바꾸어 놓습니다. 여기서 우리는 두 개의 선택을 맞이하게 됩니다. 우리는 마음에 참위로를 얻고 필요를 채우기 위하여 하나님께 나아가 하나님을 의뢰할 수도 있고, 하나님에 대하여 쓴뿌리를 품고 화를 내며 하나님의 도우심을 끝내 거절할 수도 있습니다.

어떤 사람은 아들이 16세 때 살해되었습니다. 그는 이렇게 말했습니다: "저는 하늘을 향해 주먹을 흔들며 하나님께 욕을 퍼부었습니다. 저는 하나님을 증오하고 하나님을 저주했습니다. 그러나 그건 저만 손해였습니다. 아무 위로도 되지 못했습니다. 제가 제정신을 회복하고 하나님과 화해하는 데에는 두어 해가 걸렸습니다. 좀더 빨리 하나님께로 돌아갔더라면 얼마나 좋았을까요?"

아들 압살롬이 전쟁에서 죽었을 때 다윗은 중년기였습니다. 아무도 그의 슬픔을 달래 줄 수 없었습니다. 그는 울며 "내 아들 압살롬아, 내 아들 압살롬아, 내가 너를 대신하여 죽었더면, 압살롬 내 아들아, 내 아들아"(사무엘하 18:33) 하고 아들의 이름을 불렀습니다. 죽음에 대한 슬픔은 상실에서 오는 공허함으로 인한 슬픔입니다. 그러면 이 슬픈 기억은 지워 버려야 합니까? 그렇지 않습니다. 그렇게 되면 하나님께서 주시는 깊은 교훈을 잃어 버릴 것이기 때문입니다. 슬퍼해서는 안 됩니까? 아닙니다. 그렇게 하면 우리는 인간이 아닐 것이기 때문입니다. 그러면 우리는 영원히 계속 슬퍼해야 합니까? 아닙니다. 그렇게 되면 하나님께서 주시는 위로와 격려를 거부하는 것이 될 것이기 때문입니다. 우리는 이러한 사건을 통하여 하나님께로 나아가야 합니까? 그렇습니다. 왜냐하면 오직 하나님 안에서만 이러한 상실이 이해되고 받아들여질 수 있기 때문입니다. 하나님의 목적은 유한한 이생을 넘어 참생명이 계속되는 영원한 세계로까지 나아간다는 것을 우리는 알아야만 합니다. 모든 인생에 대한 하나님의 때에 있어서 그분은 절대 실수하시지 않습니다. 바울은 빌립보서 1:21-23에서 죽음에 대하여 생각했습니다:

이는 내게 사는 것이 그리스도니 죽는 것도 유익함이니라. 그러나 만일 육신으로 사는 이것이 내 일의 열매일진대 무엇을 가릴는지 나는 알지 못하노라. 내가 그 두 사이에 끼였으니 떠나서 그리스도와 함께 있을 욕망을 가진 이것이 더욱 좋으나.

불행하게도 어떤 젊은이들은 그리스도를 영접하지 않고 죽습니다. 이것은 우리가 자녀들을 가능한 한 빨리 그리스도께로 인도해야 한다는 것을 강하게 이야기해 주고 있는 것입니다. 우리가 하나님께서 매일매일 우리를 도우시도록 허락하기만 한다면, 하나님께서는 우리의 모든 필요를, 심지어 자녀의 상실과 같은 것으로 인한 깊은 필요까지도 충분히 채워 주실 수 있는 분이심을 기억하십시오.

자녀와의 관계를 발전시킴

영적인 교제 자녀는 육체적으로는 우리의 자녀이지만, 그들이 그리스도를 영접한 후에는 그들 또한 그리스도 안에서 우리의 형제 자매가 됩니다. 십대의 자녀들을 양육하면서 우리가 맛보는 큰 기쁨 중의 하나는 우리가 그들과 영적인 교제를 나눌 때 옵니다. 다른 어떤 의사 소통도 영적인 교제만큼 우리와 자녀 간의 사랑을 견고하게 해주지 못합니다. 자녀들이 그리스도 안에서 성장하고 성숙할 때 우리는 중년기의 가장 보람 있고 만족스러운 순간들을 경험하게 됩니다.

사도 요한은 이것을 이해하고 편지에 이렇게 썼습니다: "너희 자녀 중에 우리가 아버지께 받은 계명대로 진리에 행하는 자를 내가 보니 심히 기쁘도다"(요한이서 4).

우리는 자녀로부터 기꺼이 배워야 할 필요가 있습니다. 자녀가 우리가 보인 나쁜 태도에 대하여 이야기하거나, 우리가 한 불친절한 말에 대하여 언급한다면, 우리는 자녀의 관찰에 대하여 그들에게 감사하고, 그들의 용서를 구하며, 고치기로 결심해야 합니다. 그러나 우리는 자녀의 말에 대하여 너무도 자주 방어적으로 반응합니다. 자녀의 말을 겸손히 받아들일 때 우리의 삶이 부요해지고 그들과의 관계도 더욱 깊어집니다. 자녀의 말을 받아들인다고 해서 우리의 권위가 침해당하는 것이 아니며, 오히려 우리의 겸손과 배우는 자세를 나타내 보여 줌으로써 자녀들의 삶 속에도 이러한 좋은 인격이 형성되도록 도와 줄 수 있습니다. 자녀들 속에 어떤 인격이나 태도가 형성되기를 원한다면 우리가 먼저 그러한 자질들을 삶 속에서 본보여야 마땅합니다.

우리는 자녀들이 그들의 영적 관심사를 자유롭게 표현할 수 있는 분위기를 조성해야 합니다. 그리고 그들의 말에 대하여 이해하고 격려하는 분위기가 되어야 합니다. 당신은 가정에서 하나님에 대하여 자유롭게 대화하고 있습니까? 자녀들은 책망이나 벌을 두려워함이 없이 부모인 당신에게 자기들의 성공과 실패를 자유롭게 나눌 수 있습니까?

예를 들어, 당신은 자녀들의 다음과 같은 말에 대해 어떻게 응답하겠습니까?

"오늘 학교에서 친구에게 말을 걸어, 예수님에 대하여 듣고 싶지 않느냐고 했더니 듣고 싶지 않다고 해서 더 이상 할 말이 없었어요. 창피하기도 하고 바보처럼 느껴졌어요."

"오늘 아침 경건의 시간을 가지려고 했는데, 하기가 싫어서 안 했어요. 오늘은 하루 종일 기분이 좋지 않았어요."

"우리 가족은 함께 기도하는 시간이 적은 것 같아요. 어째서 기도를 더 않죠? 아빤 어떻게 하실 거에요?"

이와 같은 주제들에 대한 영적인 대화를 통해 우리는 자녀들과 더욱 가까워지며, 그들에게 더 많은 영향을 미칠 수 있게 됩니다. 자녀들과의 영적인 교제를 통하여 기쁨을 맛보며 삶을 부요하게 하십시오.

의사 소통. 자녀들이 성장함에 따라 우리는 꾸지람이나 벌보다는 조언과 충고의 방향으로 나가야 합니다.

잠언 1-8장에서 솔로몬은 "내 아들아(아들들아)"라는 표현을 18번이나 사용하면서, 자녀들에게 충고를 하고 있습니다(잠언 1:8, 3:1, 11-12, 4:1, 5:1, 7:1 참조).

자녀들이 십대에 들어서게 되면 우리는 더 이상 꾸지람과 벌로써 그들을 통제할 수 없습니다. 시도해 볼 수도 있지만, 별로 효과가 없습니

다. 이 시기에는 자녀들로 하여금 올바로 결정하도록 이끌어 주는 온
유한 충고가 훨씬 더 효과적입니다.
　많은 부모들이 으름장이나 강압에 의해 십대 자녀들을 통제하려고
안간힘을 쓰고 있습니다. 자녀들과 마찰이 생기면 많은 경우 자녀들에
대하여 비꼬거나 화를 내거나 강압적인 말이나 심지어 폭력을 사용하
여 그들을 눌러 버립니다. 많은 부모들이 그렇게 한 다음에는 곧 그렇
게 행동한 것을 후회하고 다시는 그러지 말아야지 하고 다짐하지만,
자녀를 그들 마음대로 통제하는 수준에서 이제 충고하고 조언하는 수
준으로 전환하고 발전하지 못하는 것 같습니다. 사춘기의 자녀들은 부
모의 강압적인 명령에 대하여 겉으로는 따르면서도, 속에는 분노와 불
만이 가득 차 있는 경우가 많습니다. 이렇게 되면 그들은 부모와의 의
사 소통에서 벽을 느끼며 좌절감을 맛보게 되어, 부모와의 관계에서
움츠러 들게 되며, 관계를 발전시키기 위한 시도를 하지 않게 됩니다.
　십대의 모든 자녀들이 부모의 합리적이고 따뜻한 권면과 충고에 자
동적으로 좋은 반응을 보이는 것은 아닙니다. 어떤 자녀들은 사춘기의
갈등 가운데서 부모의 어떠한 접근도 싫어하면서 화를 내기도 합니다.
이런 경우에 대한 유일한 해결책은 부모가 계속 그들에게 다가가려고
기도와 인내 가운데 시도하고 노력하는 것입니다.
　십대의 자녀들과의 의사 소통에 있어서 부모쪽에서의 자제는 아주
중요합니다. 부모가 자기의 말을 진지하게 들어 주기보다는 말을 꺼내
기 무섭게 화를 낼 거라고 생각하면 그들은 십중팔구 먼저 대화를 시
작하지 않을 것입니다. 고린도전서 13:4-7 말씀은 십대의 자녀들과의
의사 소통에서 우리가 어떤 자세를 취해야 하는가를 잘 보여 주고 있
습니다:

　　　사랑은 오래 참고 사랑은 온유하며 투기하는 자가 되지 아니하며 사
　　랑은 자랑하지 아니하며 교만하지 아니하며 무례히 행치 아니하며 자
　　기의 유익을 구치 아니하며 성내지 아니하며 악한 것을 생각지 아니
　　하며 불의를 기뻐하지 아니하며 진리와 함께 기뻐하고 모든 것을 참

으며 모든 것을 믿으며 모든 것을 바라며 모든 것을 견디느니라.

당신의 자녀들은 당신 속에서 이러한 태도들을 볼 수 있습니까?
우리 딸 아이 하나가 고등학교에 다닐 때 이런 말을 한 적이 있습니다 : "제가 남자 애들에 대하여 이야기할 때는 언제나 아빠 얼굴만 보면 아빠가 뭘 생각하고 계시는지를 알 수 있어요. 아빠는 그 애가 어떤 애인지, 제가 왜 그 애에 대하여 이야기하는지 의아하게 생각하시죠. 아빠는 제가 뭘 말하려고 하는지 들으실려고도 안 해요. 더 이상 이야기 하지 않을래요." 나는 딸아이에게 사과했고, 겨우 이야기를 다시 시작했습니다. 딸 아이가 이성 관계에 대하여 건전한 태도를 가지고 있다는 것을 나는 알게 되었고, 또 딸 아이가 그런 이야기를 나에게 하기 원한다는 것은 기쁜 일이 아닐 수 없었습니다.

대화를 할 때는 표정도 중요합니다. 표정은 때로 올바른 의사 소통을 방해하거나 막을 수도 있습니다. 우리는 자녀들이 이야기할 때 그들이 말하는 것에 진정으로 관심이 있다는 것을 표현하면서, 중립적이거나 긍정적인 태도를 보여 주어야 합니다. 싫어하는 표정이나 두려움, 염려, 반대, 또는 불신의 표정들은 효과적인 의사 소통을 막아 버릴 것입니다. 십대의 자녀들과 대화할 때 도움이 되는 제안을 몇 가지 하면 다음과 같습니다 :

- 진지한 태도로 임하십시오.
- 그들에게도 진지하고 예의바른 태도를 기대하고 요구하십시오.
- 그들이 말하려고 할 때 경청하십시오.
- 그들의 말을 먼저 다 듣고 나서 거기에 대하여 이야기하십시오.
- 대화할 때 그들에게 모든 관심을 집중하십시오.
- 그들이 겪고 있는 갈등에 대하여 그들과 공감하십시오.

독립. 자녀들은 성숙함에 따라 삶의 모든 영역에서 점점 독립해 나가야 합니다. 다음은 그들이 독립할 수 있도록 도와 주는 몇 가지 제안입니다.

1. 점점 자유를 허용하십시오. 그들은 결정을 내리는 일에 미숙해서 잘못된 결정을 하며 실수도 할 것입니다. 그러나 지금 우리가 그들에게 도움과 충고를 해줄 수 있을 때 그런 잘못된 결정과 실수를 경험하는 것이 나중에 부모인 우리 곁을 떠났을 때 하는 것보다 훨씬 낫습니다. 그들이 스스로 결정들을 할 수 있도록 격려하고, 끝까지 그들을 지원하십시오.
2. 다른 곳으로부터 오는 영향들을 기쁘게 받아들이십시오. 자녀들이 어렸을 때에는 부모인 우리가 그들의 삶에서 가장 중요한 사람들이었습니다. 그러나 우리가 자녀들의 전부가 될 수 없는 그런 시기가 반드시 오게 마련입니다. 그들이 어른이 되어 감에 따라 다른 사람들이 끼어들어 우리가 더 이상 채워 줄 수 없는 것들을 채워 줄 수도 있을 것입니다.

    우리 아들이 고등학교에 다닐 때 두 사람이 그에게 큰 영향을 주었습니다. 한 사람은 고등학교 선생님이었고, 한 사람은 교회학교의 젊은 교사였습니다. 이 두 사람에게 있었던 공통된 특징은 우리 아들에 대하여 진정한 관심을 가지고 있었으며, 그 아이의 잠재력을 바라보고 그를 있는 그대로 받아 주었다는 것입니다.

    자녀의 건전한 성장에 기여하는 사람이 경건한 친구일 수도 있고, 친척, 교사, 카운셀러, 목사일 수도 있고, 그리스도인인 이웃일 수도 있습니다. 이런 사람들을 통하여 자녀가 영적으로 좋은 영향들을 받게 될 때 자녀의 삶이 부요해질 뿐 아니라, 부모와 자녀와의 관계도 더욱 깊게 발전되어 나갑니다.
3. 그들의 참다운 친구가 되십시오. 여기서 그들의 친구가 되라는 말은 자녀 또래의 아이들처럼 생각하고 말을 하라는 것이 아닙니다. 자녀들은 부모님이 자기들처럼 되는 것을 필요로 하지도 원하지도 않습니다. 우리는 어디까지나 어른입니다. 우리는 성숙한 인격의 소유자가 되어야 하며, 그럴 때 자녀에게 훌륭한 본을 제시할

수 있습니다. 친구는 친구의 약점과 개성들을 잘 알고 있으며, 그러면서도 상대방을 있는 그대로 받아들입니다.

그리고 자녀의 친구들을 받아들이십시오. 자녀의 사생활과 인격을 존중해 주십시오. 그들에게 당신의 시간을 내어 주십시오. 그들을 위해 기도하십시오.

4. 비판과 꾸중을 제한하고 칭찬과 격려를 증가시키십시오. 자녀를 한 번 칭찬하기 위해서는 아홉 번 꾸중해야 한다고 말하는 사람이 있지만, 한 번의 꾸중을 상쇄하기 위해서는 네 번의 칭찬이 필요합니다. 사춘기는 감정적으로 약한 시기이기 때문에 우리는 자녀의 자아상을 긍정적으로 강화시켜 줄 필요가 있습니다. 그들은 가능한 한 자주 부모인 우리로부터 우리가 그들을 이해하고 칭찬하고 자랑스럽게 여기는 말을 들을 필요가 있습니다. 그들의 동류집단과 환경이 그들의 자아상을 부정적인 방향으로 허물어 가고 있을 때 우리는 그들의 자아상을 긍정적인 방향으로 견고히 세워 줄 필요가 있습니다.

자녀가 자기 자신을 사랑하고 자신에 대하여 자부심을 갖도록 하기 위해 당신은 오늘 어떤 말을 해주었습니까? 자녀를 세워 주기 위해 어떤 말을 했습니까? 아니면 당신의 말은 자녀로 하여금 거부당했다는 느낌과 함께 좌절감을 맛보게 했습니까? "사람은 그 입의 대답으로 말미암아 기쁨을 얻나니 때에 맞은 말이 얼마나 아름다운고!"(잠언 15:23).

당신의 십대 자녀들을 기뻐하십시오. 그들은 곧 당신 곁을 떠납니다. 당신의 중년기 갈등은 최소화하고 모든 기회를 최대한으로 이용하여 자녀들을 알고 격려하며 세워 주고 그들과 함께 시간을 보내며 그들로 인하여 즐거워하십시오.

사실 십대의 자녀들과 부모의 마찰이나 갈등은 불가피한 것이어서 어떤 방법으로도 다 막을 수는 없습니다. 따라서 자녀와 부모 사이에 갈등이 있다는 것은 문제라기보다는 정상적인 것이며, 문제는 부모가 그 갈등을 건설적이고 효과적으로 해결하지 못하는 데에 있는 것입니다. 자녀들을 무시하거나 소홀히 여기지 않고, 그들을 진정으로 이해하며 귀히 여겨야 할 필요가 있다는 것을 우리가 깨닫는 것은 갈등의 해결에 큰 도움이 됩니다. 자녀와의 관계가 돌이킬 수 없을 만큼 나빠져 이젠 더 이상 손쓸 수가 없다고 생각하는 사람들이 있는데, 과거가 어떻든지 간에 너무 늦어서 개선할 여지가 없는 법은 없습니다.

바울은 "나는 뒤에 있는 것은 잊어버리고 앞에 있는 것을 잡으려고 푯대를 향하여 좇아가노라"(빌립보서 3:13-14 참조)고 했습니다. 바울은 과거에 집착하지 않았습니다. 우리는 지금 부모에서 친구로, 통제자에서 조언자로, 지시하는 사람에서 기도해 주는 사람으로 그 역할을 변화시킬 놀라운 특권을 지니고 있습니다. 이러한 성숙한 관계로의 변화는 하룻밤 사이에 일어나지 않습니다. 그것은 일정 기간 이상 노력한 댓가로 이룩되는 것입니다. 사춘기는 지나가고 자녀들은 성숙하여 어른이 될 것입니다. 그들이 우리가 생각한 것과 같은 어른이 아닐 수도 있습니다. 자녀들은 우리와 같지 않습니다. 그들에게는 그들이 살아야 할 그들 자신의 삶이 있습니다. 또한 그들은 그들 자신의 재능을 가지고 하나님의 나라와 이 사회에 기여하게 됩니다. 우리의 책임은 그들이 그들의 영적, 육적 삶 속에서 최대의 만족과 기쁨을 얻도록 도와주는 것입니다.

하나님 아버지, 우리에게 인내와 지혜를 주셔서 성령의 지배 하에 사는 성숙하고 영적인 성인으로서 우리 자녀들을 대할 수 있게 하여 주시옵소서.

귀찮은 존재인가, 축복인가?

아내가 우리 넷째 아이를 낳을 때 35세였습니다. 쥬디는 35세에 결혼하여 36세에 첫 아이를 낳았습니다. 스미스 씨네는 두 아이가 대학에 다니고 한 아이는 고등학교에 다니고 있을 때 막내딸을 낳았습니다. 존과 캐롤 부부는 캐롤이 아이를 가질 수 없을 거라는 말을 들었는데,

42세 때 캐롤은 아이를 가졌습니다.

  중년기에 일어나는 여러 가지 사건들 가운데서 새로운 아기를 갖는 것만큼 중년기의 부모를 깜짝 놀라게 하는 것도 드물 것입니다. 그 나이에 새 아기가 태어난다는 것은 너무도 어울리지 않은 것 같고 너무도 불편할 것처럼 보입니다. 여기에 적응하기 위해서는 각별한 노력이 필요합니다. 많은 생활 방식의 변화가 있어야 합니다. 중년기에 새로운 자녀를 갖는다는 것이 흔히 있는 사건은 아니지만, 언급하고 넘어가야 할 중년기의 주요한 사건이라고 생각되기 때문에, 이 문제에 대하여 잠시 다루고자 합니다.

  중년기에 임신을 하게 되면 우리는 많은 문제들에 봉착하게 됩니다.

당신의 반응

  불신. "안돼. 아들이 내년이면 결혼하는데!" "그건 있을 수 없는 일이야! 내 나이 마흔 둘인데!" "오, 맙소사. 성경의 사라 같군!" "임신! 우린 너무 늙었어!" "애기라고! 우리 나이에? 뚱딴지같이!"

  중년기 무렵이면 우리는 이미 정해진 생활 방식을 따라 살고 있기 때문에 새로운 아기를 즐거운 마음으로 받아들이지 못하고 달갑지 않게 여깁니다. 얼마 후면 새 아기를 갖게 된다는 생각을 할 때 우리는 자신이 감당해야 할 많은 변화들 앞에서 움츠러 들면서 피하려는 마음을 갖게 됩니다.

  분개. 아기는 기존의 생활 방식을 어지럽힙니다. 어떤 사람이 "그것은 잘 돌아가고 있는 기계에다 몽키렌치를 집어 넣는 것과 같다"고 말했습니다. 아기는 노동량을 증가시킵니다. 중년기에 태어난 아기는 부모가 인생의 그 다음 단계로 잘 나아가는 것을 방해합니다. 우리가 분개의 원천이 우리 자신의 이기심이라는 것을 알고 해결하지 않으면, 그러한 태도는 흘러 넘쳐서 그 아이와 우리와의 관계를 망쳐 놓을 것입니다.

  당황. "사람들이 뭐라고 할까?" 이 질문은 우리가 새 아기에 대하여 어떤 태도를 갖게 될 것인가를 결정짓는 데 한 몫 합니다. 부모는 가족이나 친구, 이웃들의 부정적인 질문이나 말들을 무시할 필요가 있으며, 새 아기를 하나님께서 주신 새로운 가족으로 기쁘게 받아들여야 합니다.

감정적 압박. 중년기에 우리는 취학전 아동과 함께 사는 감정적 어려움을 수용할 수 있는 시기를 지났다고 생각합니다. 그들은 끊임없이 움직이며 밖에 나가려 하고 지칠 줄 모르며 소란스럽고 어질러 놓으며 정신 없게 만듭니다. 깨끗하게 정돈된 집안은 수라장으로 변하며, 부모는 한시도 조용히 편히 쉴 수 없습니다. 우리는 한시도 아이에게서 눈을 뗄 수가 없습니다. 중년기의 사람들은 이러한 감정적 압박들을 다룰 능력이 없습니다.

변화에 대한 거부. 중년기에 새로운 자녀의 갑작스런 출현은 부모 및 다른 식구들에게 변화를 강요합니다. 그러나 우리는 변화를 원치 않습니다. 우리는 그 축복을 이해하지 못하고 의아하게 생각합니다. 우리는 거기에 자신을 적응시키고 싶어하지 않습니다. 오랫만에 안정되고 편안하고 여유 있는 삶을 살 수 있게 된 때에 새 아기의 출현으로 우리는 또 다시 새롭게 힘든 일을 받아들여야 하는 처지에 놓이게 되는 것입니다. 느지막이 다시 어린 아이를 기를 때 이러한 감정들이 흔히 일어나는 것은 사실이지만, 꼭 기억하기 바라는 것은 새로 아이를 기르면서 얻는 축복이 적응하느라 치르는 값을 훨씬 능가한다는 것입니다.

많은 사람들이 원치 않은 임신을 원치 않은 자녀와 동일하게 여깁니다. 그러나 하나님께서는 우리가 새로운 자녀를 위해 마음과 가정을 준비하기에 충분한 시간을 허락하십니다. 새로운 자녀가 태어날 때 부모의 나이가 몇이든간에 시편 127:3 말씀은 진리입니다: "자식은 여호와의 주신 기업이요, 태의 열매는 그의 상급이로다." 중년기에도 자식은 하나님께서 주신 기업이요 상급입니다.

누가복음 1장에 기록된 사가랴와 엘리사벳 부부의 이야기를 기억하실 것입니다. 그들은 중년이었지만, 하나님께서 그들에게 주신 아들은 그들에게 자랑거리가 되었고, 그 세대의 사람들에게 영적 축복을 가져다 주었습니다.

수산나 웨슬리는 21세에서 40세 사이에 열아홉 명의 자녀를 낳았습니다. 그 중 두 명은 기독교계에 큰 공헌을 했으며, 그들의 영향은 오늘날까지도 계속되고 있습니다. 수산나는 요한 웨슬리가 태어날 때 30세, 찰스 웨슬리가 태어날 때 39세였습니다. 틀림없이 그녀는 나이가 들면서 자녀를 그만 갖기를 몹시 원하였을 것입니다. 그러나 하나님께서는 수세기 동안 영적으로 큰 영향을 미치는 아들들로써 그녀를 축복하시기로 하신 것입니다.

하나님께서는 그분이 귀히 쓰실 아이를 당신에게 주실지도 모릅니다. 아니면 당신의 아이는 아주 평범할 수도 있습니다. 어떻든지 간에 그 아이는 하나님 보시기에 귀한 존재이며, 부모가 베풀 수 있는 최상의 사랑과 보살핌과 교육을 받을 자격이 있습니다.

어떻게 해결하며 좋아할 것인가?

하나님의 시야를 가지십시오. 당신의 자녀에 대해 매일 하나님께 감사하십시오. 그 특별한 아이를 양육할 수 있는 특권을 주신 것에 대해 하나님께 감사를 표현하십시오. 당신이 비록 이미 자녀들을 양육했었다 할지라도 여전히 배워야 할 것이 많이 있을 것입니다. 그 아이를 양육할 때 하나님께 지혜를 달라고 매일 기도하십시오. 자녀 양육의 성서적 개념들에 대한 당신의 이해를 새롭게 하십시오.

당신의 시간 계획을 기꺼이 재조정하십시오. 중년기에 새로운 자녀의 출현과 함께 삶에는 반드시 변화가 따라야만 합니다. 은혜스럽게 변화하기로 결심하십시오. 어떤 활동들은 시간과 양을 줄이거나 아예 그만두어야 할지도 모릅니다. 자녀들은 우리를 제한시킬 것입니다. 그 제한들을 받아들이며 기꺼이 거기에 적응하십시오.

일관성 있게 훈련하십시오. 임신 초기의 충격이 점점 사라지면서 하나님께서는 분개하는 마음을 기대하는 마음으로 바꿔 주십니다. 그리하여 우리는 너무도 기쁜 나머지 자칫 새로운 아이를 편애하고 애완동물처럼 취급하며, 이 귀염둥이를 부모는 거의 떠받들다시피하게 됩니다. 때로는 불순종과 나쁜 버릇도 대수롭지 않게 보이며, 심지어는 그런 것이 귀엽게 보이기까지 합니다. 우리는 바르게 잡아 주며 고쳐 주어야 할 필요성을 무시하기 쉽습니다. 그리하여 우리는 자녀를 잘못 다룹니다. 그 아이에게 지속적으로 철저한 훈련을 시키기 위해 우리의 축적된 지혜를 사용할 기회를 하나님께서는 주셨습니다. 자녀는 우리가 사랑 가운데 꾸준히 훈련시키며 바르게 잡아 주는 것을 받을 권리가 있습니다. 자녀에게서 이 권리를 빼앗지 마십시오.

그들이 당신의 삶을 좌지우지하게는 하지 마십시오. 그들이 당신에게서 자기가 원하는 것을 얻어 내려고 떼쓰는 것을 받아 주게 되면, 당신은 가정의 정상 질서를 무너뜨리게 될 것입니다. 부모는 마땅히 자녀에 대하여 그 권위를 행사해야 하며, 부모의 권위를 경험하고 따르는 것이 자녀에게는 유익한 것입니다.

우리 딸이 태어났을 때 아들은 사춘기에 접어들고 있었습니다. 사춘기의 사내 아이들은 자신의 남자다움을 과시하기 위하여 거친 행동들을 하고 싶은 충동을 받습니다. 그러나 아들 녀석은 얼굴 한 번 찡그리지 않고 새로 태어난 여동생을 자상하게 돌봐 주었습니다.

우리가 아는 어떤 가정에서는 새 아기가 태어 났는데 정상아가 아니었습니다. 온 가족이 그 꼬마애 주위에 달라붙어 사랑하고 보살피며 보호해 주었습니다.

중년기에 새로운 자녀를 가지는 것은 우리를 계속 젊게 만들어 줍니다. 혹은 새로운 자녀를 기르느라 지쳐 버린 한 엄마의 이야기처럼 두 배나 빨리 늙을 것입니다. 우리는 그들의 관심과 흥미에 우리의 생각을 맞추어야 합니다. 다시 한 번 우리는 새로운 자녀의 눈을 통해 세상을 바라볼 수가 있습니다.

이 새로운 자녀로 인해 우리는 젊은 부모들과 계속 접촉할 수 있고 우호 관계를 형성하고 유지할 수 있습니다. 우리는 자녀들의 놀이 친구들을 통하여 이웃 사람들에게 쉽게 접근할 수 있게 됩니다. 많은 중년기의 그리스도인들이 이웃의 젊은 부부들을 그리스도께로 인도했습니다. 자녀들이 함께 놀면서 부모들도 서로 친해졌기 때문입니다.

"내 나이에 유치원 프로그램을 보고 앉아 있다니 참 한심하고 창피하다"고 생각하지 마십시오. 유치원이나 국민학교의 학부모 모임에 나갔을 때 당신 나이 또래의 사람들은 하나도 없고 다 젊은 사람들이라 하여도 당황하지 마십시오. 오히려 그러한 접촉의 기회들을 계속 유지하고 즐기며 거기로부터 유익을 얻으십시오.

또한 새로운 자녀는 큰 아이들에게 책임감을 경험할 기회를 제공합니다. 딸이 16살 때 새로이 딸을 낳은 한 엄마는 이렇게 말했습니다: "우리 딸애의 친구는 미혼모였어요. 그 아이는 우리 딸애한테 아이를 갖는다는 것이 얼마나 무서운 것인가를 설명해 주려고 노력했지요. 그러나 우리 집에는 갓난 아기가 있었기 때문에 우리 딸 아이는 친구애와 같은 철없는 불장난에 많은 책임이 따른다는 것을 알고 있었습니다. 딸애는 아기를 갖는 것이 기쁨이기도 하지만 거기에는 수고가 따른다는 것을 직접 보고 경험함으로써 알았습니다."

손자/손녀

막내 아이가 방을 깨끗하게 정리하는 것을 배웠을 무렵이면, 큰 손자 녀석은 어질러 놓으려 하고 있습니다.

조부모가 손자 손녀에게 중요한 영향을 미치는 것은 하나님의 계획 가운데 들어 있습니다. 조부모가 주님을 알고 주님과 동행하는 삶을 살고 있다면 이것은 훨씬 더 중요합니다.

하나님의 말씀은 조부모 된 사람들에게 이렇게 권면합니다: "오직 너는 스스로 삼가며 네 마음을 힘써 지키라. 두렵건대 네가 그 목도한 일을 잊어버릴까 하노라. 두렵건대 네 생존하는 날 동안에 그 일들이 네 마음에서 떠날까 하노라. 너는 그 일들을 네 아들들과 네 손자들에게 알게 하라"(신명기 4:9). 신명기 6:1-2에서는 좀더 자세히 교훈하고 있습니다:

이는 곧 너희 하나님 여호와께서 너희에게 가르치라 명하신바 명령과 규례와 법도라. 너희가 건너가서 얻을 땅에서 행할 것이니, 곧 너와 네 아들과 네 손자로 평생에 네 하나님 여호와를 경외하며 내가 너희에게 명한 그 모든 규례와 명령을 지키게 하기 위한 것이며, 또 네 날을 장구케 하기 위한 것이라.

　조부모가 된다는 것은 우리에게 특별한 기쁨을 가져다 줍니다. 조부모는 손자의 특별한 점들에 대하여 자유롭게 자랑할 수 있습니다. 부모였을 때는 교만한 것이 아닌가 하는 두려움 때문에 자녀에 대하여 자랑하는 것을 삼가며 조심했지만, 조부모가 되어서는 이런 것에 구애받지 않습니다. 조부모는 쉽게 손자의 놀라운 성장과 재주들을 이야기합니다. 그들은 친구들에게 자기 손자들을 칭찬하기를 좋아합니다. 그리고 자기 손자들이 얼마나 비범한 아이인가를 즉각 인정하지 않는 사람에 대해서는 속으로 그 머리를 의심합니다.
　그러나 이 모든 기쁨과 더불어 여기에도 일정한 책임이 따릅니다. 결혼한 자녀들과의 관계가 정상적이지 못한 상태에 있을 때 손자 손녀의 출생은 서로간의 관계의 회복과 치유를 위한 좋은 기회를 제공합니다. 가족들이 새로 태어난 아기를 중심으로 하여 사랑과 조화 가운데 모임에 따라, 새로 태어난 갓난아기로 인하여 함께 기쁨을 나누는 가운데 부모와 자녀 간에 새로운 이해와 관계를 발전시킬 수 있습니다.
　손자와 관련하여 조부모는 분명하게 명심해야 할 것이 몇 가지 있습니다. 조부모는 그 아이를 기르는 것에 대하여 주님 앞에서 책임이 없습니다. 모든 책임은 부모가 집니다. 조부모는 그 아이의 삶을 고무, 격려해 주는 반면, 그 아이의 삶을 어떤 방향으로 이끌어 가며 지시하지는 않습니다. 자녀가 자기들의 아이를 양육하는 일에 당신이 이래라 저래라 간섭하며 당신 뜻대로 손자 아이를 이끌어 가려고 할 때는 신속히 당신과 당신의 자녀 사이에 갈등이 유발됩니다. 양자의 관계는 손상을 입게 되고, 서로의 감정은 상처를 입게 되며, 원망과 분노가 생겨 금방 해결되지 못하고 오래 계속되는 경우도 있습니다.
　어느 수양회에서 분노가 가득 찬 한 부인과 이야기를 나눈 적이 있습니다. 수양회에 참석하는 동안 집에 두고 온 애들은 아이들의 할머니가 돌보아 주고 있었습니다. 그런데 수양회 도중 집이 궁금하여 전화를 했더니, 12살 된 딸애의 머리를 할머니가 자르게 했다는 것입니다. 부모인 자기의 허락도 없이, 그것도 딸애가 싫어하는 데도 할머니가 강제로 자르게 했던 것입니다. 이 경우 그 할머니는 며느리 및 손자 손녀들과의 관계뿐 아니라, 장차 그들에게 미칠 수 있을 영향력까지도 손상시켜 버렸던 것입니다.

조부모는 자녀의 자녀 양육에서 마음에 들지 않은 것들이 있어 개입 또는 간섭하고 싶을 때가 있는데, 이 경우에는 조심해야만 합니다. 새로 부모가 된 사람들은 자기들이 경험이 없다는 것에 대하여 민감한 반응을 보이며, 자신의 실수를 아주 날카롭게 의식합니다. 그리하여 그들은 부모의 간섭이나 개입, 심지어 선한 충고까지도 지나치게 참견한다고 생각하여 불쾌하게 여기거나 분개하기도 합니다. 조부모는 그 어느 때보다도 자기 손자들을 위하여 기도할 수 있는 놀라운 기회를 가지고 있으며, 또한 하나님께서 손자들의 삶 속에서 역사하시는 것을 지켜 볼 수 있는 기회를 많이 가지게 됩니다. 조부모는 자녀들에게서 실수와 잘못된 판단들을 보면 하나님께서 거기에 개입하여 주시도록 기도해야 합니다. 단 손자들이 해를 입고 있으며 그릇된 방향으로 가고 있는 것이 분명할 때에는 직접적인 개입을 해도 될 것입니다.

조부모는 손자에 대해서나, 손자의 양육 방법에 대하여 공개적으로 반대하는 언행을 삼가야 합니다. 날카롭게 찌르는 말들은 여러 해 동안 부모인 자녀의 마음에 남게 될 것입니다. "아이구, 저런. 너 그 아이를 망치고 있구나"하고 말하고 싶은 생각이 들면 속히 자신을 제어하십시오. 공개적인 비판은 아무 유익이 없고 다만 당신의 자녀들을 고립시킬 수가 있습니다.

조부모는 부모 된 자녀의 표준을 공격하는 것을 피해야 합니다. 당신이 생각하기에 자녀가 손자에게 너무 엄한 것같이 생각되더라도, 그 부모가 자녀에게 한 직접적인 명령들에 대하여는 침해하지 마십시오. 부모가 아이들이 식사 전에는 사탕을 먹어서는 안 된다고 했다면, 당신은 아이들에게 아무 사탕도 주어서는 안 됩니다. 또 아이들이 외출

했다가도 아무리 늦어도 밤 10시까지는 귀가해야 한다고 하는 것이 그 가정의 규칙이라면, 아이들을 10시 넘어서까지 붙잡아 두지 말고 그 이전에 집으로 돌려 보내십시오. 부모는 자녀들이 따라야 할 규칙을 정할 권리와 책임을 가지고 있습니다. 그리고 조부모는 그러한 규칙들을 존중해 주어야만 합니다.

어떤 조부모들은 손자 손녀들에 대하여 무관심하기도 합니다. 할아버지, 할머니라고 하기에는 자기의 나이가 아직 너무 젊다고 생각해서 그럴 수도 있고, 손자 손녀들과 좀 멀리 떨어져 살기 때문일 수도 있고, 서로 왕래할 시간이 없어서 그럴 수도 있습니다. 또 너무 바빠서 여유가 없어서일 수도 있습니다. 무관심은 자녀와 손자들에게 똑같이 그들이 부모(또는 조부모)로부터 거부당하고 있다는 느낌을 갖게 합니다. 당신의 행동에 대해서 거의 반응이 없다 해도 손자들과 긴밀한 관계를 유지하려고 모든 노력을 기울이십시오.

조부모들은 손자 손녀들에게 강한 영향을 미칠 수 있으며, 하나님은 그것을 기대하십니다.

손자 손녀들을 위해 기도하십시오. 당신 외에는 손자 손녀들을 위해 기도해 주는 사람이 세상에 없을지도 모릅니다. 하나님께서는 분명히 당신의 기도를 들으실 것입니다. 당신의 자녀들이 하나님으로부터 떠나 살고 있으며, 따라서 그 자녀들은 영적인 훈련을 전혀 받고 있지 않을지도 모릅니다. 당신의 손자들을 위해 기도하며, 당신이 할 수 있는 범위 내에서 그들에게 영향을 미치십시오.

우리가 알고 있는 한 할머니는 두 외손자가 있습니다. 그 할머니는 훌륭한 그리스도인입니다. 딸이 어렸을 때는 신앙적인 교육을 받으며 자랐습니다. 그러나 딸은 대학에 가서는 신앙을 버렸습니다. 딸은 결혼하여 자녀들을 키우게 되었는데, 자녀들에게 신앙 교육은 전혀 시키지 않았습니다. 그래서 할머니는 외손자들에게 하나님에 관하여 이야기해 주려 했지만, 딸은 싫어했고 하지 못하게 막았습니다. 할 수 없이 할머니는 외손자들을 위해 여러 해 동안 기도했습니다. 그 동안 외손자들은 아무런 신앙 교육도 받지 않고 자랐습니다. 할머니는 더욱 간절히 기도하는 것밖에는 할 수가 없었습니다. 마침내 큰 외손자가 고등학교를 졸업하고 성인이 되자, 할머니는 손자에게 이렇게 말했습니다: "얘야, 너의 교육에서 빠진 게 있다. 이제 네가 어른이 되었기에 그게 무엇인지 말해 주고 싶다." 그리고 할머니는 외손자에게 그가 자기 집에서는 한 번도 들어 보지 못한 복음을 들려 주었습니다.

부모의 교훈을 뒷받침해 주십시오. 손자가 그리스도인 가정에서 살고 있다면 그들이 당신 집을 방문했을 때 자기 집에서 보는 것과 같은 가치관들을 강화시키고 나타내 보여 줌으로써 당신은 그들의 삶에 공헌할 수 있습니다. 그들이 당신이 기도하는 것을 듣게 하십시오. 때로는 영적인 의미를 지닌 선물을 그들에게 하십시오. 우리 가정의 경우 아이들은 할아버지, 할머니가 주님께 헌신된 삶을 사는 것을 보며 자랐기 때문에 참으로 복이 많았습니다.

카운셀러가 되십시오. 아마도 손자애들의 엄마, 아빠는 바쁘고, 힘이 빠져 있고, 여러 가지 문제들을 안고 있을 것입니다. 당신은 손자들에게 이해와 보살핌과 용납을 제공할 수도 있을 것입니다. 대부분의 사람들은 자기 부모의 부정적인 점들을 금방 지적할 수 있습니다. 그러나 조부모에 대해서는 대부분 친절하고 자상하고 따뜻한 인상을 가지고 있습니다. 그것은 조부모는 일반적으로 아이들이 싫어하는 제한 사항들을 요구하지 않기 때문입니다. 당신의 위치를 잘 이용하여 손자들의 사랑과 존경을 얻어 내십시오.

다음은 아들(딸)과 손자(손녀)와 올바른 관계를 맺는 것과 관련한 몇 가지 제안입니다.

- 당신의 자녀들에게 정직하십시오. 당신이 아이들을 돌보아 줄 수 없거나, 그러기를 원치 않으면 그렇다고 솔직하게 말하십시오. 손자 손녀가 당신이 기대하는 수준의 삶을 살지 못하는 것을 발견하면 자녀들에게 그렇게 말하십시오. 그러나, 다시 말하지만, 말할 때는 온유한 방법으로 하는 것이 좋으며, 상대방을 정죄하는 태도로 하는 것은 좋지 않습니다.

- 손자 손녀를 사랑하고 가능한 한 조용히 옆에서 지켜 보십시오. 쓸데없이 그들의 삶에 참견하거나 간섭하지 마십시오. 또 당신 마음에 안 드는 점이 있다고 초조해 하거나 지나치게 염려하지 마십시오. 염려한다고 상황이 바뀌는 법은 없습니다. 대신 기도하십시오.
- 모범을 통하여 영향을 미치십시오. 우리 가정의 경우 할머니는 우리 첫 아기가 아장아장 걷고 있을 때 여러 주 동안 우리 집에서 함께 머문 적이 있었습니다. 할머니는 우리가 하는 실수들을 보았지만 한 마디도 하지 않으시고, 대신 더 나은 방법을 행동으로 보여 주셨습니다. 그러면 우리는 그것을 재빨리 알아차렸고, 공개적인 비판으로 인하여 할머니와 우리와의 관계가 어려웠던 적이 한 번도 없었습니다.
- 그들의 시간을 요구하지 마십시오. 손자 손녀들은 자기들 나름대로 바쁜 삶을 살고 있을 것이기 때문에, 그들을 자주 보기 원하는 당신의 소원을 항상 채워 줄 수는 없을 것입니다. 당신의 마음이 상한다면 그것을 주님께만 아뢰고, 자녀들에게는 말하지 마십시오.
- 자녀들 가정의 프라이버시를 침해하지 마십시오. 자녀들은 그들 자신의 생활 방식을 발전시킬 필요가 있습니다. 그들을 방문하기 전에 초대를 기다리는 것이 좋을 것입니다. 예기치 않은 방문을 할 때에는 적어도 그들의 스케줄을 전화로 확인해 보는 것이 좋을 것입니다. 당신이 그들과 함께 살고 있는 경우라면 어떻게 해야 합니까? 이런 경우에는 그들의 계획에 당신을 맞추며, 그들의 생활 방식에 기여하기 위해 모든 시도를 하십시오.

하나님께서 손자 손녀들을 주시는 것은 하나님의 축복의 증거로서, 대를 잇는 표시로서, 노년의 기쁨으로서 주시는 것입니다. 그들을 환영하고 그들이 가져다 주는 기쁨들에 응답하십시오. 손자 손녀들에게 자랑스런 할아버지, 할머니가 되십시오.

제 9 장

독 신

독신으로서 주님을 섬기고 있는 밀리 홉킨스 여사는 이렇게 말했습니다: "독신은 기쁘게 받아 사용하고 즐겨야 할 은사입니다. 항상 나에게 가장 좋고 완전한 선물들만을 주시는 사랑하는 나의 하나님 아버지께서 독신을 선물로 주셨다면, 나는 기쁨으로 그것을 받아들일 수 있으며, 이땅에서의 나의 짧은 인생을 위한 그분의 목적들을 성취하는 일에 내 자신을 드릴 것입니다. 하나님께서는 우리가 얼마 동안 독신으로 지내는 것이 좋을지를 아십니다.

"독신 생활은 하나의 기회입니다. 독신 남성과 여성들은 그것을 결코 좋게 여긴 적이 없었습니다. 독신 생활은 오늘날 실행 가능한 생활 방식으로서 예전보다는 더 널리 받아들여지고 있습니다. 독신 여성으로서 나는 많은 결혼한 여성들이 할 수 없거나 해서는 안 되는 일을 자유로이 할 수 있습니다. 나는 마음이 나뉘지 않고 정성을 다하여 주님을 섬길 수가 있습니다.

"독신 여성은 결혼하지 않음으로써 뭔가를 놓치고 있지는 않습니까? 물론 놓치는 것도 있습니다. 그러나 도대체 이 세상에서 모든 것을 다 가지고 있는 사람이 누구입니까? 이상적인 결혼 생활을 하는 사람은 거의 없습니다. 결혼 생활의 기쁨과 더불어 또한 내가 질 필요가 없는 책임들이 따르는 것입니다.
"또한 나는 이런 사람이 아니라는 것에 대하여 감사를 드립니다:

- 이혼으로 버림받은 아내
- 남편의 죽음으로 혼자가 된 과부
- 반항하는 자녀로 인해 마음 상한 어머니."

미국 인구 조사국은 미국 내의 독신자 인구에 관한 통계 결과를 발표했는데, 이 통계 보고서는 몇 가지 새로운 사실을 밝혀 주고 있었습니다.

1978년 3월 현재 5세대 중 1세대 이상 꼴로 독신 세대였습니다. 이 보고서에 따르면, 또한 독신 세대의 62%가 독신 여성에 의한 것이었습니다. 1970년 이래로 독신 남성의 숫자가 독신 여성의 숫자보다 급속히 증가했음에도 불구하고 여전히 여성이 차지하는 비율이 더 많았습니다. 1970년에는 결혼한 사람 1,000명 중 47명이 이혼했는데, 1978년에는 1,000명 중 90명으로 이혼율이 91%나 증가하였습니다.

배우자의 죽음에 의한 것이든, 이혼에 의한 것이든, 또는 스스로의 선택에 의한 것이든, 또는 기타 어떤 사정에 의해 독신으로 살고 있건 간에 오늘날 독신 생활자의 비율은 급속도로 증가하고 있습니다. 이러한 추세는 그리스도인 사회에서도 마찬가지입니다.

독신 생활에는 이 생활만이 지니고 있는 독특한 특성이 있으며, 결혼한 사람들은 경험하지 못하는 유익점과 불리한 점이 있습니다.

독신 생활의 유익점

사도 바울은 이 문제에 대하여 구체적으로 언급했습니다:

내가 혼인하지 아니한 자들과 및 과부들에게 이르노니, 나와 같이 그

낭 지내는 것이 좋으니라…너희가 염려 없기를 원하노라. 장가가지 않은 자는 주의 일을 염려하여 어찌하여야 주를 기쁘시게 할꼬 하되 …시집가지 않은 자와 처녀는 주의 일을 염려하여 몸과 영을 다 거룩하게 하려 하되, 시집간 자는 세상 일을 염려하여 어찌하여야 남편을 기쁘게 할꼬 하느니라. 내가 이것을 말함은 너희의 유익을 위함이요, 너희에게 올무를 놓으려 함이 아니니 오직 너희로 하여금 이치에 합하게 하여 분요함이 없이 주를 섬기게 하려 함이라(고린도전서 7:8, 32, 34-35).

바울은 고린도전서 7:17에서 이 가르침을 이렇게 요약했습니다:"오직 주께서 각 사람에게 나눠 주신 대로 하나님이 각 사람을 부르신 그대로 행하라." 대부분의 사람들은 결혼을 합니다. 따라서 결혼은 모든 사람에게 최상의 것이라는 생각이 자연스럽게 보입니다. 그러나 고린도전서 7장에서 바울이 언급하였듯이, 결혼하는 것이 반드시 해야만 하는 필수적인 것은 아닙니다. 바울은 독신 생활도 성서적으로 받아들여질 수 있는 생활 방식이라는 것을 확증하고 있습니다.

직업 변경의 자유

독신자들은 이사를 하거나 직업상 주요한 변화를 꾀하고자 할 때 가족을 책임질 필요가 없기 때문에 가족으로 인해 그 계획을 그만둘 필요가 없습니다. 그들은 언제든지 움직일 수 있으며 새로운 곳이나 상황에 신속히 다시 적응할 수 있습니다. 새로운 직장을 얻기 위한 재교육비나 이사 비용이 엄청나게 절약될 수도 있습니다. 이것은 독신자들은 기반이 없다거나 매이는 것이 없다는 말이 아닙니다. 그들도 역시 참여하고 있는 모임들이 있으며, 친구들이 있고, 기타 인간 관계들이 있지만, 결혼한 사람들보다는 움직이기가 더 쉽다는 것입니다.

우리가 알고 있는 한 남자는 자기 나름대로의 인생을 즐기기 위해 직장을 여러 번 바꾸었습니다. 그는 자기 분야에 대하여 더 연구하고 공부하기 위하여 한 몇 년 다니다가는 그만두고 일 년 정도 쉬면서 자기 분야에 대한 지식을 쌓았습니다. 쉬는 동안에는 직장 생활을 할 동안에 따로 저금해 둔 돈으로 검소하게 살았습니다. 그는 집이나 차를 산 적이 없었습니다. 가지고 있는 것이라고 해봐야 이사할 때 상자 몇 개면 꾸릴 수 있을 정도였습니다. 자기 직업 분야에 대한 그의 전문 지식은 정말 방대하였습니다. 그는 이렇게 쉬고 다시 직장을 구했는데, 언제나 금방 구했습니다. 물론 이 사람의 경우는 하나의 특수한 예외이며, 독신자들에게조차도 이례적인 것이지만, 만일 그가 결혼한 사람이라면 이런 생활은 불가능했을 것이며, 만일 가능하다손 치더라도 많은 복잡한 문제가 따랐을 것입니다. 모든 독신자들이 이런 예외적인 생활 방식을 따르기를 좋아하는 것은 아닙니다. 대부분은 일반적인 직장 생활을 할 것입니다. 그러나 변화의 기회가 왔을 때 독신자는 신속하고 쉽게 행동할 수 있는 것은 분명합니다.

위의 예는 독신자라도 가족이 전혀 없는 경우이며, 만일 이혼이나 배우자의 죽음으로 인하여 혼자가 되었는데 부양해야 할 자녀가 있는 경우에는 사정이 약간 다를 수 있습니다. 그러나 자녀는 배우자만큼 결정에 제한을 가하지 않습니다. 자녀는 새로운 상황이나 거주지에 쉽게 적응합니다.

단순한 생활 방식
- 소유나 재산에 대해서는 신경을 훨씬 덜 써도 됩니다. 독신자들은 큰 아파트나 주택이 필요 없습니다. 혼자 살기에 적합한 작은 아파트나 집이면 충분합니다.
- 배우자가 좋아할 것인지 싫어할 것인지를 신경쓸 필요 없이 자기가 원하는 친구들을 사귈 수 있습니다.
- 혼자 수입으로 혼자 살아가기 때문에 경제적으로는 일반적으로 어려움이 없습니다.
- 결혼을 하게 되면 배우자 및 자녀들과의 관계, 그리고 양가 친지들과의 관계 등 인간 관계들이 많이 늘어나게 되는데, 독신자는 이런 것이 없습니다. 이혼이나 사별에 의해 혼자가 된 사람들도

인간 관계가 상당히 단순해집니다.
• 독신자들은 부모로서의 책임이 없기 때문에 자유롭습니다.

시간 사용의 자유

독신자들은 시간 계획을 세울 때 자기 혼자만 고려하면 됩니다. 활동이나 인간 관계들도 배우자를 고려할 필요 없이 자기만 고려하면 됩니다.

독신자들은 쉽게 활동들을 더할 수도 있고 뺄 수도 있습니다. 결혼한 사람들만큼 가족들에 대한 책임과 배려 때문에 제한을 받지 않아도 되기 때문입니다. 일주일의 시간 계획을 짤 때도 배우자 및 자녀들과 상의할 필요가 없습니다.

설령 어떤 사람과 방을 같이 쓰고 있다 해도 그들이 가하는 시간 제한은 가족이 가하는 것과는 다릅니다. 애기가 한밤중에 깨어 울며 보채는 것과 같은 일을 겪지 않아도 됩니다. 애기 보아 줄 사람이 필요 없습니다. 다른 사람의 스케줄에 얽매이지도 않습니다.

독신자 역시 결혼한 사람만큼이나 그를 제한하는 활동들과 책임들을 선택할 수 있지만, 그것은 그의 선택이지 필수적인 것은 아닙니다.

하나님을 섬기는 데 있어서의 자유

사도 바울은 독신으로 하나님을 자유로이 섬기는 것의 유익점을 알고 있었습니다. 결혼하지 않은 사람은 마음이 나뉘거나 분요함이 없이 주님께 헌신하여 주님을 섬긴다고 바울은 말했습니다(고린도전서 7:32-35 참조). 독신자들은 그들에게 짐을 지우는 가족들의 압력이나 요구가 없기 때문에 자유로이 주님을 섬길 수 있는 이점이 있습니다.

구약의 위대한 성도 룻은 나오미에게 이렇게 말했습니다: "나로 어머니를 떠나며 어머니를 따르지 말고 돌아가라 강권하지 마옵소서. 어머니께서 가시는 곳에 나도 가고 어머니께서 유숙하시는 곳에서 나도 유숙하겠나이다. 어머니의 백성이 나의 백성이 되고 어머니의 하나님이 나의 하나님이 되시리니"(룻기 1:16). 룻은 남편을 여의고 자식도 없이 혼자였기 때문에, 거주지와 생활 방식에서의 급진적인 변화를 시도하는 데 있어서 자유로웠습니다.

장모님은 홀몸으로 25년 동안 선교지에서 하나님을 섬겼습니다. 그분은 하나님과 함께 고도의 모험의 삶을 경험했습니다. 이러한 믿음의 모험의 삶을 통하여 그분은 하나님께서 자기의 모든 필요들 – 보호, 우정, 위로, 경제적 필요, 건강, 친구들 등등 – 을 채워 주시는 것을 경험했습니다. 하나님께서는 또한 한 극빈 가정의 어린 소녀를 맡아 양육하고 교육시킬 기회도 주셨습니다. 그분은 많은 영적 승리를 경험하였고, 선교지에서의 그분의 섬김을 통하여 많은 사람들이 그리스도께로 나왔습니다.

평생을 독신으로 살거나 늦게 결혼하여 진심으로 하나님을 섬기는 일에 자신의 삶을 바친 사람들이 많이 있습니다. 인도의 에이미 카마이클, 중국 오지의 J. O. 프레이저, 미국 캘리포니아의 헐리우드에 있는 제일장로교회에서 말씀을 가르친 헨리에타 미어즈 같은 사람들은 독신으로 있을 동안 하나님을 신실하게 섬긴 사람들입니다.

1976년에 미국에서 해외로 파송된 선교사의 32.1%가 독신 남성 및 여성이었습니다(부부는 한 명으로 계산함). 그리고 전체의 26.9%가 독신 여성이었습니다. 교회에서의 여성의 역할에 대하여 많은 반론과 토의가 있음에도 불구하고, 여성들은(특히 독신 여성들은) 세계 선교에 뛰어난 공헌을 해왔습니다. 많은 다른 사람들이 하나님의 부르심에 응하지 않을 때 독신 여성들이 그 부르심에 응했던 것입니다.

반면에, 많은 독신 남성 및 여성들이 선교사나 전임 사역자로 부르심을 받았음에도 불구하고, 그들과 같은 부르심을 받지 못했거나, 또는 하나님을 섬길 마음이 없는 사람과 결혼하기로 결정했습니다. 그들은 불신자나 미성숙한 그리스도인과의 결혼을 선택함으로써 그리스도를 위하여 기여할 수 있는 기회를 놓치고 말았습니다.

대부분의 독신자들은 통상적인 생활 방식을 영위할 것입니다. 그들에게도 직업과 집과 친구들이 있습니다. 그들에게도 부모님과 형제 자매들이 있지만, 가족 관계에 있어서 결혼한 사람들보다 덜 얽매어 있기 때문에, 그들은 여러 가지 역할에서 하나님을 더욱 자유롭게 섬길 것입니다. 교회학교 교사인 경우 그들은 자녀가 아파서 교회학교를 빼먹을 필요가 없습니다. 그들은 성경 공부를 인도하거나, 아픈 사람들, 노인들, 또는 젊은이들을 돕기 위해 저녁 시간을 더 자유롭게 드릴 수 있습니다. 하나님께서 그들을 다른 문화권에서 섬기도록 부르신다면, 그들은 혼자이기 때문에 더 적은 경제적 지원을 받고도 선교 사역을 할 수 있으며, 더 간단한 여행 및 생활 경비를 가지고도 잘 해나갈 수 있을 것입니다.

우리 아들은 고등학교 시절 독신인 중년 그리스도인 교사의 긍정적인 영향을 강하게 받았는데, 그 교사는 아이들을 데리고 등산도 하고, 이중 자일을 타고 암벽을 내려 오는 방법도 가르쳐 줄 수 있을 만큼 시간이 있었습니다. 그는 이러한 영향이 매우 필요한 때에 스포츠를 통하여 아이들에 대한 경건한 보살핌과 관심을 베풀었습니다. 자녀의 사춘기 동안에 부모의 영향은 다른 경건한 어른들에 의해 지원, 강화될 필요가 있습니다. 하나님께서는 많은 영역에서 독신자들을 효과적으로 사용하실 수 있습니다:

- 교회학교 교사
- 제자삼는 사역
- 순회 사역
- 단기 해외 선교사
- 젊은이들의 상담
- 젊은이들을 위한 사역

중년기에 다다른 어떤 독신자들은 하나님을 섬길 수 있는 새로운 길을 찾아 볼 수도 있을 것입니다. 만일 당신이 그리스도의 몸에 아무 기여도 하고 있지 않다면, 당신의 삶을 투자할 수 있는 곳을 찾아 보십시오. 먼저 자신이 관심과 흥미를 갖고 있는 영역이 무엇이며, 자신의 영적 은사가 무엇인지를 알아보십시오. 자신의 영적 은사가 무엇인지를 잘 모르겠다면, 경건한 친구나 영적 지도자나 목사님에게 물어 보십시오. 그 다음 작은 것부터라도 그리스도의 몸에 기여할 결심을 하고 시작하십시오. 당신에게는 줄 것이 많이 있을 것입니다.

독신 생활의 불리한 점

고 독

어떤 독신자들에게는 이루 다 말할 수 없는 고독이 있습니다. 기쁨이나 슬픔을 경험할 때 그것을 함께 나눌 친구가 없습니다. 아프거나 낙심하거나 침체 가운데 있을 때 가까운 친구가 없다면 그 짐을 혼자서 져야 합니다.

중년기에 이르면 많은 독신자들이 인생의 나머지도 계속 독신으로 살 것을 알고 장차 맞이하게 될지도 모르는 고독을 두려워합니다. 많은 독신 여성들이 삶에서 맞이하는 정신적 압박과 문제들을 함께 자세히 나눌 수 있는 가까운 친구가 하나도 없습니다. 따라서 그들에게 조언도 해주고 관심과 우정을 베풀어 줄 수 있는 다른 여성이나 부부와 긴밀한 관계를 발전시키는 것은 중요합니다. 독신 남성들 역시 이와 같은 긴밀한 관계들이 필요합니다.

경제적인 문제들

독신 여성들, 특히 중년기의 독신 여성들은 남다른 직업을 갖고 있지 않으면 늘 경제적으로 어렵게 살 것이라는 것을 알고 있습니다. 대부분의 여성들이 아직도 같은 직업 분야에서도 남성들과 동등한 대우를 받지 못하고 있는 것이 현실입니다. 장차 그들을 돌봐 줄 가족이 전혀 없는 경우, 빠듯한 생활을 하면서 노년에 대한 대비가 막연하고 장래를 생각하면 퇴직금이나 연금이 그 유일한 대책이라는 생각이 들 때 두려움을 느끼게 될 것입니다.

건강이 나빠지거나 직장을 잃게 되면 경제적 안정을 무너뜨릴 수 있기 때문에 자신의 경제적 공급의 원천이 자기 자신뿐이라는 것은 무거운 책임인 것입니다. 늘 스스로 벌어서 생활해야 하기 때문에, 몸이 아파 몸져 눕게 된다든지 직장이라도 잃게 되는 날이면 그야말로 앞길이 막막해집니다. 우리는 그리스도인으로서 하나님이 우리의 공급자이시며, 모든 좋은 것들이 그분으로부터 나온다는 것을 알고 있습니다. 그러나 여하튼 매달 받는 고정된 월급이나 일정한 수입은 하나님의 공급의 증거가 되며, 하나님께서 기타 다른 방법으로도 우리에게 공급해 주실 수 있을지에 대해서는 우리는 믿기 어려워하는 것을 봅니다.

미국의 경우 서서히 변하고 있기는 하지만 여전히 세금 구조가 결혼한 사람들과 다른 사람들을 경제적으로 부양하고 있는 사람들에게 유리합니다. 또한 어느 세미나 광고에 참가 비용으로 일인당 14$, 단 부부는 25$이라고 되어 있는 것을 보거나, 식료품 가게에 갔는데 당신은 단지 반 파운드만 필요한데 햄버거 포장이 모두 2파운드짜리밖에 없는 것을 보면 화가 납니다.

성적 압력

독신으로 산다고 하여 성적인 욕구가 없어지는 것은 아닙니다. 그들에게도 똑같이 성적인 욕구가 있습니다. 고린도전서 7장에서 바울은 성적 욕구를 제어하기 어려워하는 사람들에게 "만일 절제할 수 없거든 혼인하라. 정욕이 불같이 타는 것보다 혼인하는 것이 나으니라"(9절)고 말했습니다. 그러나 결혼할 기회를 전혀 가질 수 없었던 사람들은 어떻게 해야 합니까? 독신자들은 성적 충족을 원하는 마음과 이성에 대하여 이끌리는 마음을 어떻게 다루어야 합니까?

독신자들은 성적으로 부도덕한 행위가 죄라는 것을 하나님의 말씀을 통하여 확신하고 있지 않으면 이 영역에 있어서 흔들릴 수가 있습니다. 특히 성생활을 결혼 생활 안으로 제한시키는 것이 아니라, 이러한 제한에 반대하면서 결혼 생활 밖에서도 성적 욕구들을 자유롭게 만족시켜도 좋다는 풍조가 만연되어 있는 오늘날의 사회에서 우리 그리스도인들조차도 쉽게 동요될 수 있습니다. 혼전이나 혼외 성관계에 대하여 그리스도인들 가운데서도 그 허용을 찬성하는 사람들이 늘어나고 있다는 것은 실로 심각한 문제입니다.

그러면 현실적으로 존재하는 성적 욕구를 독신자들은 어떻게 해결해야 합니까? 그 답은 성적 욕구를 죄악시하면서 그냥 억눌러 버리기만 하는 것이 아니라, 그 에너지를 창조적이고 유용하고 도움이 되는 방법으로 사용함으로써 건설적인 방향으로 그 방향을 틀어 주는 것입니다. 성서적인 의미에서 성적인 표현은 상대방에게 자신을 내어 주며 상대방을 사랑하는 감정 위에 기초하고 있습니다. 하나님께서 평생을 같이할 배우자를 당신에게 주시지 않았다면 당신의 관심을 다른 사람들에게로 확장시켜 그들을 돌보며 그들의 필요를 채워 주는 건전하고 유익한 일에 이 놀라운 사랑의 힘을 사용하십시오. 간음이나 동성애, 부도덕한 이성 관계, 자위 행위 등은 절대 그 답이 될 수 없습니다. 다른 사람들을 위한 일에 적극적으로 참여하는 삶은, 표현되고 충족되기를 원하는 이 성적 욕구에 건전한 방출구를 제공할 것입니다.

또한 운동 같은 신체 활동들도 단기적으로는 성적 욕구의 건전한 발산을 위한 좋은 방법입니다. 좋은 건강을 유지하는 것이 현명합니다. 또한 자극적인 영화나 텔레비전 프로, 잡지나 책들을 피하는 것도 도움이 됩니다.

결혼했다가 이혼했거나 배우자를 여의고 혼자가 된 사람들은 특히 자신의 성적 충동을 주의 깊게 경계해야만 합니다. 과거의 경험이 있기 때문에 결혼한 경험이 없는 독신자들보다 성적 충동을 더 많이 느낄 것입니다. 따라서 절제하기가 더 힘들 수도 있습니다. 그럼에도 불구하고 그들이 혼자 살고 있는 한 성적 욕구들을 절제하고 건설적이고 유익한 방향으로 그것을 사용해야 합니다. 금욕과 절제는 이 음란하고 패역한 세대에서 그리스도인의 품질 보증서입니다. 하나님께서 이것을 우리에게 요구하시는 것은 우리로 하여금 정신적으로나 육체적으로 갈등하며 고통을 당하도록 하기 위한 것이 아니라 하나님을 영화롭게 하도록 하기 위한 것입니다.

그리스도인이 성적으로 부도덕하고 난잡한 행동을 하게 되면 그 어느 행동보다도 빨리 하나님의 이름에 먹칠을 하게 됩니다. 물론 이것은 결혼한 사람이건 독신이건을 막론하고 모든 그리스도인들에게 해당됩니다. 그러나 일단 결혼했다가 혼자가 된 사람들은 마음과 몸 양면에서 절제해야 할 필요가 있습니다. 이것은 과거에 성적으로 문란한 삶을 살다가 지금은 하나님 앞에서 순결한 삶을 살기를 원하는 독신자에게도 해당됩니다.

이기심

독신자들은 쉽게 다른 사람들을 제외시키고 자기탐닉적이고 이기적인 생활 패턴들을 발전시킬 수가 있습니다. 자기 중심적이 되며 시간과 돈과 소유물을 다른 사람들과 나누기를 꺼리게 되기가 쉽습니다. 때로는 이러한 행동들이 올바른 동기에 기초한 것이면서도 그 표현 방법이 잘못된 경우도 있을 수 있는데, 이런 경우에는 그러한 행동이 나쁘다고만 할 수는 없습니다.

한 중년기 독신 여성은 하나님을 위하여 후히 드리는 삶을 살았는데, 어느 날 앞으로의 삶을 생각하면서 장래를 위해 특별한 항목으로 저축해야 할 필요를 느끼고서 교회에 하던 헌금 액수를 약간 줄였습니다. 또 어떤 사람은 "나도 여러 가지 필요들을 가지고 있는 인간일 뿐이다. 내가 아무에게나 손을 벌릴 수는 없고 그렇게 하지도 않는다. 나 역시 내게 손을 벌리는 아무에게나 나의 돈과 시간을 내줄 수는 없는 법이다"고 생각하면서 교회나 지역 사회의 어떤 활동들에 참여하기를 거절할 수도 있습니다.

사도 바울은 빌립보서 2:4에서 "각각 자기 일을 돌아볼 뿐더러 또한 각각 다른 사람들의 일을 돌아보라"고 했습니다.

혼자 사는 생활 방식이 이기적인 생활 방식을 낳지 않도록 조심하십시오. 다른 사람들에게로 당신의 관심의 폭을 넓히며, 비이기적인 태도로 그들과 함께할 준비가 되어 있다는 것을 그들에게 알림으로써 이러한 위험과 싸우십시오.

그리스도의 몸은 독신자들의 기여를 통하여 더 부요해집니다. 하나님께서 함께 나누어 가지라고 당신에게 주신 것을 그리스도의 몸 안에 있는 다른 사람들에게 주지 않는 일이 없도록 하십시오.

분노와 쓴뿌리

한 중년 여성이 이렇게 말했습니다: "우리 집은 딸만 다섯이었어요. 지금은 모두 결혼해서 자녀들이 있지요. 조카애들 중에는 벌써 결혼한 사람도 있습니다. 제 나이 마흔다섯입니다. 하나님께서 제게 남편을 주시지 않은 것에 대해 정말이지 저는 화가 납니다. 저는 왜 독신으로 살아야만 하나요?"

사도 바울은 쓴뿌리가 그 사람 자신과 다른 사람들에게 끼치는 엄청난 파괴력을 잘 알고 있었습니다. 그는 에베소의 성도들에게 이렇게 썼습니다: "너희는 모든 악독과 노함과 분냄과 떠드는 것과 훼방하는 것을 모든 악의와 함께 버리고"(에베소서 4:31). 그리고 히브리서 12:15에서는 이렇게 말씀하고 있습니다: "너희는 돌아보아 하나님 은혜에 이르지 못하는 자가 있는가 두려워하고 또 쓴뿌리가 나서 괴롭게 하고 많은 사람이 이로 말미암아 더러움을 입을까 두려워하고."

경직성

독신자들은 생활 속에서 다른 사람들의 요구를 고려할 기회가 거의 없다시피 하기 때문에 융통성을 상실하고 경직화될 위험이 있습니다. 이것이 중년기에 이르면 현실이 되며, 독신자들뿐 아니라 결혼한 사람들도 마찬가지입니다. 중년기가 되면서 우리는 다른 사람들의 필요를 보고도 자신의 계획을 바꾸기를 거절하며, 자기 자신만의 독특한 습관들을 고집하며, 사고 방식이 고정되어 버릴 수가 있는데, 이것이 계속되면 우리는 콘크리트처럼 굳어져 버리게 됩니다.

그러나 일생토록 융통성을 지니고 배우는 자로서 산다는 것은 그리스도인에게 있어서는 없어서는 안 될 중요한 것입니다. 융통성을 가진다는 것은 다른 사람들의 필요 및 우리의 삶 가운데서 변화시켜야 할 영역들에 대하여 민감하게 반응하는 것이 포함됩니다. 우리는 매일 하나님께서 우리에게 그러한 것들을 가르쳐 주시도록 기도해야 합니다.

우리는 성경 말씀을 통하여, 그리고 성령의 내적 사역을 통하여 우리의 삶 속에 있는 완고하고 비생산적인 것들을 지적하여 주시도록 기도해야 합니다. 또한 우리는 어떻게 하면 자신을 변화시킬 수 있는지 그 방법을 보여 주시도록 하나님께 기도해야 합니다. 그리고 다른 사람들이 우리의 삶 속에 있는 부정적인 면들에 대하여 해주는 모든 제안과 충고에 마음을 열어야만 합니다.

주위 그리스도인들의 호기심과 몰이해

많은 독신자들, 특히 결혼한 경험이 없는 독신자들에게 있어서 그들을 가장 화나게 하는 것 중의 하나가 주위 그리스도인들의 꼬치꼬치 캐묻기 좋아하는 호기심과 몰이해입니다.

- "나는 네가 왜 결혼을 하지 않는지 통 이해할 수 없어."
- "넌 정말 훌륭한 사람이니까, 분명히 누군가가 너와 결혼하고 싶어할 거야."
- "이번 금요일에 우리 친척 중에 아직 미혼인 참한 아가씨가 우리 집을 방문하는데, 한번 만나 보지 않겠습니까? 만나 보시면 아마 첫눈에 반하게 될 겁니다."
- "지금까지 너에게 청혼한 사람이 아무도 없었어?"
- "네가 조금만 더 적극적이면 결혼하는 건 시간 문젤거야."

이 문제와 관련하여 많은 그리스도인 독신자들이 이구동성으로 지적하는 것은 그리스도인들이 세상 사람들보다 오히려 독신 생활에 대해 더 이상하게 생각하며 이해를 못 해준다는 것입니다. 한 그리스도인 독신 여성이 우리에게 이렇게 말했습니다: "그 이유는 아마 그들이 결혼하여 행복하게 살고 있어서 우리도 결혼하여 그들처럼 행복하게 살았으면 하는 마음이 있기 때문일 것입니다. 그들의 마음속에는 독신 생활은 불행한 것이라는 생각이 깔려 있습니다. 그들은 독신 생활도 역시 행복하고 만족스런 삶이 될 수 있다는 것을 이해하지 못할 것입니다. 그야 머리로는 가능성을 인정할 수 있지만, 마음으로는 그것을 믿기를 거부하는 것이죠."

많은 그리스도인들이 하나님께서 어떤 사람들은 독신으로 살도록 부르셨다는 사실을 이해할 필요가 있습니다. 그렇다 할지라도 생의 반려자를 위해 계속 기도하며 하나님께서 언젠가 주시리라고 믿고 있는 독신자들은 그들이 계속 독신으로 사는 것에 대하여 이해를 못하며 감사하지도 못할 것입니다. 만일 주위의 결혼한 사람들이 독신으로 살고 있는 것에 대하여 이러쿵저러쿵 말하는 것을 중지한다면 그들은 자신의 독신 생활에 대하여 만족하며 기뻐하게 되기가 훨씬 더 쉬울 것입니다.

독신 생활을 즐기려면

하나님의 절대주권을 인정하라

하나님께서는 각 사람의 필요를 알고 계시며, 합력하여 선을 이루십니다. 하나님께서는 그들의 선을 위하여 일하고 계십니다. 하나님께서 당신을 위하여 독신 생활을 선택하신다면 그분은 그것이 최상이라는 것을 알고 계십니다. 결혼 생활이든 독신 생활이든 그 선택에 관하여 하나님의 완전하신 뜻과 절대주권을 믿고 의뢰할 때 마음에 참평안과 자유를 누리게 됩니다.

독신이든 결혼했든, 기쁨의 생활을 하는 열쇠는 하나님과 올바른 관계 가운데 사는 것입니다. 많은 독신자들이 자기가 결혼하기만 하면 행복한 삶을 살텐데 하면서 하나님께서 배우자를 주시기만을 학수고대합니다. 반면 많은 결혼한 사람들이 자기가 다시 독신으로 살 수만 있다면 행복한 삶을 살텐데 하고 생각하며, 심지어는 배우자와 이혼하려고까지 합니다. 그러나 배우자의 유무가 행복한 삶에 이르는 열쇠를 제공하지는 않습니다. 오직 하나님과의 화평만이 그 열쇠를 제공합니다. 사도 바울은 이 사실을 강조했습니다:

나는 모든 사람이 나와 같기를 원하노라. 그러나 각각 하나님께 받은 자기의 은사가 있으니, 하나는 이러하고 하나는 저러하니라…오직 하나님의 계명을 지킬 따름이니라…형제들아, 각각 부르심을 받은 그대로 하나님과 함께 거하라 (고린도전서 7:7, 19, 24).

많은 독신자들이 결코 오지 않을지도 모르는 미래를 위하여 많은 시간과 감정적 에너지를 허비하고 있습니다. 그들은 하나님께서 자기에게 배우자를 주시리라 믿고 바라며 기도하고 있으며, 그러는 사이에 그들은 독신으로서 매일 하나님과 풍성한 교제 가운데 사는 기쁨을 놓치고 있습니다.

당신의 삶은 의문들로 가득 차 있습니까? 계속 당신의 인생의 반려자를 주시도록 하나님께 요구하고 있습니까? 당신은 충분히 기다릴 만큼 오래 기다렸다고 생각하십니까? 아니면, 당신의 독신 생활에 대하여 하나님께 감사하며 찬양하고 있습니까? 당신은 현재의 삶을 최상으로 누리며 살고 있습니까? 당신은 당신의 미래를 하나님의 손에 맡기고 있습니까?

독신으로서의 삶에 대하여 감사하라

독신으로서의 삶을 받아들이는 것은 만족스럽고 충만한 삶을 위한 기초입니다. 그러나 우리는 더 나아가 독신으로서의 삶에 대하여 하나님께 감사하고 고맙게 여겨야 합니다. 하나님께서 당신에게 독신의 은사를 주셨다면, 그것을 받아들이고 감사하십시오. 독신으로서의 삶은 당신을 위한 하나님의 차선책이 아닙니다. 그것은 하나님께서 당신을 위해 계획하신 최상의 삶입니다. 현재를 사십시오. 결혼을 사모하면서 현재를 허비하지 마십시오. 하나님께서 당신에게 배우자를 주실지도 모릅니다. 배우자를 주시게 되면 하나님께 감사하십시오. 그러나 배우자를 주시지 않아 독신으로 살게 되더라도 하나님의 은혜로 말미암아 독신으로서의 삶을 가장 기쁨이 충만한 삶으로 만들어 나가십시오.

우리네 사회가 결혼을 그리 강조하지 않으며, 오히려 혼자 사는 것이 자연스러운 것으로 받아들여지고 있다면 문제는 간단할 것입니다. 그러나 우리네 문화는 독신으로 지내는 것은 적당한 배우자가 나타날 때까지의 일시적인 과도기적 삶이라는 생각이 지배적입니다. 따라서 많은 독신자들이 독신자로서의 기간이 짧을 것이라는 과도기적 감정을 가지고 살고 있습니다. 대부분의 경우 독신자로서의 기간은 금방 끝날 것입니다. 모든 독신자들은 하나님께서 그들의 미래를 계획하실 때 포함시키지 않았을지도 모르는 결혼이라는 것을 사모하며 현재를 불만 가운데서 사는 것이 아니라, 하나님의 계획이 완전하심을 믿는 가운데 현재를 확신 있게 살아야 합니다. 이것이야말로 가장 건전하고 건강한 삶입니다.

우리는 모두 하나님과 하나님의 계획에 우리 자신을 헌신하는 결단을 할 필요가 있습니다. 우리를 위한 하나님의 계획이 결혼이든 독신이든 우리가 하나님께 온전히 헌신하기 전까지는 우리의 현재의 삶에는 항상 쉼이 없을 것이며 만족도 없을 것입니다.

만일 당신이 독신으로서 지금까지 생의 목표가 결혼하는 것이었다면 당신은 그 목표를 성취하지 못했기 때문에 실망과 좌절을 경험할 것입니다. 그러나 당신의 생의 목표가 하나님을 사랑하고 경외하는 경건한 삶을 살며 다른 사람들의 삶에 기여하는 것이라면, 결혼했든 독신이든 평생에 걸쳐 그 목표들을 추구하는 삶을 힘있게 살아 나갈 수 있을 것입니다.

언제 한번 조용한 시간을 내어 당신이 독신인 것에 대하여 하나님께 감사해야 하는 이유들을 생각해 보십시오. 종이 위에 그 이유들을 적어 보십시오. 하나님께서 당신을 위해 택하신 그 삶에 기꺼이 적응해 왔다면 당신은 쉽게 여러 가지 항목들을 생각할 수 있을 것입니다. 몇 가지 예를 들면 다음과 같습니다:

- 거주지와 직장을 내 마음대로 선택할 수 있다.
- 내가 좋아하는 음식을 마음대로 먹을 수 있고, 때로는 요리를 안 해도 된다.

- 내가 하나님과 조용한 시간을 갖는 것을 방해할 사람이 아무도 없다.
- 어느 곳에서나 하나님을 섬길 수 있다.
- 내가 좋아하는 집을 선택하여 내 마음대로 꾸밀 수 있다.
- 하나님을 나의 친구와 위로자로 삼을 수 있다.
- 다른 사람을 방해하지 않고도 밤에 책을 읽을 수 있다.

하나님과 긴밀히 동행하며, 하나님께서 당신의 필요들을 채워 주시고 당신의 삶을 풍성하게 해주시는 것을 경험하며 산다는 것은 놀라운 특권이 아닐 수 없습니다. 하나님께서 주신 이 귀한 특권들에 당신의 시선을 집중시키십시오.

우정을 발전시키라

독신자들은 특히 혼자 살고 있거나 가까이에 살고 있는 가족이 없는 경우 친구가 필요합니다. 가까운 친구들은 독신자들에게 엄습하는 고독감을 막아 주는 완충 장치 역할을 합니다. 그들은 조언과 충고를 해주며, 함께 하는 활동들을 통하여 친교를 제공합니다. "많은 친구를 얻는 자는 해를 당하게 되거니와, 어떤 친구는 형제보다 친밀하니라"(잠언 18:24).

어떤 관계든지 관계를 맺는 데에는 시간이 걸립니다. 그러나 이러한 시간의 투자는 헛된 것이 아닙니다. 이를 통하여 우리는 다른 사람들을 알게 되며, 그들과 우정과 사랑을 주고 받는 기쁨과 만족을 얻게 됩니다. 특히 독신자들에게는 우정은 중요합니다. 건강한 삶이란 다른 사람들과 활기찬 관계 속에서 사는 삶이기 때문입니다. 결혼의 경우에는 어떤 관계들은 강제적이요 의무적이지만, 독신의 경우에는 자신이 발전시키고 싶은 관계들을 선택할 수가 있습니다.

친구를 사귀기 위해 시간을 들이십시오. 모든 관계가 다 그렇지만, 친구를 만드는 일에도 댓가가 따릅니다. 상대방과의 관계가 언제나 즐겁고 기쁜 것만은 아닙니다. 때로는 상대방으로 인하여 마음에 상처를 입기도 할 것입니다. 자신의 강점뿐 아니라 약점도 드러내야 합니다. 참된 친구가 된다는 것은 상대방을 있는 그대로 받을 줄 아는 관계가 되는 것이기 때문입니다. 우정을 강화하고 깊게 하려면 상대방과의 관계에서 오르락내리락하는 것을 몇 번쯤은 경험하게 마련임을 기억하십시오. 그러나 이러한 경험을 통하여 우정은 더욱 강화되며, 이러한 우정은 장차 인생을 살면서 오래도록 신선하게 유지될 것입니다.

중년기의 어떤 독신자들은 사회적인 또는 경제적인 이유들로 해서 룸메이트를 갖게 될 것입니다. 그러나 룸메이트가 자동적으로 친구가 되는 것은 아닙니다. 어떤 사람과 사귀려면 당신의 성격과 맞으며 함께 살 수 있는 사람을 선택하도록 하십시오. 그 다음 상대방과 함께 있을 때 우정을 기르십시오. 우정은 시간과 인내와 이해를 요합니다. 당신의 생활 환경을 기능적이면서도 조화롭게 유지하도록 노력하십시오. 룸메이트가 카운셀러이자 동료가 될 수도 있으나, 당신이 단지 같은 집이나 아파트에서 함께 살고 있다고 해서 둘 사이에 우정이 형성되는 것은 아닙니다. 질적인 관계는 많은 시간과 에너지와 관심을 투자해야만 이룩됩니다. 결혼한 사람들과 마찬가지로, 독신자들도 작은 집단을 필요로 하며, 거기에서 그들은 서로에게 책임을 지며, 다른 그리스도인 독신자들의 사랑과 격려를 받게 됩니다.

조카

대부분의 독신자들에게는 조카가 있을 것입니다. 독신자들이 할 수 있는 큰 기여 중의 하나가 바로 이 자라나는 아이들의 삶에 영향을 주는 것입니다. 그들은 아이들에게 경건한 삶의 본보기를 제공하며, 그 아이들이 자기 부모로부터 얻지 못할 수도 있는 조언과 충고를 제공하며, 아이들의 말을 진지하게 듣고 공감할 수 있는 귀를 제공할 수 있습니다.

우리 아이들에게 있어서는 이모 한 분이 아이들에게 이런 일을 해주었습니다. 그녀는 우리 아이들의 말을 들어 주고, 함께 웃고 놀아 주었으며, 우리 부부와는 달리 아이들 앞에서 시계를 보며 조급해하거나 바쁜 모습을 나타내 보인 적이 한 번도 없었습니다. 그녀는 아이들과 함께 노래도 하며 이야기도 들려 주었습니다. 또한 주님께 대한 그녀의 헌신은 아이들에게 영적으로 좋은 영향을 끼쳤습니다. 그녀는 아이들에게 관심과 흥미를 가지고 있다는 증거로서 아이들이 고대하는 몇 가지 관행들을 세웠습니다. 그녀는 아이들의 생일이 되면 그 아이를 아침 식사에 초대했고, 크리스마스에는 꼭 선물을 하는 것을 잊지 않았습니다. 그녀는 우리 딸 아이들에게 패션에 대하여 가르쳐 주었고, 음악도 가르쳤습니다. 아이들은 그녀를 믿고 따랐으며, 그녀가 자기들에게 진정으로 관심을 갖고 있으며 언제든지 자기들과 함께 해줄 수 있다는 것을 알고 있었습니다. 그녀는 아이들에게 어떤 것을 금지시키거나 징계하거나 꾸중을 하지 않고도 그들에게 영향을 미칠 수 있었고 아이들과의 관계를 즐길 수 있었습니다. 그녀가 우리 아이들의 삶에 훌륭한 기여를 함으로써 우리 가족은 더 풍요로운 삶을 살게 되었습니다.

당신에게도 조카가 있다면, 그들과의 관계를 한번 검토해 보고, 당신이 그들의 삶에 보다 효과적으로 영향을 미칠 수 있는 방법을 모색하십시오. 이렇게 하는 과정에서 부수적으로 당신은 그들의 부모들과의 관계도 발전되고 풍요하게 될 것입니다. 왜냐하면 자기 자녀들에게 진정한 관심을 보이며 좋은 영향을 미치고 있을 때 기뻐하지 않을 부모가 없을 것이기 때문입니다.

하나의 가정을 만들라

많은 독신자들이 자기는 곧 결혼하게 될 것이라는 생각 가운데 살고 있습니다. 그러나 중년기가 되도록 아직 결혼을 하지 않았다면 결혼하게 될 가능성은 크게 감소되었다고 봐야 할 것입니다. 당신이 아직도 나는 곧 결혼할텐데 하는 과도기적 감정을 가지고 살고 있다면 당신은 자신의 가정을 세울 수 있는 귀중한 기회를 놓치고 있습니다.

독신으로 살고 있는 당신의 현재 상태를 일시적인 것이 아니라 영구적인 것으로 받아들이십시오. 당신은 어떤 스타일의 가정을 좋아하십니까? 당신이 좋아하는 스타일의 가정을 선택하였으면 당신 혼자서만이라도 그러한 가정을 세워 나가도록 하십시오. 그것은 조그마한 집일 수도 있고 아파트일 수도 있습니다. 무엇을 위하여 당신의 가정을 사용할 것인지 하나님 앞에서 진지하게 생각해 보고 결정하십시오. 선교 사역의 장소로? 성경 공부와 영적 교제를 위하여 다른 사람들을 집에 초대할 수 있겠습니까? 개인적으로 가정에서 무엇을 즐기겠습니까? 어떻게 하면 그곳을 휴식과 재충전의 장소로 만들 수 있을 것인지 생각해 보십시오.

주님을 섬기기 위하여 당신의 가정을 사용하십시오. 집을 고급스럽게 장식할 필요가 없습니다. 다른 사람들을 기꺼이 맞아들이는 장소이면 됩니다. 그 집이 다른 사람들에게 기여하는 집이 되고 안 되고는 집안의 장식에 있는 것이 아니라 당신에게 달려 있습니다. 당신은 가정을 언제나 개방하고 있으며, 따라서 언제든지 방문하는 사람들을 환영하며, 그들을 위하여 그 집을 사용하기 원한다는 것을 사람들에게 알리십시오. 식사나 교제를 위해 다른 사람들을 초대하십시오. 성경 공부, 그룹 모임, 상담, 기도 등을 위하여 당신의 가정을 사용하십시오.

누가복음 10:38-42에 나오는 마리아와 마르다는 분명 독신이었습니다. 그들은 예수님과 그 제자들을 위하여 휴식의 장소로 그들의 가정을 사용했습니다. 마리아와 마르다는 둘 다 예수님께 배우는 일에 헌신하였고, 또한 그러한 목적을 위하여 자기 가정을 사용하였습니다.

그러므로 당신이 중년기의 독신자라면 하나님께 감사하십시오. 하나님께서 당신을 위하여 가지고 계신 최상의 계획과 목적을 받아들이십시오. 내일을 향한 긴장이 없이 오늘을 사십시오. 하나님께서 당신의 삶을 생산적이고 독특한 방법으로 사용하시도록 해드리십시오. 계속 하나님 안에서 성장해 나가며, 당신 삶 가운데서 일하시는 하나님의 성령의 역사를 경험하십시오. 당신이 독신으로 살고 있는 것에 대하여 당황해하거나 변명하려 하지 말고 그것이 당신을 위한 하나님의 최상의 계획이라는 것을 깨닫고 현재를 기쁘게 사십시오. 경건하고 충만한 삶을 사는 것을 당신의 목표로 삼으며, 하나님께서 원하시는 대로 당신을 사용하시도록 해드리십시오.

제 10 장

관습, 뿌리, 그리고 레크리에이션

빌은 턱을 괴고 입술을 꽉 다문 채 굳어진 얼굴로 앉아 있었습니다. 지난해 그는 교회에서 일어난 변화들에 저으기 당황했었습니다. 그도 인정하였듯이 그 변화들은 심각한 교리적인 문제들이 아니고 교회의 운영과 관련된 사소한 변화들이었습니다. 그러나 그러한 사소한 문제들이 그의 마음을 심히 어렵게 만들었습니다. 잠시 동안은 그러한 변화들에 그는 방관적인 태도로 반응을 했는데, 이제는 방관만 할 수 없는 지경에 다다랐습니다. 교회의 새로운 변화에 그가 적응을 하든지 아니면 교회가 옛날로 돌아가든지 해야 했습니다. 그는 교회가 옛날식으로 하는 것을 좋아했습니다. 그는 그러한 변화들을 거부했지만 혼자 힘으로는 막을 수가 없었습니다. 그는 교회의 당회에서도 투표에 기권하는 일이 잦아졌습니다. 그의 내부에서는 심한 파도가 일고 있었습니다. 이윽고 그는 친한 친구들을 대하는 것조차 어색하고 거북하게 느껴졌습니다. 마침내 한 가지 중요하지도 않은 사소한 문제에 대한 불일치가 직접적인 계기가 되어 그와 그의 가족은 오랫동안 다니며 봉사했던 그 교회를 떠나게 되었습니다.

경직성, 관습, 변화를 싫어함―일종의 정신적인 관절염이라고 할 수 있습니다-등은 중년기에 나타나는 주요한 문제들입니다. 이 장에서는 중년기에 나타나는 다른 특징적인 문제들과 더불어 이 문제들을 이야기하고자 합니다.

경직성

자신의 사상이나 신념이나 목표들을 굳게 하는 것은 성숙의 한 표시라고 할 수 있습니다. 그러나 편견과 성숙한 확신을 혼동해서는 안 됩니다. 우리는 어느 한 가지 극단으로 치우쳐, 모든 변화에 대하여 거부하며 새로운 성장과 생각을 싫어하는 사람이 되어서도 안 되고, 개인적인 확신이 전혀 없이 모든 변화의 바람을 따라 흔들리는 사람이 되어서도 안 됩니다. 어느 극단도 바람직하지 않습니다.

우리는 나이가 들면서 융통성이 사라지고 완고해지며 경직되기 쉽습니다. 이것이 심해져 완고한 고집이 되고 자기 자신의 생각에 사로잡히게 되면 사람을 무력하게 만들어 버리며 새로운 성장과 생각을 막아 버립니다. 중년기에 이런 현상이 나타나게 되는 데에는 그 나름대로 이유가 있습니다. 우리는 지나간 세월 동안 새로운 발견과 실험과 경험을 추구해 왔는데, 이제는 이런 삶을 사는 것에 지쳐 있습니다. 우리는 자신도 모르게 변화와 모험보다는 질서와 관습을 점점 좋아하게 됩니다. 따라서 우리의 삶 가운데 많은 변화들이 일어나고 있고 또 닥쳐오고 있는데도 우리는 더 이상 변화를 원하지 않습니다.

그러나 우리는 변화해야만 합니다. 변화와 발전은 성장의 주춧돌입니다. 변화는 지적, 신체적, 사회적, 영적 영역 등 삶의 모든 영역과 관련되어 있습니다.

미국의 에릭 호퍼라는 학자는 75세 때 이런 말을 했습니다: "진정으로 성숙해지기 위해서는 다섯 살 때로 돌아가 그때 가졌던 것과 같은 배움을 위한 거대한 욕구를 회복해야 합니다." 배우는 일에 있어서는 우리도 어린아이처럼 되어야 합니다. 우리는 배우고 변화하는 능력을 상실해서는 안 됩니다. 자신이 변화에 대하여 분개하거나 거부하고 저항하는 것을 발견한다면 자신이 융통성을 잃어버리고 경직되어 가고 있을지도 모른다는 것을 알려 주는 하나의 경고 신호로서 받아들이십시오. 우리의 몸은 물론 나이와 함께 유연성도 떨어지고 변화에 대한 적응력도 둔화되지만, 마음만은 계속 성장하며 변화할 수 있습니다. 성경은 "가난하여도 지혜로운 소년은 늙고 둔하여 간함을 받을 줄 모르는 왕보다 낫다"(전도서 4:13)고 말씀하고 있습니다. 성숙과 제자의 도는 끊임없는 배움과 발전의 과정입니다.

당신의 결혼 생활에서, 당신의 직업에서, 당신의 영적인 삶에서, 그리고 당신의 대인 관계에서, 변화에 긍정적이고 적극적인 자세로 반응할 수 있다는 것은 당신의 최대의 자산 중의 하나입니다. 여기서 말하고자 하는 것은 변화를 위하여 당신이 성경의 원리들을 깨뜨려야 한다는 의미가 아니라, 하나님께서 당신을 변화시키시도록 당신이 허용해야 한다는 의미입니다. 하나님께서는 절대주권 가운데서 우리를 변화 가운데 두십니다.

그러면, 어떻게 하면 변화에 성서적으로 올바르게 반응할 수 있도록 자신을 훈련할 수 있겠습니까? 첫째로, 지난 몇 달간을 돌이켜 보면서 당신이 어떤 변화에 대하여 부정적으로 반응했던 적이 있는지를 알아 보십시오. 만일 있다면, 반복해서 변화를 거부한 영역들을 구체적으로 생각해 보십시오. 경직되어 있었던 영역들을 정확하게 가려내어 경직성을 깨뜨리고 나올 수 있기 위해 구체적인 조치들을 취하기 시작하십시오. 당신이 어떤 것에 대하여 부정적으로 반응할 때에는 당신의 그러한 반응이 성서적인 원리에서 나온 것인지 개인적인 취향에서 나온 것인지를 자문해 보십시오.

변화를 위한 도전을 받기 위한 최상의 방법을 하나 든다면, 십대들이나 젊은이들과 함께 가능한 한 시간을 많이 보내는 것입니다. 그들의 말에 귀를 기울이십시오. 그들이 말하고 행동하고 있는 것을 생각해 보십시오. 그들로 하여금 당신의 생활 방식에 대하여 도전을 하게 하십시오. "한 달에 한 가지 변화"라는 목표를 가지고 계속 변화를 시도하십시오. 며칠 동안 당신의 평상적인 스케줄을 바꿔 보십시오. 옷

입는 스타일도 한번 바꿔 보고, 전에는 읽어 본 적이 없는 책도 읽어 보고, 수염을 길러 본다든지, 머리 스타일을 바꿔 본다든지, 또는 당신이 모르는 사람들을 집에 초대해 본다든지 해보십시오. 당신의 기본적인 원칙들을 타협함이 없이도 당신의 융통성을 의도적으로 발전시키기 위한 방법들은 얼마든지 있습니다. 몇 가지 실험과 모험을 해보십시오. 당신이 변화를 거스리기보다 변화를 수용하여 발전적으로 이용하는 법을 배우게 될 때 당신은 보다더 성숙하고 온전한 사람이 될 것입니다. 당신의 마음과 의지가 돌같이 굳어지지 않도록 하십시오. 계속 융통성을 유지하십시오.

한계에 도달함

회사마다 경영진들은 정기적으로 회의를 열어 회사의 전반적인 업무를 평가합니다. 각 부서의 업무를 평가하고 재조정하기도 하며, 사원들의 업무 능력을 평가하기도 합니다. 회의 때마다 이런 말들이 나오곤 합니다: "K부장은 능력이 한계에 도달했다고 생각됩니다. 더 이상 발전이 없어요", "P과장은 현재 그의 능력을 넘어서는 책임을 맡고 있다고 생각합니다", "L차장은 더 이상 책임을 감당할 능력이 없어요" 등등.

자기의 한계에 도달하기를 원하는 사람은 아무도 없으며, 또한 자기가 한계에 도달했다는 말을 듣기를 원하는 사람도 없습니다. 우리는 더 이상의 책임을 원하지 않을 수는 있으나, 남들이 우리 자신에 대하여 우리가 한계에 도달했다고 낙인찍거나 우리에 대하여 이것을 거론하는 것에 대해서는 거부감을 느낍니다. 내가 왜 한계에 도달했는가 하고 저항합니다. 그러나 우리가 여기서 알아야 할 것은 한계란 삶의 일부라는 사실입니다. 아무도 수퍼맨이 아닙니다. 누구나 4분에 1마일을 달리거나, 1분에 타자를 100단어 칠 수 있는 것은 아닙니다. 또한 하루에 4시간만 자거나, 하루에 14시간 이상 일하고도 끄떡 없이 버티며 살아갈 수 있는 사람도 단지 소수일 뿐입니다. 어떤 사람들은 다른 사람들은 감당하지 못하고 쓰러져 버릴 만한 압력을 받으면서도 끄떡이 없으며 번창합니다. 또 어떤 사람들은 남들은 자세한 설명서를 보고도 조립하지 못하는 기계를 한 번만 보면 금방 조립합니다. 삶이란 제한과 한계를 내포하고 있으며, 각 사람은 서로 다른 강점을 지니고 있고, 또한 한계를 지니고 있는 것이 분명한 사실입니다.

자신의 한계를 알고 인정하며 그 한계와 더불어 살 줄 아는 것은 성숙한 삶을 향하여 나아가는 데 있어서 매우 중요한 요소입니다. 자신의 한계를 인정하고 그것과 더불어 산다는 것은 자신의 한계를 넘어서 그 이상으로는 성장하지 못한다는 의미가 아니라, 자신의 한계를 현실로 받아들이고 현실적으로 살아야 한다는 것을 의미합니다. 지혜로운 사람은 "아니오"라고 말해야 할 때 즉 어떤 일에 대해서는 자신이 그 일을 할 수 없다는 것을 인정해야 할 때를 알고 있는 사람입니다. 중년기의 사람들이 받는 대부분의 압력은 특히 직업의 영역에서, 자신의 능력의 한계를 인정하지를 못하고 한계 이상으로 자신을 확장하는 위태위태한 삶을 살고 있는 데서 기인합니다. 이러한 생활 방식은 우리 자신을 감정적으로나 신체적으로 매우 힘들고 지치게 합니다.

삶에서 자유를 한껏 누리며 살 수 있는 비결 중의 하나가 바로 자신의 개인적인 능력과 한계를 발견하고, 자신을 이러한 자신으로 창조하신 절대주권의 하나님께 감사하며 만족하는 것입니다.

우리는 모두 삶에서 신체적, 정신적, 감정적 한계들을 경험하고 있습니다. 이 한계들은 환경과 나이에 따라 변합니다. 우리는 나이가 듦에 따라 신체적으로 쇠퇴합니다. 그러나 우리는 감정적, 정신적으로는 그 용량을 넓혀 가야 합니다. 그리고 어떤 때는 자신의 감정적 용량이 감소되고 있는 것처럼 보일 때도 있는데, 자세히 살펴보면 자신의 감정적 용량이 감소된 것이 아니라, 감정적으로 메마르게 하는 환경들이 증가함으로써 상대적으로 그렇게 보이는 경우도 허다합니다.

때로는 게으름과 두려움이 우리로 하여금 사실상 존재하지도 않는 자신의 한계를 받아들이게 할 수도 있습니다. 실패의 위험이나 정신적 압박을 피하기 위하여 때로는 "나는 할 수 없다"는 인생 철학을 발전시키는 경우도 많이 있습니다. 우리는 자신의 상상의 한계를 넘어서기를 꺼리며, 움츠러들고 게을러지고 두려워하게 됩니다. 중년기에 성숙한 남성이나 여성은 실제의 한계와 상상의 한계 간의 차이를 잘 분별하고 거기에 따라 행동합니다.

로마서 12:3에서 바울은 이렇게 말합니다: "내게 주신 은혜로 말미암아 너희 중 각 사람에게 말하노니, 마땅히 생각할 그 이상의 생각을 품지 말고 오직 하나님께서 각 사람에게 나눠 주신 믿음의 분량대로 지혜롭게 생각하라." 우리는 자신의 능력과 한계를 과소 평가해서도 과대 평가해서도 안 됩니다. 자신의 한계를 앎으로써 우리는 자유를 누리는 가운데 하나님의 나라를 위해 훨씬 더 크게 기여할 수 있게 되며, 마음은 평화와 쉼을 누리게 됩니다.

바울은 또한 자신의 배경과 능력에 있어서 하나님의 절대주권을 인정하였습니다. "그러나 나의 나 된 것은 하나님의 은혜로 된 것이니" (고린도전서 15:10). 이것은 바로 현재의 자신과 현재의 삶에서 자신이 하고 있는 모든 것에 대하여 만족한 가운데 있는 한 중년 남성의 고백입니다. 바울은 교회의 박해자로서의 자신의 과거를 바꾸어 놓을 수는 없었습니다. 그러나 그는 자신의 능력의 범위 안에서 최선을 다하여 하나님을 섬길 수는 있었습니다. 현재를 받아들이고 미래를 긍정적인 눈으로 바라보면서 자신의 능력의 한계 안에서 최선을 다하여 일하려는 헌신의 태도, 이것이 중년기의 이상적인 태도입니다.

당신은 자신의 한계를 느끼고 있거나, 당신의 한계에 대한 이야기를 남들로부터 듣고 있습니까? 당신의 한계를 알고 그것을 인정하며 하나님께서 정해 주신 그 한계 내에서 산다는 것은 얼마나 축복인지 모릅니다. 그러나 많은 사람들이 자신의 한계를 깨닫게 되었을 때 절망과 자기 정죄에 빠지는 참으로 비극적인 삶을 살아가고 있습니다. 우리는 집 밖으로 나가려고 울타리 가를 왔다갔다 하며 울타리 밑 땅을 파는 개처럼 되어서는 안 됩니다. 그 개는 자신에게 주어진 넓고 아름다운 정원을 자기 것으로 누리지 못하고 울타리 너머만을 생각하며 불만족스러운 삶을 살고 있는 것입니다. 우리는 정원의 구석구석까지 아름답게 가꾸는 정원사와 같은 사람이 되어야 합니다.

경제적인 문제

앨런과 신디는 전형적인 중년 부부에 속합니다. 앨런은 좋은 직업을 가지고 있었습니다. 그 부부에게는 자녀가 셋 있는데 둘은 대학에 다니고 있었습니다. 차도 두 대나 있었고, 값비싼 운동 기구도 있었습니다. 남들 보기에는 어느 모로 보나 사랑스런 부부요 행복한 가정이었습니다. 그런데 그들은 최근 들어 신경질적이 되었고 자주 말다툼을 하게 되었습니다. 그들을 이렇게 만든 것은 경제적인 문제였습니다. 마침내 그들은 최근에 맞이하고 있는 경제적인 위기에 대하여 의논하였습니다. 그들은 간단한 해결책이 없는 심각한 경제적 압박을 받고 있었습니다. 그 동안 신용 카드로 구입한 물건들의 대금으로 지불해야 할 돈이 3,000달러나 되었고, 아이들 교육비로 융자 받은 돈만도 9,000달러나 되었으며 아이들 교육비는 앞으로도 몇 년 간 계속 들어가야 했고, 한 아이도 곧 대학에 들어가야 했습니다. 집세는 계속 올라갔고, 세금도 올라갔습니다. 그들은 현재의 수입으로는 한계에 다다랐습니다.

신디는 그 동안 살림을 하면서 간간히 부직을 가져 적기는 하지만 경제적으로 보탬이 되었습니다. 이제 그들은 신디가 정식으로 직장을 갖는게 어떨까를 생각하기 시작했습니다. 그들은 교회에 헌금하는 것도 액수를 크게 줄였습니다. 지난 여섯 달 동안 마음 편할 날이 없었습니다. 신디는 돈을 쓸 때마다 죄책감을 느꼈습니다. 앨런이 금전 지출과 관련하여 물으면 신디는 화가 났습니다. 앨런은 직장에서의 그의 위치로 인하여 염려하고 있었습니다. 이런 불안한 상황이 그들의 경제적인 어려움을 훨씬 더 비관적으로 생각하게 만들었습니다. 그들은 분명 지금까지 능력 이상으로 지나치게 확장했었고 해결할 방도가 없었습니다. 그들은 지금까지 누려 온 풍요로운 삶에 익숙해져 있었고, 앞으로도 이런 삶을 잃고 싶지 않았습니다. 그들은 친구들 사이에서도 제법 괜찮게 사는 축에 들었었고, 사회적으로도 나름대로 위치를 확보하고 있었습니다. 그들은 앞으로 이런 삶을 살지 못하게 될까봐 두려웠습니다. 그들은 마침내 신디가 정식으로 직장을 가져야 한다고 결정을 했습니다. 신디가 직장에 다니기 시작하면서 또 차가 필요했습니다. 신디가 직장에 다닌다는 것이 근본적인 해결책은 아니라는 것을 그들도 잘 알고 있었습니다. 이로 인해서 가정 생활이 침해를 당하고 영적인 생활이 희생을 당하더라도 현재로서는 이 방법밖에는 해결책이 없다고 결론을 내린 것입니다.

앨런과 신디 부부의 이야기가 남의 이야기가 아닌 것처럼 들립니까? 크든 작든 대부분의 중년기 부부들이 경제적인 문제를 맞이하고 있습니다. 경제적인 문제는 결혼 생활에서 늘 갈등을 낳는 요소이기는 하지만, 중년기에는 다른 여러 가지 문제들로 인하여 그 갈등이 더욱 복잡해지고 심화되는 것입니다. 최상의 치료책은 사전에 예방하는 것이지만, 이미 경제적으로 어려운 상황에 처한 사람에게는 이것은 공허한 충고일 뿐입니다. 다음에서 중년기의 부부들이 맞이하는 경제적인 문제들 가운데 주된 것 몇 가지를 살펴보기로 하겠습니다.

자녀 교육

우리 부모들은 자녀들을 위하여 가장 좋은 것을 원하고 있습니다. 그래서 좀 힘이 부치더라도 전문대학이나 대학까지는 가르쳐야 하지 않겠는가 하고 생각하여 할 수 있는 모든 노력을 다합니다. 자식을 대학까지 가르쳤다는 것은 자식이 혼자 힘으로 세상을 살아갈 수 있도록 준비시켜 주는 일에 부모로서 할 책임을 다했다는 의미가 들어 있습니다. 그리하여 우리는 우리가 할 수 있는 대로 자식들을 돕기 위해 희생을 합니다. 부모가 자식을 위하여 사랑 가운데 희생하는 것 자체는 좋습니다. 그러나 이것은 적절한 한계 내에서 행해져야 합니다. 우리에게 자녀의 학비를 충분히 댈 만한 능력이 있건 없건간에 자녀도 부모에게만 의지하지 않고 스스로 노력하여 벌어서 학비를 내는 데 기여하도록 할 필요가 있다고 생각됩니다. 때에 따라서는 자녀에게 당신 가정의 경제적 형편에 대하여 알려 줄 필요도 있을 것이며, 더 나아가 학비를 벌기 위해 학교를 일년간 휴학하고 일을 하도록 제안할 수도 있을 것입니다. 여기서 이야기하고자 하는 바는 아무튼 자녀의 교육비를 부모 혼자 힘으로만 다 대려고 무리하지 말고 부모와 자녀 간의 상호 사랑과 신뢰와 이해 가운데서 교육비의 공동 부담을 위한 바람직한 방안들을 생각해 보고 실시해 보라는 것입니다.

물질주의적 사고 방식

우리네 사회는 물질주의적 사회라고 할 수 있습니다. 우리는 잘 먹고, 좋은 집에서 살며, 좋은 차를 몰고 싶어합니다. 우리는 사치품들을 갈망하며, 그것들을 얻기 위해 절약하며 저축합니다. 심지어 그것들을 얻기 위해 빚까지 집니다. 왜 그렇습니까? 바로 우리가 그것들을 소유하기를 원하기 때문입니다. 물질에 대한 욕구에 관한 한 그리스도인들도 그리스도인이 아닌 사람들과 전혀 다를 바가 없습니다. 물질적 안락과 편안함에 비성서적으로 초점을 맞추게 되면 우리는 마음이 편치 못하고 자신을 불행하게 생각하게 됩니다.

문제는 우리가 소유물을 탐하며 소유물에 의지하여 삶의 만족을 얻으려 할 때 생깁니다. 소유에 대하여 지나친 탐심을 가지며 지나치게 중요하게 여기게 되면 우리는 보다 중요한 경제적 필요들을 간과해 버릴 수도 있습니다. 교회와 선교 단체들의 필요는 말할 것도 없습니다. 심지어 우리가 물질에 대하여 성서적인 태도를 가지고 있는 경우에도 (마태복음 6:19-34 참조) 우리는 현명치 못한 구매를 통하여 재정적으로 과도한 지출을 할 수도 있습니다. 그림 같은 내 집 마련이라는 꿈은 중년기가 되면 더욱 절실한 필요가 되고 이것은 경제적 압박을 더욱 가중시킵니다. 많은 사람들이 자기의 수입에 비추어 무리를 하더라도 집을 사려고 하는 경향이 있으며, 집을 산 후에는 멋지고 아름다운 가구로 즉각 그 집을 꾸미기를 원하고 있습니다.

우리 그리스도인들은 세상의 이러한 물질주의적 경향의 공격에 과감히 대항해야만 합니다. 예수님께서는 마태복음 6:19-21에서 간단

한 지침을 주셨습니다:

> 너희를 위하여 보물을 땅에 쌓아 두지 말라. 거기는 좀과 동록이 해하며 도적이 구멍을 뚫고 도적질하느니라. 오직 너희를 위하여 보물을 하늘에 쌓아 두라. 저기는 좀이나 동록이 해하지 못하며, 도적이 구멍을 뚫지도 못하고 도적질도 못 하느니라. 네 보물 있는 그곳에는 네 마음도 있느니라.

중년기의 경제적 압박은 재정적 필요가 급격히 증가하면서 그와 더불어 빚이 쌓여 가는 데서 기인하는 경우가 많습니다. 이 압박을 해결하는 한 가지 방법은 예산에 의한 지출과 생활 수준에 대한 진지한 재검토입니다.

부부의 맞벌이

부부가 모두 직장에 다니고 있는 숫자가 아주 급속히 증가하면서 "가정 주부"라는 개념은 그에 비례하여 급속히 고리타분한 것이 되어가고 있습니다. 특히 오늘날에는 남편의 직장이 대부분 집 주위에 없기 때문에 결혼 생활과 가정 생활에 대한 압력들이 이전보다 여러 배가 증가되었습니다. 남편은 여전히 아내가 집안 일을 맡아서 해주기를 원하며, 아이들도 역시 어머니가 집에서 살림을 하기를 원합니다. 여성들이 아내와 어머니로서 가정 주부로서의 자신의 역할에 대하여 만족하지 못하고 직장 여성들과 비교하여 자신을 열등하게 생각하기 시작할 때 결혼 생활에서 부부간의 갈등이 유발되고, 빨리 해결되지 않으면 이 갈등은 더욱 심화될 것입니다.

아내가 직장을 갖게 되는 주된 이유는 거의 예외 없이 경제적인 것과 관련되어 있습니다. 내 집을 마련한다든지 아니면 더 좋은 집을 산다든지, 자녀의 학비를 대야 한다든지, 또는 보다 멋진 휴가를 보내기 위해서는 이전보다 더 많은 돈이 필요합니다. 때로는 아내가 직장을 갖는다는 것이 아내의 자아 실현을 위한 한 가지 바람직한 방법일 수도 있고, 권태로운 삶에서 벗어나 뭔가 삶에 새로운 활력을 불어넣기 위한 것일 수도 있지만, 이런 것은 예외에 속한 것입니다.

부부가 모두 직장을 가지고 있을 때 예상되는 문제들을 몇 가지 들면 다음과 같습니다:

1. 가정의 정상적인 기능에 대하여 압력과 갈등이 가중될 것입니다.
2. 아내는 더 지치고 정신이 없을 것입니다.
3. 사역과 교회 활동에 참여할 시간이 적어질 것입니다.
4. 가족을 위하여 시간을 내는 데 제한을 받을 것입니다.
5. 부부가 모두 경제적으로 독립감을 갖게 되며 서로에 대하여 덜 의지하게 될 것입니다.
6. 부모들이 자녀들에게 신경 쓸 시간과 여력이 없기 때문에 자녀들은 소홀히 여김을 받기 쉬울 것입니다.
7. 아내가 직장을 갖는다고 해도 기대만큼 경제적으로 도움이 되지 않을 수도 있습니다.
8. 중년기에 아내의 취업은 감정적 메마름을 가중시킬 것이며 그 피해는 그들 자신이 입게 될 것입니다.

위에서 말한 모든 것이 반드시 당신에게 일어나는 것은 아닐 것입니다. 그러나 누구에게나 가능성은 있습니다. 아내가 직장을 갖는 것이 반드시 나쁜 것만은 아닙니다. 타당한 이유들도 있습니다. 모든 자녀들이 고등학교 또는 대학에 다니고 있는 경우 남편 혼자서는 도저히 교육비를 댈 수 없기 때문에 자녀들을 위한 희생에 아내도 동참해야만 할 수도 있습니다. 또 어떤 여성들은 보다 큰 역량과 관심을 가지고 있어서 직업 또는 직장 생활을 통하여 자신의 관심사를 성취함으로써 삶의 만족과 보람을 더욱 찾을 수도 있을 것입니다. 그러나 여기서 중요한 것은 아내가 남편과 가족이라는, 그녀가 가장 관심을 갖고 책임져야 할 대상들을 소홀히 해서는 안 된다는 것입니다. 그러므로 아내가 직업 전선에 뛰어들기로 결정하기 전에 이 모든 요소들을 신중히 고려해 보아야 합니다.
　집을 사려고 그 동안 돈을 좀 모아 왔는데 집값이 올랐을 경우 많은 부부들은 아내의 취업문제를 생각하게 됩니다. 아마 대부분 남편의 수입만으로는 자꾸만 오르는 집값을 따라잡을 수 있는 돈을 모으기가 쉽지 않을 것입니다. 은행 등에서 돈을 빌릴 수도 있겠지만 이것 역시 남편의 수입만으로는 갚아 나가는 일이 쉬운 문제가 아니기 때문에 선뜻 결정하기가 쉽지 않습니다. 그래서 그들은 집을 살 수 있기 위해서는 아내가 직업을 가져야 한다는 결론을 내리게 됩니다. 여기서 또 다시 우리는 이 결론에 대하여 정말 그럴 만한 가치가 있는가를 물어야 합니다.
　중년기 부부로서 아내가 직업을 가져야 한다고 결정을 할 때에는, 아내가 직업을 가짐으로써 부가되는 불가피한 압력들을 신중하게 고려해 보십시오. 실제적인 방법을 한 가지 제안한다면, 종이와 연필을 가지고 아내가 직업을 가짐으로써 생기는 장점과 단점을 부부가 함께 기도하는 가운데 적어 본 다음 진지하게 생각한 후에 결정하십시오.
　앞에서 말한 것을 요약하면, 우리는 경제적인 문제가 결혼 생활에서 갈등과 압력을 일으키는 첫째 원인이라는 것을 발견하였습니다. 돈이 많고 적으냐는 거의 문제가 안 됩니다. 돈이 많든 적든 갈등은 여전히 일어납니다. 객관적으로 보기에 돈이 많은 사람도 개인적으로 만나서 이야기를 들어보면 돈이 없어 걱정이라는 말을 자주 하는 것을 보게 됩니다. 중년기에 돈은 우리의 미래의 안전과 안정을 보장해 주는 데 있어서 필수적이라는 생각이 우리를 지배할 수가 있습니다. 그러나 돈은 단지 하나님을 섬기며 생활하기 위한 수단일 뿐입니다. 당신은 당신의 미래를 위하여 돈을 믿습니까, 하나님을 믿습니까? 이렇게 질문하면 아마 모두 그야 물론 하나님이라고 대답하겠지만, 정말 그렇게 믿고 있느냐가 중요합니다. 돈 문제는 걱정과 염려의 원천일 수도 있고, 하나님을 더욱 의지하는 믿음의 삶을 살게 하는 자극제가 될 수도 있습니다. 돈은 쌓아 두고 탐할 때는 저주가 될 수 있지만, 하나님과 사람들을 위하여 후히 드리며 함께 누릴 때에는 축복이 될 수도 있습니다. 중년기에 돈이 필요한 일들이 증가할 때 우리는 하나님께서 우리의 모든 필요를 채워 주실 것이라는 기본적인 믿음으로 돌아가야 합니다. "나의 하나님이 그리스도 예수 안에서 영광 가운데 그 풍성한 대로 너희 모든 쓸 것을 채우시리라"(빌립보서 4:19).

뿌리

조지와 캐더린 부부는 외로웠습니다. 파티에도 갔고, 사회 활동에도 참여했고, 사람들을 집에 초대하기도 했습니다. 그러나 그들은 가까운 친구가 없었습니다. 아는 사람들은 많이 있었지만 정말 허심탄회하게 마음을 나눌 수 있는 친구가 없었습니다. 그들은 현재 살고 있는 도시에 뿌리를 내리지 못했습니다. 그 도시와 그 도시 사람들에게는 이상하게 정이 붙지 않았습니다. 그들은 전에 살던 도시와 그곳에서 사귀었던 친구들을 그리워했습니다. 직장 관계로 해서 4년 전 현재 살고 있는 도시로 이사를 하긴 했지만 마음은 그 도시를 떠나 전에 살던 도시에 가 있었습니다. 그들은 종종 이렇게 말하곤 했습니다: "이곳에서는 어느 교회도 전에 다니던 교회 같지 않을 거예요. 이곳에서는 우리가 원하는 집을 마련할 수가 없어요. 이곳 사람들은 너무 불친절해요."

그들은 자주 전에 살던 도시에 갔다 왔습니다. 그곳으로 전화도 많이 해서 전화 요금이 엄청나게 많이 나왔습니다. 마치 옮겨 심은 나무가 새로운 땅에 뿌리를 내리지 못하고 시들어 죽어 가는 것처럼, 그들도 새로운 환경에 뿌리를 내리지 못하고 말라 가고 있었습니다.

오늘날은 여러 가지 이유로 해서 거주지를 옮기는 일이 잦기 때문에 오랫동안 친구 관계를 맺고 살기가 쉽지 않습니다. 따라서 새로운 친구 관계를 맺어 나가며 새로운 환경에 뿌리를 내릴 줄 안다는 것은 꼭 필요한 일입니다. 중년기의 사람들은 새로운 친구 관계를 맺으며 발전시켜 나가는 것이 이전보다 더욱 어렵다는 사실을 발견합니다. 서로를 깊이 이해해 주는 깊은 친구 관계를 절실히 필요로 하는 때에 우리는 몇 가지 이유로 해서 자신을 고립시키고 뒤로 물러나 칩거해 버립니다. 대부분의 사람들은 20대와 30대 초반에 질적인 친구 관계를 형성합니다. 나이를 먹어 감에 따라 자녀들이 생기고, 직장 또는 직업은 더 많은 시간을 요구하고, 사람들은 점차 내향적이 됩니다. 자기 할 일도 바쁘기 때문에 다른 사람에게 신경쓰며 시간을 내줄 마음의 여유가 없고, 관심의 시선이 자기 자신을 향하게 됩니다. 어느 면에서 그들이 결혼 생활과 가정 생활에서 충분한 만족을 발견할 때는 이것은 자연스러운 것이라고 할 수 있습니다. 그러나 중년기가 오고 이런저런 이유로 자녀들이 그들 곁을 떠나게 될 때는 외적인 관계들이 더욱 중요해집니다. 그러나 이때에는 다른 사람들과 깊은 관계를 맺기가 어렵습니다. 우리는 어떤 사람과 깊은 우정의 관계를 맺어 나가기를 두려워하며 조심하게 되고, 그 동안의 삶의 경험들이 우리로 하여금 더욱 방어적이 되고 경계를 하게 만듭니다. 그 동안 자기 나름대로 자기의 성을 굳게 쌓아 왔기 때문에 그것을 허물며 개방하기가 쉽지 않습니다. 이러한 자존심이 다른 사람들과의 관계를 피상적이 되게 합니다. 이전에 영적인 수준의 대화를 깊이 있게 해본 경험이 없는 경우에는 친구 관계를 발전시켜 나가기가 훨씬 어렵습니다.

"친구는 사랑이 끊이지 아니하고 형제는 위급한 때까지 위하여 났느니라"(잠언 17:17). 우리는 골치거리와 어려움을 만날 때 친구를 필요로 합니다. 그럼에도 불구하고 우리는 어려움에 처해 있을 때에는 좀처럼 친구 관계를 발전시키려 들지 않습니다. 우리는 동정과 조언과 관심은 발견할 수 있어도 깊은 친구 관계는 찾아 보기가 힘듭니다. 우리는 좀더 일찍이 이러한 친구 관계들을 확립해야 합니다. 참된 친구의 필요성을 느낄 때에는 때가 너무 늦다고 할 수 있습니다. 남성은 남성대로, 여성은 여성대로 개인적인 친구들이 필요하고, 또 부부로서 다른 부부들과 친구관계를 발전시켜 나갈 필요가 있습니다. 그리스도인에게 있어서는 친구 관계는 영적인 유대 관계에 기초를 두어야 합니다.

중년기에 참으로 우리에게 유익을 주는 친밀한 친구 관계라고 하는 것은 자연적으로 형성되는 것이 아닙니다. 그러므로 우리는 적극적으로 그러한 친구 관계를 찾고 형성하며 발전시키고 가꾸어 나가야 합니다. 결혼 생활에서의 의사 소통처럼 우정이라고 하는 것도 시간과 노력을 필요로 합니다. 몇 달에 한 번 저녁 식사를 같이 한다든지, 교회에서 "안녕하십니까?" 하고 인사하는 것으로는 관계를 발전시키지 못할 것입니다. 관계를 발전시키기 위해서는 영적인 활동과 사회적인 활동 두 가지 다 필요합니다. 친구 관계에는 서로 마음이 통하고 뜻이 맞는 것이 필요합니다. 친구 관계를 추구할 때는 공통된 관심사와 흥미가 필요합니다. 성숙한 사람은 보다더 다양한 사람들에게 적응하는 것을 배웁니다. 장차 당신의 참된 친구가 될 만한 사람들을 보내 주시도록 하나님께 기도하십시오.

레크리에이션과 신체 건강

"너희 몸은 너희가 하나님께로부터 받은바 너희 가운데 계신 성령의 전인 줄을 알지 못하느냐? 너희는 너희의 것이 아니라, 값으로 산 것이 되었으니, 그런즉 너희 몸으로 하나님께 영광을 돌리라"(고린도전서 6:19-20). 우리는 성령의 전인 우리 몸을 보호하는 것에 대하여 말할 때면 으레 술과 담배와 약물에 대하여 생각합니다. 물론 이것들은 몸에 해롭습니다. 그러나 다른 것들 가운데서도 이에 못지 않게 해로운 것들이 많이 있습니다. 가령 과식이라든지, 적당한 영양 섭취의 결여라든지, 수면 부족, 과도한 운동, 불안과 염려, 병을 방치하고 치료를 소홀히 하거나, 지나치게 체력을 소모하는 것 등 이 모든 것이 그 댓가를 수반합니다. 이런 것들은 우리의 몸을 망가뜨리고 생산적으로 기능을 발휘하지 못하도록 방해하며 불행하게 만듭니다.

중년기에 들어서면, 뚱뚱하거나 배가 나온 것, 숨이 가쁘고 체력이 달리는 것 등을 소재로 농담을 할 때는 민감한 반응을 보입니다. 왜냐하면 중년기에는 이런 일들이 현실로 존재하고, 당사자는 이 문제로 인하여 고민을 하고 있기 때문에 누가 이런 것들을 소재로 하여 농담을 하면 그것이 단순한 농담으로 들리지 않는 것입니다. 20대에는 자신의 신체적, 감정적 필요들에 대해서는 거의 관심을 두지 않고 살았다 해도 과언이 아닐 것입니다. 먹고 싶은 것이 있으면 그저 먹었고, 운동에 대해서도 거의 신경을 쓰지 않았으며, 때로는 몸을 혹사시킨다 싶을 정도로까지 어떤 일에 몰두하기도 했습니다. 이렇게 했어도 우리는 20대까지는 별 탈이 없이 잘 견딥니다. 그런데 나이가 서른이 넘어서고 중년기를 향하여 나아가면서 우리는 체중이 늘고, 배가 나오고, 근육이 땅기기 시작하고, 이전보다 쉽게 병에 걸리고, 체력이 떨어지는 것을 경험하기 시작합니다. 우리는 왜 그런지 의아하게 생각합니다.

물론, 우리가 중년기에 10대 말이나 20대 초에 가졌던 것과 같은 힘을 가지고 있을 수는 없겠지만, 신체적으로 건강과 지구력을 가질 수는 있습니다. 우리의 힘과 에너지를 지혜롭게만 사용한다면 우리는 더 강해질 수도 있습니다. 우리는 몸이 불어나고 쉬 피곤해지는 것을 중년기의 자연스러운 현상으로 받아들이는 경향이 있는데, 사실은 자연스러운 것이 아니라 비정상적인 것입니다.

휴 펜트니 박사는 이렇게 말한 적이 있습니다: "신체적으로 절정에 달해 있는 나이인 25세 된, 자기 몸을 돌보지 않은 젊은이와 45세 된 정상적인 중년 남성과 비교해 볼 때 외적으로는 신체적인 차이가 거의 없을 것입니다. 그 중년 남성이 자기 몸을 잘 돌보았다면 25세의 젊은이만큼이나 모든 신체 활동을 정상적으로 수행할 수 있을 것입니다. 그리고 그는 앞으로도 여러 해 동안 정상적인 신체 기능을 발휘할 것입니다. 왜냐하면 잘못은 우리의 몸에 있는 것이 아니라 몸이 제대로 기능을 발휘하지 못하게 만든 우리 자신에게 있기 때문입니다. 대개의 경우 몸을 망가뜨리는 것은 몸에 무리를 주거나 잘못 사용했기 때문인데, 직장 생활과 사생활에서 몸을 관리하는 데 무지했거나 어리석었던 결과인 경우가 허다합니다."

우리는 신체적으로 매일 죽어 가고 있습니다. 쇠약해진다는 것은 피할 수 없는 삶의 일부입니다. 그러나 우리는 바람직하지 못한 생활 방식에 의해 그것을 재촉할 수가 있습니다. 우리의 신체에 영향을 미치

는 주요한 영역들은 다음과 같습니다:

- 식사와 영양 섭취
- 운동
- 감정과 레크리에이션
  (흔히 레크리에이션이라 하면 오락을 생각하는데, 여기에서는 우리의 몸과 마음을 쉬게 해주며 새롭게 하여 주는 모든 활동을 의미하고 있습니다.)

위의 각 영역들에 대하여 구체적으로 언급하기 전에 한 가지 강조하고 싶은 것은 그 어느 영역도 저절로 개선되지 않는다는 것입니다. 개선과 발전을 위해서는 결단과 훈련이 필요합니다. 결단과 훈련은 사실 여기서뿐 아니라, 성공적인 결혼 생활을 영위하고 직장(직업)에서 성공하며 자녀 양육을 잘하며 경건한 생활을 영위하기 위해서도 꼭 필요한 요소입니다. 거울 속에 비친 자신을 한번 바라보십시오. 또는 자신의 감정적 기질을 한번 생각해 보십시오. 당신은 무엇을 발견합니까? 당신은 자신에 대하여 만족하고 있습니까? 자신의 신체적 상태에 대하여 만족하고 있습니까? 좀더 구체적 평가를 위하여 다음 말에 예, 아니오로 대답해 보십시오.

	예	아니오
나의 체중은 이상 체중의 2kg 이내에 있다.	___	___
나는 일주일에 세 번 정기적인 운동을 한다.	___	___
나는 균형 잡힌 식사를 하고 있다.	___	___
나는 일반적으로 걱정이나 염려가 없다.	___	___
나는 적당한 수면을 취하고 있다.	___	___
나는 현재 레크리에이션적인 활동을 하고 있다.	___	___
나는 1분에 90m 속도로 걸어도 숨차지 않는다.	___	___

두 개 이상 아니오에 대답을 했다면 자신의 신체 상태에 대하여 모

종의 특별한 관심과 주의를 기울여야 합니다.

식사와 영양 섭취

일부 교파에서는 식사와 영양 섭취 문제가 아주 중요시되고 있으며, 인공적인 식품들을 먹는 것을 죄로까지 간주하고 있습니다. 식사든 운동이든 극단에 치우치는 것을 주의하십시오. 자신의 식사 습관에 대하여도 그렇게 하고 있는 동기가 무엇인지 한번 생각해 보고 극단으로 흐르지 않도록 하십시오. 몸무게를 줄이는 동기가 남에게 보이기 위한 것이라든지 자존심에서 나온 것이라면 올바른 것이 아닙니다. 우리 그리스도인은 건강하면서도 단정하게 보여야 하지만, 그 동기가 남에게 잘 보이기 위한 것이 아니라, 그리스도의 매력적인 증인이 되려는 마음에 있어야 합니다. 또 어떤 사람들은 체중을 줄이기 위하여 무분별하게 다이어트를 하는데, 이것은 오히려 체중을 줄이는 데에는 별 효과가 없고 몸에 과도한 긴장과 압박을 가하기 때문에 피하는 것이 바람직합니다.

당신의 식사량을 제한할 것을 권합니다. 가장 좋은 다이어트 연습은 자기에게 알맞은 양을 먹었으면 식탁에서 물러나는 것입니다. 적당히 분별력 있게 식사하십시오. 중년기에는 10대나 20대만큼의 식사량을 필요로 하지도 않고, 그 양을 다 소모시킬 수도 없습니다. 오직 소수의 사람들만이 자기가 원하는 것을 모두 먹고도 체중이 증가하지 않을 수 있습니다. 당신의 체중이 늘지 않고, 몸이 마르지도 뚱뚱하지도 않은 보기 좋은 몸매를 가지고 있다고 해서 당신의 식사 습관이나 영양 섭취가 올바르다는 의미는 아닙니다. 다이어트를 할 때에는 다른 사람들을 무분별하게 모방하려 하지 말고, 자신의 특성과 필요에 맞게 발전시켜 나가십시오. 식사를 어떻게 하는 것이 좋은지 의사와 상의하여 정하는 것도 좋습니다. 모든 다이어트에는 훈련이라는 공통적인 요소가 필요하게 마련입니다. 열쇠는 당신에게 있습니다.

식사와 영양 섭취 문제는 언급될 때마다 논쟁을 불러일으키는 것이기도 합니다. 성경은 모든 것에서 중용과 절제를 가르치고 있습니다.

당신의 신체에 건강과 힘을 주는 건강하고 절제 있는 생활 방식을 갖기를 권면합니다. 개인에게 맞는 식사 및 영양 섭취 문제에 대하여 지나치게 말을 많이 하고 집착하게 되면 다른 사람들을 실족하게 할 수도 있습니다. 우리 부부는 국내외를 여행하면서 고린도전서 10:27에 있는 원리를 따랐습니다: "너희 앞에 무엇이든지 차려 놓은 것은 양심을 위하여 묻지 말고 먹으라." 다음은 다이어트 계획을 세울 때 필요한 기본적인 지침입니다. 다음의 것들에 대한 섭취는 삼가해야 합니다.

- 지방과 기름
- 콜레스테롤과 글리세린
- 설탕

당신의 식사 습관을 조정하기를 원한다면 이에 관한 책을 자세히 읽고 현재의 식사 습관에서 바꾸어야 할 것이 무엇인지를 결정하기를 바랍니다. 간이 식품이나 인스탄트 식품을 피하는 것이 현명합니다.

식사 습관에 급격한 변화를 시도하고자 할 때에는 반드시 시작하기 전에 의사와 상의하십시오. 적어도 2년에 한 번은 혈액 검사를 하여 혈중 콜레스테롤과 글리세린의 농도를 점검하도록 하십시오.

우리는 몸을 건강하게 보존해야 할 필요가 있으며, 이를 위해서는 알맞은 식사 및 영양 섭취가 필요합니다. 사실상 필요한 정도가 아니라 반드시 해야 할 것이라 해도 과언이 아닙니다. 몸이 한 번 망가지기 시작하면 다시 원상으로 회복하기란 매우 어렵습니다. 지금 몸을 건강하게 보호하고 유지하는 일을 시작하십시오.

운동

조깅, 라켓볼, 테니스는 요원의 불길처럼 삽시간에 미국 전역을 휩쓸었습니다. 이전보다 더 많은 사람들이 신체적인 운동의 필요성을 깨닫고 있습니다. 식사와 영양 섭취의 경우에서와 마찬가지로 조깅도 상당한 논쟁을 불러 일으켰습니다. 정확한 평가와 분석이 어떻든지간에 근육과 폐와 심장의 기능을 도와 주는 알맞고 규칙적인 운동의 필요성과 가치를 의심하는 사람은 아무도 없습니다.

대부분의 운동은 모종의 유익을 줄 것입니다. 에어로빅과 같은 보다 균형잡힌 체계적인 운동은 몸에 지나치게 무리를 주지 않으면서 서서히 각 사람에게 맞게 신체를 발전시키도록 도와 줍니다. 아주 조직적이고 훈련된 사람이 아니라면, 따르기가 쉽고 즐길 수 있는 간단한 운동부터 시작하는 것이 좋습니다. 매일 15-30분간 걷기 계획을 세워 실천하십시오. 정상적인 업무와 활동을 하면서 그만한 시간을 내기가 어렵다고 생각할 수도 있을 것입니다. 사실 많은 사람들이 하루에도 많이 걷고 계단을 많이 오르락내리락하기 때문에 이만하면 충분히 운동이 되지 않겠느냐고 할지 모르지만, 그것은 일반적으로 규칙적인 운동은 아닙니다. 운동이라고 할 때는 근육이나 폐, 심장 등에 일상적인 활동 시에는 가하지 않았던 부담을 줌으로써 그것들을 자극할 수 있을 정도로까지 일정 시간 동안 계속되는 것이어야 합니다.

그러면 우리가 생활 가운데서 쉽게 할 수 있는 운동으로는 어떤 것이 있습니까? 대부분의 전문가들은 근육과 호흡기와 심장 계통에 가장 완전한 도움을 주는 것은 수영이라고 하고 있습니다. 그러나 누구나 수영을 잘하는 것은 아니며, 아무 때나 쉽게 수영장에 갈 수 있는 것도 아닙니다.

그 다음으로 가장 효과적인 운동이 조깅 즉 달리기입니다. 걷기나 조깅 계획을 세워 서서히 주의 깊게 시도하십시오. 거리도 조금부터 시작하여 몸이 적응하는 데 따라 늘려 나가십시오. 기억해야 할 것은 몸에 열이 나고 땀이 날 만큼 충분한 시간 동안 운동을 해야 한다는 것입니다. 20분 이하의 운동은 어떤 것이든지 그 효과에 대해서는 의문입니다. 달리기나 조깅을 하는 경우에는 가장 중요한 준비물인 신발을 무시하지 마십시오. 신발 여하에 따라 조깅이 즐거운 것이 될 수도 있고 단조롭고 고된 일이 될 수도 있으며, 편안하기도 하고 고통스러운 것이 되기도 합니다. 달리기 또는 조깅용 신발을 사십시오. 이런 신발이 있으면 달리기도 잘 될 것이며, 발이나 다리를 상처로부터 보호할 것입니다.
기타 유익한 운동을 들면 다음과 같습니다:

- 하이킹
- 자전거 타기
- 등산
- 핸드볼
- 라켓볼
- 테니스
- 농구
- 배드민턴
- 줄넘기
  ⋮
  ⋮

남성들은 대부분 순수한 운동보다는 경쟁적인 운동을 더 좋아하는 편입니다. 이러한 시합들을 통하여 감정적으로 새롭게 되기도 하며, 교제와 증거의 기회를 얻기도 합니다.

조깅이든 기타 다른 운동이든간에 시작하기 전에 몇 분간 맨손 체조 등을 통하여 몸을 풀어 주어야 합니다. 이러한 준비 운동은 우리의 몸이 운동을 할 수 있는 상태로 준비되도록 해줌으로써 운동도 잘할 뿐 아니라 사고를 예방하는 데 도움이 됩니다. 중년기에는 20대와 같이 몸을 움직일 수 있기를 기대해서는 안 됩니다.

중년기에 운동을 시작하려고 할 때에는 다음 제안을 염두에 두십시오.

1. 신체 검사를 하십시오. 적어도 2년에 한 번은 하기 바랍니다.
2. 지금 걷기 계획부터 실천하십시오.
3. 자신의 운동 계획을 서서히 시작하여 몸이 적응하는 대로 점차 강

도를 증가시키십시오. 20대처럼 무리하게 덤비지 마십시오.
4. 자신이 정말로 즐기는 운동을 몇 가지 포함시키십시오.
5. 적어도 한번 시작했으면 두 달 동안은 계속하겠다고 결심하십시오. 과연 이 운동을 할 만한 가치가 있을까 하고 의심하는, 단조롭고 힘든 기간을 거쳐 그 유익을 경험하도록 해야 합니다.

운동을 시작하기에는 너무 늦었다고 생각할 수도 있습니다. 그러나 너무 늦는 법은 없다는 것을 기억하십시오. 우리가 알고 있는 한 부인은 지금 70대인데 60대에 조깅을 시작했다고 합니다. 그 부인은 지금도 건강합니다. 아픈 적이 있었느냐는 질문을 받으면, "예, 한 번 3시간 동안 감기 기운이 있었던 적이 있었지요" 하고 대답했습니다. 비만과의 싸움에서 항복하지 마십시오. 인생의 중년기에는 잃어버리는 것도 많이 있지만 얻는 것도 많이 있습니다. 하나님께서 주신 당신의 몸을 잘 관리하는 선한 청지기가 되십시오.

감정과 레크리에이션

감정은 빈약한 영양 섭취와 운동 부족 못지 않게 몸을 해칠 수 있습니다. 행복이란 신체보다는 감정과 더 관계가 있습니다. "요즘 어떻습니까?" 하고 묻는 경우 신체적인 건강 상태를 묻는 것이기도 하지만, 이런 경우는 드물고, 대개 감정적 혹은 정신적으로 어떤 상태에 있는가를 묻는 것입니다. 앞의 제 6장에서 감정적 기초들을 세우는 것에 대해서는 언급을 했지만, 감정이 어떻게 신체적인 건강 및 행복에 영향을 미치는가에 대해서는 언급하지 않았습니다.

존 스킨들러 박사는 명저인 일년 365일을 사는 법이라는 책에서 "의사들이 보는 모든 병의 50% 이상이 감정에서 유발된 병입니다!" 하고 말했습니다. 그는 나아가 이렇게 말했습니다: "사람은 때때로 자신의 인생이 고해(苦海)라는 사실을 알 만큼은 자신의 인생을 객관적으로 바라볼 줄 알지만, 자신이 감정적 스트레스와 같은 것을 가지고 있다는 사실에 대해서는 깨닫지 못하고 있는 경우가 많습니다. 감정적 스트레스가 내는 소리는 아주 작아서 대부분의 사람들은 그 소리를 감지할 수 없으며, 자신의 신체적 고통이 시작될 때 그것이 자신의 감정적 스트레스로 말미암은 것임을 전혀 모릅니다."

감정에는 좋은 감정이 있고 나쁜 감정이 있습니다. 행복하다든지 평안하다든지 하는 것은 분명 좋은 감정들이고, 분노라든지 불안 같은 것은 나쁜 감정들이라고 할 수 있습니다. 감정은 우발적인 것으로 볼 수도 있고 패턴으로 볼 수도 있습니다. 자신이 감정적으로 어떻게 반응하는지 그 패턴을 살펴보고 감정적 안정과 성숙을 위하여 노력하기를 바랍니다. 좋은 감정은 우리를 치료하며 세워 주지만, 나쁜 감정은 우리를 병들게 하고 파괴시킵니다. 그러므로 우리는 몸을 건강하게 가꾸듯이 우리의 감정적인 생활도 건강하게 가꾸어야 마땅합니다.

이미 앞에서 감정적 기초와, 그리고 침체 및 그와 관련된 감정적 문제들에 대하여 언급했기 때문에, 여기에서는 신체의 건강을 위하여 감정을 긍정적으로 다스리고 계발해야 할 필요가 있다는 사실을 간단히 강조하고 싶습니다.

감정에서 유발된 병은 정신적인 병이 아닙니다. 그것은 흔히 감정적 갈등에 의하여 시작됩니다. 감정은 이성과 복잡하게 관련되어 있습니다. 감정은 몸의 정상적인 기능이며, 삶에서 예기치 않게 일어나는 사건들에 대하여 미리 경고해 줍니다.

우리의 감정을 다스리기 위하여 할 수 있는 것들은 여러 가지가 있지만 몇 가지를 들면 다음과 같습니다.

- 하나님과 긴밀히 동행하는 삶을 발전시키십시오.
- 분노를 다루는 법을 배우십시오.
- 갈등을 해결하는 법을 배우십시오.
- 스트레스를 극복하는 법을 배우십시오.
- 일상적인 삶에서 하나님을 믿고 의뢰하는 법을 배우십시오.
- 기도 생활을 발전시키십시오.
- 결혼 생활을 발전시키십시오.

관습, 뿌리, 그리고 레크리에이션 285

우리의 감정적 건강의 근본 뿌리가 하나님과의 매일의 교제에 있다는 것은 말할 필요도 없습니다. 그러나 감정의 문제들을 해결하는 데 있어서 우리는 간단하고 실제적인 해결책을 지니고 있는 것들을 지나치게 영적으로 해석하려고 하는 경향이 많기 때문에 주의가 필요합니다.

우리의 감정적 계발에 도움이 되는 한 가지 핵심적이고 실제적인 것을 더 든다면 레크리에이션을 들 수 있습니다. 단순히 오락이나 놀이가 아닌 레크리에이션입니다. 레크리에이션이란 앞에서도 간단히 언급한 바 있듯이, 우리를 정신적으로, 감정적으로, 신체적으로 재창조해 주는 것이어야 합니다. 우리의 몸과 마음을 쉬게 해주고 새롭게 활력을 주는 모든 활동을 일컬어 레크리에이션이라고 할 수 있습니다. 따라서 오락이나 놀이도 레크리에이션이 될 수는 있지만 그것들이 레크리에이션의 전부는 아닌 것입니다. 레크리에이션이란 어느 의미에서 재창조 활동입니다. 대부분의 경우 텔레비전을 보는 것은 레크리에이션으로서는 거의 부적당하다고 할 수 있습니다. 텔레비전 시청은 흔히 거의 수동적이고 우리의 사고를 창조적으로 자극하는 일이 드물기 때문입니다. 우리는 모두 어떤 형태이든 레크리에이션을 해야 합니다. 그렇지 않으면 우리는 감정적으로 고통을 겪게 될 것입니다. 우리는 이따금 우리의 삶의 보조에 긍정적인 변화를 주며 우리를 새롭게 해주는 그 무엇을 필요로 합니다. 레크리에이션은 반드시 운동일 필요는 없습니다. 운동은 단지 그 일부일 뿐입니다. 레크리에이션은 반드시 우리를 감정적으로 새롭게 해주는 것이어야 합니다.

어떤 사람에게는 레크리에이션인 것이 다른 사람에게는 따분하고 힘든 것이 될 수도 있습니다. 이 문제는 "가족" 레크리에이션에서 종종 크게 부각되는 것이기도 합니다. 가족 중 어떤 사람은 즐기지만 어떤 사람은 즐기지 못할 수가 있습니다. 그러므로 서로 양보하고 도와서 모두가 즐기도록 하는 것이 중요합니다.

어떤 사람들은 혼자서 하는 활동을 좋아하기도 합니다 -예를 들면, 낚시, 하이킹, 정원 가꾸기, 독서, 사냥, 조류 관찰, 바느질, 뜨개질, 음악 감상이나 연주 등. 또 어떤 사람들은 친구들이나 가족 등 다른 사람들과 함께 하는 것을 좋아합니다 - 테니스, 스키, 보트 타기, 자동차 관리, 캠핑, 연주회 참석, 미술과 공예, 또는 장식, 기타 취미 활동들 등. 또 어떤 사람들은 오랜 여행이나 휴가를 즐기지만, 어떤 사람들은 어떤 활동을 하되 가족들과 함께 있기를 원합니다. 자녀들이 십대인 경우에는 당신의 레크리에이션 중 많은 것이 자녀들의 활동에 참여하는 것이 될 것입니다.

다음에 제시한 단기 계획을 시도해 보십시오. 당신이 정말로 하고 싶거나 즐기는 활동들을 적어 보십시오. 당신이 쉬도록 도와 주는 것들이어야 합니다. 각 활동들 옆에다 당신이 얼마 동안이나 하지 않았는지, 며칠이면 며칠, 몇 주면 몇 주, 몇 달이면 몇 달, 이런 식으로 적으십시오. 그 다음 이 중에서 서너 가지 활동을 골라 다시 그 오른쪽에다 그것을 다시 하기로 계획하는 날짜를 적으십시오. 또한 가족 또는 일부와 함께 하기 원하는 것에 * 표를 하십시오. 예를 들면 다음과 같습니다:

테니스	16개월	다음 주 수요일
*연주회에 감	1년	
*2일간 휴가를 감	4개월	2개월 안으로
*박람회에 감	3개월	
*집에 친구들을 초대함	3주	다음 주 내로
특별한 책을 읽음	현재	계속

매일의 바쁜 생활 속에서 이러한 활동들이 소홀히 되어 왔다는 것을 발견한다면, 이것은 자신을 감정적으로 다시 세우는 시간이 결핍되어 있다는 것을 보여 주는 실마리가 됩니다. 또한 당신이 * 표한 것들을 거의 하고 있지 않다면 당신은 가족이나 친구들과 함께할 것을 발전시킬 필요가 있을지도 모릅니다. 또 모든 활동에 다 * 표가 있다면 어떤 활동은 혼자 함으로써 고독의 혜택을 배울 필요가 있을지도 모릅니다.

어느 면에서 레크리에이션은 하나의 도피처입니다. 그러나 그것은 매우 필요하고도 건전한 도피입니다. 당신의 감정들을 새롭게 하기 위하여 도피하는 법을 배우십시오. 당신은 좋은 건강과 마음의 평화로 여러 배로 돌려 받을 것입니다.

감정은 당신의 건강을 해치며 병들게 할 수도 있고, 더욱 건강하게 할 수도 있습니다. 좋지 않은 건강은 또한 당신의 감정에 깊은 영향을 미칩니다. 건강이 좋지 않은 사람은 건강한 사람에 비해 감정적인 상처를 입기가 훨씬 더 쉽습니다. 신체적 건강과 감정적 건강은 합력하여 당신의 전체적인 건강과 행복을 보전하여 줍니다.

당신의 몸은 성령의 전입니다. 몸을 잘못 사용하지 마십시오. 당신의 목표를 달성할 수 있도록, 더욱 중요한 것은 하나님을 섬기기 위하여, 당신의 몸을 건강하게 가꾸십시오.

제 11 장

사 역

인생에서 이삼십 대에 사회에 주요한 기여를 한 사람은 거의 없습니다. 중년기는 인생에 있어서 가장 생산적이고 뭔가를 성취할 수 있는 가능성이 큰 시기라 할 수 있습니다. 지금까지의 삶은 이때를 위한 준비라고 할 수 있는 것입니다. 그러나 많은 남성과 여성들이 중년기의 여러 가지 도전과 그들이 겪는 문제들을 용기 있게 맞이하지 못하고 그 앞에서 움츠러듦으로써 영적으로나 감정적으로 스스로를 무력화시키고 있으며, 이로써 그들은 이 사회와 그리스도의 몸에 큰 기여를 할 수 있는 절호의 기회를 스스로 포기하고 물러서 버립니다.

예수님은 모든 유대 남성들처럼 30세가 될 때까지 공적인 사역을 시작하지 않으셨습니다. 바울 또한 가장 열매 맺는 사역을 하고 있을 때가 40대와 50대였습니다. 모두 중년기였습니다.

중년기는 실제적으로 어떤 유익이 있습니까? 인생의 다른 시기와 비교할 때 어떠한 이유로 해서 중년기는 더 생산적인 시기입니까? 이 장에서는 중년기가 우리에게 가져다 주는 유익점을 함께 살펴보고, 중년기에 개인적인 사역을 하는 방법에 대하여 구체적인 제안을 하고자 합니다.

중년기의 이점

중년기는 당신이 이전에 준비한 것을 성취하는 시기입니다. 최근에 한 영국의 학자가 16개 분야에 걸쳐, 작고한 예술가, 과학자, 학자들을 연구한 결과 흥미 있는 사실을 발견했습니다: "역사적으로 볼 때 정치, 철학, 과학 그리고 예술 등에서 위대한 업적들은 대부분 40-70대의 사람들에 의해 이룩되었습니다. 거의 모든 분야에서 가장 생산적인 나이가 40-50세였습니다. 오직 한 분야 즉 실내악에서만 조금 빨랐습니다. 수학자들의 경우에는 60대에도 여전히 왕성한 활동을 하였고 아직 절정에 도달하지 않았습니다." 중년기의 첫 번째 이점이 바로 이 나이와 연관되어 있습니다.

나이

당신은 피할 수 없는 자신의 인생의 끝이 다가오고 있다는 것을 느끼며 늙어 가는 것을 슬퍼하고 있을지도 모릅니다. 하지만 인생이란 짧고 덧없는 것이라는 사실을 깨닫는다는 것은 매우 유익한 일입니다. 우리는 흘러 가는 세월에 대하여 분한 마음을 가져서는 안 되며, 대신 그것을 기쁨으로 대해야 합니다. 왜냐하면 그러한 깨달음 속에 우리로 하여금 삶에서 진정으로 중요한 것들에 마음을 다하여 집중하며 우리의 우선 순위를 성서적으로 올바르게 유지하도록 도와 주는 모종의 힘이 있기 때문입니다.

나이는 존경을 가져 옵니다. 사도 바울은 장로의 직분을 맡을 사람의 자격으로서 그는 다른 사람들로부터 존경받는 사람이라야 한다고 말했습니다(디도서 1:6-9 참조). 여기서 장로라는 말이 나이와만 관련된 것은 아니지만, 그것은 일정한 수준의 연륜과 성숙을 내포하고 있습니다. 따라서 교회에서 어떤 직분은 일정한 나이가 될 때까지는 맡기지 않는 것이 바람직한 것입니다.

나이와 함께 권위가 수반됩니다. 젊은이들은 이전보다 더 쉽게 당신을 신뢰하며 당신의 충고와 도움을 구합니다. 사람들은 흔히 자신의 문제나 사정에 대하여 같은 나이 또래의 사람에게 이야기하며 의논하는 것을 불편하게 느낍니다.

그렇다고 나이가 반드시 존경과 권위를 수반하지는 않습니다. 젊은 사람들 중에는 나이 먹은 사람들에 대하여 무시하거나 아무 예의도 갖추지 않는 경우가 많이 있습니다. 흔히들 전성기가 지났다느니 한물갔다느니 하는 말을 합니다. 그러나 그리스도인들은 모든 사람들을 대할 때 세상 사람들과는 달리 대하며 또 마땅히 그래야 합니다. 그리스도인들은 나이를 경의와 존경을 가지고 바라봅니다. 그리고 나이에 수반되는 존경과 권위의 문제는 다음에서 이야기하는 지혜와 성숙의 문제와 깊이 관련되어 있습니다.

지혜와 성숙

사람이 나이를 먹었다고 반드시 지혜롭고 성숙해지는 것이 아닙니다. 우리는 나이를 먹어 감에 따라 인생의 교훈들을 지혜롭게 적용해 나가는 성숙한 사람들로 발전해야만 합니다. 당신이 진실로 성숙하고 있다면 당신의 나이는 다른 사람들을 섬기며 도울 수 있는 놀라운 기회를 당신에게 줄 것입니다. 지혜는 당신이 성경 말씀을 알고 그것을 삶에 적용하며, 나아가 다른 사람들도 말씀을 그들의 삶에 적용하도록 돕는 데서 나옵니다. 유일하고 참된 지혜는 하나님으로부터 나옵니다. "여호와를 경외하는 것이 지혜의 근본이요, 거룩하신 자를 아는 것이 명철이니라"(잠언 9:10).

세상의 일에 대하여는 지혜로워도 영적인 일에 대하여는 미련할 수 있습니다. 사람이 자기의 업무에 있어서는 제아무리 똑똑하여도, 성경 말씀에 대한 깊은 지식이 없이는 참된 지혜가 나오지 않을 것입니다. 이와 비슷하게 성숙 역시 부지런히 하나님의 말씀을 삶에 적용함으로써 그리스도의 형상으로 변화될 때 이루어집니다. 많은 그리스도인들이 성숙되지 못하고 지혜롭지 못한 것은 성경 말씀이나 다른 지혜로운 사람들이 그들을 책망하고 교훈하는 것을 허락한 적이 없었기 때문입니다. "거만한 자를 책망하지 말라. 그가 너를 미워할까 두려우니라. 지혜 있는 자를 책망하라. 그가 너를 사랑하리라. 지혜 있는 자에게 교훈을 더하라 그가 더욱 지혜로워질 것이요, 의로운 사람을 가르치라 그의 학식이 더하리라"(잠언 9:8-9).

따라서, 지혜와 성숙이 당신의 것이 될 수 있지만, 당신이 그것들을 계발하고 발전시켜야만 실질적으로 당신의 것이 됩니다.

경험

경험은 사람에게 있어서 다른 무엇과도 바꿀 수 없는 지식의 보고입니다. 중년기에 당신은 오랜 세월에 걸친 당신의 경험으로부터 다른 사람들과 나눌 것이 많이 있을 것입니다. 그러면 어떻게 이 지식의 보고의 문을 열어 사용할 수 있습니까? 많은 사람들이 경험을 가지고 있되 자신의 과거 역사를 이해하지 못하고 있습니다. 그리하여 자신의 과거 역사를 돌아보고 나서 과거 역사로부터 아무것도 배우지 못했다는 것을 깨닫게 될 경우 자신의 중년기에 대하여 분해하고 원망하는 하나의 중년기 위기로 이끌 수도 있습니다. 누구나 나눌 것이 많이 있습니다. 특히 젊은 시절의 실수나 실패로부터 배운 교훈들이 많이 있을 것입니다. 참지혜는 실패를 경험한 후 그것을 고치고, 나아가 다른 사람들에게 그 실수를 피하는 법을 보여 준 후에 얻습니다.

당신은 경험이라는 이 방대한 자원을 이끌어다 사용함으로써 삶과 자신 및 다른 사람들을 진정으로 이해하는 데 귀중한 도움을 얻을 수 있을 것입니다. 경험이 어떤 사람들에게 있어서는 편견과 고집을 발전시키게 함으로써 오히려 돌처럼 딱딱하게 굳어지며 자신만의 성을 견고히 쌓게 만듭니다. 반면 어떤 사람들의 경우에는 경험이 그들의 마음을 넓혀 주며, 지혜롭고 이해심이 있으며 동정적인 사람으로 만들어 줍니다. 경험은 하나님의 말씀과 믿음의 삶을 통과하면서 여과될 때 당신의 사역을 위한 훌륭한 교사와 귀중한 기초가 됩니다.

자녀들의 성장

자녀들이 성장함에 따라 당신은 귀중한 교훈들을 배우게 됩니다. 그 중 많은 것들은 어렵게 배웁니다. 당신은 실수를 할 것이며 거기로부터 배울 것입니다. 당신의 전문 지식을 알고 있는 젊은 사람들은 자연히 당신에게로 와서 가정 생활에 대한 조언과 도움을 구할 것입니다. 당신이 그러한 교훈들을 하나의 규칙으로서가 아니라 적용을 위한 원리로서 다른 사람들과 함께 나눌 수 있도록 자녀들을 양육하면서 배운 것들을 깊이 생각해 보십시오.

직장(직업)

당신의 직업은 많은 사람들에게 복음을 전하고 그들을 돕기 위한 좋은 장을 제공합니다. 당신의 직업이 무엇이든 어떤 사람들은 당신을 존경하며, 당신이 하고 있는 일에 대하여 당신의 말에 귀를 기울일 것입니다. 석탄 광부는 회계사의 말에는 귀를 기울이지 않을지도 모르나, 공장 노동자의 말에는 귀를 기울일 것입니다. 약사는 트럭 운전사에게는 귀를 기울이지 않을지도 모르나, 의사에게는 귀를 기울일 것입니다. 각각의 직업은 모두 가치가 있으며, 자기의 특수한 청중을 가지고 있습니다. 하나님께서는 당신을 당신의 직업 가운데 두셨고, 직장(직업) 생활 가운데서 당신이 말을 하고 증거할 수 있도록 하셨습니다.

중년기에 당신은 직업에서 최대한으로 발전하고 있습니다. 당신이 자신의 직업을 바꾸고 있을 때에라도 자신의 능력에 대하여 확신하는 경우가 많습니다. 당신은 자신이 할 수 있는 것과 없는 것을 알고 있습니다. 중년기 무렵이면 당신은 틀림없이 자신의 방향을 확신하고 있을 것이며 안정적이고 생산적일 것입니다. 지금이야말로 당신이 전도와 사역을 하기에 가장 좋은 시기입니다.

사역의 계발

사역. 그것은 목회자들이나 하는 것이 아닙니까? 그것은 봉급을 받는 전임 사역자들이나 하는 것이 아닙니까? 절대로 그렇지 않습니다.

사역이란 모든 그리스도인이 해야 할 어떤 것을 뜻하는 말입니다.

본래 사역이라는 말은 섬긴다, 돕는다는 의미입니다. 따라서 사역이란 하나님께서 당신에게 주신 은사와 재능들을 가지고 다른 사람들을 섬기는 것입니다.

사역은 전임 사역이라야만 합니까?

아닙니다. 전임 사역은 일반적인 것이라기보다는 예외적인 것입니다.

대부분의 사역은 세상에서 생활하며 일하는 소위 평신도들에 의하여 이루어집니다. 이상적으로 말하자면, 전임 사역자는 평신도들이 자신들의 사역을 할 수 있도록 도와 주는 하나의 전문가요 촉진자인 것입니다.

그러면 사역이란 정확히 무엇입니까? 사역이란 그리스도의 몸 안에서 당신이 부르심을 받은 특수한 과업을 말합니다. 사역의 종류는 다양해서, 교회 학교에서 가르치는 일, 전도, 봉사, 기타 교회의 수많은 기능들이 있습니다.

당신의 남은 인생에서 사역에 자신을 어떻게 드릴 것인가를 알아보기 위해서는 먼저 103페이지에 있는 그림 4-1을 참조하기 바랍니다. 그리스도와 가정과 직업이 균형을 이루고 있을 때라야 당신은 사역을 할 수 있습니다. 첫째로, 당신은 그리스도 중심의 삶을 살고 있어야 하며 그의 제자로 성장하고 있어야 합니다. 여기에는 경건의 시간을 매일 갖는 것, 기도, 정기적인 성경 공부, 그리스도의 주재권에의 굴복 등이 포함됩니다. 둘째로, 당신의 가정 생활이 원만하고 안정되어 있어야 합니다. 그렇지 않으면 사역의 본거지를 잃어버리는 것이 됩니다. 셋째, 당신은 매력적인 직장 생활로써 직장에서 그리스도의 증인으로서의 삶을 유지해야 합니다.

사역의 종류와 정의

이제 사역의 종류에 대하여 구체적으로 알아보겠습니다. 사역에는 기본적으로 두 가지 유형이 있다고 할 수 있습니다. 하나는 불신자들을 향한 것이요, 하나는 신자들을 향한 것입니다.

1. 전도. 전도란 불신자들을 대상으로 하는 사역으로서, 불신자들에게로 나아가 그들이 그리스도를 알도록 도와 주는 것입니다. 전도란 직접적으로 복음을 전하는 것만을 말하는 것은 아닙니다. 여러 가지 영역에서 불신자들을 섬기거나 돕는 활동 등도 전도에 포함될 수 있습니다. 그러나 이런 활동들 자체로 끝나서는 안 됩니다. 그들의 필요를 채워 주는 활동들은 궁극적으로 그들에게 복음을 전하여 그들로 하여금 개인적으로 그리스도를 알도록 하는 데까지 나아가야 합니다. 우리 그리스도인들이 불신자들에게 베풀 수 있는 최대의 섬김이요 선행이 바로 전도하는 사실을 명심해야 합니다.
2. 봉사. 여기에서 봉사란 그리스도인이 다른 그리스도인(들)을 대상으로 하는 모든 사역을 의미하는 말로 사용했습니다. 우리는 그리스도의 몸 안에서 다른 지체들에 대하여 관심을 갖고 그들을 섬기며 도와야 할 책임이 있습니다. 이런 의미의 봉사는 다시 두 가지로 크게 나눌 수 있습니다.
   - 제자삼기 — 이것은 새신자들이 영적으로 성장하고 성숙하도록 양육하고 도와 주며 훈련하는 모든 활동을 말합니다.
   - 보살핌 — 이것은 그리스도의 몸 안에 있는, 특별한 필요를 가지고 있는 사람들, 예컨대 노인들이라든가 병자들, 상담을 필요로 하는 사람들, 물질적 도움을 필요로 하는 사람들 등을 돌보며 보살피는 모든 활동을 말합니다.

모든 그리스도인들은 전도와 봉사 이 두 가지 종류의 사역에 참여해야만 합니다. 그러면 이 두 영역에 참여할 수 있는 실제적인 방안은 무엇인지 알아보기로 합시다.

전도

전도의 기초는 우리가 주님으로부터 복음을 전파하라는 직접적인 명령을 받았다는 굳은 확신입니다. 우리는 세상을 하나님과 화목케 하라는 위대한 사명을 받은 그리스도의 대사입니다. 주님께서는 "너희는 가서 모든 족속으로 제자를 삼아 아버지와 아들과 성령의 이름으로 세례를 주고 내가 너희에게 분부한 모든 것을 가르쳐 지키게 하라"(마태복음 28:19-20)고 명하셨습니다. 또한 사도행전 1:8에서 "오직 성령이 너희에게 임하시면 너희가 권능을 받고 예루살렘과 온 유대와 사마리아와 땅 끝까지 이르러 내 증인이 되리라"고 말씀하셨습니다. 우리에게는 가서 제자를 삼고 안 삼고, 또 그리스도의 증인이 되고 안 되고 할 선택권이 없습니다. 우리는 그리스도를 모르는 사람들에게 증거해야만 합니다. 이를 행하기 위해서는 그 방법을 알아야 할 필요가 있습니다. 전도란 단지 사람들에게 전도지를 주거나 전도 집회에 데리고 오는 것 그 이상의 것입니다. 우리는 불신자들에게 나아가기 위한 다른 방법들을 알고 있어야 합니다. 다음은 몇 가지 아이디어입니다.

전도 성경 공부 인도. 이것은 복음에 관심이 있는 불신자와 4내지 6주 동안 함께 성경 공부를 하는 것입니다. 요한복음을 가지고 할 수도 있고, 전도용으로 제작된 성경 공부 교재를 사용할 수도 있습니다.

전도를 위한 간단한 다과 모임. 이것은 불신자들을 커피나 차를 들며 대화할 목적으로 당신 집에 초대하는 것입니다. 또는 직장에서 복음을 전하고자 하는 대상에게 차나 한 잔 하자고 간단히 청하는 것일 수도 있습니다. 그가 이러한 초대나 청에 응하면 함께 차 등을 마시면서 당신의 간증을 나누거나 복음과 관련된 흥미 있는 주제를 가지고 대화하는 것입니다. 이것을 기회로 해서 바로 그 자리에서 복음을 자세히 전할 수도 있고, 아니면 전도를 위한 성경 공부를 권할 수도 있고, 또는 다시 만나기로 약속하여 그때 복음을 더욱 자세히 전해 줄 수도 있습니다. 여러 사람과 대화를 하는 경우에는 대화 도중 관심 있는 사람을 눈여겨 보아 두었다가 나중에 그 사람과 다시 만날 수도 있습니다.

안드레 만찬. 안드레는 그리스도를 만난 직후 바로 그의 형제 베드로를 예수님께로 데리고 왔습니다. 이 방법을 활용한 것이 이른바 안드레 만찬식 전도 방법입니다. 이 방법은 부부와 독신자 모두에게 좋은 효과가 있습니다. 아이디어는 위에서 언급한 전도를 위한 다과 모임과 비슷합니다. 이 모임에는 초대를 받은 사람이 사전에 모임의 성격을 알고 참석합니다. 전도를 위한 모임이라는 것을 미리 알려 주어야 당황하지 않게 됩니다. 함께 식사를 한 후에는 말씀을 전하는 시간을 갖거나 복음을 주제로 대화하고 토의하는 시간을 갖습니다. 이 방법을 사용하려면 사전에 좀 준비가 필요합니다.

불신자 초대. 당신의 집을 전도를 위한 장소로 활용하십시오. 불신자들을 집에 초대하여 함께 식사를 하거나, 또는 TV 중계 방송을 보거나, 또는 간단한 음식을 먹거나, 함께 운동이나 게임을 한다든지, 그들이 즐길 수 있는 활동을 함께 하는 것입니다. 그들과 친구가 되며 그들로 하여금 그리스도인 가정이 어떠한지를 보게 하십시오. 이러면서 그들과 복음을 나눌 기회를 자연스럽게 만드십시오.

이웃 전도. 이웃 사람들을 위해서 기도하십시오. 여러 가지 상황과 기회를 이용하여 그들과 만나며, 그들의 집을 방문하기도 하고 그들을 초대하기도 하십시오. 남편들끼리, 또는 아내들끼리, 또는 부부가 함께 참여하는 이웃 성경 공부 모임을 만들어 실시하십시오.

상담. 직장이나 동네에서 이웃에 있는 사람들의 상태에 대하여 깨어 있으십시오. 마음이 상해 있거나, 어려움이 있거나, 소외되어 있는 사람은 없습니까? 어려움도 여러 가지여서 자녀 문제, 결혼 문제, 가정 생활 문제, 또는 신체적인 질병, 경제적인 문제, 개인적인 삶의 고민 등 많이 있습니다. 이런 것들을 통해서 그들을 섬기고 도울 수 있는 기회를 만드십시오. 그들에게 진정으로 관심을 갖고 도와 줌으로써 당신은 그들에게 그리스도의 사랑을 나타내 보이게 되며, 나아가 그리스도에 대하여 나눌 수 있는 기회를 만들게 되는 것입니다.

새로 교회에 나왔거나 교회에는 나오나 믿지는 않는 사람들에 대한 전도. 이들은 자연스런 전도 대상자들입니다. 전도 폭발과 같은 프로그램은 교회 방문 프로그램을 활용하여 복음을 소개할 기회들을 확보하고 있습니다. 신앙에 관심이 있어 교회에 나가 봤지만 아무도 관심을 가져 주는 사람이 없어 몇 번 나가다가 그만두는 사람들이 있습니다.

아이들에 대한 전도. 아이들은 전도하기에 아주 좋은 대상입니다. 아이들은 복음을 일반적으로 잘 받아들입니다. 그리고 어린 시절 또는 십대에 그리스도를 믿어 그리스도를 위해 사는 사람들도 많이 있습니다. 어린이 전도를 위한 기관들도 있고, 그들이 개발한 좋은 자료들이 많이 있습니다. 직접 간접으로 참여할 수 있는 방법을 생각해 보도록 하십시오. 또한 아이들이 믿으면 그 아이들을 통하여 그들의 부모에게도 복음을 전할 수 있습니다.

또한 아이들을 통한 전도도 생각해 볼 수 있습니다. 같은 동네에서 아이들끼리 서로 친해지면 그 부모끼리도 서로 알게 되고, 이러한 기회를 자연스럽게 이용하여 부모들에게도 전도할 수 있습니다. 또는 자녀들의 학교 친구들을 다리로 해서 그 아이들의 부모에게도 복음을 전할 수 있는 기회를 만들 수도 있습니다.

청소년 전도. 어떤 사람들은 특히 십대들과 관계를 잘 맺습니다. 이런 사람들은 특별히 이 면에 관심을 갖고 시도해 볼 수 있습니다. 교회학교의 전도 프로그램에 참여한다든지, 청소년을 위한 선교 기관들의 프로그램에 참여하여 섬길 수도 있습니다.

앞에서 언급한 아이디어들은 모두 좋은 것들이며, 이외에도 아이디어는 얼마든지 찾을 수 있습니다. 그러나 아무리 좋은 아이디어라 해도 그것을 실천하지 않으면 아무 소용이 없습니다. 중요한 것은 어느 것이든지 시도해 보라는 것입니다. 전도는 토의나 생각만으로는 되지 않습니다. 때로는 서툴고 어설프게 보일망정 시도하는 것이 중요합니다. 그리고 한 가지, 전도하기를 꺼리는 그리스도인들 가운데는 어떻게 전도하는지를 몰라서 그러는 경우가 많이 있습니다. 이런 경우에는 목사나 영적 지도자, 그리고 영적으로 성장한 선배 또는 친구에게 물어서 배울 수도 있을 것입니다.

봉사

이것 역시 우리가 꼭 해야 할 일입니다. 모든 사람이 다 설교를 하거나 위대한 영적 지도자가 될 수는 없을 것입니다. 대부분의 사람들은 뒤에서 섬기게 되는데, 사실 이러한 섬김의 기회들은 많이 있습니다.

다음은 그 몇 가지 예입니다.

　교사. 교회학교는 대개 성인, 청소년들, 어린이들을 위한 좋은 교사들이 부족한 실정입니다. 교회학교 교사로 지원하십시오. 그리고 만일 이미 교사로서 가르치고 있는 사람이라면, 당신이 가르치고 있는 사람들의 삶 속에 참여하십시오. 그들의 행사에 함께 참여할 수도 있고, 또는 그들과 개인적으로 만날 시간을 가지십시오. 이러한 만남과 교제를 통하여 그들은 더욱 그리스도를 알아 나가며 성장하고 성숙하게 될 것입니다.

　청소년 프로그램. 이런 프로그램들은 중년기의 당신이 청소년들과 깊은 관계를 발전시킬 수 있는 좋은 기회를 제공합니다. 공예나 옥외 활동 등 청소년을 위해 프로그램에서 어린이나 젊은이들과 함께 일할 헌신된 일꾼들이 크게 부족한 실정입니다. 젊은이들은 진실한 만남들에는 진지한 반응을 보이게 마련입니다. 이를 통해 그 프로그램에 참가하는 믿지 않는 아이들이나 청소년들에게 복음을 전할 수도 있습니다.

　교회 사무실. 장로나 집사의 직분은 교회에서 아주 중요한 것입니다. 장로들은 교인들을 섬기기 위해 해야 할 일이 많이 있기 때문에 교회의 여러 가지 사무를 그들이 다 감당할 수는 없습니다. 그들은 당신의 도움을 필요로 합니다.

　음악. 많은 사람들이 음악을 즐기며, 성가대나 기타 음악 프로그램에 참여할 수 있습니다. 어린이들의 성가대는 어린이들에게 찬송을 사랑하고 찬송을 통하여 하나님을 예배하도록 도와 주는 귀중한 기회를 제공합니다.

　그리스도인을 위한 가정 성경 공부. 교제를 위한 아주 유익한 장을 제공하는 것이 정기적으로 함께 모여 말씀을 공부하는 소그룹 성경 공부 모임입니다. 당신이 그 공부를 인도할 수도 있고, 아니면 참석자일 수도 있고, 또는 당신의 집을 모임 장소로 개방할 수도 있습니다. 또한 이러한 공부 모임을 통해서 다른 그리스도인들과 깊은 관계를 발전시키게 됩니다.

기획. 모든 교회는 교제를 위한 활동과 방향을 계획하는 사람들을 필요로 합니다. 목사 혼자 모든 것을 계획하고 입안할 수는 없습니다. 교회의 여러 부서들은 항상 열심히 섬기고 돕는 사람들을 필요로 합니다. 이러한 여러 가지 프로그램을 구상하고 계획을 세우기 위해서는 뒤에서 누군가가 열심히 수고해야만 합니다. 이들은 목사와 회중 전체를 위하여 특별한 짐을 지는 사람들입니다. 어떤 활동이든지 아이디어는 단지 시작에 불과합니다. 그 일의 90%는 구체적인 실행입니다.

손대접. 어떤 사람들은 손대접을 통하여 섬깁니다. 그들은 자기 집을 개방하여 사람들을 초대하고 진심으로 환영하며, 또한 그들로 하여금 환영받고 있다고 느끼게 합니다. 이것은 단순히 먹고 즐기는 것 훨씬 그 이상의 것입니다. 손대접을 계획하고 실행한다는 것이 쉬운 것은 아닙니다. 자기 자신만을 위한 편안과 안일을 버리는 것이 요구되기도 합니다. 손대접은 특별한 은사입니다. 이것은 신자든 불신자든 다른 사람들을 당신의 가정 생활 속으로 끌어 들여, 당신의 정상적인 사회적 의무들을 넘어 당신 자신을 넓히는 것입니다.

일대일 제자삼기. 다른 그리스도인이 그리스도 안에서 성숙해 가도록 돕는 법을 배우십시오. 단지 교회에 출석하는 것만으로 성숙한 그리스도인으로 성장하는 사람은 거의 없습니다. 많은 영적인 배움이 일대일 교제를 통하여 이루어집니다. 이와 같은 개인적인 영적 교제를 통하여 사람들은 그들의 마음과 삶을 열고 참필요를 나누며 채움 받습니다.

일대일 상담. 상담은 목사의 직무 가운데서 가장 수고를 요하는 짐 중에 하나라고 할 수 있습니다. 목사에게 상담을 요청해 올 때쯤이면 대개 문제가 심각한 상태에 있습니다. 사람들의 문제에 대하여 효과적으로 상담하는 것은 누구나 배울 수 있습니다. 만일 당신이 자주 다른 사람들의 문제를 듣고 있는 편이라면, 당신은 사람들이 쉽게 그들의 마음을 터놓고 이야기할 수 있는 사람인지도 모릅니다. 그런 경우 당신이 경험이나 훈련을 통하여 상담할 수 있는 자격을 갖추고 있고 무엇을 어떻게 해야 하는지 알고 있다면 당신은 다른 사람들을 도울 수 있는 좋은 기회를 갖고 있는 셈입니다. 당신의 이러한 은사를 사용하여 목회자들의 짐을 덜어 줄 수 있는 방법을 생각해 보십시오. 상담을 위해서는, 상담 훈련을 받는 것도 필요하지만, 또한 당신의 상담 능력의 한계를 아는 것도 필요합니다.

청소년 사역. 모든 교회마다 청소년들을 효과적으로 지도할 수 있는 사람들을 필요로 하고 있습니다. 청소년 지도는 특별한 과업에 속합니다. 당신은 그들과 개인적인 관계를 맺어야 하고, 당신의 집을 그들에게 개방하며 틈틈이 시간을 내어 그들과 개인적인 만남의 시간을 가져야 합니다. 십대들은 그들의 친구요 상담자가 될 수 있는, 다시 말하면 개인적인 고민과 비밀까지도 마음 놓고 털어놓을 수 있는 어른들을 필요로 하고 있습니다.

섬김. 교회 안에는 사람들의 도움의 손길을 필요로 하는 일들이 많이 있습니다. 앞에서 활동을 하는 사람들이 활동을 더 잘하도록 뒤에서 도우며 섬기는 사람들이 필요합니다. 우편물 발송, 비서 업무, 경리, 건물 관리 및 보수, 주방 일, 청소, 페인트 칠 등 누군가는 반드시 해야 할 일들입니다. 서로 다른 사람들이 하기를 바라고 자기는 뒤로 빠진다면 이런 일들은 되지 않습니다. 교회의 잡다한 일들 가운데서 당신이 할 수 있는 일이 무엇인지 알아 보고 당신의 능력과 재능을 활용하여 섬김으로써 당신은 그리스도의 몸 안에서 중요한 공헌을 하게 되는 것입니다.

행정. 이것은 위의 섬김과 밀접한 관계가 있습니다. 교회의 행정을 맡은 사람들은 교회가 올바로 기능을 발휘할 수 있도록 하는 데 큰 도움을 줄 수 있습니다. 건물 및 차량 사용 계획, 예산 수립 등은 단 몇 가지 예에 불과합니다. 당신이 이런 면에서 재능이 있다면 기여할 수 있는 좋은 기회입니다.

선교. 선교 프로그램이 없는 교회는 영혼이 없는 몸과 같습니다. 그런 교회는 비어 있으며 자기에게만 초점을 맞추고 있는 것입니다. 선교에 대한 관심이 꼭 헌금을 의미하는 것은 아닙니다. 교회에는 다른 사람들로 하여금 세계의 필요들을 더욱 깊이 깨닫도록 도울 수 있는 방법들을 모색하고, 사람들로 하여금 선교를 위해 기도하고 헌금하도록 동기를 부여해 줄 수 있는 사람들을 필요로 합니다. 교회는 각기 지원하는 선교사들과 접촉을 유지해야 하며, 그들의 현재의 필요와 관심을 알아야 합니다. 당신은 선교사들에게 편지를 씀으로써 그들을 섬길 수가 있습니다.

자신의 사역의 선택과 보완

당신이 할 수 있는 사역에 어떤 것들이 있다는 것을 안다는 것과 실제로 그것을 행하는 것과는 여전히 거리가 멉니다. 아는 것은 10%요, 행동이 90%라고 할 수 있습니다. 개인적인 사역이 영적 성장을 위해 필수적이라는 사실을 마음으로 확신하고 있다 해도 자신이 어떤 사역을 할 것인지를 결정하고 시작하기는 쉽지 않은 경우가 많습니다. 우선, 모든 그리스도인이 해야 할 것을 알아보기로 하겠습니다.

모든 그리스도인을 위한 표준

모든 것을 다 할 수 있는 사람은 아무도 없지만, 아무것도 할 수 없는 사람도 없습니다. 누구나 어떤 일을 할 수 있습니다. 자신의 개인적인 사역에서 기쁨을 누리며 성취감을 맛보고 열매를 맺기 위해서는 모든 그리스도인이 누구나 해야 할 기본적인 활동들이 있습니다.

1. 모든 그리스도인은 어떤 형태의 전도든 그리스도를 증거하는 삶을 살아야만 합니다. 우리가 그리스도의 몸 안에 있는 사람들만을 대상으로 사역을 하며 섬긴다면 우리는 내부지향적이 되어 버리고 잃어버린 영혼들에 대한 비전을 상실하게 됩니다.
2. 모든 그리스도인은 전도든 그리스도의 몸 안에서의 봉사든 어느 쪽에서든 한 가지 주된 사역을 발전시켜야만 합니다. 이 한 가지 사역이란 당신이 마음을 집중하고 자신을 드리는 것을 말합니다. 다른 것들은 모두 그 일에 비해 부차적인 것이 됩니다. 너무도 많

은 사람들이 너무 많은 것을 하려고 하다 보니 아무것도 제대로 하지 못합니다. 몇 가지 전략적인 활동을 선택하여 거기에 전심하십시오.
3. 모든 그리스도인은 자기보다 성장한 그리스도인의 영적 도움을 받아야만 합니다. 우리는 모두 도움과 훈련을 필요로 합니다. 자기 혼자 힘으로써 건강하게 성장하는 사람은 보기 드뭅니다. 우리에게는 우리를 통제하고 주관하는 것이 아니라 믿음 안에서 우리를 훈련시키고 세워 줄 영적 부모 또는 선생, 내지 조언자가 필요합니다.
4. 모든 그리스도인은 또 다른 사람을 제자로 삼고 있어야 합니다. 신체적으로든 영적으로든 재생산은 삶의 본질입니다. 우리는 새로운 그리스도인들의 출생을 도울 뿐 아니라, 그들이 성장하고 성숙하도록 도와 주어야 합니다. 제자삼는 일은 당신의 사역의 일부가 되어야 합니다. 부모의 일차적인 책임은 자기 자녀들을 제자로 삼는 것입니다. 교회에는 영적 성장에 있어서 도움을 절실히 필요로 하는 사람들이 너무도 많습니다. 그러나 다른 사람을 영적으로 도와 주는 방법을 알고 또 실제로 돕는 사람들은 거의 없는 실정입니다.

모든 사역의 기초가 되는 가장 중요한 전제 조건은 우리가 하나님과 개인적으로 깊이 동행하는 삶을 살며, 다른 사람들에 대하여 깊은 사랑을 가지는 것입니다. 이 두 가지가 없이는 당신은 단지 계획과 활동만 가지고 있을 뿐 자신의 사역을 가지지 못할 것입니다. 하나님과의 깊은 동행이 없으면, 당신의 사역은 겉으로는 훌륭하게 보일 수 있어도, 사실 속은 텅 빈 말뿐인 것이 될 것입니다. 당신 자신의 영적인 생활을 소홀히 하지 마십시오.

당신의 사역을 선택하는 법

표 11-1과 같은 표를 하나 만드십시오. 우선 이 장에서 언급한 사역

의 종류들을 복습하십시오. 당신이 생각한 것 중에 빠진 것이 있다고 생각되면 첨가하십시오. 첫 번째 칸에 당신이 현재 참여하고 있는 사역들을 기록하십시오.

그 다음, 두 번째 칸에는 과거에 한 적이 있는 사역들을 적으십시오.

다시 사역의 종류들을 살펴본 다음, 당신이 적당한 훈련을 받으면 할 수 있겠다고 생각되는 사역들을 세 번째 칸에 적으십시오. 당신이 과거에 했거나 현재 하고 있는 것들도 여기에 포함시키십시오.

마지막으로 각 난에서 기회가 있으면 당신이 하고 싶은 것들을 서너 가지 택하십시오. 이 활동들을 네 번째 칸에 적으십시오. 현재 하고 있는 것들 중에서도 계속 하기를 원하는 것들은 여기에 적을 수 있습니다.

이제 당신이 어떤 사역에 관심이 있고 능력이 있는지 대략적인 조사를 마쳤습니다. 이 표는 여러 가지로 사용할 수 있습니다. 이것은 나중에 당신의 사역을 선택하는 데 있어서 기본 자료가 될 것입니다. 첫 번째 칸에 있는 내용과 마지막 칸에 있는 내용을 비교해 보십시오. 서로

사역에 있어서 관심과 능력에 대한 조사

	현재 하고 있는 것	과거에 한 것	할 수 있는 것	하고 싶은 것
전 도				
봉 사				

표 11-1

같은 것이 많으면 많을수록 좋습니다. 같은 것이나 관계 있는 것이 적으면 적을수록 당신은 현재의 활동 계획을 바꾸고 싶어할 것입니다.

이제 실제적으로 당신의 사역을 계획하십시오. 305페이지에 있는 표 11-2를 참조하십시오. 계획을 하기 전에 먼저 당신이 현재 서 있는 위치를 평가할 필요가 있습니다. 표 11-2에 있는 질문들은 당신의 개인적인 필요를 알아내는 데 도움을 줄 것입니다.

306페이지에 있는 표 11-3은 당신의 사역을 계획하는 데 도움을 줄 것입니다. 개인적 성장 난은 당신의 사역을 시작하기에 앞서 준비해야 할 것이 무엇인지를 아는 데 도움을 줄 것입니다. 표 11-1의 네 번째 "하고 싶은 것" 난에서 두세 가지를 택하십시오. 그 다음 각 항목에 대하여 구체적인 계획을 세우십시오. 한번에 모두 할 필요는 없고, 몇 주에 걸쳐 시차를 두고 할 수도 있습니다.

당신 자신을 평가하고 자기에게 제일 알맞은 사역을 결정하려고 할 때 배우자, 가족, 목사, 영적 지도자, 그리고 가까운 그리스도인 친구 등과 의논해 보십시오. 그들은 당신에 대한 훌륭한 통찰력을 제공할 수 있습니다. 그 다음 몇 주 혹은 몇 달 동안 작은 규모로 그 사역들 중의 하나를 시도하십시오. 가령, 당신이 교회학교 교사를 하고 싶다면, 어떤 교사 대신 가르쳐 볼 수도 있고, 또는 한동안 공부 시간을 관찰할 수도 있습니다. 이렇게 시도해 본 후에 자신을 평가해 보십시오. 그 다음 단기간 동안 또 다른 사역을 시도해 보십시오.

또 당신이 어떤 특정한 사역을 하기 위해서는 더 많은 훈련이나 교육이 필요하지는 않은지 알아보십시오. 만일 상담, 지도, 성경 공부 인도 등과 같은 특별한 기술을 발전시켜야 할 필요가 있으면 그러한 기술들을 배우기를 미루지 마십시오. 마지막으로, 일년 내에 당신의 사역을 본격적으로 착수할 계획을 하십시오. 표 11-4은 구체적인 목표를 설정하는 데 도움을 줄 것입니다.

사역의 계획 — 현재 상황

1. 내가 현재 참여하고 있는 사역 / 활동들은 무엇인가?
   _____
   _____

2. 앞에서 이야기한 그리스도인을 위한 네 가지 필수 사항을 생각할 때,
   나는 지금 어떤 전도를 하고 있는가? _____
   나의 주된 사역은 무엇인가? _____
   누가 지금 나를 성장하도록 돕고 있는가? _____
   나는 지금 누구를 제자로 삼고 있는가? _____

3. 1번에 적은 것 중에서 표 11-1의 "하고 싶은 것" 난에 있는 것과 일치되는 것은 무엇인가?
   _____
   _____

4. 나는 지금 나의 주된 사역을 하고 있다고 생각하는가?
   예 _____   아니오 _____

5. 만일 그렇지 않다면, 다른 것을 취소하지 않고도 주된 사역을 할 수 있는가?
   예 _____   아니오 _____

6. 만일 그렇지 않다면, 현재 활동 중에서 취소할 수 있는 것은 무엇인가?
   _____
   _____

표 11-2

사역의 계획 – 장래

개인적인 성장	만족함	알고 있는 것을 해야 함	도움이 더 필요함
매일의 경건의 시간			
개인적인 성경 공부			
기도			
증거			
⋮			

사역	지금 할 수 있음	훈련받아야 함	가능한 훈련
1.			
2.			
3.			
⋮			

표 11–3

구체적인 사역 계획

_____을 위한 구체적인 계획
(사역의 이름)

                          언제(마치고자 하는 기한)

1. 기회를 조사함   _____
2. 훈련받는 법을 알아 냄   _____
3. 훈련을 받음   _____
4. 사역을 시작함   _____

_____을 위한 구체적인 계획

                          언제

1. 기회를 조사함   _____
2. 훈련받는 법을 알아 냄   _____
3. 훈련을 받음   _____
4. 사역을 시작함   _____

_____을 위한 구체적인 계획

                          언제

1. 기회를 조사함   _____
2. 훈련받는 법을 알아 냄   _____
3. 훈련을 받음   _____
4. 사역을 시작함   _____

표 11-4

중년기에 사역을 갖는 법

효과적으로 사역을 한다는 것이 항상 쉬운 것은 아닙니다. 많은 장애물들이 당신 앞에 나타나 당신을 곁길로 빠지게 할 것입니다. 다음은 몇 가지 제안입니다.

영적으로 성숙하라

중년기의 정신을 갖게 되었다는 것은 어떤 사람들은 결코 향유하지 못하는 어떤 것을 이룩한 것입니다. 사오십 대에도 여전히 청소년과 같은 정신을 가지고 있는 사람에 대하여는 심히 절망적인 어떤 것을 느끼게 됩니다. 중년기에 다다를 때에 사람들은 옷을 잘 입고 성숙한 분위기를 풍길 수 있습니다. 그러나 그들이 말을 할 때 보면 안타깝게도 그들이 미성숙하다는 것을 깨닫게 됩니다. 그들은 영적으로는 전혀 성장하지 않은 것입니다. 그리고 많은 경우에 그들은 감정적으로 성장하지 않았습니다. 중년기의 사람이 광적으로 젊게 보이려고 하는 것은 그 사람의 미성숙을 드러내는 것입니다. 당신의 중년기가 얼마나 힘이 있고 영향력을 발휘하느냐는 당신의 성숙과 직접적으로 비례하는 것입니다. 그러나 당신은 어떻게 성숙을 이룩할 수 있습니까? 성숙한 사람이 되기 위해 과거로 되돌아갈 수는 없습니다. 그러나 우리는 지금도 성숙할 수 있습니다. 다음은 몇 가지 실제적인 제안입니다.

1. 당신의 나이와 능력을 받아들이십시오. 당신의 현재 모습보다 더 젊은 체하거나 당신의 현재 모습이 아닌 어떤 것으로 가장하지 마십시오.
2. 성장을 위한 당신의 개인적인 영적 필요를 인정하십시오.
3. 당신이 다른 사람과 나눌 수 있는 기본적인 자원을 갖기 위해 정기적으로 성경을 공부하십시오.
4. 진지하고 영적인 인생관을 발전시키십시오. 시시껄렁한 대화나 행동을 삼가십시오. 유머와 웃음은 좋지만, 의미없는 대화, 농담,

한담을 경계하십시오.
5. 성숙하고 영적인 사람들과 시간을 보내십시오.
6. 사소한 주제 또는 문제들에 대하여 자기 생각을 고집하는 것을 경계하십시오.
7. 당신의 외모와 공적인 행동에 대하여 배우자의 도움을 청하십시오.
8. 개인적인 신체적, 영적 훈련을 발전시키십시오.
9. 당신의 생각을 발전시키는 데 도움이 되는 것들을 읽고 행하십시오.

당신은 신체적으로, 정신적으로, 사회적으로, 영적으로 성장해야만 합니다. 당신의 삶 속에서 개인적인 영적 깊이를 지니도록 하십시오. 당신의 사역은 당신의 영적 성숙을 그 기반으로 해야 하며, 그럴 때 사역은 열매 맺는 것이 될 것입니다.

안정성을 발전시키라
성숙했다는 것을 나타내 주는 한 가지 표시가 영적인 문제들과 일반적인 삶 속에서의 안정성입니다. 중년기에 우리로 하여금 안정치 못하게 하는 것들이 우리 삶 가운데로 침입해 들어옵니다. 우리의 최대의 과제 중의 하나는 이러한 여러 가지 폭풍우와 시련들을 거치면서도 흔들리지 않고 안정을 유지하는 것입니다. "그러므로 내 사랑하는 형제들아, 견고하며 흔들리지 말며 항상 주의 일에 더욱 힘쓰는 자들이 되라. 이는 너희 수고가 주 안에서 헛되지 않은 줄을 앎이니라"(고린도전서 15:58).

당신의 직업적 요구들에 대하여 균형을 유지하라
많은 사람들이 자기 직업에서 성공하기 위해 전전긍긍하면서 마지막 안간힘을 쓰려고 합니다. 이러한 직업의 압력이 자칫 그들로 하여금 영적 사역을 발전시키지 못하도록 방해할 수 있습니다. 대부분의 능력 많은 사람들이 직업에 자신을 너무 소모시킨 나머지 사역은 말할 것도 없고 가족을 위하여 거의 시간을 내지 못하는 경우가 빈번합니다.

필립 랜드는 하나님께서 그가 무엇을 하기를 원하시는지를 알고 있었습니다. 그는 영적으로 성장해야 하며, 개인적인 사역과 가족을 위해서 더 많은 시간을 내야 할 필요가 있다는 것을 알고 있었습니다. 그러나 그는 자기 직업에서 성공하기를 너무도 원했기 때문에 하루에 10-14시간을 직장에서 보냈습니다. 그는 자기가 일을 좀 줄여야 한다는 것을 인정하였습니다. 그러나 성공해야 한다는 강박 관념이 일을 줄이는 것을 허락지 않았습니다. 해마다 그는 일에 대한 계획을 짤 때 좀 여유 있게 짜서 가족과 사역을 위해 시간을 좀더 내려고 했지만, 막상 일을 하다보면 계획대로 하지 못하고 일에 파묻히기가 일쑤였습니다. 나중에 가서는 영적 성장과 사역과 가족을 위해 시간을 내려는 시도도 거의 단념해 버렸습니다. 이와 같이 일에 몰두한 결과 그는 성공적인 비지니스맨이 되었습니다. 그러나 그는 영적으로는 아주 미성숙하고 훈련되지 못한 그리스도인이었습니다. 그는 깊이도 없고 개인적인 사역도 없었습니다. 나중에 가서야 그는 공허함을 느꼈지만, 계속 증가만 해가는 일의 사이클을 부수고 빠져 나올 수가 없었습니다. 이제는 교만과 자존심이 그로 하여금 배우는 자가 되지 못하게 했습니다. 그는 교회에서 책임 있는 직분들을 맡고 있었지만, 내적으로는 자신에게 영적인 깊이가 없다는 것을 알고 있었습니다. 마침내 그는 더 이상 가장된 삶을 살 수 없었고, 그나마 형식적으로 나갔던 교회마저도 점점 거리가 멀어졌습니다.

얼마나 슬픈 일입니까? 그리스도의 몸에 얼마나 손해입니까? "너희는 먼저 그의 나라와 그의 의를 구하라. 그리하면 이 모든 것을 너희에게 더하시리라"(마태복음 6:33). 하나님께서는 당신이 일에 매여 일에 몰두하지 않고도 당신을 성공하게 하실 수 있습니다. 나중까지 영적 성장을 미룬다는 것은 아주 위험합니다. 성령께서 영적 성장에 대하여 당신에게 말씀하고 계시는 바로 지금 행동하십시오.

미루지 말라

개인적인 사역을 시작하는 것을 나중으로 미루려는 유혹이 우리로 하여금 행동으로 옮기지 못하게 합니다. 우리는 당황하여 가장 압력을 가하는 일들을 먼저 하게 되고, 반면 가장 중요한 것들은 소홀히 하게 됩니다. 일단 사역을 발전시킬 필요가 있음을 알았다면 연기해서는 안 됩니다. 연기하게 되면 확신을 잃어버릴 것입니다.

당신이 지금 40세 내지 45세라면 열매 맺는 사역을 발전시켜 본궤도에 오르는 데까지는 5년이 걸릴 수도 있습니다. 사역의 깊이란 달의 문제가 아니라 년수의 문제입니다. 당신이 55세까지 기다린다면 당신은 10년을 잃어버리게 될 것이며, 시작하기가 전보다 훨씬 더 어려울 것입니다. 나이가 들면 들수록 새로운 것을 시작하기란 더 어려워집니다. 물론 노년기에 가서 특별히 굳센 각오로 가르침을 잘 받으며 배우는 삶을 사는 사람들이 있을 것이지만, 이는 예외입니다. 우리가 알고 있는 한 사람은 하나님께서 그가 전임 사역을 하기를 원하신다는 것을 깊이 확신하고 그것을 실행하기 위해 57세에 자기의 사업을 그만두었습니다. 그는 자기가 필요로 하는 훈련을 받기 위해 1,000마일이나 떨어진 곳으로 이사했습니다. 그는 중년기에 그리스도인이 되었고, 영적 성장과 성숙을 강하게 추구했습니다.

연기란 치명적인 것입니다. 그것은 성장하고 열매 맺는 삶을 살 수 있는 많은 햇수를 허비하는 것입니다. 당신의 개인적인 사역을 시작할 것을 고려하고 있는 동안 어느새 시간이 지나가 버리는 것을 허락하지 마십시오.

중년기는 당신의 삶에서 가장 생산성이 있고 성취하는 것이 많은 시기일 수 있습니다. 나이와 경험에는 그토록 중요한 이점들이 많이 있습니다. 그러나 많은 사람이 포기를 하면서 자신의 절정기(전성기)는 끝났다고 생각하기 시작합니다. 이것은 오해입니다. 실제로, 그들은 이제야 주님을 위해 중요한 역할을 수행하기에 적당한 나이와 성숙에 다다랐습니다.

당신은 중요한 사역을 수행할 수 있습니다. 그러나 오직 당신만이 당신의 사역을 시작할 수 있습니다. 당신은 언제 시작하겠습니까?

제 12 장

새로운 전망—흥미진진한 미래

중년기의 한 남성은 과거를 돌아보고, 자신을 바라보며, 푸념하고, 투덜거리며, 두려워하게 되고, 움츠러들며, 다시는 삶의 현실을 맞이하기를 결코 원치 않았습니다. 그는 죽어 가기 시작했습니다.

다른 한 사람은 과거를 돌아보고 자신을 바라본 다음, 하나님과 미래를 바라보고, 청년기의 열정을 가지고 앞으로 나아가며, 최선을 다하여 자신의 삶을 영위했습니다. 그는 다시 젊어졌습니다.

이 두 사람의 차이는 삶의 본질에 대한 그들의 관점에 있습니다. 후자에게는, 삶이란 그의 미래를 의미했고 과거를 의미하지 않았습니다. 그의 삶은 절대주권을 가지신 하나님의 통치에 대한 믿음 가운데 그 뿌리를 내리고 있었습니다. 이러한 관점을 가지고 있을 때 미래란 하나님의 약속만큼이나 밝게 빛나는 것이었습니다. 삶은 후회가 아니라 소망에 기초하고 있었습니다.

정신적으로나 영적으로 긍정적이고 적극적인 태도는 모든 사건을 하나님의 말씀에 비추어 바라보게 합니다. 본서를 결론짓는 이 마지막 장에서 당신의 미래의 삶을 위한 새로운 전망을 제시하고자 합니다.

삶에 대한 관점

우리는 나이가 들면서 각기 나름대로 인생에 대한 관점을 발전시킵니다. 우리 자신의 미래에 대한 적극적이고 역동적인 태도를 발전시키는데 여러 가지 요소들이 도움을 줄 수 있습니다.

시간

시간은 가장 정의하기가 힘들면서 역설적인 것이라고 할 수 있습니다. 과거는 지나갔고, 미래는 아직 오지 않았으며, 현재는 우리가 그것을 정의하려고 시도하는 사이에 벌써 과거가 되어 버립니다. 현재는 번개의 섬광처럼 일순간 존재하고 사라집니다.

시간은 우리의 가장 귀중한 일용품입니다. 그러나 우리는 아무도 그것을 얼마나 소유하고 있는지를 모릅니다. 중년기에 우리가 지나가는 시간에 대하여 아쉬워하며 한탄만 하고 있다면 우리는 현재에 살면서 미래를 준비하는 것을 결코 배우지 못할 것입니다. 우리는 과거로부터 배웁니다. 우리는 과거에 살고 있지 않습니다.

시간과 나이는 불가분의 관계에 있습니다. 시간에 대하여 생각할 때 우리는 그것을 자신의 나이와 관련시키는 경우가 많습니다. 우리는 자신이 시간을 얼마나 많이 가지고 있느냐보다는 얼마나 적게 가지고 있느냐를 생각합니다. 삶의 시야를 현재와 미래에 맞추고 있을 때 우리는 보다 나은 인생관을 가질 수 있게 됩니다. 우리는 과거에 하나님께서 우리에게 주신 축복들을 다시 세어 보지만, 우리는 현재 하나님의 축복들을 경험합니다. 과거는 우리에게 오늘과 내일을 위한 지혜와 힘은 제공하지만, 우리의 역사를 바꾸어 놓을 수 있는 수단은 제공하지 않습니다.

하나님께서는 자신의 시간관을 분명하게 가르치고 계십니다. "주의 목전에는 천년이 지나간 어제 같으며, 밤의 한 경점 같을 뿐임이니이다"(시편 90:4). 시간은 하나님께는 중요한 문제가 아닙니다. 하나님께 중요한 것은 인격입니다. 하나님께서는 우리가 하나님께서 주신 시간 속에서 무엇을 했느냐뿐만 아니라 우리의 인격 즉 우리가 어떤 사람이냐에도 관심을 갖고 계십니다. 하나님께서는 우리가 시간이란 일시적이라는 것을 깨닫기를 원하십니다. 시편 기자는 이렇게 기도했습니다: "여호와여, 나의 종말과 연한의 어떠함을 알게 하사 나로 나의 연약함을 알게 하소서. 주께서 나의 날을 손넓이만큼 되게 하시매, 나의 일생이 주의 앞에는 없는 것 같사오니, 사람마다 그 든든히 선 때도 진실로 허사뿐이니이다(셀라)"(시편 39:4-5). 인생의 짧음을 보면서 우리는 이렇게 기도합니다: "우리에게 우리 날 계수함을 가르치사 지혜의 마음을 얻게 하소서"(시편 90:12).

시간에 대한 깨달음은 우리로 하여금 우리의 삶의 가장 좋은 것을 가지고 하나님을 섬기는 일에 전심하도록 합니다. 하나님께서는 우리가 남은 세월을 최대한으로 활용하기를 원하십니다. 하나님께서는 우리의 모든 시간과 에너지를 다하여 그분을 섬기는 일에 온전히 헌신하기를 원하십니다. 우리의 시간을 하나님의 시간으로 생각할 때 우리는 하나님께서 원하시는 대로만 시간을 사용하는 선한 청지기가 됩니다. 그러나 우리는 하나님의 뜻보다는 우리 자신, 즉 우리 자신의 안락, 욕구, 계획들에 관심을 너무 집중하는 경향이 있습니다. 이런 경우 이러한 삶은 후회와 절망으로 인도할 뿐입니다. 하나님을 섬기지 않고 다른 것을 하는 것이 쓸데없는 것이라는 것을 깨달을 때 우리는 미래에 대한 새로운 소망과 목적을 가지게 됩니다.

하나님께서 우리에게 중년기까지 사는 특권을 주셨다면, 우리는 독특한 일련의 경험을 소유하고 있는 것이며, 우리는 그 위에다 미래를 위하여 건설할 수 있습니다. 그러므로 우리의 미래는 밝습니다. 나이와 경험이 성숙함에 따라 우리는 하나님께서 우리의 삶 속에서 행하셨던 것들을 기초로 하여 다른 사람들을 섬길 수 있습니다. 이 인생의 전환점을 바라보면서 우리는 무엇보다 감사와 기대감으로 충만해야 합니다. 인생의 과거와 미래를 하나님의 시야로 바라보면서 하나님을 사랑하고 섬기는 가운데 바로 오늘을 우리의 최선을 다하여 살아야 하는 것입니다.

파스칼은 이렇게 말했습니다:

> 어떤 사람으로 하여금 자기 생각들을 조사하게 해보면, 그는 그 생각들이 과거 아니면 미래로 점유되어 있다는 것을 발견할 것이다. 우리는 현재에 대해서는 거의 생각하지 않는다. 설령 생각한다 할지라도 미래를 위한 빛을 얻기 위한 것뿐이다. 현재는 결코 우리의 관심 대상이 아니며, 과거와 현재를 우리의 수단으로 사용하며, 오직 미래만이 우리의 목적이다. 그리하여 우리는 결코 사는 것이 아니라 살기를 희망할 뿐이다.

배우는 자가 됨

카토라는 학자는 헬라어 공부를 시작할 때 80세가 넘었습니다. 그 노령에 그 힘든 공부를 시도하게 된 이유가 뭐냐고 어떤 사람이 묻자, "그때가 가장 빠른 나이였습니다"라고 노학자는 대답했다고 합니다. 그 후로 그는 계속 헬라어를 공부했습니다. 배우는 것을 중단할 때 사람은 죽어 가기 시작합니다. 슬프게도 자기가 죽어 가고 있다는 것을 깨닫는 사람은 아주 드뭅니다. 중년기에 행복과 만족을 발견하는 비결은 영적으로 새로워지는 것과 배우는 자가 되는 것입니다. 끊임없이 배우고 발전하기를 추구하는 사람은 결코 감정적으로나 정신적으로 메마르지 않을 것입니다.

잠언에 이런 말씀이 있습니다. "지혜 있는 자는 듣고 학식이 더할 것이요, 명철한 자는 모략을 얻을 것이라"(잠언 1:5). "미련한 자는 지혜와 훈계를 멸시하느니라"(잠언 1:7).

젊음의 특징을 하나 든다면 배우려는 욕구와 능력입니다. 그러나 나이가 들면서 이상한 현상이 일어납니다. 우리는 마땅히 많은 것을 알아야 하나 자신이 그렇지 못하다고 생각합니다. 또한 마땅히 지혜로워야 하나 그렇지 못할 수도 있습니다. 그때 교만 또는 자존심이 우리로 하여금 자신의 필요를 드러내지 못하게 하며, 우리는 새로운 사상과 교훈에 대하여 우리의 마음을 닫습니다. 배우려는 욕구나 능력을 잃어

버리는 것은 자신의 운명을 부정적인 방향으로 결정하는 것이 되며, 결국 인생은 점점 퇴보하고 초라한 것이 되고 말 것입니다. 그러나 자신의 지식과 능력과 경험들을 발전시키고 확장시켜 나가는 일을 계속하게 된다면, 계속 성장하게 될 것입니다. 계속 배우는 사람으로 사는 사람에게는, 중년기는 능력이 한계에 도달한 시기가 아니라, 자신의 무한한 잠재력을 깨닫고 그 잠재력을 최대로 발휘하는 시기가 될 것입니다.

그리하여 배우는 자가 되는 것은 우리로 하여금 삶을 긍정적으로 바라보게 하며, 다시 젊어지게 합니다. 그러한 태도는 우리가 중년기에 어떤 역경을 당하든 그 역경을 당당하게 맞이하며 역경 속에서 쓰러지지 않고 이를 통하여 오히려 더욱 성장하고 강해지도록 우리를 붙들어 줄 것입니다.

스트레스와 더불어 사는 것을 배움

스트레스란 삶의 현실로서 삶의 일부입니다. 스트레스는 항상 있어 왔고, 앞으로도 늘 있을 것입니다. 우리는 나이가 들면서 스트레스의 존재에 대하여 오히려 점점 더 존중하고 감사하게 되는 것 같습니다. 스트레스를 긍정적으로 수용할 때는 그것이 우리의 성장과 발전에 도움을 주기 때문입니다. 좋은 신체적, 감정적 건강을 유지하는 데 기여하는 한 가지 일반적인 요소가 스트레스에 잘 반응하는 것이라고 하버드 대학의 연구 보고서는 말했습니다. 스트레스의 부정적인 결과는 암, 심장 질환, 고혈압, 우울증, 기타 여러 가지 신체적, 감정적 질병들입니다.

삶에 대하여 건전한 시야를 가진 사람은 스트레스를 정상적이면서 일시적인 것으로 생각합니다. 사실, 문제를 일으키는 것은 스트레스 자체가 아니라 그것에 대한 우리의 감정적 반응입니다. 각 사람의 성격에 따라 각종 스트레스에 달리 반응하는 경향이 있습니다. 어떤 사람은 싸우며, 어떤 사람은 염려하고 초조해 하며, 어떤 사람은 화를 냅니다. 그리고 어떤 사람은 움츠러들거나 포기해 버리고, 어떤 사람은 마치 스트레스가 없는 양 살아갑니다.

우리가 아무리 성숙하고 영적이라 할지라도 맨 처음에는 모두 자신의 성격과 배경에 따라 스트레스에 반응할 것입니다. 중요한 것은 그 초기의 반응 다음에 무엇이 오느냐인 것입니다. 계속 부정적으로 반응한다면 우리는 고통을 당할 것입니다. 그러나 우리가 스트레스에 깨어 있고 성서적으로 반응한다면 우리는 스트레스의 부정적인 결과들을 피할 수 있을 것입니다.

"아무것도 염려하지 말고 오직 모든 일에 기도와 간구로 너희 구할 것을 감사함으로 하나님께 아뢰라. 그리하면 모든 지각에 뛰어난 하나님의 평강이 그리스도 예수 안에서 너희 마음과 생각을 지키시리라" (빌립보서 4:6-7). 이 말씀은 성경에서 우리 마음의 평안에 대한 가장 실제적인 약속 중의 하나입니다. 그러나 이 말씀을 삶에 적용하는 것은 그 말씀을 암송하고 인용하는 것만큼 쉬운 것은 아닙니다. 이 약속은 하나님의 절대주권에 기초하고 있습니다. 당신이 스트레스와 더불어 사는 것을 배운다면, 중년기에 더욱 기쁘고 만족스러운 삶을 영위하게 될 것입니다.

미래를 위한 계획

찰스 케터링은 이렇게 말했습니다:"나의 관심은 미래에 있다. 거기에서 나의 인생의 나머지를 보내게 될 것이기 때문이다." 미래는 우리가 원하든 원하지 않든 옵니다. 목적과 계획을 가지고 준비된 가운데 미래를 환영하겠습니까, 아니면 두려움과 불안 가운데서 미래가 오는 것을 분개하면서 미래와 싸우겠습니까? 중년기의 그리스도인은 자신의 미래를 자신의 인생에서 가장 행복한 시기로 만드는 데 필요한 모든 자원을 소유하고 있습니다. 하나님께서는 우리가 살아가는 데 필요한 모든 힘을 약속하고 계십니다:"그의 신기한 능력으로 생명과 경건에 속한 모든 것을 우리에게 주셨으니, 이는 자기의 영광과 덕으로써 우리를 부르신 자를 앎으로 말미암음이라"(베드로후서 1:3).

개인적인 삶의 모든 경험을 통하여 우리는 하나님의 인도 아래서 사는 미래를 준비해 왔습니다. 하나님의 인도와 통치가 없다면 우리는 아무런 격려나 소망을 가질 수 없을 것입니다. 하나님의 통치가 없으면 우리의 삶은 뿌리가 없이 이리저리 표류할 것입니다. 하나님의 통치 아래서 살 때 우리는 인생을 위한 영원한 기준점과 방향을 가지게 됩니다.

이제 자기 자신을 평가해 볼 시간입니다. 미래를 위한 계획을 하기 위해서는 자신이 현재 어디에 있는가를 알아야 합니다. 자기 평가가 항상 쉬운 것은 아닙니다. 우리는 자신의 참필요에 대하여 눈이 멀어 보지 못하는 경우가 많기 때문입니다. 배우자나 가까운 친구의 도움을 받아 자신을 평가해 보십시오. 앞의 장들을 간단하게 복습하면서 핵심이 되는 개인적인 필요가 발견되면 따로 기록을 하십시오. 아무런 중년기 위기를 경험하고 있지 않을지라도 현재를 평가하고 미래를 위해 계획하는 것은 필요합니다.

322페이지와 323페이지에 있는 표 12-1과 12-2를 보십시오. 이 표를 새로 하나 만들든지 복사하든지 아니면 이 책에 있는 것을 사용하십시오. 표 12-1은 자신이 현재 경험하고 있는 문제들을 알아내도록 돕기 위한 것이요, 12-2는 자신의 현재와 과거의 전반적인 모습을 알아보도록 돕기 위한 것입니다. 이 평가표들을 완성했으면 자신이 계발 또는 발전시키기 원하는 영역들을 몇 가지 고르십시오. 그 다음 이 가운데서 가장 먼저 계발하기를 원하는 것을 한두 가지 택하십시오. 자신이 관심 갖고 있는 각 영역에 대한 구체적인 지침이 필요하면 앞의 장들에서 제안한 것을 참조하십시오.

효과적인 변화를 이룩하기 위한 열쇠는 다음과 같습니다:

1. 자신의 필요를 알고 인정함
2. 자신의 필요를 주의 깊게 정의함
3. 그 필요를 채우기 위한 적극적인 조치를 취하기로 결정함
4. 지금 계획을 세워 행동으로 옮김

표 12-3의 양식을 사용하여 자신의 개인 계발 계획을 세워 보십시오. 예를 들면 다음과 같습니다:

나의 필요: 우리 부부는 함께 대화하는 시간이 점점 줄어 들고 있다. 서로에 대하여 과민한 반응을 보이고 갈등이 점점 증가하는 것을 느낀다. 교회 일과 직장 일과 아이들에게 너무 신경을 쓰고 바쁜 나머지 부부가 함께하는 시간을 충분히 갖고 있지 않다.

이 필요를 채우기 위한 방안: 매일 대화. 우리 둘이서 일주일에 한 번 밖에 나가 저녁 식사를 함. 주말 여행. 함께 시간을 보내기 위해 일주일에 하루 저녁을 떼어 놓음. 내가 하고 있는 활동 중 한 가지를 그만 둠. 한 달 동안 시간외 근무를 하지 말 것. 의사 소통에 대한 책을 한 권 함께 읽음.

구체적인 계획	언제
1. 의사 소통을 개선하기 위한 계획을 의논하기 위해 저녁 식사하러 나감.	다음 주말
2. 개인적인 대화를 위해 하루에 적어도 5분을 떼어 둠.	다음 주 월요일부터 2주간 실시
3. ㅇㅇㅇ라는 책을 읽음.	11월 5일부터 12월 5일까지
4. 함께 1박 2일 여행을 떠남.	11월 15일까지 날짜를 잡아 1월 15일까지는 실행

예를 하나 더 들면 다음과 같습니다:

나의 필요 : 나는 감정적으로 정신적으로 매우 지쳐 있고 침체되어 있다. 체중은 많이 나가고 먹는 것은 빈약하다. 빈약한 영양 섭취와 운동 부족이 내게는 문제다.

이 필요를 채우기 위한 방안 : 운동을 한 가지 한다(조깅? 줄넘기? 수영?). 신체 검사를 한 번 받는다. 식사 습관을 개선한다. 수면 습관을 개선한다.

구체적인 계획	언제
1. 일주일에 5일간 매일 2km걷기	내일(2월 16일)부터 계속
2. 신체 검사를 받음	3월 1일
3. 조깅 계획을 세워 시작	신체 검사 받은 다음 날부터 일주일에 4회 계속함
4. 스낵으로 식사를 가볍게 떼우는 것을 중지	오늘부터 계속
5. 의사 등 적절한 도움을 받아 식사량을 줄이고, 단것과 녹말을 삼감	오늘 시작하여 2주에 걸쳐 적당한 양으로 줄여 나감. 매달 진전 상황을 점검

한 가지 강조하고 싶은 것은, 계획을 반드시 기록해야 할 필요는 없겠지만, 계획을 세우지 않는다면 당신의 필요에 대하여 십중팔구 아무것도 하지 않는다는 것입니다. 마음으로 행동을 대신하려 해서는 결코 안 됩니다.

자신의 필요를 알아내는 것과 더불어 다음 영역에서 목표를 세워 볼 것을 제안합니다.

당신이 영적으로 성숙한 사람이 되고 있는가를 알아보기 위해 하나님과의 개인적인 관계를 살펴보십시오. 영적 성숙은 그 무엇도 줄 수 없는 확신과 만족을 줍니다. 당신의 영적 생활 가운데서 계발하고 개선해야 할 필요가 있는 영역을 구체적으로 몇 가지 고르십시오.

현재 겪고 있는 문제를 알아냄

1. 당신이 지금까지 경험해 온 것 가운데서 당신이 중년기에 있음을 가리켜 주는 것을 몇 가지 적으십시오.

   _____
   _____
   _____
   _____
   _____

2. 당신의 삶에서 현재 당신에게 최대의 관심이 되어 있는 영역을 한두 가지 적으십시오.

   _____
   _____
   _____

3. 당신이 생각하기에 만족스럽게 해결되었다고 생각되는 문제 영역들은 무엇입니까?

   _____
   _____
   _____

4. 해결하기 위해 즉각 실행에 옮겨야 할 만큼 중요한 영역 한 가지는 무엇입니까?

   _____
   _____
   _____

표 12-1

평   가

항 목	안정	전부터 또는 현재 위기	변화 중	변화가 필요
결혼 생활				
-의사 소통				
-성생활				
자녀				
-십대				
-새로운 아기				
-손자·손녀				
직업				
성공				
침체				
독신				
사역				
신체 건강				
외모				
영적 기초				
영적 성숙				
융통성				
재정				

표 12-2

계발 계획

나의 필요 : _____

_____
_____
_____
_____

이 필요를 채우기 위한 방안 : _____

_____
_____
_____
_____
_____

구체적 계획   언제

1. _____   _____
   _____   _____

2. _____   _____
   _____   _____

3. _____   _____
   _____   _____

4. _____   _____
   _____   _____

표 12-3

다음으로, 당신의 결혼 생활을 살펴보십시오. 중년기는 당신의 삶의 많은 영역에 있어서 전환점입니다. 지금 바꾸거나 고쳐지지 않는 습관과 문제들은 아마 나중에는 바뀌지 않을 것입니다. 중년기에 일어나는 사건들은 땅을 뒤엎기도 하고 일구어서 당신의 결혼 생활에서 새로운 것들이 자라고 발전하도록 할 것입니다.

마지막으로, 다른 사람들을 섬기는 사역에 참여하지 않고는 당신의 삶은 완성될 수 없다는 것을 기억하십시오. 하나님께서는 우리가 우리 자신만을 위하여 살기를 원하지 않으십니다. 우리가 영적으로 잘 살고 있으며, 결혼 생활을 훌륭하게 영위하고 있으며, 행복한 가정을 가지고 있다 해도, 개인적으로 다른 사람들을 섬기는 삶이 없으면 참된 기쁨과 만족의 삶을 누릴 수 없습니다.

중년기에 있어서 가장 격려를 주며 감정적으로 북돋아 주는 활동 가운데 하나가 개인 계발과 교육입니다. 삶이 자주 침체되기가 쉬운 시기에 새로운 것들을 받아들임으로써 우리는 자극과 격려를 받게 됩니다. 그 발전이 직업에 관련된 것인지 개인적인 삶에 관련된 것인지는 그리 중요하지 않습니다. 자주 중년기의 사람들은 새로이 교육을 받을 수 있는 기회들을 통하여 개인적인 성장을 추구합니다. 통신 강좌, 야간 강좌, 공예 학교, 독서 등이 당신의 학습 계획 속에 포함될 수 있습니다. 당신이 전에 한 번도 시도해 보지 않은 것들을 하십시오. 새로운 주제, 새로운 기술, 새로운 활동들을 개인적으로 혹은 부부가, 혹은 가족 전체가 배우십시오.

우리 부부는 단기 헬라어 강좌를 수강한 적도 있습니다. 남편은 아들과 함께 스키를 배우고, 아내는 딸과 함께 바이올린을 배우기 시작했습니다. 다른 부부들의 경우에는 함께 테니스를 배우기도 하고, 책을 읽고 내용을 갖고 토의하기도 합니다. 어떤 부부는 집에 새로운 것을 만들기도 합니다. 결코 배우고 계발하고 성장하는 것을 멈추지 마십시오.

젊은 사람들과의 관계를 발전시키십시오. 우리는 대부분 우리보다 나이가 적은 사람들을 대상으로 섬기고 있습니다. 부부로서 당신은 젊은 부부들과 의미 있는 관계를 가질 수 있습니다. 물론 당신이 그들과 똑같은 것들을 경험하지는 않지만, 당신은 과거에 경험한 바 있고, 그리고 그것이 그리 오래 전의 일이 아닙니다. 많은 젊은 부부들이 연장자인 부부들과 진지한 우정 관계를 발전시키기를 원하며 기뻐하고 있습니다. 사회적으로 서로 다른 영역에서 활동하기 때문에 이것이 어떻게 가능한가에 대하여 의문을 품을 수도 있습니다. 다음에 몇 가지 아이디어를 제시합니다:

1. 당신이 먼저 주도권을 쥐고, 젊은 부부들을 당신의 집이나 어떤 행사에 초대함으로써 관계를 맺어 나가기 시작하십시오.
2. 자녀들을 접촉점으로 삼으십시오. 당신의 막내가 젊은 부부의 큰 애와 나이가 비슷할 것입니다.
3. 조언이나 상담을 요청하면 최선을 다하여 도움을 주며 실제적인 조언과 제안을 해주십시오.
4. 공통적으로 관심과 흥미가 있고 함께할 수 있는 활동들을 찾으십시오.
5. 젊은 부부들 또한 그들 나름대로 인간 관계들이 있을 것이기 때문에, 그들이 당신과만 관계를 맺기를 기대하지 마십시오.
6. 젊은 사람들처럼 옷을 입거나 행동하려고 하지 마십시오. 당신의 나이에 맞게 옷을 입으며 행동을 하십시오. 당신의 성숙한 모습으로 그들에게 매력을 주려고 하십시오.
7. 남편들끼리 하든 아내들끼리 하든, 아니면 부부가 함께 하든, 젊은 부부들과 성경 공부를 하십시오.
8. 당신의 우정, 도움, 관심의 폭을 비이기적인 태도로 넓혀 나가십시오. 그러면 관계가 자연스럽게 발전하는 것을 발견할 것입니다.

우리는 대부분 우리 나이에 있는 사람들과의 우정에 관심과 가치를 둡니다. 그러나 우리가 젊은 부부들과 독신자들과 긴밀한 우정 관계를 가지고 있지 않다면, 우리는 훨씬 더 초라해질 것입니다. 그들은 우리의 성숙과 경험을 필요로 합니다. 우리는 그들의 젊음에 찬 도전과 자극을 필요로 합니다.

인생의 가장 좋은 시기

중년기는 인생에 있어서 가장 좋은 시기입니다. 중년기의 가장 도전적인 역할 중의 하나는 당신이 당신 교회의 중추적인 역할을 맡을 수 있다는 것입니다. 많은 경우에 당신은 이미 원하든 원하지 않든 교회의 중추로서 간주되고 있습니다. 사람들은 자연히 성숙한 모습을 보이는 사람들을 바라보게 됩니다. 당신은 교회에 필요한 모종의 지도력을 제공할 수 있을 것입니다.

당신이 지도력을 제공하지 않으면 누가 하겠습니까? 당신의 역할은 공적인 지도자의 역할은 아닐지도 모릅니다. 하지만 당신은 무대 뒤에서 겸손히 섬김으로써 교회에 중요한 기여를 할 수 있습니다. 공적인 사역이든 사적인 사역이든 모두 당신의 연륜과 경험에서 나온 성숙을 필요로 합니다. 그러나 무엇보다도 양자는 모두 그 일에 필요한 영적 성숙을 필요로 합니다.

지금까지는 다른 사람들이 당신에게 투자해 왔습니다. 이제는 당신이 다른 사람들의 삶 속에 당신의 삶을 투자할 수 있습니다. 당신의 투자는 개인적인 성취와 만족과 성장으로 당신에게 되돌아 올 것입니다.

젊은 사람들은 잘 이해를 못하겠지만, 20대로 돌아가려는 중년기의 사람들은 거의 없을 것입니다. 그들은 젊음을 잃어 버렸으나, 지혜와 성숙을 얻었습니다. 당신의 중년기가 당신에게 최상의 시기가 되지 못하게 막는 것은 오직 중년기에 대한 당신의 그릇된 태도와 잘못된 대처인 것입니다.

본서는 미국 NavPress와의 계약에 의하여 번역 출간한 것이므로 본서의 전부 또는 일부의 무단 복제, 또는 원문에 대한 무단 번역을 금합니다.

중년기와 그리스도인

초판 1쇄 발행 : 1991년 11월 1일
초판 4쇄 발행 : 2008년 4월 15일

펴낸곳 : 네비게이토 출판사 ⓒ
펴낸이 : 조성동
주소 : 120-600 서울 서대문 우체국 사서함 27호
120-836 서울시 서대문구 창천동 497
전화 : 334-3305(대표), 334-3037(주문), FAX : 334-3119
홈페이지 http://navpress.co.kr
출판등록 : 제10-111호(1973년 3월 12일)

ISBN 978-89-375-0161-6 03230